AF239445

Thorsten Höllrigl

**Informationskonsistenz im föderativen Identitätsmanagement:
Modellierung und Mechanismen**

Informationskonsistenz im föderativen Identitätsmanagement: Modellierung und Mechanismen

von
Thorsten Höllrigl

Dissertation, Karlsruher Institut für Technologie
Fakultät für Informatik
Tag der mündlichen Prüfung: 17. Dezember 2010

Impressum

Karlsruher Institut für Technologie (KIT)
KIT Scientific Publishing
Straße am Forum 2
D-76131 Karlsruhe
www.ksp.kit.edu

KIT – Universität des Landes Baden-Württemberg und nationales
Forschungszentrum in der Helmholtz-Gemeinschaft

KIT Scientific Publishing 2011
Print on Demand

ISBN 978-3-86644-690-8

Informationskonsistenz im föderativen Identitätsmanagement: Modellierung und Mechanismen

zur Erlangung des akademischen Grades eines

DOKTORS DER INGENIEURWISSENSCHAFTEN

der Fakultät für Informatik
des Karlsruher Instituts für Technologie (KIT)

genehmigte

Dissertation

von

Thorsten Höllrigl

aus Bruchsal

Tag der mündlichen Prüfung: 17. Dezember 2010

Erster Gutachter: Prof. Dr. rer.nat. Hannes Hartenstein
Karlsruher Institut für Technologie (KIT)

Zweiter Gutachter: Prof. Dr. rer.nat. Marcel Waldvogel
Universität Konstanz

Kurzzusammenfassung

In vielen größeren Organisationen haben sich IT-Systeme innerhalb der einzelnen Organisationseinheiten über Jahre hinweg unabhängig voneinander entwickelt. Dies führte zu einer steigenden Anzahl isolierter IT-Dienste und einer verteilten Haltung identitätsbezogener Informationen, die für die Gewährleistung eines gesicherten Zugriffs auf diese Dienste notwendig sind. Um sich auf aktuelle Entwicklungen einstellen zu können und die Konkurrenzfähigkeit aufrecht zu erhalten, stehen Organisationen nun vor der Herausforderung, Geschäftsprozesse nicht nur innerhalb einzelner Teilbereiche, sondern übergreifend und organisationsweit sowie über Organisationsgrenzen hinaus zu unterstützen. Dies erfordert eine Verflechtung der IT-Systeme und bedarf eines übergreifenden Identitätsmanagements (IdM), welches eine Integration dieser isolierten Dienste und Systeme ermöglicht.

Das föderative Identitätsmanagement (FIM) [Maler & Reed 2008] stellt durch seine Dezentralität und Modularität einen vielversprechenden Ansatz sowohl für organisationsinterne als auch organisationsübergreifende Szenarien dar. Der föderative Ansatz lehnt sich hierbei mehr an den Grundgedanken von Peer-to-Peer-Systemen an, als an den Grundgedanken klassischer "zentralisierter" Identitätsmanagementsysteme. Dies manifestiert sich im Wesentlichen darin, dass die Autonomie der Teilsysteme zu einem gewissen Grad erhalten bleibt und somit bspw. lokale Prozesse weitestgehend beibehalten werden können [Hoellrigl et al. 2007b]. Die Autonomie wiederum führt zu einer redundanten Speicherung identitätsbezogener Informationen und wirft somit Konsistenzfragen auf. Die Konsistenz identitätsbezogener Informationen spielt in verteilten Systemen insbesondere durch deren Einsatz für den gesicherten und personalisierten Zugriff auf IT-Dienste eine wesentliche Rolle. Demnach können inkonsistente Informationen potentiell zu einem fehlerhaften Dienstzugriff bzw. einer unbeabsichtigten Dienstverweigerung führen.

Ziel der Arbeit ist es, den föderativen Ansatz und die hiermit verbundenen Konzepte, Standards und Softwaresysteme hinsichtlich der Informationskonsistenz zu analysieren und zu bewerten, sowie Lösungsansätze zur Vermeidung inkonsistenter Identitätsdaten darzulegen. Dies wird zunächst durch eine Beschreibung der für das Verständnis der Arbeit notwendigen Grundlagen und eine auf der Basis einer umfangreichen Literaturrecherche basierenden Problemanalyse vorgenommen. Hierauf aufbauend wird ein Konsistenzmodell dediziert für Identitätsinformationen in verteilten Systemen entwickelt. Des Weiteren werden zwei Mechanismen für die praktische Sicherstellung der Konsistenz identitätsbezogener Information in verteilten Systemen unter Berücksichtigung unterschiedlicher Leitgedanken konzipiert, prototypisch umgesetzt und bewertet. Zusätzlich werden Maßnahmen und Mechanismen zur Unterstützung bei der Etablierung eines IdM-Systems in verteilten Systemen anfallender organisatorischer Aufgaben dargelegt.

Ein wesentlicher Vorteil des föderativen Ansatzes ist dessen dezentraler Charakter und die hiermit einhergehende partielle Erhaltung der Autonomie der Teilsysteme. Diese führt jedoch in den meisten Fällen zu einer redundanten Haltung identitätsbezogener Informationen. Da sich identitätsbezogene Informationen ändern können, ist es notwendig, sich mit deren Konsistenz zu beschäftigen. Aktuelle Konsistenzmodelle bieten die Wahl zwischen einem sehr harten Konsistenzbegriff oder einem relaxierten Konsistenzbegriff, der typischerweise keinerlei Zusagen über den Zeitpunkt, wann Informationen konsistent sind, macht. Die Sicherstellung harter Konsistenz nimmt in verteilten Systemen einen erheblichen Einfluss auf die Verfügbarkeit und Leistung des Gesamtsystems [Yu & Vahdat 2002]. Da für das IdM in verteilten Systemen der Autonomiegedanke vor allem hinsichtlich dieser Aspekte eine große Rolle spielt, empfiehlt sich in vielen Anwendungsszenarien die Verwendung eines relaxierten Konsistenzbegriffs. Um jedoch gleichzeitig quantifizierbare Angaben hinsichtlich der maximal benötigten Dauer für die Verteilung auftretender Änderungen machen zu können, bspw. um diese im Rahmen einer Dienstleistungsbeschreibung zu spezifizieren, wurde im Rahmen dieser Arbeit ein Konsistenzmodell zur Definition der so genannten *ID-Consistency* entwickelt. Neben der Berücksichtigung einer zeitlichen Komponente werden hierbei auch Charakteristiken identitätsbezogener Informationen adressiert. Durch die Fokussierung auf die Informationskonsistenz erlaubt das Modell, die elementaren Bestandteile eines IdM-Systems zu identifizieren und IdM-Systeme somit sowohl von Marketing-Philosophien als auch von Protokoll- und Technologieterminologie zu befreien. Die Anwendung des formalen Modells, welche in der Arbeit exemplarisch anhand von CardSpace, einer vielversprechenden benutzerzentrierten FIM-Technologie, illustriert wird, führt durch die Klarstellung von Informationsflüssen zu einem klar strukturierten Modell eines IdM-Systems [Hoellrigl et al. 2010a].

Zusätzlich zu einer theoretischen Betrachtung des Konsistenzbegriffs ist die praktische Sicherstellung der Konsistenz identitätsbezogener Informationen in verteilten Systemen ein wesentliches Ziel der Arbeit. Zur Konzeption eines geeigneten Ansatzes waren vor allem die Erkenntnisse, die bei der Etablierung eines KIT-weiten IdM-Systems mit Werkzeugen zur Sicherstellung der Konsistenz gewonnen werden konnten, von großem Vorteil, auch wenn dabei berücksichtigt werden muss, dass eine Integrationslösung in einem organisationsübergreifenden Szenario die beteiligten Systeme weniger stark koppeln sollte als in einem organisationsinternen Szenario. Demnach gilt es, beteiligte Systeme zu integrieren, ohne dabei zu viele Abhängigkeiten zwischen den Systemen zu erzeugen. Um dies zu erreichen, wurde in der Arbeit eine auf dem Publish/Subscribe-Paradigma basierte Middleware namens FedWare entwickelt. FedWare erlaubt, auftretende Änderungen zwischen den Systemen so zu verteilen, dass Heterogenität, bspw. unterschiedliche Informationsschemata, für die Systeme verborgen bleiben. Durch die mittels des Publish/Subscribe-Paradigmas erzielte Entkopplung der Systeme, bspw. der Verfügbarkeit oder Konfiguration involvierter Systeme, wird es möglich, dass der Betriebs- und Integrationsaufwand solch eines Systems reduziert wird und somit z.B. Änderungen an integrierten Systemen keinen unnötigen Einfluss auf andere Systeme nehmen [Hoellrigl et al. 2010b].

Die zunehmende Anzahl an IT-Diensten in verteilten Systemen verstärkt die Notwendigkeit, Benutzer zu befähigen, die Kontrolle darüber zu behalten, welche Dienste welche identitätsbezogenen Informationen vorhalten. Das benutzerzentrierte FIM versucht dieser Herausforderung zu begegnen, indem es die Kontrolle über die Weitergabe identitätsbezogener Informationen dem Benutzer überlässt [Maler & Reed 2008]. Auch bei diesem Ansatz lässt sich eine redundante Datenhaltung nicht vermeiden. Im Gegenteil: um zu verhindern, dass ein einzelner Dienst alle Informationen eines Benutzers vorhält, motiviert der benutzerzentrierte Ansatz sogar eine verteilte, redundante Datenhaltung. Somit erfordert auch dieser Ansatz die Adressierung von Konsistenzfragen. Da in aktuellen benutzerzentrierten Systemen eine Weitergabe identitätsbezogener Informationen einer manuellen Zustimmung des Benutzers bedarf, können Dienste nur im Zuge einer Dienstnutzung mit aktuellen Informationen versorgt werden, was bspw. im Falle von langlaufenden Geschäftsprozessen problematisch sein kann. In dieser Arbeit wurde daher ein Ansatz namens User-Controlled Automated Identity Delegation entwickelt, welcher durch eine zusätzliche Komponente, den so genannten Identity Delegate, eine Automatisierung auf der Basis benutzerdefinierter Richtlinien erlaubt. Dieser Ansatz wurde prototypisch in CardSpace umgesetzt und evaluiert. Durch die Evaluierung der Performance, welche akzeptable durchschnittliche Antwortzeiten bei einer gleichzeitig moderaten Netzwerklast ergab, konnte die Anwendbarkeit dieses Ansatzes in realweltlichen Szenarien gezeigt werden [Hoellrigl et al. 2010c].

Die Grundlage der Konsistenz identitätsbezogener Informationen auf technischer Ebene bilden auf der organisatorischen Ebene konsistente Geschäftsprozesse. Die Etablierung und Integration eines IdM innerhalb einer Organisation als auch zwischen unterschiedlichen Organisationen stellt somit nicht nur eine Herausforderung hinsichtlich der technischen, sondern auch hinsichtlich der managementbezogenen Aufgaben dar. Im Zuge der Umsetzung eines FIM am KIT konnte die Erfahrung gemacht werden, dass durch den modularen Charakter des FIM eine Schritt-für-Schritt Etablierung eines IdM eröffnet wird, welche sich wiederum positiv auf hierbei anfallende organisatorische Aufgaben auswirkt, da bspw. weniger Treffen mit weniger Interessenvertretern notwendig sind, um zu ersten Ergebnissen zu kommen, ohne dabei die Flexibilität möglicher Erweiterungen und Anpassungen an den etablierten Systemen abzugeben. Neben diesem positiven Einfluss des föderativen Paradigmas, konnte jedoch auch eine unzulängliche Unterstützung managementbezogener Aufgaben für die Etablierung und den Betrieb einer Föderation festgestellt werden. Um die Effizienz und Effektivität des Managements einer Föderation zu verbessern und somit die Informationskonsistenz auf Managementebene sicherzustellen, wird im Rahmen dieser Arbeit zum einen ein Vorschlag zur Strukturierung managementbezogener Aufgaben präsentiert. Zum anderen werden exemplarisch technische Unterstützungen auf der Basis eines Kollaborationswerkzeugs vorgestellt, welche das Management einer Föderation effizienter und effektiver gestalten sollen.

Vorwort

Ein wesentliches Ziel des wissenschaftlichen Arbeitens ist es, neue über den aktuellen Stand der Technik hinausreichende Erkenntnisse zu erlangen. Der Weg, um dieses Ziel zu erreichen, besteht hierbei zu großen Teilen in der Analyse verwandter Arbeiten. Darüber hinaus ist es oftmals der Gedankenaustausch mit anderen Forschern, der es erlaubt, durch kritisches Hinterfragen die eigene Arbeit zu überdenken und neue Ideen zu generieren. Während meiner Zeit als wissenschaftlicher Mitarbeiter in der Forschungsgruppe Dezentrale Systeme und Netzdienste (DSN) am Institut für Telematik am Karlsruher Institut für Technologie (KIT) war es rückblickend vor allem dieser Gedankenaustausch mit den Mitgliedern der Forschungsgruppe, welcher mich und meine Arbeit vorangebracht hat.

Ein ganz besonderer Dank gebührt hierbei meinem Doktorvater Herrn Prof. Dr. Hannes Hartenstein, nicht nur dafür, dass er mir die Möglichkeit zur Promotion eröffnet hat, sondern insbesondere dafür, dass er jederzeit ein offenes Ohr für mich hatte. Seine ausnahmslose Wahrheitsliebe, sein unbändiger Arbeitseinsatz und seine hundertprozentige Arbeitsweise dienten mir stets als Vorbild und haben mich immer wieder auf ein Neues motiviert.

Des Weiteren möchte ich mich bei Herrn Prof. Dr. Marcel Waldvogel für die Übernahme des Korreferats meiner Arbeit sowie bei Herrn Prof. Dr. Wilfried Juling und Herrn Prof. Dr. Bernhard Neumair für die Begleitung meiner mündlichen Prüfung bedanken.

Vielen Dank auch an meine Kollegen der Forschungsgruppe DSN. Insbesondere möchte ich mich bei Frank Schell bedanken. Die unzähligen, stets wertvollen Gespräche und seine kritische Art und Weise Dinge zu hinterfragen, haben wesentlich sowohl mich als auch meine Arbeit geprägt. Es erfüllt mich mit Freude und Stolz Dich, lieber Frank, als meinen Freund bezeichnen zu dürfen. Ganz besonders möchte ich mich auch bei Dr. Jochen Dinger bedanken, der mich in einer sehr wichtigen Phase meines Promotionsprojektes an seiner umfangreichen Erfahrung und tadellosen Arbeitsweise hat teilhaben lassen. Mein Dank gilt darüber hinaus Natalya An, Tristan Gaugel, Dr. Jérôme Härri, Oliver Jetter, Konrad Jünemann, Dr. Moritz Killat, Holger Kühner, Sebastian Labitzke, Jens Mittag, Dr. Felix Schmidt-Eisenlohr, Tessa Tielert und Dr. Marc Torrent Moreno. Das hilfsbereite und durchgängig positive Miteinander innerhalb der Gruppe lässt mich mit Freude auf die vergangenen Jahre zurückblicken. An dieser Stelle möchte ich auch Frau Astrid Hopprich danken, die stets herzlich und zuvorkommend bereit war, mich bei vielen organisatorischen Aufgaben zu unterstützen. Auch Frau Ina Dvorak und Frau Audrey Bohlinger möchte ich für ihre Hilfe, durch welche die Bewältigung der administrativen Hürden wesentlich vereinfacht wurde, danken. Vielen Dank auch an Daniel Ried und Alvar Wenzel für die Durchsicht des Manuskripts dieser Arbeit. Dem erst genannten möchte ich insbesondere für die vielen allzeit konstruktiven Diskussionen auf dem Weg zur Arbeit danken.

Zu guter Letzt, jedoch mein größter Dank, gebührt meiner Familie. Ich möchte meinen Eltern dafür danken, dass sie durchweg an mich geglaubt und mich ohne Ausnahme unterstützt haben. Durch ihre herzliche und offene Art haben sie dazu beigetragen, dass ich die für das Promotionsprojekt notwendige Kraft aufbringen konnte. Noch viel mehr danken möchte ich meiner geliebten Frau Sabrina und meinem wunderbaren Sohn Kilian. Liebe Sabrina, Du hast mich durch Deine nahezu unendliche Geduld und Deine fortwährende und vielseitige Unterstützung nie daran zweifeln lassen, dass wir dieses Projekt Seite an Seite erfolgreich abschließen werden. Gemeinsam mit Kilian hast Du mir immer wieder gezeigt, dass es im Leben noch Wichtigeres gibt als die Arbeit. Hierdurch habt Ihr beiden einen Ausgleich für mich geschaffen, der rückblickend entscheidend zum erfolgreichen Abschluss meines Promotionsprojektes beigetragen hat. Hierfür möchte ich Dir von ganzem Herzen danken.

Thorsten Höllrigl,

Neuthard, im Februar 2011

Inhaltsverzeichnis

Tabellenverzeichnis

Abbildungsverzeichnis

1
Einleitung

Information und "gut informiert sein" ist heutzutage in weiten Teilen der Welt für weit mehr Menschen von Bedeutung als nur für "Informationsjunkies", die immer mit den neuesten Informationen versorgt sein müssen und laut Frau Meckel, Professorin für Corporate Communication an der Universität St. Gallen, in ihrem Buch *Das Glück der Unerreichbarkeit: Wege aus der Kommunikationsfalle* [Meckel 2009] einen neuen Lebenstrend definieren: das *virtuelle mobile Ich*. Der Umgang und "Handel" mit Informationen hat in vielen Ländern der Erde längst soziokulturelle Auswirkungen auf die Lebensbedingungen des Menschen und prägt die Wirtschafts- und Gesellschaftsform bis hin zu einer *Informationsgesellschaft*, einer Gesellschaft, die einen wesentlichen und stetig wachsenden Anteil des Inlandsproduktes durch die Gewinnung, Bearbeitung, Weitergabe und Nutzung von Informationen erwirtschaftet [Bell 1973].

Zu einem großen Anteil wurde diese Gesellschaftsform durch die *Informatik* geprägt, eine Wissenschaft mit dem Ziel "[…] information processes and related phenomena in artifacts, society and nature" [Nygaard 1986] zu erforschen[1]. So war es die Informatik, welche die Gesellschaft durch eine der wohl wichtigsten technolgischen Entwicklungen der vergangenen Jahrzehnte – dem Internet – wesentlich verändert hat. Eine Anwendung, welche ausschlaggebend zu dem Erfolg

---

[1]Übersetzung von Peter Rechenberg: "Informatik ist die Wissenschaft, deren Gegenstand Informationsprozesse und verwandte Phänomene in technischen Erzeugnissen, Gesellschaft und Natur sind" [Rechenberg 2000].

und der rasanten Verbreitung des Internets beigetragen hat, ist das World Wide Web (WWW). Das WWW ist größtenteils aus der Motivation heraus entstanden, den Informationsaustausch zwischen verteilt arbeitenden Forschern zu vereinfachen. Durch die simple Idee verteilt vorliegende Informationen zu einem Ganzen, dem so genannten *Hypertext*[2], zu verknüpfen, wurde die Informationsgewinnung der Informationsgesellschaft substanziell geprägt. Das Internet macht es leichter denn je, möglichst schnell und einfach an die neuesten Informationen zu gelangen. Doch was genau bedeutet der Begriff "Information"?

Etymologisch hat der Begriff *Information* seinen Ursprung im lateinischen *informatio*, die Vorstellung, Bedeutung. Im Fremdwörterbuch des deutschen Duden wird Information als Nachricht, Mitteilung, Auskunft definiert [Duden Fremdwörterbuch 2006]. Im Sinne der Informatik, kann laut Peter Rechenberg die Information aus zwei Blickwinkeln gesehen werden [Rechenberg 2010]:

(i) Aus der durch Shannon geprägten "Informationstheorie" [Shannon 1948] gesehen, ist Information eine objektivierbare und quantifizierbare Sache, welche auch unabhängig von Kommunikationspartnern existiert.

(ii) Information wird in der Informatik auch als die Bedeutung, d.h. die Semantik, welche durch eine Nachricht übermittelt wird, verstanden. Die Bedeutung wiederum ist subjektiv und vom Empfänger einer Nachricht abhängig [Blieberger et al. 2001].

In der vorliegenden Arbeit geht es um eine bestimmte Art von Informationen, den identitätsbezogenen Informationen. Diese Art der Informationen beziehen sich auf die Identität eines Benutzers oder allgemeiner einer Entität[3]. Doch warum ist die Konsistenz, also die Widerspruchsfreiheit (siehe Abschnitt 4.1.2), identitätsbezogener Informationen von Bedeutung?

1.1   Problemstellung der Arbeit

Identitätsbezogene Informationen, unter welche in Bezug auf die Beschreibung einer realweltlichen Person auch *personenbezogene Informationen (engl. Personally Identifiable Information)* gezählt werden, spielen in der Informations- und Kommunikationstechnologie (IKT) aufgrund der exponentiell steigenden Menge und Vielfalt personenbezogener Informationen und deren Bereitstellung, Speicherung

---

[2]Die technische Grundlage wurde hierbei durch die *Hypertext Markup Language (HTML)* [Berners-Lee & Cailliau 1990] und das *Hypertext Transfer Protocol (HTTP)* [RFC 1945] geschaffen.
[3]Eine Entität, auch Subjekt genannt, kann eine reale oder juristische Person, ein Softwaresystem oder irgendetwas anderes, das sich durch seine Attribute beschreiben lässt, sein [Windley 2005].

und Verwendung durch bspw. Soziale Netzwerke und Dienstanbieter eine immer
bedeutendere Rolle [Narayanan & Shmatikov 2010]. Aufgrund der Sensibilität
dieser Informationen unterliegt deren Nutzung strenger Vorschriften, in Deutschland bspw. festgelegt durch das Bundesdatenschutzgesetz [BDSG 2003] oder in
der Europäische Gemeinschaft durch die Richtlinie 95/46/EG [EU 95/46/EG]
zum Schutz natürlicher Personen bei der Verarbeitung personenbezogener Daten. Zu diesen personenbezogenen Daten zählen nicht nur Informationen wie
Sozialversicherungsnummer, Geburtsdatum, E-Mail-Adresse, usw., sondern vielmehr werden auch Informationen subsumiert, die indirekt, d.h. in Kombination
mit anderen personenbezogenen Informationen, zur Identifizierung einer Person
herangezogen werden können (siehe Abschnitt 2.1).

Aktuelle Entwicklungen wie das "Cloud Computing" haben das Ziel, Benutzern einen sehr einfachen und dynamischen Zugriff auf angebotene Dienste zu
ermöglichen. Die gesicherte Nutzung von Diensten in der "Cloud" ist ohne die
Bereitstellung fundamentaler Prozesse wie der Identifikation, der Authentifikation und der Autorisation von Benutzern und Systemen nicht möglich. Als Basis
dieser Prozesse dienen identitätsbezogene Informationen, welche durch ein Identitätsmanagement (IdM) zur Verfügung gestellt werden. Demzufolge kann die
fehlerfreie Durchführung dieser sicherheitskritischen Prozesse und somit die Sicherheit und Funktionsweise der Cloud selbst nur dann erreicht werden, wenn
die Korrektheit identitätsbezogener Informationen sichergestellt ist. Fehlerhafte
Identitätsinformationen können zu einer inkorrekten Dienstnutzung oder auch
einer unbeabsichtigten Dienstverweigerung führen. Falls bspw. die Identität eines
Benutzers gesperrt wird und diese Änderung nicht durch ein IdM-System an die
durch den Benutzer genutzten Dienste kommuniziert wird, kann es möglich sein,
dass ein Dienst unrechtmäßigerweise weiterverwendet wird. Auch der Wechsel
einer Rolle eines Benutzers führt typischerweise zu einer Änderung der Zugriffsberechtigungen und ist somit potentiell für genutzte Dienste eines Benutzers von
Bedeutung. Da dieser Rollenwechsel auch einen Berechtigungszuwachs für den
Benutzer bedeuten kann, wird im Rahmen dieser Arbeit davon ausgegangen, dass
die Konsistenz identitätsbezogener Informationen sowohl für Benutzer als auch
für Dienstanbieter ein erstrebenswerter Zustand ist.

Solange Daten zentral vorgehalten werden, besteht die Herausforderung, für die
Korrektheit identitätsbezogener Informationen zu sorgen, in der Sicherstellung der
"Validität" der Informationen selbst, d.h. durch geeignete Mechanismen während
der initialen Aufnahme, typischerweise als *Registrierung* bezeichnet, als auch
während des Lebenszyklus der Informationen sollte die Aktualität im Sinne der
Widerspiegelung des realweltlichen Zustands gewährleistet werden. In allen Phasen
muss demnach eine in einem angemessenen Maße durchgeführte Prüfung der

erhobenen Daten erfolgen.

In verteilten Systemen kommt es zu einer zusätzlichen Komplexität: identitätsbezogene Informationen liegen dezentral, redundant und heterogen vor. Dies hat sowohl technische als auch nicht technische Gründe. Beispielsweise stärkt die Replikation von Informationen die Fehlertoleranz eines Systems auf der technischen Ebene genauso wie die Autonomie einer Organisation auf der Geschäftsebene. Nicht zuletzt führt vor allem das fehlende Vertrauen in eine zentrale Instanz zu einer verteilten Datenhaltung, wie bspw. der ausbleibende Erfolg des Projekts Microsoft Passport [WWW MS Passport] deutlich machte, in welchem Benutzern ein Internet weiter Dienst zur zentralen Verwaltung identitätsbezogener Informationen angeboten wurde [Cameron 2005]. Der durch die Replikation von Daten gewonnene Mehrwert hat jedoch seinen Preis: Da identitätsbezogene Informationen sich ändern, ist es zur Vermeidung von Inkonsistenzen notwendig, Replikate miteinander zu synchronisieren.

Allgemein können Informationen zu einem bestimmten Zeitpunkt als "konsistent" bezeichnet werden, wenn sie in diesem Moment widerspruchsfrei sind (vgl. [Brockhaus Enzy. 2006a]). In diesem Sinne bedeutet Konsistenz Widerspruchsfreiheit. In verteilten Systemen ist vor allem der Zeitpunkt von Interesse, zu welchem Änderungen an den verteilt vorliegenden Informationen vorgenommen werden, da diese Änderungen an alle Replikate verteilt werden müssen, um die Widerspruchsfreiheit aufrecht zu erhalten.

> *"In an ideal world there would be only one consistency model: when an update is made all observers would see that update."*
> gemäß [Vogels 2009]

Leider kann diese "ideal world" in verteilten Systemen nicht existieren, da es unmöglich ist, alle Replikate bei Änderungen "gleichzeitig" anzupassen. Mit anderen Worten: ohne den Konsistenzbegriff zu relaxieren, wäre ein System bei jeder Änderung grundsätzlich inkonsistent. Aus diesem Grund wird in verteilten Systemen die Konsistenz in Form von Konsistenzmodellen definiert:

> *"[...] contracts consisting of a set of rules that have to be obeyed by all processes operating on data stores to achieve consistency."*
> gemäß [Tanenbaum & van Steen 2006]

Demnach wird die Konsistenz auf der Basis eines Regelwerks definiert und Informationen sind dann konsistent, wenn sich die beteiligten Systeme an diese Regeln halten.

Im Rahmen dieser Arbeit gilt es zu klären, inwieweit aktuelle Forschungsergebnisse im Bereich der Informationskonsistenz auch für identitätsbezogene

Informationen in einem ausreichenden Maße Erkenntnis bringen. Zusätzlich zu dieser theoretischen Betrachtung des Konsistenzbegriffs gilt es zu analysieren, inwieweit aktuelle Standards, Protokolle und Technologien im Bereich des verteilten Identitätsmanagements – oftmals unter dem Begriff des föderativen Identitätsmanagements (FIM) subsumiert – die Konsistenz praktisch sicherstellen können. Insbesondere werden folgende Aspekte aktuell nicht ausreichend adressiert bzw. durch aktuelle Forschung nicht ausreichend beantwortet:

(i) Die Vielzahl an Technologien, Standards und Softwareprodukte machen ein klar strukturiertes Bild auf die Form der Informationsbereitstellung und -verarbeitung aktueller Identitätsmanagementsysteme schwierig. Eine formale Grundlage in Form eines klaren Modells, das die für die Konsistenz identitätsbezogener Information relevanten Aspekte in den Vordergrund stellt, ist durch bestehende Forschungsansätze nicht gegeben.

(ii) Identitätsbezogene Informationen haben spezifische Eigenschaften, wie semantische und kausale Beziehungen zueinander. Darüber hinaus ist in verteilten IdM-Systemen eine Heterogenität sowohl der zur Speicherung identitätsbezogener Informationen eingesetzter Technologien als auch der zur Beschreibung identitätsbezogener Informationen verwendeter Schemata vorzufinden [Anthes 2010]. Diese Aspekte werden durch aktuelle Konsistenzmodelle nicht ausreichend berücksichtigt. Es gilt somit zu klären, inwieweit ein Konsistenzbegriff, der dediziert für identitätsbezogene Informationen konzipiert wird, einen Mehrwert bringen kann.

(iii) Zusätzlich zu theoretischen Überlegungen hinsichtlich der Konsistenz identitätsbezogener Informationen gilt es zu klären, inwieweit aktuelle Mechanismen die Konsistenz identitätsbezogener Informationen in organisationsübergreifenden Szenarien sicherstellen können. Hierbei muss geklärt werden, wie existierende Teillösungen zu einen sinnvollen Ganzen kombiniert werden können, insbesondere unter Berücksichtigung des Aufwands zur Etablierung und dem Betrieb der Gesamtlösung. Darüber hinaus stellt sich die Frage, wie ein Mechanismus konzipiert sein sollte, welcher einen Fokus auf die Belange des Benutzers legt, vor allem hinsichtlich der Einhaltung von Datenschutzaspekten.

(iv) Die Zusammenarbeit von Unternehmen über Organisationsgrenzen hinaus stellt nicht nur an die Technik hohe Anforderungen. Nicht zuletzt bringt auch die Integration organisatorischer Prozesse Herausforderungen mit sich. Hierbei gilt es zu klären, wie die bei der Etablierung eines organisationsübergreifenden Identitätsmanagements anfallenden managementbezogenen

Aufgaben strukturiert angegangen werden können und inwieweit durch Werkzeuge das Management einer Föderation unterstützt und hierdurch effizienter gestaltet werden kann.

1.2 Zielsetzung und Beiträge dieser Arbeit

Ziel der Arbeit ist es, das Identitätsmanagement in verteilten Systemen und die hiermit verbundenen Konzepte, Standards und Software hinsichtlich der Informationskonsistenz zu analysieren und zu bewerten, sowie Lösungsansätze zur Vermeidung inkonsistenter Identitätsdaten darzulegen. Dies wird zunächst durch eine Beschreibung der für das Verständnis der Arbeit notwendigen Grundlagen und eine auf der Basis einer umfangreichen Literaturrecherche durchgeführten Problemanalyse vorgenommen. Hierauf aufbauend wird ein Konsistenzmodell dediziert für Identitätsinformationen in verteilten Systemen entwickelt. Des Weiteren werden zwei Mechanismen für die praktische Sicherstellung der Konsistenz identitätsbezogener Information in verteilten Systemen unter Berücksichtigung unterschiedlicher Leitgedanken konzipiert, prototypisch umgesetzt und bewertet. Zusätzlich werden Maßnahmen und Mechanismen zur Unterstützung des Managements eines föderativen IdM-Systems dargelegt. Folgende Beiträge kennzeichnen die Arbeit insbesondere:

(i) **Konsistenzmodell für Identitätsinformationen in verteilten Systemen** – eine redundante Haltung identitätsbezogener Informationen lässt sich in verteilten Systemen in den meisten Fällen nicht vermeiden (siehe Abschnitt 3.2). Da sich identitätsbezogene Informationen ändern können, ist es notwendig, sich mit deren Konsistenz zu beschäftigen. Aktuelle Konsistenzmodelle bieten im Wesentlichen die Wahl zwischen einem sehr harten Konsistenzbegriff oder einem relaxierten Konsistenzbegriff, der typischerweise keinerlei Zusagen über den Zeitpunkt, wann Informationen konsistent sind, macht. Die Sicherstellung harter Konsistenz nimmt in verteilten Systemen einen erheblichen Einfluss auf die Verfügbarkeit und Leistung des Gesamtsystems [Yu & Vahdat 2002]. Da für das IdM in verteilten Systemen der Autonomiegedanke vor allem hinsichtlich dieser Aspekte eine große Rolle spielt, empfiehlt sich in vielen Anwendungsszenarien die Verwendung eines relaxierten Konsistenzbegriffs. Um jedoch gleichzeitig quantifizierbare Angaben hinsichtlich der maximal benötigten Dauer für die Verteilung auftretender Änderungen machen zu können, bspw. um diese im Rahmen einer Dienstleistungsbeschreibung zu spezifizieren, wurde im Rahmen dieser Arbeit ein Konsistenzmodell zur Definition der so genannten *ID-Consistency* entwickelt. Neben der Berücksichtigung einer zeitlichen Komponente, werden hierbei auch Charakteristiken identitätsbezogener Informationen adressiert. Durch die Fokussierung auf die Informationskonsistenz erlaubt das Modell, die elementaren Bestandteile eines IdM-Systems zu identifizieren und IdM-Systeme somit von Marketing-Philosophien als auch von Protokoll- und Technologieterminologie zu befreien. Die Anwendung des formalen Modells, welche in der Arbeit exemplarisch anhand von CardSpace, einer vielversprechenden benutzerzentrierten FIM-Technologie, demonstriert wird, führt durch die Klarstellung von Informationsflüssen zu einem klar strukturierten Modell.

(ii) **Sicherstellung der Konsistenz unter Berücksichtigung der losen Kopplung** – zusätzlich zu einer theoretischen Betrachtung des Konsistenzbegriffs ist die praktische Sicherstellung der Konsistenz identitätsbezogener Informationen in verteilten Systemen ein wesentliches Ziel der Arbeit. Zur Konzeption eines geeigneten Ansatzes waren vor allem die Erkenntnisse, die bei der Etablierung eines KIT-weiten IdM-Systems mit Werkzeugen zur Sicherstellung der Konsistenz gewonnen werden konnten, von großem Vorteil, auch wenn dabei berücksichtigt werden muss, dass eine Integrationslösung in einem organisationsübergreifenden Szenario beteiligte Systeme weniger stark koppeln sollte als in einem organisationsinternen Szenario. Demnach gilt es, beteiligte Systeme zu integrieren, ohne dabei zu viele Abhängigkeiten zwischen den Systemen zu erzeugen. Um dies zu erreichen, wurde zunächst eine umfangreiche Literaturrecherche, Analyse und Bewertung existierender Ansätze vorgenommen. Hierauf aufbauend wurde durch eine sinnvolle Kombination bereits existierender Teillösungen eine auf dem Publish/Subscribe-Paradigma basierte Middleware namens *FedWare* entwickelt. FedWare erlaubt auftretende Änderungen zwischen den Systemen so zu verteilen, dass Heterogenität, bspw. unterschiedliche Informationsschemata, für die Systeme verborgen bleiben. Durch die mittels des Publish/Subscribe-Paradigmas erzielte Entkopplung der Systeme, bspw. der Verfügbarkeit oder Konfiguration involvierter Systeme, wird es möglich, dass der Betriebs- und Integrationsaufwand solch eines Systems reduziert wird und somit z.B. Änderungen an integrierten Systemen keinen Einfluss auf andere Systeme nehmen. Die Evaluierung dieses Ansatzes wurde zunächst qualitativ vorgenommen, indem die Lösung hinsichtlich zuvor aufgestellter Anforderungen bewertet wurde. Um die Einsetzbarkeit des Ansatzes in realweltlichen Szenarien zu demonstrieren, wurde darüber hinaus eine quantitative Leistungsbewertung auf der Basis einer prototypischen Implementierung vorgenommen.

(iii) **Konsistenzsicherstellung unter Berücksichtigung von Benutzerbelange** – die zunehmende Anzahl an IT-Diensten in verteilten Systemen verstärkt die Notwendigkeit, Benutzer zu befähigen, die Kontrolle darüber zu behalten, welche Dienste welche identitätsbezogenen Informationen vorhalten. Das benutzerzentrierte FIM versucht dieser Herausforderung zu begegnen, indem es die Kontrolle über die Weitergabe identitätsbezogener Informationen dem Benutzer überlässt [Maler & Reed 2008]. Auch bei diesem Ansatz ist eine redundante Datenhaltung typischerweise nicht zu vermeiden. Im Gegenteil, um zu verhindern, dass ein einzelner Dienst alle Informationen eines Benutzers vorhält, motiviert der benutzerzentrierte Ansatz sogar eine verteilte, redundante Datenhaltung. Somit erfordert auch dieser Ansatz die Adressierung von Konsistenzfragen. Da in aktuellen benutzerzentrierten Systemen eine Weitergabe identitätsbezogener Informationen einer manuellen Zustimmung des Benutzers bedarf, können Dienste nur im Zuge einer Dienstnutzung mit aktuellen Informationen versorgt werden, was bspw. im Falle von langlaufenden Geschäftsprozessen problematisch sein kann. In der Arbeit wurde daher ein Ansatz namens *User-Controlled Automated Identity Delegation* entwickelt, welcher durch eine zusätzliche Komponente, den so genannten *Identity Delegate*, eine Automatisierung auf der Basis benutzerdefinierter Richtlinien erlaubt. Dieser Ansatz wurde prototypisch in CardSpace umgesetzt und evaluiert. Durch die Evaluierung der Performance, welche akzeptable durchschnittliche Antwortzeiten bei einer moderaten Netzwerklast ergab, konnte die Anwendbarkeit dieses Ansatzes in realweltlichen Szenarien gezeigt werden.

(iv) **Maßnahmen und Mechanismen zur Unterstützung des Managements eines IdM-Systems in verteilten Systemen** – Die Grundlage der Konsistenz identitätsbezogener Informationen auf technischer Ebene bilden auf der organisatorischen Ebene konsistente Geschäftsprozesse. Die Etablierung und Integration eines IdM innerhalb einer Organisation als auch zwischen unterschiedlichen Organisationen stellt somit nicht nur eine Herausforderung hinsichtlich der technischen, sondern auch hinsichtlich der managementbezogenen Aufgaben dar. Im Zuge der Umsetzung eines FIM am KIT konnte die Erfahrung gemacht werden, dass durch den modularen Charakter des FIM eine Schritt-für-Schritt Etablierung eines IdM eröffnet wird, welche sich wiederum positiv auf hierbei anfallende organisatorische Aufgaben auswirkt, da bspw. weniger Treffen mit weniger Interessenvertretern notwendig sind, um zu ersten Ergebnissen zu kommen, ohne dabei die Flexibilität möglicher Erweiterungen und Anpassungen an den etablierten Systemen abzugeben. Neben diesem positiven Einfluss des föderativen Paradigmas, konnte jedoch auch eine unzulängliche Unterstützung organisatorischer Aufgaben festgestellt werden. Um die Effizienz und Effektivität des Managements einer Föderation zu verbessern und somit die Informationskonsistenz auf Managementebene sicherzustellen, wird im Rahmen dieser Arbeit zum einen ein Vorschlag zur Strukturierung managementbezogener Aufgaben präsentiert. Zum anderen werden exemplarisch unterschiedliche technische Unterstützungen auf der Basis eines Kollaborationswerkzeugs vorgestellt, welche das Management einer Föderation effizienter und effektiver gestalten sollen.

Teile dieser Arbeit wurden bereits in [Hoellrigl et al. 2010a], [Hoellrigl et al. 2010b], [Hoellrigl et al. 2010c], [Hoellrigl 2010], [Schell et al. 2009], [Hoellrigl et al. 2009a], [Hoellrigl et al. 2009b], [Hoellrigl et al. 2008], [Schell et al. 2008], [Hoellrigl et al. 2007a], [Hoellrigl et al. 2007b], [Hoellrigl et al. 2006] veröffentlicht.

1.3   Gliederung der Arbeit

Abbildung 1.1 stellt die Struktur der Arbeit grafisch dar. Jedes Kapitel verfolgt hierbei einen bestimmten Zweck und liefert als Ergebnisse die Erkenntnisse dieser Arbeit. Diese werden in den jeweils folgenden Kapiteln als Eingabe verwendet. Die Arbeit ist folgendermaßen gegliedert: In Kapitel 2 werden die für die Arbeit notwendigen Grundlagen erläutert. Verwandte Arbeiten im Bereich organisationsinterner und organisationsübergreifender IdM-Systeme sowie Gründe und Konsequenzen der Replikation identitätsbezogener Informationen werden in Kapitel 3 erläutert. Kapitel 4 diskutiert zunächst existierende Konsistenzmodelle und analysiert deren Angemessenheit für identitätsbezogene Informationen in verteilten Systemen. Des Weiteren wird ein eigenes Konsistenzmodell vorgestellt. Abschließend wird das Konsistenzmodell bewertet und die Anwendung anhand von CardSpace, einem benutzerzentrierten FIM-System demonstriert. In Kapitel 5 wird zunächst ein Mechanismus zur Sicherstellung der Konsistenz beschrieben und bewertet, welcher unter Berücksichtigung der losen Kopplung konzipiert wurde. Darüber hinaus wird ein Ansatz vorgestellt, der den Benutzer bzw. dessen Interessen in adäquater Art und Weise in den Fokus der Konsistenzsicherstellung stellt. Maßnahmen und Mechanismen zur Sicherstellung der Konsistenz auf der Ebene managementbezogener Geschäftsprozesse in verteilten IdM-Systemen werden in Kapitel 6 präsentiert. Die Arbeit schließt mit einer Zusammenfassung und einem Fazit in Kapitel 7.

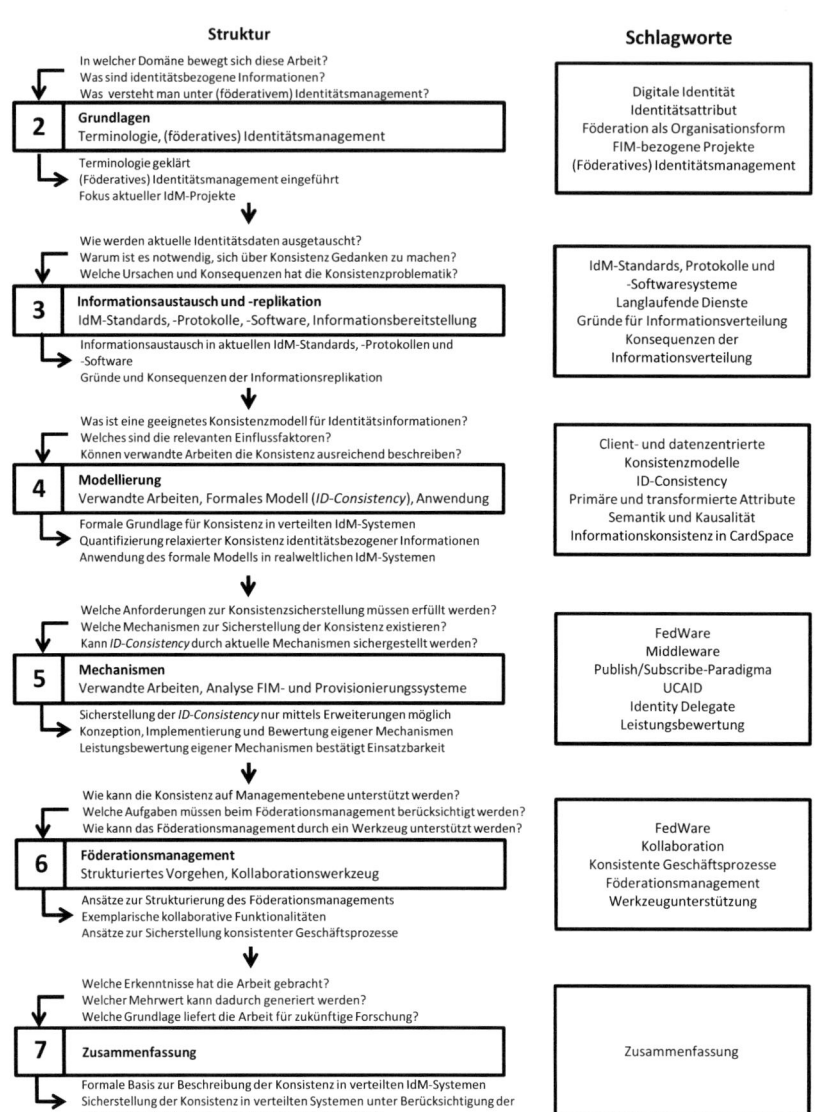

Struktur

In welcher Domäne bewegt sich diese Arbeit?
Was sind identitätsbezogene Informationen?
Was versteht man unter (föderativem) Identitätsmanagement?

2 Grundlagen
Terminologie, (föderatives) Identitätsmanagement

Terminologie geklärt
(Föderatives) Identitätsmanagement eingeführt
Fokus aktueller IdM-Projekte

Wie werden aktuelle Identitätsdaten ausgetauscht?
Warum ist es notwendig, sich über Konsistenz Gedanken zu machen?
Welche Ursachen und Konsequenzen hat die Konsistenzproblematik?

3 Informationsaustausch und -replikation
IdM-Standards, -Protokolle, -Software, Informationsbereitstellung

Informationsaustausch in aktuellen IdM-Standards, -Protokollen und -Software
Gründe und Konsequenzen der Informationsreplikation

Was ist eine geeignetes Konsistenzmodell für Identitätsinformationen?
Welches sind die relevanten Einflussfaktoren?
Können verwandte Arbeiten die Konsistenz ausreichend beschreiben?

4 Modellierung
Verwandte Arbeiten, Formales Modell (ID-Consistency), Anwendung

Formale Grundlage für Konsistenz in verteilten IdM-Systemen
Quantifizierung relaxierter Konsistenz identitätsbezogener Informationen
Anwendung des formale Modells in realweltlichen IdM-Systemen

Welche Anforderungen zur Konsistenzsicherstellung müssen erfüllt werden?
Welche Mechanismen zur Sicherstellung der Konsistenz existieren?
Kann ID-Consistency durch aktuelle Mechanismen sichergestellt werden?

5 Mechanismen
Verwandte Arbeiten, Analyse FIM- und Provisionierungssysteme

Sicherstellung der ID-Consistency nur mittels Erweiterungen möglich
Konzeption, Implementierung und Bewertung eigener Mechanismen
Leistungsbewertung eigener Mechanismen bestätigt Einsatzbarkeit

Wie kann die Konsistenz auf Managementebene unterstützt werden?
Welche Aufgaben müssen beim Föderationsmanagement berücksichtigt werden?
Wie kann das Föderationsmanagement durch ein Werkzeug unterstützt werden?

6 Föderationsmanagement
Strukturiertes Vorgehen, Kollaborationswerkzeug

Ansätze zur Strukturierung des Föderationsmanagements
Exemplarische kollaborative Funktionalitäten
Ansätze zur Sicherstellung konsistenter Geschäftsprozesse

Welche Erkenntnisse hat die Arbeit gebracht?
Welcher Mehrwert kann dadurch generiert werden?
Welche Grundlage liefert die Arbeit für zukünftige Forschung?

7 Zusammenfassung

Formale Basis zur Beschreibung der Konsistenz in verteilten IdM-Systemen
Sicherstellung der Konsistenz in verteilten Systemen unter Berücksichtigung der
Belange des Benutzers und der losen Kopplung möglich

Schlagworte

Digitale Identität
Identitätsattribut
Föderation als Organisationsform
FIM-bezogene Projekte
(Föderatives) Identitätsmanagement

IdM-Standards, Protokolle und -Softwaresysteme
Langlaufende Dienste
Gründe für Informationsverteilung
Konsequenzen der Informationsverteilung

Client- und datenzentrierte Konsistenzmodelle
ID-Consistency
Primäre und transformierte Attribute
Semantik und Kausalität
Informationskonsistenz in CardSpace

FedWare
Middleware
Publish/Subscribe-Paradigma
UCAID
Identity Delegate
Leistungsbewertung

FedWare
Kollaboration
Konsistente Geschäftsprozesse
Föderationsmanagement
Werkzeugunterstützung

Zusammenfassung

Abbildung 1.1: Struktur der Arbeit

2
Grundlagen

Das Ziel dieses Kapitels ist die Darlegung der zum Verständnis der Arbeit notwendigen Grundlagen. Hierbei wird zunächst auf die im Zusammenhang mit identitätsbezogenen Informationen verwandte Terminologie eingegangen. Des Weiteren werden basierend auf einer Definition des Identitätsmanagements die wesentlichen Aufgaben und Bausteine des Identitätsmanagements im Allgemeinen erläutert. Hierauf folgend wird das typischerweise in verteilten und organisationsübergreifenden Szenarien eingesetzte föderative Identitätsmanagement eingeführt. Hierbei werden sowohl die historischen Hintergründe, welche im Wesentlichen zu der Entstehung des föderativen Identitätsmanagements geführt haben, als auch eine allgemeine Betrachtung der Organisationsform Föderation beschrieben. Um ein klares Verständnis hinsichtlich des föderativen Identitätsmanagements zu schaffen, wird eine Definition des föderativen Identitätsmanagements erarbeitet. Die Relevanz und Bedeutung des (föderativen) Identitätsmanagements wird letztendlich auch durch die in diesem Bereich laufende Projekte verdeutlicht. Aus diesem Grund soll abschließend eine Auswahl bedeutender Projekte kurz vorgestellt werden.

2.1 Terminologie

2.1.1 Datenmodell und Informationsmodell

Das Ziel der vorliegenden Arbeit ist die Analyse und die Sicherstellung der Konsistenz identitätsbezogener Informationen in verteilten Systemen. Die Realisierung dieses Ziels obliegt dem *Identitätsmanagement (IdM)* (siehe Abschnitt 2.2). Ein IdM arbeitet auf Daten, d.h. die Speicherung und Übertragung von Daten bilden die Basis eines IdM-Systems. Prinzipiell repräsentieren Daten *Zustände* von Sachverhalten der realen Welt bzw. der entsprechenden Anwendungsdomäne [Lockemann 2004]. Zur Verwaltung dieser Daten wird ein sogenanntes *Datenmodell* benötigt, welches die Menge zulässiger Zustände als auch die Menge zulässiger Zustandsübergänge der zu verwaltenden Daten beschreibt. Die Menge der zulässigen Zustände wird allgemein als *(Daten-)Typ* bezeichnet. Die Menge der zulässigen Zustandsübergänge wird durch die anwendbaren *Operatoren* festgelegt. Zur Einschränkung des Zustandsraums, d.h. zur Einschränkung aller möglichen Zustände eines Typs, ergänzen das Datenmodell noch zusätzliche Bedingungen. Als *Datenbasisschema* wird eine konkrete Beschreibung des Zustandsraums der Datenbasis bezeichnet.

Um ein Management von Identitätsinformationen in verteilten, heterogenen Systemen möglich zu machen, ist es notwendig, dass sich die interagierenden Komponenten über die *Interpretation* der Daten einigen, da es a priori kein gemeinsames Verständnis der ausgetauschten Daten gibt. Somit lässt sich aus den Daten und Konventionen hinsichtlich derer Interpretation die *Information* gewinnen, d.h. die Bedeutung der Daten [Blieberger et al. 2001]. Insgesamt bilden das Datenmodell und die Konventionen hinsichtlich der Bedeutung, Eigenschaften und Beziehungen der Daten zueinander das so genannte *Informationsmodell* [ITU X.701, S. 8 ff]. Das Informationsmodell ist hierbei grundsätzlich eine Abstraktion (Modell) der realen Welt, da es sich auf die für das Anwendungsgebiet relevanten und sinnhaften Aspekte beschränkt [Hegering et al. 1999, S. 101 ff]. Folgendes Beispiel soll den Unterschied zwischen Daten und Information noch einmal deutlich machen: Bei der Darstellung einer Notenskala durch Daten des Typs Integer im Bereich $1 - 6$, lässt sich die durch diese Daten kodierte Information nicht ohne weitere Konventionen ermitteln, da eine "1" sowohl für eine schlechte Note als auch für eine gute Note stehen könnte. Demnach genügt der syntaktische Aufbau von Daten nicht, um die Bedeutung der Daten und somit die durch die Daten dargestellte Information zu verstehen.

Im Rahmen der Arbeit wird der Begriff Identitätsinformationen als Abstraktion der durch das Identitätsmanagement zu verwaltenden Daten gesehen. Der Begriff Information fokussiert hierbei auf die Bedeutung der zugrundeliegenden Daten und abstrahiert von der konkreten Repräsentation, d.h. von der Syntax der Daten.

2.1.2   Entität

Die wachsenden Anforderungen und der hiermit einhergehende Komplexitäts-
anstieg innerhalb der Informationstechnologie (IT) lassen der IT-Sicherheit eine
immer größere Bedeutung zukommen. Der anwachsenden Komplexität der IT
wird aus diesem Grund im IT-Sicherheitsmanagement durch die Planung und
Kontrolle adäquater IT-Sicherheitsprozesse mit dem Ziel der Aufrechterhaltung
eines angemessenen IT-Sicherheitsniveaus versucht gerecht zu werden [BSI IT-
Sicherheitsmanagement, S. 10 ff]. Dem IT-Sicherheitsmanagement liegen auf *real-
weltlicher* Seite *Entitäten* zugrunde, die Ressourcen, Dienste und Systeme nutzen
möchten. Eine Entität wird hierbei als eine reale oder juristische Person aber auch
eine Organisation, ein Softwareprogramm oder ein Softwaresystem verstanden.
In der Literatur wird häufig auch der Begriff *Principal* [ITU X.811] synonym zur
Entität verwendet. Im Laufe dieser Arbeit wird häufig der Benutzer als Repräsentant einer Entität verwendet. Hiermit ist keine Beschränkung auf diese Teilmenge
von Entitäten beabsichtigt, sondern der Bezug zu Benutzern dient ausschließlich
einer vereinfachten Darstellung.

2.1.3   Digitale Identität und Identitätsattribut

Die eindeutige Zuordnung des Zugriffs auf Ressourcen zu einer Entität macht es
notwendig, der Entität eine *elektronische* oder *digitale Identität*, kurz Identität, als
ihre digitale Repräsentation zuzuweisen. Der Begriff der elektronischen oder digitalen Identität wird von unterschiedlichen Initiativen, Vereinigungen und Projekten
unter bestimmten Aspekten ausgelegt und definiert. Die bedeutende Normierungsinitiative International Telecommunication Union (ITU) definiert eine Identität
in ihrem identitätsmanagementbezogenen Projekt, Identity Management Global
Standards Initiative (IdM-GSI), folgendermaßen:

> *"For ITU-T purposes, the identity asserted by an entity represents the
> uniqueness of that entity in a specific context and is not intended to
> indicate positive validation of a person."*
> gemäß [ITU IdM-GSI]

Eine digitale Identität ist demnach eine eindeutige Repräsentation einer Entität innerhalb eines bestimmten Kontextes. Die Definition zeigt auch, dass die
Validierung der einer Identität zugehörigen Person nicht Teil der Definition einer
Identität ist. Die valide Zuordnung einer Identität zu ihrer Entität ist der Zugangs-
und Zugriffskontrolle zuordnbar (vgl. Abschnitt 2.2.2).

Auffallend an der Definition der ITU-T ist, dass die einzige Forderung an eine
digitale Identität die Bestimmung der Eindeutigkeit innerhalb eines bestimmten

13

Kontextes ist. Im Gegensatz hierzu werden in anderen Definitionen einer digitalen Identität auch weitere identitätsbezogene Informationen zu einer digitalen Identität gezählt, so definiert Windley eine digitale Identität folgendermaßen:

> *"A digital identity contains data that uniquely describes a person or thing (called the subject or entity in the language of digital identity) but also contains information about the subject's relationship to other entities."*
> gemäß [Windley 2005, S. 8]

Eine Definition, welche dies noch deutlicher formuliert, ist folgende:

> *"Digital identity denotes attribution of attribute values to an individual person, which are immediately operationally accessible by technical means. [...] Digital identity should denote all those personal data that can be stored and automatically interlinked by a computer-based application."*
> gemäß [Pfitzmann & Hansen 2009]

Für den Begriff der Identität existiert eine Vielzahl weiterer Definitionen; allen Definitionen liegt jedoch zugrunde, dass die behauptete Identität einer Entität dieser innerhalb eines *bestimmten Kontextes eindeutig* zuordenbar sein muss. Die minimalen Menge an identitätsbezogenen Informationen, welche notwendig sind, um die Eindeutigkeit einer Identität innerhalb eines bestimmten Kontextes zu erfüllen, wird als *Identifikator (Id)* bezeichnet. Identifikatoren können hierbei sowohl aus bereits existierenden Identitätsattributen zusammengesetzt als auch von diesen abgeleitet sein. Des Weiteren ist es oftmals üblich, dass Identifikatoren unabhängig von bestehenden Attributen generiert werden. Unabhängig davon ist der Identifikator ausreichend, um eine digitale Identität innerhalb eines bestimmten Kontextes einer Entität eindeutig zuzuweisen. Durch die Verwendung von global eindeutigen Identifikatoren, den *Universally Unique Identifiers (UUIDs)* (vgl. [RFC 4122] bzw. [ITU X.667])[1], ist der Erhalt kontextunabhängiger digitaler Identitäten möglich. Eine Trennung von digitalen Identitäten auf unterschiedlichen Systemen bzw. in unterschiedlichen Kontexten ist allein aus datenschutzrechtlicher Sicht wünschenswert[2]. Identifikatoren spielen bei der Korrelation mehrerer digitaler Identitäten einer Entität noch eine gewichtigere Rolle (siehe Abschnitt 2.1.6). Hierzu ist es jedoch wichtig, die Möglichkeiten und Abläufe der Informationsbereitstellung im FIM genauer zu kennen. Aus diesem Grund wird auf die Spezifika von

---

[1] Der Ausdruck *Globally Unique Identifier (GUID)* wird in der Literatur oftmals synonym für Universally Unique Identifier verwendet.
[2] Eine genauere datenschutzrechtliche Untersuchung der Bedeutung von identitätsbezogenen Informationen und deren Weitergabe ist nicht Bestandteil dieser Arbeit.

Identifikatoren im Prozess der Verlinkung mehrerer unterschiedlicher Identitäten in Kapitel 3 noch einmal näher eingegangen.

Zusammenfassend liegen der digitalen Identität folgende Merkmale zugrunde:

(i) Eine digitale Identität zeichnet eine *Entität* innerhalb eines bestimmten *Kontextes eindeutig* aus. Im Rahmen dieser Arbeit wird ausgeschlossen, dass eine Entität innerhalb eines Kontextes mehrere Identitäten besitzen kann. Des Weiteren bezieht sich ein Kontext hierbei nicht auf eine bestimmte Zeit oder einen Ort, sondern vielmehr auf einen Systemkontext, bspw. auf die Systeme eines Dienstanbieters.

(ii) Eine digitale Identität setzt sich aus einer *Menge* die Entität beschreibende *Informationen*, den Identitätsattributen, zusammen. Die Menge der Informationen einer Entität, die diese in einem Kontext eindeutig identifiziert, wird als *Identifikator* bezeichnet.

Die eine Entität beschreibenden Informationen lassen sich in verschiedene Kategorien unterteilen:

(i) **Beschreibende Informationen** – zu den eine Entität *beschreibenden Informationen* zählen zum einen *angeeignete oder erworbene* Informationen und zum anderen einer Entität inhärente *Charakteristika*. Beispiele für erworbene Informationen sind die Schulbildung oder auch Vorlieben und Abneigungen. Auch Informationen, die einer Entität während verschiedener IT-Prozesse, wie dem Login-Prozess, zugeordnet werden, zählen zu der Kategorie der erworbenen Informationen. Ein Beispiel hierfür ist der Authentifikationsstatus (siehe Kapitel 3). Als identitätsbezogene Charakteristika können bspw. die Augenfarbe, der Fingerabdruck oder die Blutgruppe einer Entität genannt werden.

(ii) **Systemimmanente Informationen** – sind alle *generierten* und durch ein *informationstechnisches System vorgegebenen* Informationen, welche bei der Bereitstellung einer digitalen Identität notwendig sind. Beispielsweise können hier eine generierte Id oder auch eine physikalische Adresse wie die Medium-Access-Control-Adresse (MAC-Adresse) genannt werden.

Im Rahmen dieser Arbeit werden jegliche Informationen der beschriebenen Kategorien als *Identitätsattribut* kurz *Attribut* bezeichnet. Ein Identitätsattribut wird demnach folgendermaßen definiert:

Beschreibende oder systemimmanente Identitätsinformationen einer Entität werden in Form von Identitätsattributen kurz Attributen ausgedrückt.

Die Gesamtheit aller Identitätsattribute einer Entität wird hierbei als identitätsbezogene Informationen dieser Entität bezeichnet. Bei der Beschreibung einer realweltlichen Person werden identitätsbezogene Informationen auch als *personenbezogenen Informationen (engl. Personally Identifiable Information oder auch Individually Identifiable Information)* bezeichnet. Diese werden im Rahmen dieser Arbeit demnach zu der Menge der identitätsbezogenen Informationen gezählt.

Personenbezogene Informationen erhalten heutzutage viel Aufmerksamkeit, da sie für den Datenschutz eine wichtige Rolle spielen. Personenbezogene Informationen werden durch deutsches Bundesrecht in § 3 Absatz 1 des Bundesdatenschutzgesetzes folgendermaßen definiert:

"Einzelangaben über persönliche oder sachliche Verhältnisse einer bestimmten oder bestimmbaren natürlichen Person."
gemäß [BDSG 2003, § 3 Absatz 1]

Eine durch die Europäische Gemeinschaft erlassen Richtlinie 95/46/EG, zum Schutz natürlicher Personen bei der Verarbeitung personenbezogener Informationen und zum freien Datenverkehr, fasst den Begriff etwas genauer:

"[...] alle Informationen über eine bestimmte oder bestimmbare natürliche Person ("betroffene Person"); als bestimmbar wird eine Person angesehen, die direkt oder indirekt identifiziert werden kann, insbesondere durch Zuordnung zu einer Kennnummer oder zu einem oder mehreren spezifischen Elementen, die Ausdruck ihrer physischen, physiologischen, psychischen, wirtschaftlichen, kulturellen oder sozialen Identität sind;"
gemäß [EU 95/46/EG, Artikel 2 Abschnitt b]

Demnach wird in dieser Definition auch auf Informationen verwiesen, welche "indirekt" zur Bestimmung einer Person Verwendung finden können. Solch indirekte Informationen, die im ersten Moment fälschlicherweise als datenschutzrechtlich unbedenkliche Informationen angesehen werden könnten, gewinnen vor allem durch immer bessere Algorithmen zur "Re-Identification" von Personen an Bedeutung [Narayanan & Shmatikov 2010]. Demnach ist zur eindeutigen Identifikation einer Personen keinesfalls nur ein eindeutiger Identifikator von Nutzen, sondern auch scheinbar anonyme Informationen, wie bspw. gelesene Bücher einer Person können unter bestimmten Umständen oder in Kombination mit anderen identitätsbezogenen Informationen zu deren Identifikation herangezogen werden.

Abschließend lässt sich eine *digitale Identität* folgendermaßen definieren:

Eine digitale Identität einer Entität ist eine Menge von Identitätsattributen, die als zwingend notwendige Eigenschaft erlaubt, die Entität in

einem spezifischen Kontext eindeutig zu beschreiben und von anderen
Entitäten bzw. deren digitalen Identitäten innerhalb dieses Kontextes
unterscheidbar zu machen.

2.1.4   Benutzerkonto

Da der Begriff des *Benutzerkontos (engl. User Account)* mit dem einer digitalen
Identität oftmals verwechselt wird, soll das im Rahmen dieser Arbeit geltende
Verständnis hinsichtlich eines Benutzerkontos kurz dargelegt werden. Ein Account
wird bei SAML folgendermaßen definiert:

> *"Typically a formal business agreement for providing regular dealings*
> *and services between a principal and business service providers."*
> gemäß [OASIS SAML Glossar]

In diesem Sinne ist ein Account ein Geschäftsabkommen zwischen einer Entität
und einem Dienstleister, um einen bestimmten Dienst nutzen bzw. erbringen zu
können. Von einem *Benutzer*konto spricht man typischerweise ausschließlich bei
Konten von realweltlichen Personen. Im Falle einer anderen Entität, wie einem
Computersystem oder einem Dienst, wird der Begriff des *Dienstkontos* verwendet. In der Regel werden dem Benutzerkonto sowohl Authentifikationsnachweise,
bspw. Benutzername und Passwort, als auch Zugriffsberechtigungen, bspw. Lese-
und Schreibberechtigungen, zugeordnet[3]. Auf der technischen Ebene setzt dies
eine digitale Identität voraus, um diese Informationen vorzuhalten. Wie bereits
erwähnt besitzt ein Benutzer innerhalb eines bestimmten Kontext genau eine digitale Identität. Hierin besteht auch der wesentliche Unterschied zwischen einem
Benutzerkonto und einer digitalen Identität, da ein Benutzer bspw. zur Anmeldung
an einem bestimmten Dienst mehrere Benutzerkonten besitzen kann und eventuell auch muss, bspw. um unterschiedliche Zugriffsberechtigungen unterscheiden
zu können, diese jedoch intern einer digitalen Identität zugeordnet werden. Ein
weiterer Unterschied ist in der Regel darin zu finden, dass eine digitale Identität auch ohne Authentifikationsnachweis und Zugriffsberechtigungen eingesetzt
werden kann, bspw. zu Abrechnungszwecken. Somit kann einem Benutzer eine
digitale Identität in einem System zugeordnet sein, ohne dass dieser Benutzer für
dieses System ein Benutzerkonto besitzt, umgekehrt ist für ein Benutzerkonto eine
digitale Identität eine zwingende Voraussetzung.

---

[3]Da diese Informationen im Sinne dieser Arbeit ebenfalls unter Identitätsattribute gezählt
werden, bezieht sich die Konsistenz identitätsbezogener Informationen auch auf die Attribute,
welche für die Bereitstellung eines Benutzerkontos notwendig sind.

2.1.5 Identitätsprovider

Ein *Identitätsprovider (engl. Identity Provider, kurz IDP)* ist ein Dienst, welcher sowohl für die Verwaltung von Identitätsinformationen als auch für die Durchführung identitätsbezogener Vorgänge zuständig ist, bspw. für die Authentifikation von Benutzern und der Zurverfügungstellung von identitätsbezogenen Informationen für einen *Dienstanbieter (engl. Service Provider, kurz SP auch Relying Party, kurz RP)*.

Ein Dienst wird hierbei wie folgt verstanden (siehe auch [Broy et al. 2007]):

> *"A set of functions provided by a (server) software or system to a client software or system, usually accessible through an application programming interface."*
> gemäß [ITU SANCHO]

Ein Dienst ist demnach ein Menge an Funktionen, welche von einer Software oder einen System für eine Clientsoftware oder ein anderes System zur Verfügung gestellt werden. Typischerweise wird der Dienst durch dedizierte Schnittstellen genutzt, wobei eine Dienstschnittstelle stabil, formal beschrieben und öffentlich bekannt sein sollte [Alonso et al. 2004, S. 124].

Da die Verwaltung identitätsbezogener Informationen und die Durchführung identitätsbezogener Vorgänge sowohl die Sicherheit eines Systems als auch datenschutzrechtlich eine hohe Relevanz hat, erfordert die Delegation dieser Funktionalitäten ein hohes Maß an Vertrauen. Aus diesem Grund werden Dienstanbieter, die ihre Benutzer durch einen bestimmten IDP authentifizieren lassen[4], auch als Relying Parties dieses IDP bezeichnet, bzw. das Verhältnis wird *Vertrauenszirkel (engl. Circle of Trust (CoT))* genannt [Liberty Glossar]. Es soll an dieser Stelle angemerkt werden, dass ein Identitätsprovider ebenfalls in der Rolle eines Dienstnehmers agieren kann, d.h. falls ein IDP einen Dienst eines anderen IDP in Anspruch nimmt, agiert er in diesem Falle in der Rolle eines SP.

Die Vertrauensbeziehung zwischen einem Dienstgeber und dessen Dienstnehmer wird typischerweise im Rahmen einer Dienstleistungsbeschreibung (engl. Service Level Agreement, kurz SLA) formal festgehalten. Ein Service Level Agreement [ITU SANCHO] beschreibt hierbei auf der Basis spezifizierter Metriken unterschiedliche "Level" für die Charakteristiken des Dienstes und dessen Erbringung, bspw. hinsichtlich dessen Verfügbarkeit oder Skalierbarkeit, aber auch hinsichtlich der Qualität der übermittelten Identitätsinformationen, welche durch den Dienstanbieter gewährleistet werden.

---

[4]Aus Entitätssicht wird der Vorgang der Authentifikation als Authentisierung bezeichnet.

2.1.6 Identity Federation und Account Linking

Identity Federation oder *Federation of Identities* bezeichnet den Vorgang der Erzeugung einer *Federated Identity* für und im Namen einer Entität [OASIS SAML Glossar]. Teilweise wird für Identity Federation auch Identity Mapping[5] verwendet. Die Identität einer Entität gilt als *föderiert (engl. federated)*, falls zwischen zwei oder auch mehreren Diensten eine Vereinbarung existiert, die basierend auf einer Menge von Identifikatoren oder allgemeiner Attributen erlaubt, auf eine bestimmte Entität zu referenzieren. Im Zuge dieser Arbeit wird die Menge der Identifikatoren bzw. Attribute, die zur Verlinkung zweier Identitäten einer Entität verwendet werden, auch als *Verknüpfungsinformationen (engl. Linking Information)* bezeichnet. Das Rückgängigmachen oder Auflösen der Identity Federation wird als *Identity Defederation* bezeichnet [OASIS SAML Glossar].

Account Linkage oder *Account Linking* bezeichnet eine Methode, um unterschiedliche Benutzerkonten eines Benutzers oder allgemeiner einer Entität bei unterschiedlichen Diensten miteinander in Beziehung zu setzen, mit dem Ziel, dass die Dienste basierend auf dieser Verlinkung sich über die Entität austauschen können [OASIS SAML Glossar]. Das Account Linking kann auf unterschiedliche Arten geschehen. Exemplarisch sollen hier kurz die Arten, welche die Security Assertion Markup Language (SAML) (siehe Abschnitt 3.1.2) unterstützt, aufgeführt werden [OASIS SAML Assertions and Protocols]:

(i) **Federation via Out-of-Band Account Linking** – eine Verlinkung unterschiedlicher Identitäten eines Benutzers *außerhalb von SAML-Protokollen und -Assertions (engl. Out-of-Band)* widersprechen nicht der SAML-Spezifikation. Dies rührt auch daher, dass in SAML 1.0 noch kein eigener Mechanismus zur Etablierung einer föderierten Identität angeboten wurde.

(ii) **Federation via Persistent Pseudonym Identifiers** – ein Identitätsprovider föderiert hierbei die lokale Identität eines Benutzers unter Verwendung eines *persistenten*, oder wie es in der neuesten SAML-Spezifikation heißt, einem *langzeit (engl. long term)* SAML Name Identifier, welcher einen Identifikator darstellt.

(iii) **Federation via Transient Pseudonym Identifiers** – bei dieser Methode handelt es sich um einen *kurzzeitigen (engl. short term)* Identifikator, welcher nur für die Dauer einer Web Single Sign-On Session gültig ist.

---

[5]Der Begriff Identity Mapping wird in WS-Federation verwendet. WS-Federation definiert den Prozess hierbei folgendermaßen: *"Identity Mapping is a method of creating relationships between digital identities or attributes associated with an individual principal by different Identity or Service Providers"* [OASIS WS-Federation, S. 12].

(iv) **Federation via Identity Attributes** – hierbei wird auf der Basis von Attributen des Identitätsproviders und des Dienstanbieters die Identität des Benutzers beim Identitätsprovider mit der Identität des Benutzers beim Dienstanbieter verlinkt. Diese Methode setzt eine ausreichend große Schnittmenge an Attributen voraus. Die Schnittmenge muss hierbei die Möglichkeit einer eindeutigen Identifikation bzw. die Unterscheidung von anderen Identitäten sowohl beim Identitätsprovider als auch beim Dienstanbieter erlauben.

2.1.7 Assertions und Sicherheitstoken

Identitätsattribute werden in föderativen Protokollen wie der Security Assertion Markup Language (SAML) (siehe Abschnitt 3.1.2) oder Shibboleth (siehe Abschnitt 3.1.2) in sogenannten "Assertions" übermittelt. In SAML wird eine Assertion folgendermaßen definiert:

> "A piece of data produced by a SAML authority regarding either an act of authentication performed on a subject, attribute information about the subject, or authorization data applying to the subject with respect to a specified resource."
> gemäß [OASIS SAML Glossar]

Eine SAML-Assertion enthält demnach eines oder mehrere durch eine "SAML Authority", d.h. durch einen IDP, ausgestelltes Identitätsattribut bzw. Identitätsattribute. SAML spezifiziert hierbei drei unterschiedlich Assertiontypen: die *Authentication*, die *Attribute* und die *Authorization* Assertion (siehe Abschnitt 3.1.2).

Die Definition für Assertion des Projekts Liberty Alliance [Liberty Glossar], dessen Protokolle und Spezifikationen zu wesentlichen Teilen in die SAML-Spezifikation eingeflossen sind (siehe Abschnitt 3.1.2), und die Assertion-Definition von Shibboleth [Internet2 Shibb Glossar], welche ebenfalls auf SAML aufbaut (siehe Abschnitt 3.1.2), sind hierbei quasi identisch.

Analog zu einer Assertion kann ein sogenanntes Sicherheitstoken (engl. Security Token) gesehen werden. Der Begriff Security Token wird von WS-*-Spezifikationen wie WS-Trust und WS-Federation (siehe Abschnitt 3.1.2) verwendet:

> "A security token represents a collection of one or more claims."
> gemäß [MSDN Glossar]

Ein "claim" ist hierbei im Grunde nichts anderes als ein Attribut und wird im Zuge dieser Arbeit ebenfalls als Identitätsattribut angesehen. Ein claim wird definiert als:

"A declaration made by an entity (for example, name, identity, key, group, privilege, and capability)."
gemäß [MSDN Glossar]

2.1.8 Level of Assurance

Identitätsbezogene Informationen werden unter anderem auch für die Autorisation eines Dienstzugriffes eingesetzt. Folglich spielt nicht nur die Konsistenz verteilt vorliegender Identitätsinformationen ein Rolle, sondern auch die Validität der Informationen selbst. Aus diesem Grund ist es notwendig, ein gewisses Maß für die Vertrauenswürdigkeit (engl. Level of Assurance, kurz LoA) in die Korrektheit der durch einen Identitätsprovider ausgestellten Informationen zu haben. Typischerweise ist diese Vertrauenswürdigkeit über ein generelles Vertrauen zwischen einem IDP und seinen Relying Parties gegeben. Aktuelle Forschung im Bereich des Identitätsmanagements versuchen, einen Level of Assurance auf Identitätsattributebene zu ermöglichen. Ein Level of Assurance lässt sich folgendermaßen definieren:

"[...] the degree of confidence an RP can ascribe to the assertions made by some IDP with respect to users´ identity attributes."
gemäß [Madsen & Itoh 2009]

Ein Level of Assurance für ein Identitätsattribut beschreibt demnach den Grad der Vertrauenswürdigkeit, den eine Relying Party in die Korrektheit eines durch einen IDP ausgestelltes Identitätsattribut stecken kann.

Die Sicherstellung der Korrektheit identitätsbezogener Informationen beginnt bereits bei der Registrierung. Der Registrierungsprozess kann hierbei in einer variierenden Qualität durchgeführt werden. Die Qualität ist hierbei im Sinne der Gewissheit inwieweit die durch bspw. eine Person gemachten Angaben der Wahrheit entsprechen. Typischerweise ist z.B. eine elektronische Registrierung über eine Webanwendung qualitativ schwächer als eine "von Angesicht zu Angesicht" Registrierung via Personalausweis [Chadwick & Inman 2009]. Darüber hinaus ist jedoch nicht zu vergessen, dass nicht nur die initiale Aufnahme identitätsbezogener Informationen, sondern auch Änderungen einer Kontrolle unterliegen sollten. Die beste Registrierung macht keinen Sinn, wenn der Benutzer später seine Daten über ein Webformular ohne weitere Kontrollen anpassen kann.

Zur Bestimmung eines bestimmten LoA werden bspw. identitätsmanagementbezogene Prozesse, die zugrundeliegende Infrastruktur und sicherheitsrelevante *Richtlinien (engl. Policies)* und Mechanismen herangezogen. Je höher der erreichte Level hierbei ist, desto höher ist der erreichte Grad an Vertrauenswürdigkeit. Aktuell existieren verschiedene Spezifikationen, die LoAs bzw. notwendige Sicherheitsmaßnahmen und Prozesse spezifizieren [Madsen & Itoh 2009]. Als Beispiel einer Spezifikation unterschiedlicher LoAs für die Authentifikation von Benutzern ist die *Electronic Authentication Guideline* der NIST [Burr et al. 2004]. Es existieren des Weiteren aktuelle Forschungsarbeiten bspw. von [Thomas & Meinel 2010], die LoA-Ansätze in IDP-Implementierung verwenden.

2.2   Identitätsmanagement

Bevor das im Mittelpunkt dieser Arbeit stehende föderative Identitätsmanagement näher erläutert wird, soll in diesem Abschnitt zunächst auf das Identitätsmanagement (IdM) eingegangen werden. Im Vergleich zu dem föderativen Identitätsmanagement befasst sich das IdM mit der Verwaltung digitaler Identitäten innerhalb einer Organisationseinheit. Da die Aufgaben des föderativen Identitätsmanagements jedoch eine Übermenge der Aufgaben des organisationsinternen IdM darstellt, dient die Beschreibung der Aufgaben und Ziele des Identitätsmanagements als Basis für das Verständnis der Aufgaben und Ziele des föderativen Identitätsmanagements. Hierbei soll zunächst kurz auf die einzelnen Aufgaben und Bausteine eines IdM-Systems eingegangen werden, wobei das Ziel dieses Abschnitts nicht sein soll, die einzelnen Aufgaben im Detail zu erklären, sondern vielmehr soll ein Überblick der Facetten eines Identitätsmanagements geschaffen werden. Danach wird eine Abgrenzung zur Zugangs- und Zugriffskontrolle vorgenommen.

2.2.1   Definition des Identitätsmanagements

Eine standardisierte und allgemein anerkannte Definitionen für den Begriff Identitätsmanagement existiert bis dato nicht[6]. Dennoch sind namenhafte Normierungsinitiativen wie die International Organization for Standardization (ISO)[7] oder die International Telecommunication Union (ITU) bestrebt, Definitionen und Frameworks für die standardisierte Entwicklung von Identitätsmanagementsystemen zu erarbeiten.

Die Identity Management Global Standards Initiative (IdM-GSI) [ITU IdM-GSI] der ITU hat hierbei eine abstrakte Arbeitsdefinition für den Begriff Identitätsmanagement:

> *"[...] Identity management (IdM) is the process of secure management of identity information (e.g., credentials, identifiers, attributes, and reputations)."*
> gemäß [ITU IdM-GSI]

---

[6]Zeitpunkt Sept. 2010

[7]Die International Organisation for Standardization (ISO) arbeitet aktuell an einem Framework zur Entwicklung eines Identitätsmanagements [ISO/IEC IdM].

Die ITU legt somit einen Schwerpunkt auf die *sichere* Verwaltung von Identitätsinformationen. Eine etwas detailliertere Definition ist folgende:

> *"Identitymanagement is the set of processes, tools and social contracts*
> *surrounding the creation, maintenance and termination of a digital*
> *Identity for people or, more generally, for systems and services to enable*
> *secure access to an expanding set of systems and applications."*
> gemäß [Pato & Rouault 2007]

Diese Definition verdeutlicht den Umfang des Identitätsmanagements. Demnach umfasst die Verwaltung identitätsbezogener Informationen nicht nur technische Aspekte, sondern auch notwendige organisatorische Prozesse.

Im Folgenden sollen die wesentlichen Aufgaben und Bausteine eines Identitätsmanagemengs kurz zusammengefasst werden. Die Sicherheit muss hierbei als Querschnittsaufgabe gesehen werden und soll im Folgenden nicht zusätzlich genannt werden:

(i) **Provisionierung** – eine der Kernaufgaben eines Identitätsmanagements stellt die *Provisionierung (engl. Provisioning oder User Provisioning)* dar. Provisioning bezeichnet die weitestgehende Automatisierung aller Geschäftsprozesse für die *Erstellung, Aktivierung, Anpassung, Deaktivierung* und *Löschung* digitaler Identitäten einschließlich deren Berechtigungen und Attribute[8]. Ein Geschäftsprozess kann hierbei als eine logisch zusammenhängende Kette von Aktivitäten angesehen werden, welche einer bestimmte Eingabe nach vordefinierten Regeln in ein bestimmtes Ergebnis (Produkt oder Erkenntniss) umwandelt [Schwicker & Fischer 1996; Umbach & Metz 2006]. Zu diesen Prozessen zählen unter anderem auch die Auditierung und das Reporting. In diesem Zusammenhang dient das Identitätsmanagement auch als Grundlage für Governance, Risk & Compliance Maßnahmen und Mechanismen [Metzler-Andelberg 2008, S. 189 ff]. Des Weiteren müssen im Zusammenhang mit der Provisionierung als Baustein des Identitätsmanagements die *Konnektoren* genannt werden, welche notwendig sind, um zu provisionierende Systeme anzubinden. Da die Provisionierung eine entscheidende Rolle für die Sicherstellung der Konsistenz spielt, wird in Kapitel 3 noch einmal näher auf Werkzeuge und Standards, welche zur Provisionierung von Identitäten eingesetzt werden, eingegangen.

(ii) **Identitätsspeicher** – als Baustein des Identitätsmanagements sind die unterschiedlichen *Technologien zur Speicherung identitätsbezogener Informationen*

---

[8]http://www.iam-wiki.org/Provisioning [Stand Okt. 2010]

wie Verzeichnisdienste und Datenbanken zu nennen. Ein weiterer Baustein des IdM sind *Datenintegrationslösungen* wie Meta und Virtualdirectories. Diese werden sowohl zur Bereitstellung einer aggregrierten Sicht auf mehrere Identitätsspeicher verwendet, als auch teilweise zu deren Synchronisation eingesetzt [Dinger & Hartenstein 2008, S. 255 ff]. In diesem Sinne verschmelzen hier die Werkzeuge für die reine Bereitstellung identitätsbezogener Informationen und für deren Provisionierung.

(iii) **"Privacy-Enhancing"-Maßnahmen und -Technologien** – Mechanismen und Maßnahmen, die zur *Sicherstellung und Verbesserung von Datenschutzbelange und -sicherheit (engl. Privacy Enhancing)* eines Benutzers eingesetzt werden. Des Weiteren beschäftigt sich das Privacy-Enhancing-Identitätsmanagement mit Methoden, welche Anonymität, Pseudonymität, etc. eines Benutzers zum Ziel haben. Da diese Aspekte des Identitätsmanagements im Rahmen dieser Arbeit nur eine untergeordnete Rolle spielen, soll für eine vertiefte Betrachtung dieser Thematik sowohl auf die in Abschnitt 2.4 vorgestellten IdM-Projekte, welche sich in weiten Teilen der Privacy-Thematik annehmen, als auch auf bestehende Literatur wie [IETF Privacy] verwiesen werden.

(iv) **Benutzbarkeit** – aufgrund der zunehmenden Komplexität aktueller IT-Systeme spielt die Verbesserung der *Benutzbarkeit (engl. Usability)* eines Systems eine bedeutende Rolle im IdM. Dies wird in manchen Szenarien bspw. durch Selbsbedienungsfunktionalität erreicht. Vor allem im Bereich des benutzerzentrierten föderativen IdMs (siehe Abschnitt 3.1.3) ist dieser Aspekt eines der wesentlichen Ziele.

Da der Aspekt des Zugangs und des Zugriffs auf Ressourcen oftmals mit der eigentlich Verwaltung von Identitäten und den hiermit verbundenen Prozessen vermischt wird, soll im Folgenden kurz auf den Zusammenhang des Identitätsmanagements und der darauf basierenden Zugangs- und Zugriffskontrolle eingegangen werden.

2.2.2 IdM als Teildisziplin des IT-Sicherheitsmanagements

Zur Sicherstellung von Schutzzielen der IT-Sicherheit, wie die Authentizität, die Integrität und Vertraulichkeit[9], sind grundlegende Prozesse wie die Identifikation, Identitätskontrolle (Authentifikation) und Zugangsberechtigung (Autori-

---

[9]Eine ausführliche Betrachtung der Schutzziele der IT-Sicherheit lässt sich in [Eckert 2006, S. 6 ff] finden.

sation) (vgl. [DFN-AAI Glossar]) notwendig[10]. Zur Umsetzung dieser Prozesse werden identitätsbezogene Informationen benötigt. Diese werden wiederum durch eine Identitätsmanagement bereitgestellt. Demnach beschäftigt sich das Identitätsmanagement zwar nicht mit der Umsetzung und Durchführung der Identifikation, Authentifikation und Autorisation, es liefert jedoch die zwingend notwendig Grundlage dafür. Das IdM kann folglich als elementarer Baustein des IT-Sicherheitsmanagements angesehen werden, da es die Grundlage für jedweden personalisierten und berechtigten Zugriff auf schützenswerte Ressourcen, Dienste und Systeme zur Verfügung stellt [Dinger & Hartenstein 2008, S. 225 ff].

2.3   Föderatives Identitätsmanagement

Hinter dem Ausdruck *Föderatives Identitätsmanagement (FIM)* verbirgt sich eine Vielzahl an Konzepten, Standards, Protokollen und Technologien. Dieser Abschnitt soll durch die Erläuterung wesentlicher Konzepte und Terminologie eine für das Verständnis der Arbeit notwendige Grundlage schaffen.

Um den Umfang und den Aufgabenbereich des föderativen Identitätsmanagement deutlich zu machen, ist es unerlässlich, sowohl die Hintergründe zu beleuchten, die zur Entwicklung des föderativen Identitätsmanagements als auch dessen Chakteristika geführt haben. Dabei spielen sowohl die Evolution des Identitätsmanagements als auch das Organisationsprinzip "Föderation" eine entscheidene Rolle.

2.3.1   Historie des föderativen Identitätsmanagement

Das föderative Identitätsmanagement findet seinen Einsatz in verteilten Systemen[11] und meist organisationsübergreifenden Anwendungsszenarien. Das föderative Identitätsmanagement kann als eine logische Evolution des Identitätsmanagements als Reaktion auf sich ändernde und steigende Anforderungen an die Verwaltung digitaler Identitäten verursacht durch den Einsatz in verteilten Systemen gesehen werden [Shin et al. 2004; Madsen 2004]. Im Folgenden soll kurz auf die Historie des

---

[10]Da diese Prozesse für das Verständnis dieser Arbeit nicht von wesentlicher Bedeutung sind, soll hier auf bspw. [Eckert 2006] oder [Dinger & Hartenstein 2008, S. 207 ff] verwiesen werden. Auch damit zusammenhängende Terminologie und Technologien, wie bspw. *Authentifikationsnachweise (engl. Credentials) oder auch Zertifikatsmanagement (engl. Certificate Lifecycle Management)* haben für das Verständnis dieser Arbeit eine untergeordnete Bedeutung. Hierbei sei auf [Eckert 2006; Federrath & Pfitzmann 2007] verwiesen.

[11]Ein verteiltes System kann als ein Zusammenschluss unabhängiger Computersysteme definiert werden. Das verteilte System stellt sich hierbei dem Benutzer auf kohärente Weise dar und abstrahiert somit von der darunterliegenden Netzwerkstruktur und Computersystemen [Tanenbaum 2003, S.2]. Ein verteiltes System verfolgt primär das Ziel, durch die Zusammenarbeit der einzelnen Computersysteme Anwendungen zu bewältigen [Hegering et al. 1999, S. 13].

Identitätsmanagements und dadurch auf die Entwicklungen, die zum föderativen Identitätsmanagement geführt haben, eingegangen werden. Welche Auswirkungen die einzelnen Modelle auf die Informationskonsistenz des Gesamtsystems haben, wird in Abschnitt 4.3.1 genauer analysiert.

Das im Internet am weitesten verbreitet und gleichzeitig einfachste Modell des Identitätsmanagements ist das sogenannte *Isolierte Modell (engl. isolated model [Ahn & Ko 2007]) oder Silo Modell [Bhargav-Spantzel et al. 2007]*. In diesem Modell betreibt jede Organisation ein eigenes Identitätsmanagement. Des Weiteren werden keinlerei Mechanismen vorgesehen, Identitätsinformationen mit anderen Unternehmen zu teilen oder auszutauschen. Das Silo Modell bietet für den Benutzer selbst keinerlei Komfort, da dieser initiale Registrierungen als auch Änderungen und Löschungen identitätsbezogener Informationen für jede Organisation separat vornehmen muss.

In einem nächsten Evolutionsschritt hat sich das *zentralistische föderative Identitätsmanagement Modell* [Shin et al. 2004] entwickelt. Der Grundgedanken des zentralistischen Ansatzes war es, sowohl Redundanzen und Inkonsistenzen zu vermeiden, als auch dem Benutzer einen vereinfachten Umgang mit seinen Informationen zu ermöglichen. In diesem Modell ist eine zentrale Komponente, der Identitätsprovider (siehe Abschnitt 2.1.5), für die Verwaltung identitätsbezogener Informationen zuständig. Der Identitätsprovider wiederum hat die Aufgabe Dienste und Organisationen mit den notwendigen Informationen zu versorgen, indem er diese über geeignete Schnittstellen und Protokolle zur Verfügung stellt. Dieser Ansatz hat jedoch, neben der Tatsache, dass solch eine zentrale Komponente ein Single Point of Failure darstellt, einen entscheidenden Nachteil, nämlich das notwendige Vertrauen in eine einzelne, zentrale Komponente. Das ist auch der wesentliche Grund warum dieses Modell keinen Anklang gefunden hat, wie bspw. das Microsoft Passport-Netzwerk [WWW MS Passport] gezeigt hat.

Die logische Konsequenz des zentralistischen Ansatzes war es, die Verantwortung des einzelnen Identitätsproviders auf mehrere dezentrale Identitätsprovider zu verteilen, welche wiederum identitätsbezogene Informationen anderen Diensten und Organisationen zur Verfügung stellen. Dies ist die Grundidee des *verteilten föderativen Identitätsmanagements*[12].

Das föderative Identitätsmanagementmodell generell besteht aus vier Kernkomponenten:

– Die *Entität*, welche mittels einer behaupteten digitalen Identität mit einer Applikation interagiert.

---

[12]Im Rahmen dieser Arbeit wird unter föderativen Identitätsmanagement grundsätzlich das verteilte föderative Identitätsmanagement verstanden.

- Einem *Client*, welcher der Entität dazu dient, mit der Applikation interagieren zu können. Im Falle eines Benutzers, bspw. in Form eines Webbrowsers, welcher in diesem Fall auch als *User Agent* bezeichnet wird.

- Ein *Identitätsprovider* (siehe Abschnitt 2.1.5), der sowohl für die Verwaltung identitätsbezogener Informationen als auch für die Durchführung identitätsbezogener Vorgänge zuständig ist, bspw. die Authentifikation von Benutzern und die Zurverfügungstellung von identitätsbezogenen Informationen.

- Einem *Dienstanbieter*, welcher Benutzern einen bestimmten Dienst zur Verfügung stellt.

Die Alternativen des Informationsaustauschs sowie die genauen Informationsflüsse werden in Kapitel 3 näher erläutert.

Bevor nun eine Definition des föderativen Identitätsmanagements erfolgt, soll ein Exkurs in die Strukturierungs- und Organisationsform Föderation deren Grundideen darlegen. Dies soll zum besseren Verständnis des Föderationsgedanken beitragen. Die Betrachtung der Organisationsform Föderation erfolgt im Folgenden ausschließlich in Hinsicht auf die für das Identitätsmanagement relevanten Aspekte.

2.3.2   Exkurs: Föderation als Organisationsform

Wie bereits erwähnt, spielen innerhalb eines Identitätsmanagements nicht nur technische Apekte eine Rolle. Sämtliche Aufgaben des IdM sind stark von der Eingliederung in die organisatorischen Strukturen und Prozesse der Organisation abhängig [Schell et al. 2008].

Demnach sollte es ein Bestreben sein, von den Grundprinzipien der Föderation als Organisationsform zu lernen, mit dem Ziel durch die Anwendung dieser Prinzipien einen Gewinn für die technische Ebene des Identitätsmanagements zu generieren [Schell et al. 2009].

John Kincaid, Professor am Lafayette College in Pennsylvania Vereinigte Staaten von Amerika, fasst den Föderalismus folgendermaßen zusammen:

> *"Federalism is essentially a system of voluntary self-rule and shared rule. This is implied in the derivation of the word "federal", which comes from the Latin foedus, meaning covenant. A covenant signifies a binding partnership among co-equals in which the parties to the covenant retain their individual identity and integrity while creating a new entity, such as a family or a body politic, that has its own identity and integrity as well."*

gemäß [Kincaid 2005, S. 8]

Diese Beschreibung beinhaltet zwei wesentliche Aspekte einer Föderation, zum einen die *Dezentralisierung* und zum anderen der *freie Wille* in die *Kompetenz* des Föderationspartners zu *vertrauen*. Der dezentrale Charakter, in welchem "Gleichberechtigte" miteinander kollaborieren, um ein gemeinsames Ziel zu erreichen, respektiert die Selbstbestimmung des einzelnen Föderationspartners. Ein wesentliches Merkmal einer Föderation ist somit auch ein gewisser Grad an *Autonomie*, in diesem Falle vertreten durch die Selbstbestimmung, den freien Willen, als auch durch die Dezentralisierung, da in einem zentralistischen System die Autonomie des einzelnen eingeschränkt wird. Der Aspekt der *Delegation von Aufgaben* an Föderationspartner, um ein gemeinsames Ziel zu erreichen, ist ein weiterer entscheidender Faktor einer Föderation, da er den Willen motiviert, überhaupt eine Föderation einzugehen.

Die Aufgabenteilung innerhalb einer Föderation ist ebenfalls ein essentielles Merkmal einer Föderation. Ohne die klare Zuteilung von Aufgaben ist eine Föderation nur schwer aufrecht zu erhalten. Um die Europäische Union als Beispiel einer föderativen Organisationsform heranzuziehen, wird die Aufgabenteilung hierbei durch das Prinzip der Subsidiarität geregelt. Artikel 3b des Vertrags von Maastricht, welcher der Europäischen Union als Regelwerk zugrunde liegt, besagt folgendes:

> *"Im Unionsvertrag ist das Subsidiaritätsprinzip, das nach der Einheitlichen Europäischen Akte lediglich für die Umweltpolitik galt, als allgemeiner Grundsatz verankert. Nach diesem Grundsatz darf die Gemeinschaft in Fällen, in denen sie keine ausschließliche Zuständigkeit besitzt, nur handeln, wenn die betreffenden Ziele auf Gemeinschaftsebene besser erreicht werden können als auf nationaler Ebene. Artikel A sieht vor, dass die Union ihre Entscheidungen "möglichst bürgernah" trifft."*
> gemäß [EU Vertrag Maastricht]

Demnach wird der Gedanke der Eigenverantwortung der einzelnen Partner bei einer Föderation in den Vordergrund gestellt. Für alle Aufgaben, die ein Föderationsmitglied selbst erledigen kann, sollte es auch die Verantwortung übernehmen. Für Aufgaben, welche die Gemeinschaft betreffen, ist es jedoch möglich, dass die Gemeinschaft in diesen Fällen Zuständigkeit besitzt. Dies ist natürlich auch ein Motivator einer Föderation, da es gilt in der Gemeinschaft Aufgaben zu bewältigen, die der einzelne nicht bewältigen kann. Ein weiterer Grundgedanke, welcher jeder Gemeinschaft selbstverständlich inhärent sein sollte, ist das "möglichst bürgernahe" Handeln; also das Handeln im Sinne der Mitglieder der Gemeinschaft.

Zusammenfassend sind für das Verständnis des Föderationsgedankens für diese Arbeit folgende Punkte von Interesse:

(i) **Autonomie**

(ii) **Vertrauen**

(iii) **Delegation**

(iv) **Dezentralisierung**

(v) **Bürgernahes Handeln**

Die Grundgedanken der Subsidiarität und der Gleichberechtigung sind in der Praxis durch das Schließen von Verträgen und der Spezifikation von Regelwerken realisiert. Letztendlich münden diese jedoch in einem Vertrauen dem Handelspartner gegenüber, welches somit in unserem Verständnis diese beiden Punkte voraussetzt.

Die aufgeführten Leitgedanken, sollen beim Versuch der Definition des föderativen Identitätsmanagements helfen, dessen Eigenschaften, Aufgaben und Wirkungsbereiche zu fassen.

2.3.3   Definition des föderativen Identitätsmanagements

Die für die Organisationsform Föderation geltenden Leitgedanken sind auch für die technische Domäne des föderativen Identitätsmanagements von Belang. Ein hierbei entscheidender Faktor ist, dass die unterschiedlichen Föderationspartner zwar Dienste anderer Föderationspartner nutzen und hierdurch eine inhärente Abhängigkeit entsteht, allerdings ist diese geringer als bei einem vollständig zentralisierten Ansatz. Aus diesem Grund sollte eine sehr wesentliche Eigenschaft des föderativen Identitätsmanagements, der bis zu einem gewissen Grad geltende Autonomiegedanke sein. Dieser wird auch in existierenden Definitionen, bspw. durch das Bundesamt für Sicherheit in der Informationstechnik, berücksichtigt:

> *"Das föderative Identitätsmanagement vereint mehrere administrativ unabhängige Identitätsmanagementsysteme in einem Vertrauenszirkel, in dem Identitätsinformationen ausgetauscht und gemeinsam genutzt werden können."*
> gemäß [BSI SOA-Security-Kompendium 2009]

Die Autonomie in Form einer administrativen Unabhängigkeit hat letztendlich wesentliche Auswirkungen auf die Verteilung identitätsbezogener Informationen (siehe Abschnitt 3.2).

Die Vertrauensbeziehung, welche durch Verträge und Regelwerke spezifiziert und festgehalten wird, spielt innerhalb des föderativen Identitätsmanagements ebenfalls eine entscheidende Rolle, wie unter anderem auch folgende Definition einer Föderation zeigt:

> "A federation can be understood as a collection of trust realms that have established a degree of trust. The level of trust between them may vary."
> gemäß [Djordjevic & Dimitrakos 2005]

Das Vertrauen zwischen den Föderationspartnern steht im Zentrum dieser Definition. Ohne Vertrauen in den Föderationspartner ist eine Föderation nicht funktionsfähig, wobei der Grad an Vertrauen variieren kann.

Der zweite fundamentale Gedanke und auch Hauptmotivator des föderativen Identitätsmanagements ist die Möglichkeit der Delegation identitätsbezogener Aufgaben an Föderationspartner, wie bspw. folgende Definition zeigt:

> "Federated Identity Management is a set of technologies and processes that let computer systems dynamically distribute identity information and delegate identity tasks accross security domains."
> gemäß [Maler & Reed 2008]

Was durch die Autoren Maler und Reed unter den Stichpunkten "technologies and processes" zu FIM gezählt wird, spezifiziert Madsen noch genauer:

> "Federation refers to the establishment of some or all of business agreements, cryptographic trust, user identifiers and attributes between decentralized security and policy domains."
> gemäß [Madsen 2004]

Demnach zählen zu einer Föderation auch alle Geschäftsabkommen, kryptografischen Grundlagen zur Sicherstellung des Vertrauens, sowie Benutzeridentifikatoren und Attribute, welche zwischen den unterschiedlichen dezentralen Sicherheits- und Richtliniendomänen ausgehandelt werden.

Eine weitere Definition, die dies verdeutlicht, ist die Definition des WS-Federation-Standards (vgl. Abschnitt 3.1):

> "A federation is a collection of realms that have established a producer-consumer relationship whereby one realm can provide authorized access to a resource it manages based on an identity, and possibly associated attributes, that are asserted in another realm. Federation requires trust such that a Relying Party can make a well-informed access control

decision based on the credibility of identity and attribute data that is vouched for by another realm."
gemäß [OASIS WS-Federation]

Demnach ist eine Föderation eine Ansammlung von "realms"[13], in welcher Anbieter von Ressourcen auf der Basis einer Identität und assoziierter Attribute, die in einem anderen realm ausgestellt wurden, Zugriff auf eine Ressource ermöglichen. Die Föderation basiert auf einer Vertrauensbeziehung, so dass eine fundierte Zugriffskontrolle auf die durch den Föderationspartner ausgestellte Identität und Attribute erfolgen kann. Diese Definition deckt demnach sowohl das *Vertrauen* in die Kompetenz des Föderationspartners, den *Delegationsgedanken*, als auch die *Dezentralität* ab.

Ein weiterer entscheidender Aspekt des föderativen Identitätsmanagements ist der Gedanken des "bürgernahen Handelns", welches sich im föderativen Identitätsmanagement im Gedanken der Benutzerzentrierung wiederspiegelt [Maler & Reed 2008]. Auch dieser Aspekt des föderativen Identitätsmanagements variiert im Grad seiner Ausprägung; dennoch ist es ein Grundgedanke des föderativen Identitätsmanagements, dass im Sinne des Benutzers gehandelt werden soll und muss. Im benutzerzentrierten föderativen Identitätsmanagement ist es sogar ein Leitgedanke, dem Benutzer die Kontrolle über seine Identitäten zu überlassen (siehe Abschnitt 3.1.3).

Definition einer Föderation

Zusammenfassend lässt sich eine Föderation im Sinne dieser Arbeit folgendermaßen definieren:

> *Eine Föderation ist ein Zusammenschluss selbstständiger Organisationen, die auf der Basis eines Regelwerks und einem zugrunde liegenden Vertrauen Informationen mit anderen Föderationspartnern austauschen, Aufgaben meist in Form von Dienstnutzung an Föderationspartner delegieren und selbst Aufgaben übernehmen.*

Definition eines föderativen Identitätsmanagement

Aufbauend auf der Definition einer Föderation lässt sich das föderative Identitätsmanagement folgendermaßen definieren:

---

[13]Ein "realm" oder auch "security realm" repräsentiert im Prinzip eine Sicherheits- oder Richtliniendomäne und somit eine einzelne Sicherheitsadministrations- oder Vertrauenseinheit [MSDN Glossar]; bspw. ein Kerberos realm (vgl. [Garman 2003]).

*Das föderative Identitätsmanagement (FIM) ist die verteilte Verwaltung
von Identitätsinformationen auf der Basis einer Föderation, mit dem
Ziel eine bestehende organisatorische und technologische Heterogenität
zu erhalten und durch die richtige Balance zwischen Autonomie und
Delegation identitätsbezogener Aufgaben auf der Basis von Dienstgüte-
vereinbarungen und einem beidseitigen Vertrauen zwischen Dienstgeber
und Dienstnehmer gemeinschaftlich identitätsbezogene Aufgaben zu
lösen.*

2.4 Identitätsmanagement-Projekte

Identitätsmanagement ist sowohl in der Wissenschaft als auch in der Geschäftswelt
ein sehr aktuelles Thema, wie nicht zuletzt die lange Liste an aktuellen Identitätsmanagement-Projekten deutlich macht. Laut der Gartner Security & Risk
Management Summit 2010 sind Identitätsmanagement-Projekte aktuell eines der
wichtigsten Themen für Unternehmen[14].

Es existieren eine Vielzahl an bedeutenden Identitätsmanagement-Projekten.
Zum Beispiel können hier die Projekte *Secure Widespread Identities for Federated Telecommunications (SWIFT)* [WWW SWIFT], *PICOS - Privacy and Identity
Management for Community Services* [WWW PICOS] oder *GUIDE - Creating a
European Identity Management Architecture for eGovernment* [WWW GUIDE] genannt werden. Die Ziele dieser Projekte sind oftmals ähnlich: Es wird vornehmlich
versucht die *Sicherheit*, die *Benutzerfreundlichkeit* und die *Privacy* im Identitätsmanagement zu verbessern. Im Folgenden sollen drei Projekte, welche aufgrund
ihrer Relevanz und Bedeutung für die Forschung im Bereich des verteilten Identitätsmanagements ausgewählt wurden, näher vorgestellt werden.

2.4.1 Trusted Architecture for Securely Shared Services

Das Projekt *Trusted Architecture for Securely Shared Services (TAS³)* [WWW TAS³]
ist ein von der Europäischen Gemeinschaft für vier Jahre gefördertes Projekt mit
dem Ziel, eine sichere und zuverlässige Grundlage für den Austausch personenbezogener Informationen in Geschäftsprozessumfeld zu gewährleisten.

TAS³ sieht hierbei eine der Herausforderungen in der verteilten Haltung personenbezogener Informationen, wie die Weitergabe dieser Informationen auf der
Basis benutzerdefinierter Richtlinien sichergestellt werden kann und vor allem wie

---

[14]http://www.searchsecurity.de/themenbereiche/
sicherheits-management/security-roi-und-tco/articles/268239/
[Stand Okt. 2010]

eine Spezifikation der Richtlinien möglichst benutzerfreundlich zu realisieren ist. Hierbei setzt das Projekt den Fokus auf die Herausforderung der Attributaggregation, da es in aktuellen FIM-Standards und -Software typischerweise nicht möglich ist, Attribute einer Entität von mehreren IDPs in einer einzelnen Transaktion aggregiert zur Verfügung zu stellen. In diesem Zusammenhang wurde im Rahmen des Projekts ein sogenannter *Linking Service*[15] konzipiert und prototypisch umgesetzt. Um die Aggregation verschiedener Identitätsattribute einer Entität zu erreichen, hält der Linking Service notwendige Korrelationsinformationen der unterschiedlichen Identitäten eines Benutzers vor und stellt diese autorisierten Dienstanbieter auf Anfrage zur Verfügung. Alternativ übernimmt der Linking Service auch die Aggregation der Attribute selbst und leitet diese an den anfragenden Dienstanbieter weiter. Da es für eine Aggregation identitätsbezogener Informationen notwendig ist, die unterschiedlichen Identitäten eines Benutzers miteinander zu verknüpfen, wurde im Rahmen des Linking Service auch ein Vorgehen vorgeschlagen, wie die Verlinkung unterschiedlicher Identitäten eines Benutzers in verschiedenen IdM-Systemen durchgeführt werden kann, die hierfür selbst noch keine Unterstützung bieten. In Kapitel 5.4.3 wird deshalb noch einmal auf den Ansatz des Linking Service näher eingegangen.

Die Ergebnisse in Form von Spezifikation und Publikationen können von der Website des Projekts TAS[3] heruntergeladen werden[16].

2.4.2 Privacy and Identity Management for Europe

Das Projekt *Privacy and Identity Management for Europe (PRIME)* ist ein durch die Europäische Gemeinschaft gefördertes Wisschenschaftsprojekt [WWW Prime]. PRIME war auf vier Jahre ausgelegt und ist 2008 ausgelaufen. Das Projekt wird aktuell im Rahmen des Projekts Primelife [WWW Primelife] bis Ende 2011 weitergeführt.

Ein wesentliches Ziel des Projekts PRIME was es, einen laufenden Prototypen für ein *Privacy-enhancing Identity Management System* zu entwickeln. Des Weiteren verfolgte das Projekt PRIME Ansätze, welche eine *vereinfachte Festlegung von Datenschutzrichtlinien (engl. Configurable Policy Languages)* erlauben sollen. Hierdurch soll es Benutzern ermöglicht werden, die Kontrolle über die Weitergabe ihrer identitätsbezogenen Informationen zu bewahren.

Um die Privacy eines Benutzers zu verbessern, führte das Projekt PRIME *Anonymous or Private Credentials* ein. Diese erlauben es Benutzer zu autorisieren, ohne die Identität des Benutzers aufzudecken. PRIME verwendete hierfür einen

---

[15]Der Linking Service wird in der im Rahmen des Projekts TAS[3] entstandenen Publikation von Chadwick und Inman [Chadwick & Inman 2009] näher beschrieben.

[16]http://www.tas3.eu/project/publications [Stand Okt. 2010]

attributbasierten Ansatz, d.h. auf der Basis von Identitätsattributen gewährt ein Dienstanbieter einem Benutzer Zugriff. Durch die Verwendung von Anonymous Credentials können einzelnen Vorgänge nicht miteinander in Verbindung gebracht werden, wobei im Missbrauchsfall die Identität des Benutzers ermittelt werden kann.

Neben der Fortführung der Ziele des Projekts PRIME, d.h. dem Einsatz von Configurable Policy Languages und Privacy-enhancing Cryptography, setzt das Folgeprojekt Primelife Schwerpunkte im Bereich *Web Service Federation* und *Human Computer Interfaces*.

Die Ergebnisse des Projekts PRIME in Form von Spezifikationen und Publikationen können auf der Website des Projekts eingesehen werden[17]. Die Ergebnisse des Projekts Primelife sind ebenfalls auf der Website des Projekts einzusehen[18].

2.4.3   Future of Identity in the Information Society

Future of Identity in the Information Society (FIDIS) ist ebenfalls ein durch die EU finanziertes Projekt, welches die Vision "[…] to develop a deeper understanding of how appropriate identities and identity management can progress the way to a fairer European Information Society" verfolgt [WWW FIDIS].

FIDIS versucht sich der Herausforderung anzunehmen, dass sich aus einer "Natural" Identität immer mehr eine "Virtual" Identität entwickelt bzw. viele virtuelle Identitäten. FIDIS hat das Ziel, der Kernfrage nachzugehen, wer welchen Anspruch auf die Nutzung identitätsbezogener Information hat. Darüber hinaus versucht FIDIS auch der Frage auf den Grund zu gehen, wer in welche Informationen vertrauen muss, um Zugriff auf eine Ressource gewähren zu können. FIDIS ist ein interdisziplinäres Projekt, das auch versucht die rechtliche Seite einer "Virtual Person" anzugehen. Da FIDIS ein europaweites Projekt ist, versucht es darüber hinaus, die unterschiedlichen Vorgehensweisen europäischer Nationen im Identitätsmanagement zusammenzuführen, in dem es Anforderungen für ein "Future Identity Management" spezifiziert.

Im Rahmen des Projekts FIDIS wurden viele Konferenzbeiträge, Journal Artikel und Bücher veröffentlicht, bspw. das Buch *The Future of Identity in the Information Society: Challenges and Opportunities* [Rannenberg et al. 2009] mit den Ergebnissen des Projekts FIDIS. Darüber hinaus können erarbeitet Spezifikationen auf der FIDIS-Website eingesehen werden[19].

---

[17]https://www.prime-project.eu/prime_products/ [Stand Okt. 2010]

[18]http://www.primelife.eu/results [Stand Okt. 2010]

[19]http://www.fidis.net/resources/fidis-deliverables/ [Stand Okt. 2010]

3

Informationsaustausch und -replikation in IdM-Systemen

Im Folgenden soll eine Analyse aktueller IdM-Standards und -Softwaresysteme, die sowohl innerhalb von Unternehmen als auch in organisationsübergreifenden Szenarien Verwendung finden, vorgenommen werden. Die Analyse soll klar stellen, wie und wann im organisationsinternen und -übergreifenden Identitätsmanagement Informationen ausgetauscht werden, um hierdurch potentielle Schwachstellen dieser Ansätze hinsichtlich der Konsistenz identitätsbezogener Informationen aufzudecken genauso wie potentielle Bausteine für die Sicherstellung der Informationskonsistenz in verteilten Systemen zu identifizieren. Des Weiteren soll in diesem Abschnitt näher beleuchtet werden, durch welche Ursachen begründet Identitätsinformationen in verteilten Systemen typischerweise redundant vorgehalten werden und welche Konsequenzen dies auf die Konsistenz identitätsbezogener Informationen hat.

3.1 Informationsaustausch in IdM-Systemen

Die in der Arbeit betrachteten Standards, Protokolle und Softwaresysteme wurden aufgrund ihrer Popularität und Relevanz ausgewählt (wie bspw. auch von folgenden Arbeiten gesehen [Maler & Reed 2008; Chadwick & Inman 2009; Paci et al. 2009]). Es wird hierbei kein Anspruch auf Vollständigkeit erhoben, da dies sowohl hinsichtlich der Vielzahl eingesetzter Standards, Protokolle und Softwaresysteme als auch in Hinsicht des verfolgten Zwecks dieses Abschnittes nicht zielführend wäre. Ziel dieses Abschnittes soll es vielmehr sein, zu analysieren und kurz zu bewerten wie aktuelle Standards, Protokolle und Softwaresysteme Identitätsinformationen austauschen, um hierauf aufbauend entscheiden zu können, ob die Konsistenz identitätsbezogener Informationen durch aktuelle Ansätze sichergestellt werden kann. Nach einer rein deskriptiven Beschreibung soll jeweils eine kurze Bewertung erfolgen. Eine detaillierte Bewertung hinsichtlich der Eignung zur Sicherstellung der Konsistenz in verteilten Systemen wird basierend auf den Ergebnissen dieser allgemeinen Analyse in Abschnitt 5.3.3 bzw. in Abschnitt 5.4.3 erfolgen, da es für eine umfassende Angemessenheitsanalyse zunächst notwendig ist, die Anforderungen an einen Ansatz zur Sicherstellung der Konsistenz zu formulieren.

Zusätzlich zu den im föderativen Identitätsmanagement verbreiteten Ansätzen soll auf Ansätze eingegangen werden, die im organisationsinternen Identitätsmanagement eingesetzt werden. Dies ist für das Verständnis der Arbeit notwendig, da Konzepte dieser Ansätze potentiell auch in organisationsübergreifenden Szenarien Anwendung finden könnten.

Das föderative Identitätsmanagement umfasst des Weiteren das so genannte *benutzerzentrierte* oder auch *persönliche Identitätsmanagement* [Baier 2005]. In diese Kategorie fallende Ansätze sollen im Folgenden gesondert betrachtet werden. Insgesamt ergeben sich demnach drei Kategorien, in welche die ausgewählten Standards, Protokolle und Softwaresysteme eingeordnet werden: *organisationsinterne*, *organisationübergreifende* und *benutzerzentrierte* Ansätze.

3.1.1 Organisationsinterne Ansätze

Standards und Protokolle

Ein in organisationsinternen Szenarien eingesetztes Protokoll zur Provisionierung von Identitäten ist die *Service Provisioning Markup Language (SPML)* [OASIS SPML V2.0]. In diesem Abschnitt soll eine rein deskriptive Beschreibung der wesentlichen Modellelemente und Operationen von SPML erfolgen. Durch die Umsetzung eines IdM-Systems am KIT im Rahmen des Projekts *Karlsruher Integriertes InformationsManagement (KIM)*, war es möglich, SPML in unterschiedlichen Anwendungsszenarien umzusetzen und zu analysieren. In Abschnitt 5.2 werden deshalb noch praktische Beispiele präsentiert, welche die Einsatzmöglichkeiten von SPML verdeutlichen. Da SPML auch im Rahmen der in dieser Arbeit vorgestellten Konzepte Einsatz findet, wird auch in Abschnitt 5.3, in welchem ein Konzept zur Sicherstellung der Konsistenz in organisationübergreifenden Szenarien beschrieben wird, noch einmal auf die Anwendungsmöglichkeiten von

SPML hingewiesen werden.

SPML ist ein XML-basiertes Request-Response-Protokoll zum Austausch von Nachrichten zum Erzeugen, Ändern, Löschen und Suchen von Identitäten. Die Konzepte der aktuellen SPML-Version, V2, bauen hierbei vollständig auf der Version SPML V1 [OASIS SPML V1.0] auf. SPML wurde durch das Normierungskonsortium *Organization for the Advancement of Structured Information Standards (OASIS)* [WWW OASIS] standardisiert.

Das SPML-Modell besteht aus vier konzeptionellen Elementen (vgl. Abbildung 3.1):

(i) **Requesting Authority kurz Requestor** – eine Softwaresystemkomponente, welche SPML-konforme Requests (1) an einen SPML-fähigen Dienst zur Provisionierung von Informationen sendet.

(ii) **Provisioning Service Provider kurz Provider** – ein SPML-basierter Provisionierungsdienst wird Provisioning Service Provider genannt und ist eine Softwaresystemkomponente, die Anfragen von bekannten Requestor entgegennimmt, verarbeitet und die Antwort auf die Anfrage zurücksendet.

(iii) **Provisioning Service Target kurz Target** – bezeichnet eine Ressource, welche durch einen Provider provisioniert werden kann (2). Ein Target wird in SPML sehr abstrakt gehalten und kann hierbei bspw. ein Verzeichnisdienst, eine Anwendung oder ein Dienst sein.

(iv) **Provisioning Service Object kurz Objekt** – repräsentiert eine Identität oder allgemeiner ein Datenobjekt auf einem Target, auf welchem letztendlich die SPML-Operation ausgeführt wird (3).

SPML V2.0 bietet verschieden "Kern-Operationen", welche bis auf eine Operation, die *listTargets*, den "CRUD"-Operationen[1] gleichen. SPML sieht konzeptionell sowohl eine *synchrone* als auch *asynchrone* Kommunikation zwischen einem Requestor und einem Provider vor, wobei eine asynchrone Kommunikation nicht in allen Operationen möglich und sinnvoll ist. Ob beide Kommunikationsarten durch einen SPML-Provider unterstützt werden, hängt von der jeweiligen Implementierung ab. Im Falle einer asynchronen Kommunikation wird durch den Provider eine Response vor der Ausführung der Operation auf dem Provisioning Service Object an den Requestor gesendet. Die Response des Provider besagt im asynchronen Fall demnach, ob die Request erfolgreich empfangen wurde oder nicht. Das

---

[1] CRUD stellt hierbei ein für die Datenbankoperationen *Create*, *Read*, *Update* und *Delete* stehendes Akronym dar. Das Akronym wurde das erste Mal im Jahr 1990 durch Kilov verwendet [Kilov 1990].

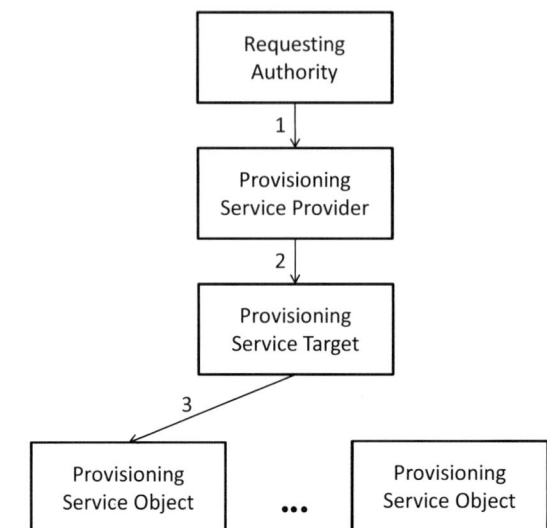

Abbildung 3.1: Zusammenspiel der Komponenten des SPML-Modells

prinzipielle Konzept einer synchronen und asynchronen Kommunikation wird in Abschnitt 5.3.1 noch näher erläutert werden. Die wichtigsten Operationen hinsichtlich der Konsistenzsicherstellung, die durch SPML angeboten werden, sind[2]:

(i) **ListTargets** – stellt eine Operation dar, die es einem Requestor erlaubt, die durch einen Provider *zu provisionierenden Targets* abzufragen. Die Operation *listTargets* kann ausschließlich synchron ausgeführt werden. Ein Requestor, der demnach eine Liste möglicher Targets anfragt, muss auf die durch den Provider gelieferte Liste warten und wird bis dahin geblockt (siehe Abschnitt 5.3.1).

(ii) **Add** – erlaubt das *Erzeugen* eines neuen Provisioning Service Object auf einem Target. Das Erzeugen eines Objekts ist sowohl synchron als auch asynchron möglich.

(iii) **Lookup** – bietet die Möglichkeit, ein bestimmtes Provisioning Service Object auf einem Target *nachzuschlagen*. Ein lookup sollte prinzipiell synchron ausgeführt werden, da es bei einer asynchronen Ausführung dazu führen kann, dass andere Operationen vor der lookup-Operation ausgeführt werden und die lookup-Operation somit nicht den Stand eines Objektes zum Zeitpunkt der Anfrage liefert, sondern einen älteren, potentiell inkonsistenten Stand.

---

[2]SPML in der Version 2 [OASIS SPML V2.0] bietet noch weitere Operationen, die für das Verständnis der Arbeit jedoch nicht von Bedeutung sind.

(iv) **Search** – *search* liefert alle einer spezifischen Anfrage entsprechenden Provisioning Service Objects eines Targets. Generell sollte auch eine search-Operation synchron ausgeführt werden, da auch ein search nur in einer synchronen Ausführung sicherstellen kann, dass genau die Objekte eines Targets zurückgegeben werden, die zum Zeitpunkt der Anfrage gesucht wurden. Bei einer asynchronen Ausführung könnten andere Operationen somit das Suchergebnis beeinflussen.

(v) **Modify** – *modify* ermöglicht die Änderung an einem Provisioning Service Object und kann sowohl synchron als auch asynchron ausgeführt werden.

(vi) **Delete** – mittels *delete* kann ein Provisioning Service Object auf einem Target gelöscht werden. Eine delete-Operation kann ebenfalls synchron und asynchron erfolgen.

Bewertung

Die Standardisierung eines Provisionierungsprotokolls verfolgt das Ziel, die unzähligen Konnektoren, die notwendig sind, um verschiedene Systeme zu integrieren, zu ersetzen. Das Ziel einer standardbasierten Provisionierung ist demnach, Systeme auf der Basis eines standardisierten Protokolls und somit interoperabel zu provisionieren.

Zwar wird SPML von unterschiedlichen Anbietern in ihren Produkten unterstützt, jedoch ist eine weite Verbreitung von SPML noch nicht gegeben. In einer Studie der Burton Group über standardbasierte Provisionierung resümiert Mark Diodati, Senior Analyst für Identity und Privacy Strategien[3]:

> *"Standard-Based Provisioning is likely unachievable".*

Er sieht demnach, das Ziel einer standardbasierten Provisionierung auf der Basis von SPML als nicht erreichbar an. Als Gründe hierfür nennt er in der Studie sowohl die Komplexität und die schlechte Performance von SPML als auch den unzureichende Support der Hersteller von Provisionierungssystemen. Nishant Kaushik, Lead Strategist für Identitätsmanagement bei Oracle, fasst die Probleme der standardbasierten Provisionierung mittels SPML folgendermaßen zusammen[4]:

> *"[...] that's because SPML is the most non-standardized of standards, with no two target system implementations being alike."*

---

[3]Identity and Privacy Strategies Technical Case Study: OASIS or Mirage: Standards-Based Provisioning. Quelle: `http://www.burtongroup.com/Research/PublicDocument.aspx?cid=1899` [Stand Okt. 2010]

[4]`http://blog.talkingidentity.com/2010/06/advance-federated-provisioning-and-the-cloud.html` [Stand Okt. 2010]

Nishant Kaushik sieht demnach den Standardisierungsversuch daran gescheitert, dass die Interoperabilität der Umsetzungen des SPML-Standards nicht ausreichend sichergestellt wird. Gerade die Sicherstellung der Interoperabilität erlangt in anderen Normierungsgremien immer mehr an Bedeutung, wie bspw. die Kantara Initiative Working Group *Interoperability*[5] oder auch die Interoperabilitätsanalysen zwischen CardSpace und Liberty (siehe bspw. [Al-Sinani et al. 2010]) oder CardSpace und OpenID[6] zeigt.

Ein weiterer möglicher Grund für die eingeschränkte Verbreitung von SPML könnte die fehlende Flexibilität hinsichtlich des eingesetzten Informationsschemas sein, d.h. die Syntax und Semantik der ausgetauschten Attribute müssen mit dem Informationsschema der zu provisionierenden Systeme übereinstimmen, um eine Provisionierung von Identitäten zu ermöglichen. Der Provisioning Service Provider sieht demnach keinerlei "Vermittler"-Funktionen vor, die bspw. die Abbildung unterschiedlicher Schemata aufeinander erlaubt. SPML sieht darüber hinaus kein Sicherheitsmodell vor. Dies resultiert bspw. darin, dass ein Provisioning Service Provider nicht selektieren kann, auf welche Provisioning Service Objects eines Provisioning Service Target ein Zugriff erlaubt ist [Hommel & Schiffers 2006]. Folglich ist eine Requesting Authority entweder dazu autorisiert ein Target und somit auch alle Provisioning Service Objects des Targets zu provisionieren oder nicht.

Softwaresysteme

Das Ziel dieses Abschnitts ist es nicht, einzelne Identitätsmanagementprodukte in ihre Gänze vorzustellen oder zu bewerten, sondern es soll eine rein deskriptive Vorstellung der für die Sicherstellung der Konsistenz identitätsbezogener Informationen eingesetzten "Kernfunktionalitäten" vorgenommen werden. Insbesondere wird auf die Kernfunktionalitäten fokussiert, welche für die Provisionierung von Identitäten Verwendung finden. Teilweise werden von vielen Herstellern, insbesondere von den größeren Softwareherstellern, auch reine Softwaresysteme zur Provisionierung von Identitäten angeboten. Eine klare Grenze zwischen diesen "Provisionierungssystemen" und Identitätsmanagementprodukten lässt sich oftmals nicht ziehen. Im Rahmen dieser Arbeit wird der Begriff Provisionierungssystem repräsentativ für die Funktionalitäten zur Sicherstellung der Konsistenz verwendet werden, auch wenn die Funktionalität teilweise im Rahmen von umfangreicheren Identitätsmanagementsystemen angeboten wird.

Eine Analyse relevanter Provisionierungssysteme wird regelmäßig von un

---

[5]http://kantarainitiative.org/confluence/display/iopwg/Charter [Stand Okt. 2010]

[6]http://www.identityblog.com/?p=668 [Stand Okt. 2010]

terschiedlichen Marktforschungseinrichtungen, wie Gartner, Forrester[7], Butler Group oder Burton Group durchgeführt. Eine im Bereich des organisationsinternen Identitätsmanagements bedeutende Studie stellt die durch Gartner verfasste Studie "Magic Quadrant for User Provisioning" dar [Gartner Magic Quadrant 2009] (siehe Anhang A). Hierbei werden die von Gartner als relevant eingestuften Softwaresysteme im Bereich der Provisionierung miteinander verglichen und bewertet. Eines der im Rahmen des Projekts KIM eingesetzten Softwaresysteme ist der Sun Java System Identity Manager, welcher von Gartner ebenfalls zu den "Leaders" gezählt wird. In Abschnitt 5.2 wird noch einmal näher auf die Erfahrungen mit dem Sun Java System Identity Manager eingegangen werden. Die Ergebnisse der Studie sollen dieser Arbeit nicht als Bewertungsgrundlage dienen, da hierfür sowohl eine genauere Betrachtung der Bewertungsmethode als auch der untersuchten Provisionierungslösungen der jeweiligen Studie notwendig wäre. Die Studie soll dieser Arbeit nur als Bestätigung der im Folgenden vorgestellten "Kernfunktionalitäten" zur Provisionierung von Identitätsinformationen dienen. Folgende Kernfunktionalitäten müssen zur Sicherstellung einer "State-of-the-Art" Provisionierung zur Verfügung gestellt werden:

(i) **Prozessunterstützung:** Die Provisionierung von Identitäten wird in aktuellen Provisionierungssystemen auf der Basis einer *Prozessunterstützung (engl. Workflow Engine)* vorgenommen. Eine Prozessunterstützung ist ein Softwaresystem, das es erlaubt, (Geschäfts-)Prozesse zu verwalten und auf der Basis einer Prozessmodellierungssprache, wie BPMN [OMG BPMN] oder WS-BPEL [OASIS WS-BPEL], automatisiert auszuführen. In einer Prozessunterstützung wird demnach auch die Logik realisiert, welche zur Automatisierung der Provisionierungsprozesse notwendig ist. Hierfür interpretiert die Prozessunterstützung typischerweise so genannte *Ereignisse (engl. Events)* und reagiert auf diese mit entsprechenden vordefinierten Aktionen (vgl. bspw. [Hoellrigl et al. 2007b]).

(ii) **Genehmigungsprozesse:** *Genehmigungsprozesse (engl. Approval Process)* finden im Identitätsmanagement zur Verringerung des Risikos fälschlicher- oder unrechtmäßigerweise zugewiesener Identitäten und Attribute eingesetzt. Sie dienen der Realisierung eines "Mehr-Augen-Prinzips", da zur Durchführung eines bestimmten Provisionierungsprozesses, wie dem Anlegen einer Benutzeridentität, zunächst die Genehmigung einer oder mehrerer Personen zur Vermeidung von Fehlern bei helfen kann. Genehmigungsprozesse können hierbei in jeder Phase der Provisionierung von Bedeutung sein.

---

[7]Von Forrester wird der Report "The Forrester Wave: User Account Provisioning" [Forrester Wave: Provisioning] herausgegeben.

(iii) **Passwortmanagement:** *Passwortmanagement* umfasst Aufgaben wie die Spezifikation und Durchsetzung von Passwortrichtlinien[8] und die Verwaltung von Passwörtern. Die Durchsetzung von Passwortrichtlinien dient hierbei der Erhöhung der "Stärke" und somit der Sicherheit eingesetzter Passwörter [Dinger & Hartenstein 2008, S. 187 ff]. Eine Aufgabe des Passwortmanagements ist bspw. die Bereitstellung automatisierter Prozesse für das Rücksetzen von Passwörtern, um Kosten einsparen zu können und eine Entlastung des Help Desks zu erreichen [Dinger & Hartenstein 2008, S. 240 ff].

(iv) **"Standard"-Konnektoren:** Die Durchführung der Provisionierungsprozesse setzt die Integration zu provisionierender Systeme voraus. Hierfür werden *Konnektoren (engl. Connectors)*, auch *Adapter (engl. Adapters)* genannt, verwendet. Konnektoren stellen eine generische Schnittstelle bereit, welche von der Implementierung des angebundenen Systems abstrahiert. Die Umsetzung eines Konnektors kann sowohl *Agentenbasiert (engl. Agent-based)* oder *Agentenlos (engl. Agent-less)* realisiert sein. Beim letzteren ist es nicht notwendig, auf dem Zielsystem eine Konnektorkomponente, einen *Agenten*, zu installieren, um eine Provisionierung zu ermöglichen.

Bewertung

Für die technische Sicherstellung der Konsistenz identitätsbezogener Informationen spielen Genehmigungsprozesse und das Passwortmanagement eine untergeordnete Rolle. Aus diesem Grund soll im Folgenden auf diese beiden Funktionalitäten nicht mehr näher eingegangen werden.

Generell lässt sich sagen, dass sowohl die Anzahl angebotener Konnektoren als auch die Bereitstellung einer Prozessunterstützung in den oben aufgeführten Provisionierungssystemen als etablierte Kernfunktionalitäten aktueller Provisionierungssysteme gezählt werden können. Dennoch stellt die hohe Anzahl an unterschiedlichen zu provisionierenden Systemen im Identitätsmanagement eine Herausforderungen für die Softwarehersteller dar. Oftmals ist die Entwicklung eigener individueller Konnektoren nicht zu vermeiden. Darüber hinaus legen viele Softwarehersteller einen Fokus auf die Konfigurierbarkeit der "Kernoperationen" zur Provisionierung von Identitäten, wie das Anlegen, Ändern und Löschen von Identitäten. Die Anpassbarkeit auf der Basis selbstgeschriebenen Quellcodes wird von den meisten Softwareherstellern als weniger wichtig angesehen. Dies resultiert in einer verringerten Flexibilität.

In Abschnitt 5.3.2, in welchem die Anforderungen an einen Ansatz zur Sicherstellung der Konsistenz identitätsbezogener Informationen in verteilten Systemen

---

[8] Als Beispiel für eine Passwortrichtlinie kann die Passwortrichtlinie des SCCs genannt werden, welche sich unter [SCC Passwortrichtlinie] finden lässt.

aufgestellt werden, soll noch einmal auf mögliche Einsatzzwecke einer *Prozessun-terstützung* und deren Eignung für organisationsübergreifende Szenarien (siehe Abschnitt 5.3.3) eingegangen werden.

3.1.2   Organisationsübergreifende Ansätze

Im Folgenden soll der generelle Informationsaustausch aktueller FIM-Protokolle und -Softwaresysteme untersucht und vorgestellt werden, da die Art und Weise wie und wann Informationen ausgetauscht werden, einen entscheidenden Einfluss auf die verteilte Speicherung und somit auf die Konsistenz identitätsbezogener Informationen nimmt. Hierbei wird Shibboleth nicht unter benutzerzentrierten Ansätzen geführt, da es Eigenschaften, welche ein benutzerzentrierter Ansatz erfüllen sollte, nicht vollständig erfüllt. Zum Beispiel werden in Shibboleth-Föderationen keine so genannten "Self-hosted IDPs" vorgesehen. Weitere Kriterien, welche benutzerzentrierte Ansätze erfüllen sollten, werden in Abschnitt 3.1.3 aufgeführt.

Arten des Informationsaustauschs - Taxonomie

Im föderativen Identitätsmanagement lässt sich im Wesentlichen zwischen zwei Arten des Informationsaustauschs unterscheiden, wobei die Art und Weise wie eine bestimmte Identität durch einen Dienstanbieter referenziert wird, im Mittelpunkt der vorgeschlagenen Taxonomie steht:

(i) **Attributbasierter Ansatz** – ein Dienstanbieter bezieht *Benutzerattribute* direkt von einem Identitätsprovider. Der Dienstanbieter hält in diesem Falle selbst keine eigenen Identitätsdaten, sondern delegiert die Verwaltung identitätsbezogener Informationen an einen Identitätsprovider. Da der Dienstanbieter keine lokale Identität für einen Benutzer vorhält, kann er Benutzer nur auf der Basis der durch den Identitätsprovider gelieferten Attribute unterscheiden.

(ii) **Identitätsbasierter Ansatz** – ein alternativer Weg des Informationsaustauschs basiert auf der *Identity Federation* (siehe Abschnitt 2.1.6) und erlaubt es einem Dienstanbieter, lokal vorgehaltene Identitätsinformationen mit den Informationen des Identitätsproviders abzugleichen. Demnach verwaltet in diesem Fall der Dienstanbieter selbst auch eine Identität für seine Benutzer; durch die Verlinkung der lokalen Identität mit der Identität desselben Benutzers beim Identitätsprovider wird dem Dienstanbieter ein Korrelation der Informationen ermöglicht.

Im Folgenden soll zunächst auf die durch den jeweiligen Ansatz entstehenden Anforderungen an das föderative Identitätsmanagement eingegangen werden.

Anschließend soll der abstrakte Informationsfluss in den Ansätzen vorgestellt und bewertet werden.

Attributbasierter Ansatz

Die Auslagerung der Verwaltung von Identitätsinformationen an einen Identitätsprovider stellt zwei wesentliche Anforderungen, die durch jedes föderative System zur Implementierung des attributbasierten Ansatzes realisiert werden müssen:

(i) **Auswahl eines Identitätsproviders** – es müssen Mechanismen und Protokolle zur Verfügung gestellt werden, die bei einer Dienstnutzung die *Ermittlung des Identitätsproviders*[9], der für die Verwaltung der zur Nutzung des Dienstes verwendeten Identität zuständig ist, übernimmt. Dies kann passiv und somit ohne eine Interaktion mit dem Benutzer geschehen, d.h. durch eine direkte Umleitung an den jeweiligen Identitätsprovider, bspw. auf der Basis eines gesetzten Domänencookies oder einer IP-Adresse. Alternativ kann dem Benutzer die Möglichkeit angeboten werden, bspw. unter Verwendung einer Liste oder durch die Angabe einer URL einen Identitätsprovider aktiv auszuwählen.

(ii) **Austausch identitätsbezogener Informationen** – in verteilten IdM-Systemen müssen Protokolle und Softwaresysteme den *Austausch identitätsbezogener Informationen* zwischen den beteiligten Diensten erlauben, bspw. um den Authentifikationsstatus eines Benutzers auszutauschen. Weitere Attribute, die u.a. auch zur Personalisierung eines Dienstes Einsatz finden, sind Informationen wie Gruppenzugehörigkeiten, Rollen oder die E-Mail-Adresse eines Benutzers.

Falls ein Dienstanbieter die Verwaltung identitätsbezogener Informationen an einen IDP auslagert, läuft eine typische Dienstnutzung bei aktuellen FIM-Protokollen und -Softwaresysteme vereinfacht dargestellt folgendermaßen ab (vgl. Abbildung 3.2):

(1) Der Benutzer ruft mittels eines Client, typischerweise dem Webbrowser, einen gesicherten Dienst bei einem Dienstanbieter auf.

(2) Da der Dienstanbieter die Authentifikation nicht selbst durchführen kann, wird der Benutzer aufgefordert sich gegenüber einem Identitätsprovider zu authentisieren. Dies geschieht in manchen FIM-Protokollen, bspw. in Shibboleth

---

[9]Die Ermittlung des Identitätsproviders eines Benutzers ist auch als "IDP-Discovery-Problem" bekannt.

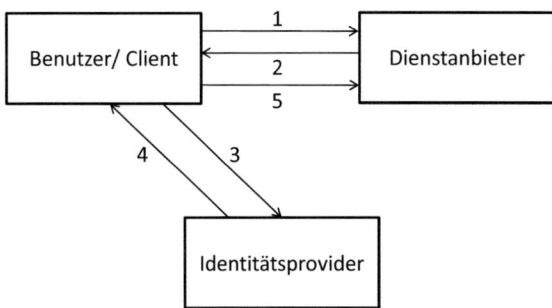

Abbildung 3.2: Abstrakter Ablauf einer Dienstnutzung, falls der Dienstanbieter die Authentifikation und das Management identitätsbezogener Informationen an einen Identitätsprovider auslagert

(siehe Abschnitt 3.1.2), über eine zusätzliche Indirektionsstufe. In anderen FIM-Protokollen wird der Benutzer direkt an einen Identitätsprovider weitergeleitet.

(3) In jedem Fall muss der Benutzer sich via Client, bspw. durch die Angabe eines Benutzernamens und eines Passwortes, bei einem Identitätsprovider authentisieren.

(4) Falls die Authentifikation erfolgreich war, bekommt der Benutzer ein durch den Identitätsprovider ausgestelltes Sicherheitstoken bzw. Assertion (siehe Abschnitt 2.1.7) zugeordnet. Typischerweise ist dieses Sicherheitstoken für den jeweiligen Dienstanbieter verschlüsselt und enthält Identitätsattribute, die es dem Dienstanbieter erlauben, den Status der Authentifikation zu ermitteln. Darüber hinaus ist in verschiedenen Szenarien der Dienstanbieter auf weitere Attribute des Benutzers, bspw. dessen Namen, Zugehörigkeit oder Alter, angewiesen. Zum Beispiel sind diese Attribute zur Personalisierung oder zur Autorisierung des Benutzers notwendig.

(5) Je nach FIM-Protokoll wird die Antwort des Identitätsproviders entweder passiv an den Dienstanbieter weitergeleitet, oder aktiv durch den Client des Benutzers gesendet. In jedem Fall bekommt der Dienstanbieter das Ergebnis der Authentifikation durch den Identitätsprovider übermittelt und der Benutzer kann auf den Dienst zugreifen, vorausgesetzt die durch den Identitätsprovider ausgestellten Attribute berechtigen den Benutzer dazu.

Bewertung

Ein gewichtiger Grund, wenn nicht der Hauptmotivator für einen Dienstanbieter den attributbasierten Ansatz zu wählen, ist die Möglichkeit das Identitätsmanagement auszulagern. Hierbei sind sowohl die initialen Kosten zur Etablierung einer Identitätsbasis als auch die Betriebskosten gemeint, welche zur Verwaltung identitätsbezogener Informationen anfallen. Ein Dienstanbieter muss demnach nicht zunächst über ein Registrierungsverfahren jedem Benutzer eine Identität zuweisen, sondern kann allen Benutzern vertrauenswürdiger Identitätsprovider einen Dienst zugänglich machen.

Hinsichtlich der Konsistenz identitätsbezogener Informationen würde die Delegation des Identitätsmanagements an dedizierte Dienste zu einer erheblichen Komplexitätsreduktion beitragen, da identitätsbezogene Informationen eines Benutzers ausschließlich bei Identitätsprovidern liegen würden und somit bei Änderungen dieser Informationen "nur noch" die identitätsbezogenen Informationen bei den Identitätsprovider miteinander abgeglichen werden müssten. Im Extremfall, falls ein Benutzer seine identitätsbezogenen Informationen nur noch an einer Stelle verwalten lassen würde, wäre die Konsistenzproblematik sogar gelöst, da es keine redundante Datenhaltung mehr geben würde. Ein Benutzer müsste Änderungen seiner Informationen lediglich an einen Dienst kommunizieren, was die Benutzerfreundlichkeit erheblich verbessern würde. Jedoch gibt es eine Vielzahl an Gründen, die dazu beitragen, dass Identitätsinformationen auch über Dienstanbieter verteilt vorgehalten werden. Die Ursachen und Konsequenzen der Informationsreplikation werden im Abschnitt 3.2 ausführlich besprochen.

Eine prinzipielle "Schwachstelle" des attributbasierten Ansatzes ist, dass ein Dienstanbieter einen Benutzer nicht eindeutig identifizieren kann. Hierdurch ist es auch nicht möglich, bspw. die Aktionen, die von einer bestimmten Personen bzw. unter einer bestimmten Identität durchgeführt wurden, zu verfolgen und zu auditieren. Des Weiteren ist es nicht möglich das Accounting auf der Ebene expliziter Identitäten durchzuführen.

Identitätsbasierter Ansatz

Neben dem attributbasierten Ansatz erlauben FIM-Protokolle Dienstanbietern auch die Verwaltung identitätsbezogener Informationen selbst durchzuführen, allerdings mit dem Unterschied zu herkömmlichen IdM-Systemen, dass ein Benutzer sich dennoch gegen einen externen Identitätsprovider authentifizieren kann. Die Möglichkeit der externen Authentifikation kann hierbei sowohl zwingend sein, d.h. der Dienstanbieter selbst ist nicht in der Lage die Authentifikation eigenmächtig durchzuführen. Es ist jedoch auch möglich, dass ein Dienstanbieter selbst authentifizieren kann, er alternativ jedoch seinen Benutzern die Möglichkeit bietet, sich über einen externen Identitätsprovider zu authentifizieren.

In diesem Falle wird neben den beiden im attributbasierten Ansatz beschriebenen Punkte *Auswahl eines Identitätsproviders* und *Austausch identitätsbezogener Informationen*, welche im Falle einer Durchführung der Authentifikation durch einen externen Identitätsprovider auch im identitätsbasierten Ansatz notwendig sind, im identitätsbasierten Ansatz eine weitere Anforderung gestellt:

(iii) **Identity Federation** – in einem identitätsbasierten Ansatz halten Dienstanbieter für Benutzer lokal ebenfalls eine Identität vor. Sobald ein Dienstanbieter bspw. mit einem Identitätsprovider Informationen über einen Benutzer austauschen möchten, macht es diese verteilte Identitätsverwaltung notwendig, die *Identität des Benutzers beim Identitätsprovider* mit der *lokalen Identität zu korrelieren*.

Da durch diese Verlinkung mögliche Sicherheits- und Datenschutzschwachstellen für den Benutzer entstehen können, setzt eine Korrelation in der Regel die Zustimmung des Benutzers voraus, soweit es keine weiteren rechtlichen Grundlagen gibt, welche die Korrelation der Identitäten erlaubt. Eine Verlinkung ist sowohl automatisiert als auch manuell durch die Mithilfe des Benutzers möglich. Generell schreibt kein FIM-Protokoll den exakten Ablauf der *Identity Federation* vor. Somit ist auch eine Identity Federation, welche völlig außerhalb der FIM-Protokolle etabliert wurde, möglich (siehe bspw. die SAML-Protokoll-Spezifikation [OASIS SAML Assertions and Protocols]). Typischerweise wird jedoch für die Verlinkung zweier Identitäten ein meist durch den Identitätsprovider *generierter, langfristiger (engl. Long Term), unidirektionaler* und *pseudonymer Identifikator* [Klingenstein 2007] bzw. eine bestimmte Menge an Attributen [OASIS SAML Glossar], deren Werte den Benutzer eindeutig identifizieren, verwendet.

Falls ein Benutzer bei einem Dienstanbieter noch keine Identität besitzt und der Benutzer einer Übermittlung identitätsbezogener Informationen durch seinen Identitätsprovider an einen Dienstanbieter und der Verlinkung seiner beiden Identitäten zustimmt, kann die Korrelation automatisch während eines initialen Registrierungsschrittes auf der Basis übermittelter Identitätsinformationen geschehen. In diesem Fall kann der Dienstanbieter unter Verwendung der gelieferten Informationen eine lokale Identität anlegen und mit der Identität des Benutzers beim Identitätsprovider verlinken. Dies geschieht typischerweise dadurch, dass der Dienstanbieter den durch den Identitätsprovider generierten Identifikator als zusätzliches Attribut speichert, oder den Identifikator sogar als Identifikator für die lokale Identität verwendet. In diesem Fall spricht man auch von *Identifier Sharing* [Klingenstein 2007].

Im Falle einer Verlinkung zweier existierender Identitäten werden typischerweise folgende Schritte durchgeführt:

(1) Wenn ein Benutzer zwei Identitäten bei verschiedenen Diensten miteinander korrelieren möchte, ruft er zunächst einen Dienstanbieter auf. Die Initiierung zur Identity Federation kann in der Regel sowohl bei einem Identitätsprovider als auch einem Dienstanbieter erfolgen. Die Verlinkung unterschiedlicher Identitäten soll nun exemplarisch anhand des in Abbildung 3.3 dargestellten Szenarios erläutert werden. Das Beispiel zeigt den Prozess der Identity Federation zwischen einem Dienstanbieter und einem Identitätsprovider. Typischerweise ist die Identity Federation auch zwischen jeglicher anderer Kombination von Identitätsprovidern und Dienstanbietern möglich. Voraussetzung ist hierbei, dass die beteiligten Dienste ein FIM-Protokoll implementieren, welches Identity Federation unterstützt.

(2) Der Dienstanbieter fragt den Benutzer, ob er seine lokale Identität mit der Identität auf einem anderen Dienstanbieter föderieren möchte, im dargestellten Beispiel mit der Identität bei einem Identitätsprovider.

(3) Der Benutzer wählt auf der Basis eines von der jeweiligen Implementierung abhängigen Mechanismus die zu föderierende Identität bzw. den Identitätsprovider oder Dienstanbieter aus, bei welchem er diese Identität besitzt. Der Benutzer authentisiert sich unter Verwendung der Identität, welche föderiert werden soll gegen den entsprechenden Dienstanbieter.

(4) Optional wird der Benutzer auch durch den Dienstanbieter, bei welchem er die zu verlinkende Identität besitzt, nochmals gefragt, ob er seine Identität föderieren möchte.

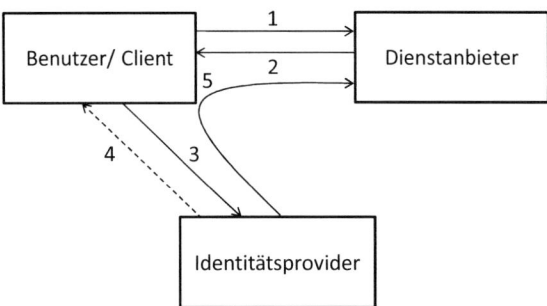

Abbildung 3.3: Abstrakter Ablauf zur Verlinkung unterschiedlicher Identitäten eines Benutzers.

(5) Der Identitätsprovider erzeugt einen unidirektionalen, persistenten Identifikator und sendet diesen an den ursprünglichen Dienst [Chadwick 2006].
Dies wird typischerweise durch ein Request/Response-Protokoll realisiert, d.h.
der Benutzer wird zu dem zu föderierenden Dienst mittels eines Requests
umgeleitet, und der Dienst sendet via einer Response den generierten Identifikator. Falls der Benutzer eine bidirektionale Verlinkung herstellen möchte,
muss der Benutzer sich auch gegen den Dienstanbieter authentisieren, was in
diesem Falle voraussetzt, dass der Dienstanbieter selbst auch einen Authentifi-
kationsmechanismus zur Verfügung stellt.

Bewertung

Ein Stärke des identitätsbasierten Ansatzes ist, dass ein Dienstanbieter die Möglichkeit hat, Aktionen eines Benutzers selbst nachzuvollziehen und zu auditieren. Des
Weiteren bleibt durch die lokale Speicherung identitätsbezogener Informationen
die Autonomie des Dienstes zu einem gewissen Grad erhalten. In Abschnitt 3.2.1,
der die Ursachen der Informationsreplikation in verteilten Systemen diskutiert,
wird nochmals detailliert auf die Hintergründe eingegangen, welche zu einer redundanten Speicherung identitätsbezogener Informationen führen.

Die aus der verteilten Haltung identitätsbezogener Informationen entstehenden
Nachteile sind zum einen der Aufwand, welcher durch die Administration lokaler
Identitäten anfällt. Zum anderen macht eine dezentrale redundante Speicherung
die Betrachtung von Konsistenzfragen notwendig. In Abschnitt 3.2.2 wird noch
einmal genauer auf die Konsequenzen einer redundanten, verteilten Haltung
identitätsbezogener Informationen eingegangen.

Hinsichtlich einer sicherheitstechnischen Betrachtung der Verlinkung unterschiedlicher Identitäten eines Benutzers lässt sich als wesentliche Schwachstelle die
Gefahr einer unberechtigten Korrelation verteilt vorliegender Identitätsinformationen nennen. Auf der Basis dieser Verlinkung besteht die Gefahr der Ermittlung
von "Spuren im Netz" eines Benutzer, d.h. es kann nachvollzogen werden, auf welche Dienste ein Benutzer zugegriffen hat. Demnach könnten Dienste, bei welchen
ein Benutzer seine Identitäten föderiert hat, miteinander zusammenarbeiten, um
Informationen über einen Benutzer auszutauschen. Dies lässt sich auch durch
unidirektionale, pseudonyme Identifikatoren nicht vermeiden, weshalb Identity Federation ein gewisses Maß an Vertrauen erfordert. Die Verwendung eines
unidirektionalen, pseudonymen Identifikators erlaubt es, einem einzelnen Dienst
jedoch nicht ohne die Mithilfe eines weiteren Dienstes, die lokale Identität eines Benutzers auf diesem Dienst zu ermitteln. Demnach trägt die Verwendung
eines unidirektionalen, pseudonymen Identifikators zur Verbesserung der Datensicherheit eines Benutzers bei.

Standards und Protokolle

Im Folgenden soll auf relevante Standards und Protokolle im Bereich des organisationsübergreifenden Identitätsmanagements eingegangen werden. In diesem Abschnitt erfolgt zunächst eine eher allgemeine Beschreibung und Bewertung, d.h. ohne einen dedizierten Bezug auf die Beachtung von Konsistenzaspekten. In Abschnitt 5.3.3 wird eine dedizierte Analyse für die Angemessenheit der vorgestellten Standards und Protokolle hinsichtlich der Konsistenzsicherstellung erfolgen.

Security Assertion Markup Language

Die Security Assertion Markup Language (SAML) [WWW OASIS SAML] wurde vom Security Services Technical Committee (SSTC) der OASIS entwickelt. SAML ist eine XML-basierte Auszeichnungssprache, welche verschiedene Spezifikation zur Unterstützung sowohl des attributbasierten als auch des identitätsbasierten Ansatzes definiert.

Im Wesentlichen gliedert SAML sich in vier Basiskomponenten:

(i) **Assertions** [OASIS SAML Assertions and Protocols]:
SAML Assertions dienen der Kommunikation von Identitätsattributen. In SAML wird hierbei neben "normalen" Attributen einer Identität noch zwischen Aussagen hinsichtlich des Authentifikationsstatus und bzgl. der Berechtigungen einer Identität unterschieden. Dementsprechend werden in SAML drei Typen von Assertions spezifiziert:

- **Authentication Assertions**: dienen dem Austausch von Informationen über den Authentifikationsstatus einer Identität.

- **Attribute Assertions**: werden beim Austausch von Attributen einer Identität eingesetzt.

- **Authorization Assertions**: beinhalten Aussagen über die Berechtigungen einer Identität.

Durch SAML wird der Aufbau einer Assertion wird im Wesentlichen syntaktisch spezifiziert. Dies macht im Anwendungsfall die Definition eines geeigneten Informationsmodells (vgl. Abschnitt 2.1.1) notwendig.

(ii) **Protocols** [OASIS SAML Assertions and Protocols]:
In den *SAML Protocols* wird unter anderem ein Request/Response-Protokoll spezifiziert, welches das Nachrichtenformat und mögliche Protokollabläufe einer Anfrage beschreibt. Die Protokolle sind unabhängig von den darunterliegenden Transport- und Anwendungsprotokollen und demnach auch von

den jeweils eingesetzten Mechanismen, wie einem Webbrowser oder einem SOAP-Client [W3C SOAP V1.1].

SAML definiert die folgenden Protokolle: ein *Authentication Request Protocol*, ein *Single Logout Protocol*, ein *Assertion Query and Request Protocol*, ein *Name Identifier Management Protocol* und ein *Name Identifier Mapping Protocol*. Außerdem wird ein *Artifact Resolution Protocol*[10] spezifiziert.

Für die Konsistenz identitätsbezogener Informationen ist im Wesentlichen das *Assertion Query and Request Protocol* von Interesse, welches mittels eines speziellen Protokoll-Elements, dem `<AttributeQuery>`-Element, einem anfragenden Dienst erlaubt, Attribute einer Identität abzufragen. Darüber hinaus wird das *Name Identifier Mapping Protocol* zur Abbildung eines Identifiers auf einen anderen Identifier und somit zur Unterstützung der Federation of Identities eingesetzt.

Ein weiteres Protokoll, welches sich aktuell jedoch noch in Draft-Version befindet[11], ist das *SAML Change Notify Protocol* [OASIS SAML Change Notify Protocol], ein Protokoll, welches einem "Issuer" erlaubt, ein "Target" über Änderungen identitätsbezogener Informationen einer bestimmten Entität zu unterrichten. Eine Änderung kann sich hierbei sowohl auf das Anlegen einer neuen Identität als auch auf eine Änderung an den Informationen einer bestehenden Identität beziehen. Das SAML Change Notify Protocol baut vollständig auf SAML V2.0 Protocols [OASIS SAML V2.0] und den Profilen [OASIS SAML Profiles] auf.

(iii) **Bindings** [OASIS SAML Bindings]:
Bindings schließen die Lücke zwischen den Assertions und SAML Protocols hinsichtlich möglicher zu verwendender Transport- und Anwendungsprotokollen. Demnach legen die SAML Bindings bspw. fest, wie SAML Assertions auf der Basis eines Request/Response-Protokolls mittels SOAP auf der Basis von HTTP[12] kommuniziert werden können.

SAML beschreibt sowohl Bindings über den so genannten "Front Channel" als auch über den "Back Channel". Der Front Channel wird in SAML folgendermaßen definiert:

> *"Front channel refers to the "communications channel" that can be*

---

[10] Unter einem *SAML Artifact* wird ein Verweis, in Form einer URI, auf eine Assertion verstanden, welcher anstelle der eigentlichen Assertion übergeben werden kann. Das Artifact kann dann vom Empfänger verwendet werden, um die angeforderte Assertion beim IDP abzuholen.

[11] Stand Okt. 2010

[12] Bis SAML V1.1 wurde das SOAP Binding als einziges Binding definiert. Obwohl SOAP prinzipiell unabhängig vom Transportprotokoll ist, wurde hierbei nur "SOAP over HTTP" spezifiziert.

effected between two HTTP-speaking servers by employing "HTTP redirect" messages and thus passing messages to each other via a user agent, e.g. a web browser, or any other HTTP client [RFC 2616]."
gemäß [OASIS SAML Glossar]

Ein "Back Channel" wird folgendermaßen definiert:

"Back channel refers to direct communications between two system entities without "redirecting" messages through another system entity such as an HTTP client (e.g. a user agent)."
gemäß [OASIS SAML Glossar]

Praktische Einsatzmöglichkeiten einer Back-Channel-Kommunikation werden in Abschnitt 5.3 präsentiert.

(iv) **Profiles** [OASIS SAML Profiles]:
SAML Profiles beschreiben die sinnvolle Kombination von Assertions, Protocols und Bindings in exemplarischen *Anwendungsszenarien (engl. Use Cases)*. In SAML V1.0 und V1.1 wurden ausschließlich das *Webbrowser Single Sign-On Profile* spezifiziert und somit rein Webbrowser-basierte Anwendungsfälle. SAML V2.0 wurde hier um dreizehn Profile erweitert. Es ist anzumerken, dass der Begriff "Profile" in SAML V2.0 teilweise in zwei unterschiedlichen Bedeutungen Verwendung findet [Kain & Keller 2007]. Beispielsweise wird unter einem Attribute Profile nur eine Regeldefinition zur Abbildung von Attributen aus bspw. einem Verzeichnisdienst auf die Attribute in eine SAML Assertion verstanden, ohne hierbei ein spezifisches SAML Protocol oder Binding mit einzubeziehen.

Ein Beispiel eines SAML Profile ist das *Name Identifier Mapping Profile*, welches beispielhaft den Einsatz des Name Identifier Mapping Protocol beschreibt. Hierbei wird auf sicherheitsrelevante Aspekte eingegangen; bspw. wird spezifiziert, dass sich ein "Requestor" gegenüber dem "Responder" authentisieren muss und durch Anwendung geeigneter Sicherheitsmechanismen für den Erhalt der Integrität gesorgt werden sollte.

In SAML 2.0 wurden zu den vier Basiskomponenten noch die folgenden zwei Komponenten eingeführt:

(i) **Metadata** [OASIS SAML Metadata]:
Dienste, die SAML gemeinsam verwenden möchten, müssen zunächst gewisse Informationen, bspw. hinsichtlich unterstützter Attribute, oder auch sicherheitsrelevante Informationen, wie eingesetzte Zertifikate, austauschen.

Hierzu kann *SAML Metadata* verwendet werden, um diese grundlegenden und zur Funktionsfähigkeit des Gesamtsystems notwendigen Informationen, typischerweise als Metainformationen bezeichnet, auf standardisierte Weise zu beschreiben.

(ii) **Authentication Context** [OASIS SAML Authentication Context]:
Der *Authentication Context* dient der Beschreibung der bei der Durchführung der Authentifikation eingesetzten Mechanismen. Ein Dienst kann somit durch die Angabe eines bestimmten Authentication Context innerhalb einer Anfrage an einen Identitätsprovider, eine bestimmte Authentifikationsqualität fordern, welche bei der Authentifikation eines Benutzers eingehalten werden muss. Des Weiteren kann durch die Abfrage des Authentication Context ein Dienst detaillierte Informationen bzgl. der durchgeführten Authentifikation hinsichtlich eines Benutzers erfragen. Der Authentication Context wird hierzu innerhalb des Authentication Statements in der SAML Assertion übermittelt.

Zusammenfassung

Die für die beiden angesprochenen Ansätze, attributbasiert und identitätsbasiert, notwendige Funktionalitäten liefert SAML durch die folgenden Spezifikationen:

(i) **Attributbasierter Ansatz:**

- **Auswahl eines Identitätsproviders** – um einem Dienstanbieter, zu ermöglichen den verwendeten Identitätsprovider eines Benutzers zu finden, bietet SAML das *Identity Provider Discovery Profile* [OASIS SAML Profiles].

- **Austausch identitätsbezogener Informationen** – für den *Austausch identitätsbezogener Informationen* werden von SAML sowohl die *Assertions* spezifiziert als auch *Protocols*, wie diese ausgetauscht werden können und *Bindings*, um festzulegen, welche Transport- und Anwendungsprotokolle eingesetzt werden können. Des Weiteren definiert SAML noch Anwendungsfälle in Form von *Profiles*, um das Zusammenspiel von Assertions, Protocols und Bindings zu demonstrieren.

(ii) **Identitätsbasierter Ansatz:**

- **Identity Federation** – für die Korrelation unterschiedlicher Identitäten einer Entität wird in SAML das *Name Identifier Mapping Profile* spezifiziert. Darüber hinaus werden Anwendungsfälle beschrieben, wie Identitäten miteinander verlinkt werden können. Die SAML-Spezifikation schreibt hierbei keine bestimmte Methode vor, wie die Identitäten eines Benutzers miteinander verlinkt werden müssen, um "SAML-konform" zu sein, sondern beschreibt die unterschiedlichen Möglichkeiten sehr generisch und allgemein (siehe Abschnitt 2.1.6). Vor allem die Tatsache, dass SAML eine Identity Federation außerhalb der SAML-Spezifikation erlaubt, unterstreicht die Flexibilität von SAML, da hierdurch prinzipiell jegliche Mechanismen zur Etablierung einer föderierten Identität unterstützt werden.

In folgenden Abschnitt soll SAML nicht hinsichtlich der Konsistenz identitätsbezogener Informationen bewertet werden. Eine diesbzgl. Analyse und Bewertung soll in Abschnitt 5.3.3 durchgeführt werden.

Bewertung

SAML kann in der aktuellen Version 2 [OASIS SAML V2.0] als "defacto Standard" für verteilte IdM-Systeme angesehen werden. SAML unterstützt hierbei sowohl den attributbasierten Ansatz als auch den identitätsbasierten. Bereits die Version 1.0 [OASIS SAML V1.0] und die Version 1.1 [OASIS SAML V1.1] wurden in vielen IdM-Szenarien eingesetzt und dienten weiteren Spezifikationen, wie Liberty Alliance ID-FF ab Version 1.2 und Shibboleth ab Version 1.2, als Basis für den Austausch identitätsbezogener Informationen. Mit der Draft-Version des SAML Change Notify Protocols [OASIS SAML Change Notify Protocol] widmet sich SAML auch der Konsistenz identitätsbezogener Information (siehe Abschnitt 5.3.3 für eine ausführlichere Beschreibung). Auch WS-Federation V1.1 und V1.2, welches als zweites wichtiges Protokoll in verteilten IdM-Systemen gesehen werden muss, unterstützt die Kommunikation von SAML V1.1 Assertions. In WS-Federation V1.2 wird auch die Kommunikation von SAML V2.0 Assertions unterstützt.

Des Weiteren lässt sich festhalten, dass die SAML-Spezifikation sehr generisch beschrieben ist, was zum einen natürlich einen gewissen Spielraum und Flexibilität lässt, zum anderen jedoch immer auch dazu führt, dass zwei Implementierungen der gleichen SAML-Spezifikation nicht miteinander interoperabel sind. Aus diesem Grund versuchen verschiedene Normierungsgremien durch Interoperabilitätsprogramme, bspw. dem "Interoperability Certification Program" der Kantara Initiative [WWW Kantara Interoperability], die Interoperabilität verschiedener Umsetzung sicherzustellen.

Protokolle der Liberty Alliance bzw. der Kantara Initiative

Die *Liberty Alliance (LA)* [WWW Liberty Alliance] wurde 2001 als Reaktion auf das Projekt *Passport* [WWW MS Passport] gegründet, welches 1999 das erste Projekte mit dem Ziel war, ein föderatives Identitätsmanagementsystem zu realisieren. Microsoft Passport wurde von Anfang an vor allem wegen der Zentralität, welche die Verwendung anderer Anbieter ausschloss, und auf Grund von datenschutzrechtlichen Bedenken kritisiert. Auch aus sicherheitstechnischer Sicht war Passport nicht optimal, da es verschiedene Sicherheitslücken aufwies [Kormann & Rubin 2000]. Insgesamt trugen diese Faktoren zu einem sehr mäßigen Erfolg von Microsoft Passport bei. Der Nachfolger von Passport, Windows Live ID [WWW MS Passport] weist weiterhin die Schwachpunkte von Microsoft Passport auf und wird deshalb im Wesentlichen auch nur für Websites der Microsoft Corporation verwendet. Im Gegensatz zu Microsoft Passport verfolgt die Liberty Alliance einen dezentralen Ansatz und legt einen Schwerpunkt auf die Berücksichtigung von Datenschutzbelange des Benutzers.

Die Liberty Alliance wurde initial durch ungefähr dreißig Organisationen gegründet und konnte bis Anfang 2009 mehr als hundertfünfzig Organisationen zu ihren Mitgliedern zählen. Mittlerweile wird die Liberty Alliance und die im Rahmen dieses Zusammenschlusses entstandenen Spezifikationen unter der im April 2009 gegründeten Kantara Initiative [WWW Kantara Initiative] weitergeführt. Alle Spezifikationen die im Rahmen der Liberty Alliance erarbeitet wurden, wurden in die Kantara Initiative mit übernommen und werden dort teilweise weiterentwickelt. Ein Unterschied zwischen der Liberty Alliance und Kantara Initiative ist darin zu finden, dass die Kantara Initiative keine eigenen Standards etablieren möchte. Vielmehr ist das Ziel, Empfehlungen mit anderen Normierungsinitiativen, wie der ITU und der OASIS, zu teilen.

Die wichtigsten Spezifikation der Liberty Alliance lassen sich in drei Frameworks gliedern, die aufeinander aufbauen:

(i) **ID-FF (Identity Federation Framework)** [Liberty ID-FF]:
   ID-FF beschäftigt sich mit Webbrowser-basierten Anwendungsfällen und bietet neben verschiedenen Spezifikationen auch praxisorientierte Code-Beispiele. Als Grundlage für ID-FF dient SAML V1.0 bzw. V1.1, welche das Liberty Identity Federation Framework um verschiedene Protokolle [Liberty ID-FF Protocols] und Profile [Liberty ID-FF Bindings and Profiles] erweitert. Darüber hinaus wurden Spezifikationen für Metadaten [Liberty Metadata] und Authentication Context [Liberty ID-FF AuthContext] eingeführt, die zusammen mit dem gesamten Identity Federation Framework in SAML V2.0 eingeflossen sind. Die Entwicklung von ID-FF ist eingestellt und Wei-

terentwicklungen finden im Rahmen von SAML V2.0 statt. Deshalb dient inzwischen SAML V2.0 als Grundlage für ID-WSF und ID-SIS.

(ii) **ID-WSF (Identity Web Services Framework)** [Liberty ID-WSF]:
ID-WSF basiert auf ID-FF bzw. SAML V2.0 und erweitert die Webbrowser-basierten Spezifikationen auf Web Services. So können mit identitätsbasierten Web Services personalisierte Dienstleistungen angeboten werden.

Für die Konsistenz identitätsbezogener Informationen ist vor allem das *Liberty ID-WSF Subscriptions and Notifications* Framework [Liberty Subscriptions and Notifications] interessant. Eine "Subscription" erlaubt es einem Web Service Consumer (WSC), sich bei einem Web Service Provider (WSP) zu registrieren, um bei Datenänderungen oder auch anderen Events eine "Notification" zu erhalten.

Prinzipiell kann das Prinzip der Subscription auf jeden ID-WSF Service angewendet werden. Die Subscription kann hierbei via "Piggy-Backing" durchgeführt werden, welches im Zuge einer Operation durch den WSC eine Subscription auf die Daten, auf denen die Operation ausgeführt wurde, einrichtet. Hierdurch wird der WSC über zukünftige Änderungen an diesen Daten informiert.

(iii) **ID-SIS (Identity Service Interface Specifications)** [Liberty ID-SIS]:
Aufbauend auf ID-WSF spezifiziert *ID-SIS* Schnittstellen für Dienste und Anwendungen. ID-SIS enthält Spezifikationen für Dienste wie Contact Book (Adressbuch), Geolocation (Geographische Position einer Entität) und Presence (Onlinestatus einer Entität). Ein für die Konsistenz identitätsbezogener Informationen interessanter Dienst stellt der Liberty ID-SIS Personal Profile Service dar [Liberty ID-SIS PP]. Außerdem werden ein Personal Profile und ein Employee Profile definiert, die Attribute von Identitäten für private und berufliche Zwecke standardisieren sollen. Sehr positiv ist hierbei, dass hierdurch die Liberty Alliance sowohl das Informationsmodell durch die Profile beschreibt, als auch durch die Dienstespezifikation ein Funktions- und Kommunikationsmodell (siehe Abschnitt 6.1) bereitstellt.

Zusammenfassung

Auch die Liberty Alliance erlaubt sowohl den attributbasierten als auch den identitätsbasierten Ansatz.

(i) **Attributbasierter Ansatz**:

  – **Auswahl eines Identitätsproviders** – zusätzlich zu den im Rahmen der SAML-Spezifikation weiterentwickelten Möglichkeiten für die Auswahl eines Identitätsproviders, bietet die Liberty Alliance mit dem Liberty ID-WSF Discovery Service [Liberty Discovery Service] eine Dienstspezifikation für ein Web Service-basierte Interaktion.

  – **Austausch identitätsbezogener Informationen** – durch die Spezifikation eines Personal Profile Service [Liberty ID-SIS PP] im Rahmen des Liberty ID-SIS Framework werden dedizierte Dienste zur Abfrage identitätsbezogener Informationen angeboten.

(ii) **Identitätsbasierter Ansatz**:

  – **Identity Federation** – auch für die Identity Federation bieten die Liberty ID-WSF Spezifikationen für Web Services, bspw. Identity Mapping Services Spezifikation [Liberty Identity Mapping Service].

Auch die Protokolle der Liberty Alliance bzw. der Kantara Initiative sollen im Folgenden allgemein bewertet werden. Eine Bewertung hinsichtlich der Eignung hinsichtlich der Sicherstellung der Konsistenz wird in Abschnitt 5.3.3 vorgenommen.

Bewertung

Die Spezifikationen der Liberty Alliance wurden in vielen Produkten und Standards adaptiert[13]; bspw. ist ein Großteil der durch die Liberty Alliance im Rahmen der ID-FF Spezifikation erarbeiteten Konzepte in SAML V2.0 eingeflossen. Eine Stärke der Liberty Alliance war es darüber hinaus, dass sowohl durch die praktischen Anwendungsbeispiele als auch Code-Beispiele eine Umsetzung der Spezifikationen erleichtert wurde. Des Weiteren wurde hierdurch teilweise auch die Interoperabilität verschiedener Umsetzungen erreicht. Darüber hinaus war die Liberty Alliance eine der ersten Initiativen, welche durch *Liberty Interoperable*[14] versuchte, die Interoperabilität zwischen zwei Implementierungen sicherzustellen. Das Interoperabilitätsprogramm wird heute in der Kantara Initiative[15] fortgeführt.

---

[13]Laut [Radhakrishnan 2007] wurden die Spezifikationen der Liberty Alliance durch mehr als 12 unabhängige Softwarehersteller implementiert.

[14]`http://projectliberty.org/liberty/liberty_interoperable/?f=` `liberty/liberty_interoperable` [Stand Okt. 2010]

[15]`http://kantarainitiative.org/wordpress/programs/` `iop-certification/` [Stand Okt. 2010]

Durch das Liberty ID-WSF Framework wurde darüber hinaus auch ein Fokus auf Web Service-basierte Szenarien gelegt. Eine weite Verbreitung der unterschiedlichen durch die Liberty Alliance spezifizierten Web Services ist leider nicht erkennbar, da sich ein Großteil des föderativen Identitätsmanagement-Marktes hauptsächlich mit der Implementierung einfach Webbrowser-basierter Szenarien beschäftigt und hierfür einfachere Protokolle wie SAML, Shibboleth oder OpenID einsetzt. Auch der Versuch, ein gemeinsames standardisiertes Informationsschema für einen Benutzer zu erarbeiten, hat sich nicht durchgesetzt. Dennoch lässt sich positiv vermerken, dass die Spezifikationen des Liberty ID-WSF im Rahmen einer "Working Group" namens *ID-WSF Evolution* [WWW Kantara ID-WSF] unter dem Chair Paul Madsen weiterentwickelt wird. Das durch die Liberty Alliance vorgeschlagene Framework für Subscriptions and Notifications ist ein vernünftiger Ansatz für die Herausforderung konsistenter Identitätsinformationen in verteilten Systemen. Die Schwachstellen und Nachteile des Liberty ID-WSF Subscriptions and Notifications Framework werden in Abschnitt 5.3.3 noch einmal näher erläutert.

WS-Trust/WS-Federation

WS-Trust [OASIS WS-Trust] ist eine durch die OASIS standardisierte Spezifikation, welche es erlaubt, auf der Basis von WS-Security [OASIS WS-Security] Identitätsattribute in Form von Sicherheitstokens (siehe Abschnitt 2.1.7) zu kommunizieren. Der Name rührt daher, dass durch die Kommunikation von Sicherheitstokens die Etablierung *transitiver Vertrauensbeziehungen (engl. Trust Relationships)* ermöglicht wird. WS-Trust[16] bzw. WS-Federation [OASIS WS-Federation] steht teilweise hinsichtlich der Kommunikation identitätsbezogener Informationen in Konkurrenz zu SAML und den Spezifikationen der Liberty Alliance, bzw. der Kantara Initiative, definiert jedoch im Gegensatz zu SAML kein eigenes Format für Sicherheitstokens[17]. Im Gegensatz zu SAML werden in WS-Trust Aussagen über einen Benutzer nicht in Form von Attributen, sondern durch "Claims" ausgedrückt (siehe Abschnitt 2.1.7). Die Claims werden hierbei durch einen so genannten *Security Token Service (STS)* ausgestellt, welcher durch WS-Trust spezifiziert wird. Ein vergleichender Überblick zwischen den zum Zeitpunkt der Studie aktuellen Spezifikationen der Liberty Alliance und WS-Federation liefert [Liberty vs. WS-Federation]. Ein weiterer Vergleich wird durch "The Venn of Identity in Web Services" von Eve Maler hergestellt [Maler 2010].

---

[16]Aktuell liegt WS-Trust in der Version 1.4 vor. [Stand Okt. 2010]

[17]In weiten Teilen werden die WS-*-Spezifikationen und Liberty-Alliance- und SAML-Spezifikationen in der Identitätsmanagementgemeinschaft auch als komplementär angesehen (siehe bspw. [Maler & Reed 2008]).

Ein STS ist für die Ausstellung und Verwaltung von Sicherheitstokens zuständig. Hierbei werden folgende Operationen des STS im Standard unterschieden:

(i) **Issue** – Erstellen eines neuen Sicherheitstoken.

(ii) **Renew** – Verlängerung des Gültigkeitsdatums eines bestehenden Sicherheitstokens.

(iii) **Cancel** – Widerrufen eines Sicherheitstokens.

(iv) **Validate** – Validierung der Gültigkeit eines bestehenden Sicherheitstokens.

WS-Trust ermöglicht den Austausch von Sicherheitstoken durch zwei Nachrichtentypen: Mittels einer *Request Security Token* (kurz: RST) kann ein Sicherheitstoken beantragt werden; die *Request Security Token Response* (kurz: RSTR) enthält das entsprechende Sicherheitstokens. Das Format des Sicherheitstokens wird nicht durch WS-Trust festgelegt, so dass mittels WS-Trust bspw. auch ein Transport von SAML Assertions möglich ist.

Die Ausstellung eines Sicherheitstokens durch einen STS erfordert hierbei die Authentifikation des Benutzer, wobei es auch Delegationsmechanismen gibt, welche es auf der Basis eines durch einen weiteren, als vertrauenswürdig gekennzeichneten STS ausgestellten Sicherheitstokens erlauben, ein neues Sicherheitstoken anzufordern. Mittels dieser Mechanismen wird somit der Aufbau transitiver Vertrauensbeziehungen ermöglicht.

WS-Federation [OASIS WS-Federation] stellt eine Erweiterung zu WS-Trust[18] dar, welche es erlaubt über unterschiedliche *Sicherheitsdomänen (engl. Security Realms)* hinweg, Identitäten miteinander zu föderieren, so dass ein autorisierter Zugriff auf Ressourcen, die in einer Sicherheitsdomäne verwaltet werden, Benutzern zugänglich gemacht werden, deren Identitäten in einer anderen Sicherheitsdomäne verwaltet werden [Goodner et al. 2007].

Zusammenfassung

WS-Trust und WS-Federation sind insgesamt sehr umfangreich und bieten sowohl den attributbasierten als auch den identitätsbasierten Ansatz.

---

[18]Des Weiteren baut auch WS-Federation auf WS-Security und WS-SecurityPolicy [OASIS WS-SecurityPolicy] auf.

(i) **Attributbasierter Ansatz:**

- **Auswahl eines Identitätsproviders** – WS-Federation bezeichnet das IDP-Discovery-Problem als "Home Realm Discovery" und schlägt hierfür in der Spezifikation von WS-Federation [OASIS WS-Federation, Abschnitt 13.5] unterschiedliche Methoden vor.

- **Austausch identitätsbezogener Informationen** – WS-Trust und WS-Federation adressieren den Austausch identitätsbezogener Informationen sowohl durch die Spezifikation eines Security Token Service (STS), als auch durch einen Attribute Service [OASIS WS-Federation, Abschnitt 5].

(ii) **Identitätsbasierter Ansatz:**

- **Identity Federation** – WS-Trust und WS-Federation spezifizieren die Korrelation unterschiedlicher Identitäten eines Benutzers auf der Basis eines *Pseudonym Service* [OASIS WS-Federation, Abschnitt 6]. Des Weiteren definiert WS-Federation Konfigurationen auf der Basis von *Federation Metadata*, die notwendig sind, um zwei Dienste für die Identity Federation vorzubereiten.

Bewertung

WS-Trust und WS-Federation sind in der ".NET-Welt" weit vertreten. Es existieren vielversprechende FIM-Technologien wie CardSpace (siehe Abschnitt 3.1.3), welche auf WS-Trust bzw. WS-Federation aufbauen. Darüber hinaus bietet diese Spezifikation auf Grund ihrer nahtlosen Einbettung in das Konglomerat der WS-*-Spezifikationen eine umfangreiche Richtliniensammlung für Web Services. Ebenfalls als positiv anzumerken ist, dass WS-Trust, da es kein bestimmtes Token-Format vorgibt, auch die Kommunikation von SAML Assertions erlaubt, was wiederum den Weg für "Multi-Protocol"-Szenarien eröffnet. Ein weiterer Vorteil von WS-Federation ist durch die Integration in die Active Directory Federation Services [WWW WIF] gegeben, welche seit der Windows Server Version 2003 R2 standardmäßig integriert ist und somit potentiell von vielen Benutzer eingesetzt werden kann.

Softwaresysteme

Shibboleth ist eine Open Source "Federated Single Sign-On Software" [WWW Internet2 Shibb], welche vor allem im akademischen Umfeld eine weite Verbreitung hat. Shibboleth unterstützt eine Webbrowser-basierte verteilte Authentifikation und Autorisation für Webanwendungen, die es Benutzern erlaubt, sich an ihrer "Heimateinrichtung" zu authentifizieren und danach basierend auf dieser Authentifikation einen Shibboleth-konformen Dienst zu nutzen. Shibboleth wurde durch die Internet2 [WWW Internet2] initiiert und durch das Middleware Architecture Committee for Education (MACE) Konsortium im Rahmen der Internet2 Middleware Initiative entwickelt. Shibboleth baut im Wesentlichen auf den SAML-Spezifikationen auf, bietet darüber hinaus jedoch auch eigene Spezifikationen: einen Shibboleth Technical Overview [Internet2 Shibb Tech Overview], ein Shibboleth Architecture Protocols and Profiles [Internet2 Shibb Arch] und eine Shibboleth Conformance Specification [Internet2 Shibb Conf].

In Deutschland stellt seit November 2007 das Deutsche Forschungsnetz (DFN) für Hochschulen und andere Forschungseinrichtungen eine Shibboleth-Infrastruktur basierend auf den Spezifikationen von Internet2 zur Verfügung. Die DFN-Authentifizierung- und Autorisierungs-Infrastruktur (DFN-AAI) soll Nutzern aus Wissenschaft und Forschung einen sicheren Zugang zu geschützten Ressourcen ermöglichen [WWW DFN-AAI].

In der aktuellen Version Shibboleth V2.0 wird SAML V2.0 und SAML V1.1 unterstützt, was natürlich auch daher kommt, dass die Spezifikation von Shibboleth in SAML V2.0 mit eingeflossen ist.

Zusammenfassung

Shibboleth ist ein Webbrowser-basiertes Protokoll, welches aktuell nur einen attributbasierten Ansatz vorsieht, auch wenn laut der Shibboleth Roadmap der Anwendungsfall "IEEE Scenario", welcher Identity Federation voraussetzen würde, immer noch auf der Roadmap von Shibboleth steht[19].

(i) **Attributbasierter Ansatz:**

- **Auswahl eines Identitätsproviders** – durch den Shibboleth Discovery Service [Internet2 Shibb Discovery] bietet Shibboleth eine elegante Lösung für das IDP-Discovery-Problem. Der Discovery Service erlaubt es Benutzern durch die Auswahl eines Identitätsproviders aus einer Drop-Down-Liste den gewünschten IDP auszuwählen.

- **Austausch identitätsbezogener Informationen** – Shibboleth in der aktuellen Version 2 erlaubt es, während des Login-Prozesses identitätsbezogene Informationen zwischen dem IDP und dem SP auszutauschen. Da Shibboleth auf SAML aufbaut, ist der Austausch identitätsbezogener

---

[19]https://spaces.internet2.edu/display/SHIB2/Shibboleth+Roadmap [Stand Okt. 2010]

Informationen sowohl in einer Front-Channel- als auch Back-Channel-Kommunikation möglich. Die Back-Channel-Kommunikation ist hierbei jedoch auf die Dauer einer Session beschränkt, d.h. sobald die Session abgelaufen ist, bspw. wenn der Benutzer sich ausloggt, ist die Back-Channel-Kommunikation nicht mehr möglich.

Bewertung

Ein Vorteil von Shibboleth ist die weite Verbreitung vor allem im Hochschulumfeld. Es existieren hierbei eine Vielzahl an Shibboleth-Föderationen, die sich typischerweise auf Länderebene gebildet haben. Exemplarisch lässt sich hier die durch Internet2 in den USA betriebene InCommon-Föderation [WWW InCommon], die in der Schweiz etablierte SWITCHAAI [WWW SWITCHAAI] und die in Deutschland bereitgestellt DFN-AAI [WWW DFN-AAI] nennen. Ein weiterer positiver Aspekt von Shibboleth ist das zumindest konzeptionell die Berücksichtigung von Datenschutzbelange durch so genannte Attribute Release Policies (kurz ARPs) vorgesehen werden. Leider wird diese Funktionalität in aktuellen Shibboleth-Versionen ausschließlich über die Pflege der so genannten *Attribute Filtering Policies*[20] unterstützt. Der Benutzer ist demnach in aktuellen Shibboleth-IDPs nicht in den Prozess der Spezifikation der Attribute Release Policies involviert. Um den Benutzer in den Prozess der Weitergabe von Attributen zu involvieren existieren aktuell zwei Shibboleth-Erweiterungen[21]: uApprove [WWW uApprove] und Autograph [WWW Autograph]. Des Weiteren existieren Forschungsansätze [Hommel 2005, 2007], welche die Beschreibung von Attribute Release Policies auf der Basis von XACML [OASIS XACML] ermöglichen.

Darüber hinaus kann Shibboleth durchaus als Vorreiter hinsichtlich des Lösungsansatzes für das IDP-Discovery-Problem gesehen werden. Der einfache Discovery Service [Internet2 Shibb Discovery], auch als "Where-are-you-from"-Service[22] bekannt, hat sich sehr bewährt. In der aktuellen Version ist der Shibboleth Discovery Service mit dem SAML Discovery Service Protocol kompatibel, wodurch eine Föderation mit verschiedenen Protokollen ermöglicht wird und hierdurch bspw. die Nutzung von Shibboleth auf der Basis eines SAML-IDP realisiert werden könnte.

Die Nachteile von Shibboleth hinsichtlich der Sicherstellung der Konsistenz identitätsbezogener Informationen werden in Abschnitt 5.3.3 näher beleuchtet.

---

[20]https://spaces.internet2.edu/display/SHIB2/UserConsentAttrRelease [Stand Okt. 2010]

[21]http://wiki.unisa.edu.au/display/AAI/uApprove [Stand Okt. 2010]

[22]http://www.switch.ch/aai/support/tools/wayf.html [Stand Okt. 2010]

3.1.3 Benutzerzentrierte Ansätze

Eine aktuelle Entwicklung im Bereich des föderativen Identitätsmanagement ist eine Verstärkung des Fokus auf den Benutzer, welche u.a. durch die stetig wachsende Anzahl von Dienstanbietern in verteilten IT-Systemen motiviert wird. Um es Benutzern zu erlauben, in der Menge an genutzten Diensten die Übersicht und vor allem die Kontrolle zu bewahren, spielt die Benutzbarkeit eine entscheidende Rolle [Jsang & Pope 2005], da es andernfalls zu Sicherheitsrisiken wie die Verwendung einer geringen Anzahl unterschiedlicher Passwörter führen kann [Florencio & Herley 2007]. Insbesondere sollten Benutzer zu jedem Zeitpunkt die Kontrolle über personenbezogene Informationen haben, d.h. ein Benutzer sollte entscheiden können, welcher Dienstanbieter welche Informationen vorhält und zu welchem Zweck er dies tut. Diesem Ziel räumt das benutzerzentrierte föderative Identitätsmanagement (FIM) höchste Priorität ein, indem es bspw. Benutzern die Möglichkeit einräumt, jede Weitergabe personenbezogener Daten zu akzeptieren oder zu unterbinden.

Das benutzerzentrierte FIM ist nicht einheitlich definiert [Bhargav-Spantzel et al. 2007]; der wesentliche Grundgedanke des benutzerzentrierten Ansatzes lässt sich jedoch wie folgt beschreiben [Maler & Reed 2008]:

> *"Fully empowering human beings to control their identities – from informed consent for identity data sharing to actually controlling the accumulated data that represents them online – [...]"*
> gemäß [Maler & Reed 2008]

Demnach ist die Kontrolle, welche von einem informativen Überblick bis zur vollständigen Kontrolle bzgl. der Weitergabe identitätsbezogener Informationen reichen kann, die Leitidee des benutzerzentrierten Paradigmas.

Neben Eve Maler ist ein weiterer Vorreiter des benutzerzentrierten Paradigmas Kim Cameron, Chief Architect of Identity bei Microsoft, der ein benutzerzentriertes "Identity Metasystem" [Identity Metasystem] vorschlägt, welches auf den so genannten "Laws of Identity" basiert [Cameron 2005]. Entstanden durch die Analyse empirischer Daten, besagen die "Gesetze" im Wesentlichen, dass identitätsbezogene Informationen nur mit der Zustimmung des Benutzers weitergegeben werden dürfen. Des Weiteren sollte stets nur die Informationen, die unbedingt notwendig sind, offengelegt werden. Ähnlich wie die durch die Liberty Alliance vorgeschlagenen pseudonymen Identifikatoren, schlägt auch Kim Cameron unidirektionale Identifikatoren zur Korrelation unterschiedlicher Identitäten eines Benutzers vor. Unidirektionale Identifikatoren haben ausschließlich für einen Dienst eine Bedeutung, wodurch eine ungewollte Korrelation identitätsbezogener Informationen durch eine dritte Partei verhindert werden soll.

Kim Cameron fordert darüber hinaus in seinen "Gesetzen" die Dezentralisierung identitätsbezogener Informationen, d.h. ein Benutzer sollte die Möglichkeit haben, seine identitätsbezogenen Informationen bei unterschiedlichen Identitätsprovidern vorhalten zu können. Zum einen sieht er hierin den Vorteil kontextbasierter Identitätsprovider, d.h. zur Anmeldung an bspw. einem Forum kann ein anderer IDP verwendet werden als zur Anmeldung an einer sicherheitskritischen Anwendung wie Internet Banking. Zum anderen verhindert die Verwendung unterschiedlicher Identitätsprovider, dass ein IDP eine umfangreiche Sammlung identitätsbezogene Informationen eines Benutzers erhält. Demnach befürwortet Kim Cameron die dezentrale und redundante Datenhaltung identitätsbezogener Informationen.

Das "Empowering" des Benutzers kann im benutzerzentrierten FIM soweit gehen, dass ein Benutzer identitätsbezogene Informationen durch einen so genannten "Self-hosted IDP" zur Verfügung stellt. Eine Herausforderung im benutzerzentrierten FIM liegt demnach darin, dass im Spannungsfeld zwischen der Kontrolle identitätsbezogener Informationen durch den Benutzer und der Vertrauenswürdigkeit der ausgestellten Attribute, ein unter Berücksichtigung der Anforderungen der Anwendung geschlossener Kompromiss gefunden wird. Eine Bereitstellung der durch den Benutzer verwalteten Attribute kann im Falle einer Nutzung der Attribute für eine reine Personalisierung durchaus ausreichend sein. Auf der anderen Seite sind diese Attribute als Entscheidungsgrundlage für die Zugriffskontrolle wiederum in den meisten Fällen nicht vertrauenswürdig genug. Um diese Vertrauenswürdigkeit zu erreichen, werden die Attribute durch einen durch einen Drittanbieter bereitgestellten IDP geprüft und bereitgestellt. Den "Grad" der Vertrauenswürdigkeit kann ein IDP auf der Basis so genannter Assurance Levels (siehe Abschnitt 2.1.8), welche bestimmten Vorschriften folgen, spezifizieren.

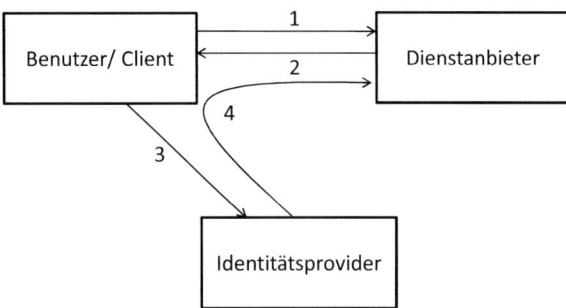

Abbildung 3.4: Abstrakter Ablauf einer Dienstnutzung im benutzerzentrierten föderativen Identitätsmanagement.

Abbildung 3.4 zeigt den abstrakten Ablauf einer Dienstnutzung in einem benutzerzentrierten FIM-System. Der Ablauf ist hierbei wie folgt:

(1) Zunächst kontaktiert der Benutzer wie im föderativen Identitätsmanagement einen Dienst.

(2) Im Falle des Versuchs auf eine geschützte Ressource zugreifen zu wollen, wird der Benutzer aufgefordert sich bei einem IDP zu authentisieren. Unterschiedliche Methoden, wie dies realisiert wird, hängt von der jeweiligen benutzerzentrierten FIM-Technologie ab. Bei OpenID (siehe Abschnitt 3.1.3) wird dies bspw. anhand des durch einen Benutzer angegebenen Identifikators in Form einer URL realisiert. Bei CardSpace (siehe Abschnitt 3.1.3) und Higgins (siehe Abschnitt 3.1.3) hingegen durch die Auswahl einer so genannten *Information Card*. Im Falle eines Information-Card-basierten FIM-Systems stimmt der Benutzer in Analogie an die reale Welt durch die Auswahl einer bestimmten Information Card über eine Geldbeutel-ähnliche grafische Benutzerschnittstelle auch der Übermittlung der durch den Dienstanbieter angeforderten Identitätsattribute zu, wobei die vollständig Übermittlung eines weiteren Schrittes bedarf.

(3) In diesem Schritt authentisiert sich der Benutzer gegenüber dem Identitätsprovider.

(4) Im Falle einer erfolgreichen Authentifikation werden abschließend die durch den Dienstanbieter angeforderten Identitätsattribute an den Benutzerclient übermittelt, welcher diese an den Dienstanbieter weiterleitet. Dieser Schritt ist für benutzerzentrierte FIM-Systeme ebenfalls typisch, da eine direkte Kommunikation zwischen IDP und Dienstanbieter vermieden wird.

Im Folgenden werden einige der relevantesten und am häufigsten eingesetzten Softwaresysteme im Bereich des benutzerzentrierten Identitätsmanagements (vgl. [Chadwick & Inman 2009; Paci et al. 2009]) näher vorgestellt.

Softwaresysteme

CardSpace

CardSpace bezeichnet Microsofts Implementierung der Client-seitigen Komponente des Identity Metasystems [Identity Metasystem]. CardSpace bildet gemeinsam mit der serverseitigen Komponenten von Microsoft, den Active Directory Federation Services (ADFS), die Windows Identity Foundation (WIF), welche einen Teil der Identitäts- und Zugangsmanagementlösung von Microsoft darstellt [WWW

WIF]. Da CardSpace die Identität eines Benutzers bei einem Identitätsprovider durch eine so genannte *Information Card* repräsentiert, wird dieser Ansatz auch als Information-Card-basierter Ansatz bezeichnet. Dieser Ansatz wird durch die selbstverständliche Verwendung von realweltlichen "Karten", wie dem Personalausweis, dem Führerschein oder auch einer Kreditkarte motiviert und soll somit eine wesentliche Verbesserung der Benutzerfreundlichkeit erzielen. CardSpace unterscheidet zwei Kartentypen, den "Self-Asserted" (auch als "Self-Issued" bezeichnet) und den "Managed" Cards. Im Falle einer Self-asserted Card agiert der Benutzerclient als IDP.

Im Zuge einer Dienstnutzung übermittelt der Dienstanbieter die von ihm geforderten Attribute in einer Policy. Neben den zur Autorisation und Personalisierung notwendigen Attributen, kann ein Dienstanbieter in dieser Policy auch eine Liste vertrauenswürdiger Identitätsprovider angegeben. Die Policy wird durch den so genannten *Identity Selector* ausgewertet, um dem Benutzer alle der Policy entsprechenden Information Cards zur Auswahl anzeigen zu können.

Zusammenfassung

CardSpace bietet aktuell nur die Möglichkeit eines attributbasierten Ansatzes, wobei Chadwick und Inman [Chadwick & Inman 2009] einen so genannten "Linking Service" vorschlagen, welcher Identity Federation in CardSpace erlaubt.

(i) **Attributbasierter Ansatz**:

- **Auswahl eines Identitätsproviders** – CardSpace begegnet dem IDP-Discovery-Problem durch einen Information-Card-basierten Ansatz. Das Information-Card-Modell macht es überflüssig, dass ein Dienstanbieter den Identitätsprovider eines Benutzers direkt kontaktiert, sondern er muss ausschließlich seine Anforderungen in einer Policy spezifizieren, welche dann durch den Identity Selector ausgewertet wird. Durch die Bereitstellung unterschiedlicher Karten, jeweils ausgestellt von einem bestimmten IDP, wird es dem Benutzer ermöglicht, den gewünschten IDP auszuwählen.

- **Austausch identitätsbezogener Informationen** – CardSpace baut auf den durch die OASIS spezifizierten WS-*-Standards auf. Ein SP kann die zur Spezifikation der gewünschten Attribute notwendige Richtlinien entweder mittels WS-SecurityPolicy [OASIS WS-SecurityPolicy] unter Verwendung von SOAP übermitteln. Alternativ lässt sich im Falle eines nicht SOAP-fähigen Clients die Richtlinie auch mittels HTTP übertragen. Zum Austausch identitätsbezogener Attribute wird WS-Federation eingesetzt, bzw. der IDP und der Identity Selector nutzen zur Anforderungen und Übermittlung identitätsbezogener Attribute WS-Trust. CardSpace erlaubt darüber hinaus die Kommunikation von SAML Assertions.

Bewertung

Windows CardSpace ist eine viel versprechende benutzerzentrierte FIM-Technologie, welche vollständig auf bestehenden Standards, wie dem Identity Metasystem Interoperability [OASIS IMI] der OASIS, aufbaut. Da CardSpace bspw. auf WS-Trust aufbaut, welches wiederum kein bestimmtes Token Format vorschlägt, ist die Möglichkeit gegeben in CardSpace SAML Assertions zu verwenden, welches somit den Weg für "Multi-Protocol"-Szenarien eröffnet [Al-Sinani et al. 2010]. Auch wenn Windows CardSpace bereits mit dem .NET Framework 3.0, welches zu Windows XP, Windows Server 2003 und Windows Vista kompatibel ist und standardmäßig in Windows Vista und Windows 7 installiert ist, kann eine weite Verbreitung von CardSpace noch nicht festgestellt werden.

Dennoch ist ein steigendes Interesse sowohl in der wissenschaftlichen Gemeinschaft, welche bspw. erste Interoperabilitätsansätze zwischen Protokollen der Liberty Alliance und CardSpace [Al-Sinani et al. 2010]) oder OpenID und Card-Space[23], als auch bei den Softwareherstellern beobachtbar. Durch die Information Card Foundation [WWW Info Card Foundation], welcher namenhafte Unternehmen wie Google, Oracle, Paypal, Verizon und Microsoft angehören, ist eine vielversprechende Normierungsinitiative, die auf der Basis von Working Groups, den Information-Card-Ansatz weiter verbreiten möchte. Als positiv kann bei Card-Space darüber hinaus die Indirektion über den Benutzerclient genannt werden, d.h. bei CardSpace leitet der IDP eine Antwort nicht nur über den Benutzerclient weiter, sondern der IDP sendet die Informationen direkt zum Client und dieser sendet das empfangene Sicherheitstoken dann zum Dienstanbieter. Hierdurch wird eine direkte Kommunikation zwischen IDP und SP vermieden. Eine weitere Stärke von CardSpace besteht darin, dass Phishing-Attacken durch CardSpace schwerer durchzuführen sind [Maler & Reed 2008], da ein Benutzer quasi von einer Phishing-Website eine Managed Card herunterladen müsste, um bei der Nutzung einer Phishing-Website die entsprechende Karte durch den Identity Selector überhaupt angezeigt zu bekommen. Abschließend kann auch die Benutzerführung von CardSpace als positiv genannt werden.

Higgins

Als mögliche Schwachstelle von CardSpace könnte die starke Bindung zu WS-*-Protokollen, wie WS-Trust, genannt werden. Ein weiteres Projekt, das versucht

---

[23]`http://www.identityblog.com/?p=668` [Stand Okt. 2010]

ein Information-Card-basiertes benutzerzentriertes FIM-System zu ermöglichen, ist das Open-Source-Projekt *Higgins* der Eclipse Foundation [WWW Higgins]. Hierbei ist das Ziel des Projekts, ein "Identity Framework" zu erstellen, das bestehende IdM-Systeme und Datenquellen für identitätsbezogene Informationen integriert. Hierbei ist Higgins sehr breit aufgestellt und versucht auch unterschiedliche Standards, wie z.B. SAML und WS-Trust, zu berücksichtigen.

Zusammenfassung

Auch Higgins ermöglicht aktuell ausschließlich einen attributbasierten Ansatz.

(i) **Attributbasierter Ansatz**:

- **Auswahl eines Identitätsproviders** – Higgins verfolgt ebenfalls ein Information-Card-basierten Ansatz, um das IDP-Discovery-Problem zu adressieren.

- **Austausch identitätsbezogener Informationen** – da es ein Ziel von Higgins ist, mehrere Protokolle zu unterstützen, existieren aktuell sowohl eine auf WS-Trust als auch eine auf SAML-basierenden Implementierung eines IDP. Des weiteren steht der Identity Selector für mehrere Betriebssysteme zur Verfügung, bspw. ein IPhone Selector[24] und ein Android Selector[25].

Bewertung

Higgins ist ebenfalls eine vielversprechende benutzerzentrierte FIM-Technologie. Durch die Unterstützung unterschiedlicher Standards und Plattformen ist es für "Multi-Protocol"-Szenarien sehr gut gerüstet. Genauso wie CardSpace baut auch Higgins auf dem OASIS Standard Identity Metasystem Interoperability auf. Da auch Higgins auf der Basis von Information Cards die Auswahl des Identitätsproviders realisiert, können auch hier die Vorteile, wie eine gute Benutzerführung, eine gute Sicherung gegenüber Phishing-Attacken und die Vermeidung einer direkten Kommunikation zwischen einem Identitätsprovider und den Dienstanbietern eines Information-Card-basierten Ansatzes, genannt werden. Des Weiteren gibt es durch die Open-Source-Community eine Vielzahl interessanter Implementierungen, bspw. für den Identity Selector. Higgins ist ein sehr breit aufgestelltes Projekt, welches auch im Bereich der Konsistenz identitätsbezogener Informationen erste Ansätze verfolgt. Dennoch ist eine weite Verbreitung dieser FIM-Technologie ähnlich wie bei CardSpace noch nicht erkennbar.

---

[24]http://wiki.eclipse.org/IPhone_Selector_1.1 [Stand Okt. 2010]
[25]http://wiki.eclipse.org/Android_Selector_1.1 [Stand Okt. 2010]

OpenID

OpenID [WWW OpenID] ist ein sehr "leichtgewichtiges" Protokoll, welches ursprünglich zur dezentralen Authentifikation von Forennutzern konzipiert wurde, um hierdurch bspw. Kommentar-SPAM zu vermeiden. OpenID ist sehr einfach durch einen Dienstanbieter zu adaptieren [Lee et al. 2008] und basiert auf dem simplen Prinzip, einen Benutzernamen, welche in OpenID ebenfalls als OpenID bezeichnet wird, in Form einer URL anzugeben und basierend auf dieser URL den Identitätsprovider zu ermitteln. OpenID basiert demnach nicht wie Card-Space und Higgins auf Information Cards, sondern auf einem URL-basierten OpenID-Identifikator.

Ein Benutzer erhält einen *OpenID-Identifikator* durch einen *OpenID Provider* [OpenID V2.0]). Um sich bei einem Dienstanbieter zu authentisieren, meldet sich der Benutzer mittels seiner OpenID an. Der Dienstanbieter kann anhand der OpenID daraufhin den dazugehörigen IDP ermitteln und den Benutzer entsprechend an diesen weiterleiten. Der Benutzer muss sich nun gegenüber dem IDP authentisieren, bspw. durch Benutzernamen und Passwort. Im Falle einer erfolgreichen Authentifizierung wird ein entsprechender Authentifikationsstatus über den Benutzerclient, typischerweise den Webbrowser, an den SP übermittelt.

Zusammenfassung

OpenID war ursprünglich als reines Protokoll zur einfachen dezentralen Authentifikation von Benutzern gedacht. Dennoch existiert mittlerweile eine Vielzahl an Erweiterungen, welche einen attributbasierten Ansatz ermöglichen.

(i) **Attributbasierter Ansatz**:

- **Auswahl eines Identitätsproviders** – Die erste Version von OpenID unterstützte lediglich URL-basierte Identifikatoren [RFC 3986]. In OpenID V2.0 werden nun auch erweiterte Mechanismen zur Adressierung des IDP-Discovery-Problems angeboten [Recordon & Reed 2006]. Aktuell ist bspw. XRI [XRI V2.0] ein weiteres unterstütztes Format.

- **Austausch identitätsbezogener Informationen** – Da OpenID ursprünglich nicht für den Austausch identitätsbasierter Attribute ausgelegt war, wurde erst nachträglich eine Erweiterung zur Kommunikation einfacher "Registrierungsinformationen" (max. 8 Identitätsattribute) spezifiziert [OpenID Registration Extension]. Mittlerweile werden die Möglichkeiten, Informationen zwischen einen Identitätsprovider und Dienstanbietern auszutauschen, weiter verfeinert. So existiert mit der OpenID Attribute Exchange Specification eine Spezifikation, die einen fortgeschrittenen Austausch identitätsbezogener Informationen erlaubt [OpenID Attribute Exchange].

Bewertung

OpenID verbreitet sich aktuell sehr schnell. Letztendlich dient OpenID jedoch ausschließlich einem vereinfachten Sign-On, d.h. es macht ein "echtes" Single Sign-On nicht möglich, da in diesem Fall ein Dienstanbieter direkt mit einem Identitätsprovider kommunizieren muss, um den Authentifikationsstatus zu ermitteln [Maler & Reed 2008]. Um ein Single Sign-On mittels OpenID zu ermöglichen, wird typischerweise ein zeitlich begrenztes Cookie eingesetzt, welche bei der Authentifizierung des Benutzers gegenüber einen OpenID-Provider durch diesen gesetzt werden. Hieraus resultieren jedoch verschiedene Sicherheitsrisiken (siehe [Dussa 2010]), wie bspw. das unbemerkte "Tracken" von Nutzeraktionen seitens eines OpenID-Dienstanbieters.

Eine erhebliche Schwachstelle von OpenID ist, dass Sicherheit und Vertrauensstellungen nicht adressiert werden. OpenID ist bspw. gegenüber Phishing anfällig [Lee et al. 2008]. Ein Angreifer muss hierzu lediglich den Benutzer zu einem nicht durch den Benutzer ausgewählten OpenID Provider weiterleiten, sondern an eine Website, die der originalen Website des korrekten OpenID Provider zwar äußerlich gleicht, allerdings im Hintergrund eine andere Website liegt. Die gefälschte Website fordert den Benutzer nun auf, genau wie bei der originalen Website, sich mittels Benutzernamen und Passwort zu authentisieren. In [Lee et al. 2008] werden verschiedene Ansätze vorgeschlagen, um Phishing-Angriffen entgegenzuwirken. Weitere Sicherheitsschwachstellen des OpenID-Protokolls werden in [Dussa 2010] präsentiert. Zusammenfassend kann hier festgehalten werden, dass OpenID mehrere sicherheitstechnische Schwachstellen aufweist, so sind bspw. sowohl klassische Netzwerkangriffe wie eine Man-in-the-Middle-Attacke, als auch Risiken wie das Protokollieren von Benutzeraktionen durch einen OpenID Provider gegeben [Dussa 2010; Maler & Reed 2008].

Darüber hinaus wird in OpenID nicht vorgesehen, dass Informationen durch einen vertrauenswürdigen Drittanbieter ausgestellt werden, d.h. alle Identitätsattribute werden typischerweise durch den Benutzer angegeben.

3.2   Informationsreplikation in IdM-Systemen

Eine verteilte und redundante Speicherung von Informationen ist die Ursache, welche die Betrachtung von Konsistenzfragen notwendig macht. Mit anderen Worten: Wenn es sich in verteilten Identitätsmanagementsystemen vermeiden lassen würde, dass Identitätsinformationen repliziert werden, müsste man sich über die Konsistenz dieser Informationen keine Gedanken machen. Aus diesem Grund soll im Folgenden eine detaillierte Betrachtung der Ursachen, die zur Replikation identitätsbezogener Informationen führen, erfolgen. Darüber hinaus sollen die Konsequenzen, die durch eine Replikation entstehen, näher beleuchtet werden.

3.2.1 Ursachen

Wesentliche Grundgedanken des föderativen Paradigmas, die auf den ersten Blick auch konträr erscheinen mögen, sind zum einen die *Dezentralität* und eine hiermit einhergehende redundante Haltung identitätsbezogener Informationen. Dem gegenüber steht der Grundgedanke, die Verteilung identitätsbezogener Informationen zu reduzieren, durch die Auslagerung der Verwaltung von Identitätsinformationen an Identitätsprovider. Die Gewichtung dieser beiden Gedanken variiert ja nach Szenario. Im Folgenden sollen die unterschiedlichen Gründe, die eine Verteilung identitätsbezogener Informationen motivieren, im Detail dargelegt werden. Natürlich ist die Gewichtung dieser Motivatoren sehr Szenario-spezifisch, da ein durch die Verteilung von Identitätsinformationen gewonnener Mehrwert immer die "Kosten", welche durch die Verteilung entstehen, entgegengestellt werden müssen. Letztendlich gilt es, je nach Szenario abzuwägen, ob die Vorteile der Verteilung die entstehenden Kosten rechtfertigen.

Vertrauen

Eine wesentliche Ursache für die Replikation identitätsbezogener Informationen ist ein teilweise unzureichendes Vertrauen in Drittanbieter. Da es im Identitätsmanagement vorwiegend um datenschutzrelevante und sensitive Informationen geht, ist das notwendige Vertrauen in einen Drittanbieter hoch. Hierbei ist vor allem auch die Schwierigkeit, den potentiellen Schaden bzw. das Wohlwollen des Drittanbieters richtig einzuschätzen, eine Herausforderung [Friedman et al. 2000]. Vertrauen lässt sich folgendermaßen definieren [Soanes & Stevenson 2005]:

> *"Firm belief in the reliability, truth, ability, or strength of someone or something."*
> gemäß [Soanes & Stevenson 2005]

Im Wesentlichen bezieht sich Vertrauen demnach auf die Kompetenz und Zuverlässigkeit eines Geschäftspartners. Vertrauen spielt im Rahmen dieser Arbeit zwar an vielen Stellen eine notwendige Voraussetzung, für das Verständnis der Arbeit spielt es jedoch eine untergeordnete Rolle und soll aus diesem Grund auch nicht näher betrachtet werden. Einen etwas ausführlicheren Überblick kann folgender Arbeit entnommen werden [Silberhorn 2008, S. 30 ff].

Autonomie

Die Auslagerung essentieller identitätsspezifischer Aufgaben wie die Authentifikation und das Management von Benutzern erfordert ein hohes Maß an Vertrauen. Gleichzeitig entsteht hierdurch auch ein große Abhängigkeit zwischen einem Identitätsprovider und dessen Relying Parties. Dieser Verlust an Autonomie veranlasst Dienstanbieter oftmals dazu Identitätsinformationen lokal vorzuhalten, da diese redundante Speicherung identitätsbezogener Informationen erlaubt, auch im Falle eines Ausfalls des Identitätsproviders Dienste weiterhin erbringen zu können.

Der Gedanke, die Kontrolle über das Identitätsmanagement zu behalten, nicht zuletzt auch durch unterschiedliche rechtliche und technische Anforderungen der Unternehmen begründet, führt auch wesentlich dazu, dass aktuell im Internet angebotene Dienste größtenteils immer noch isoliert betrieben werden (vgl. bspw. [Thomas & Meinel 2010]).

Langlaufende Dienste

Neben nichttechnischen Ursachen, wie das mangelnde Vertrauen und der Erhalt der Autonomie, spielen in aktuellen verteilten Systemen immer noch technische Ursachen ein gewichtige Rolle. Eine im Rahmen dieser Arbeit identifizierte Herausforderung stellen *langlaufende Dienste* dar. In langlaufenden Diensten wird ein Dienst nicht nur kurzzeitig erbracht, d.h. während der Benutzer eine aktive Session beim Dienstanbieter etabliert hat, sondern auch nachdem der Benutzer sich ausgeloggt hat. Beispiele langlaufender Dienste sind Newsletter-Anwendungen, Zeitschriftenabonnements oder auch das Ausleihen eines Buches in einer Bibliothek. Abbildung 3.5 zeigt den konzeptionellen Aufbau eines langlaufenden Dienstes. Der Ablauf für die Nutzung eines langlaufenden Dienstes unterscheidet sich in Schritt (1) zunächst nicht von einem kurzlaufenden Dienst. Der Benutzer ruft über das Frontend des Dienstanbieters einen Dienst auf, welcher im Backend (2) ausgeführt wird. In Schritt (3) bekommt der Benutzer in irgendeiner Form eine Bestätigung über die Dienstausführung. Sobald sich nun der Benutzer ausloggt oder die Session nach einem Session-Timeout abgelaufen ist, endet in einem kurzlaufenden Dienst die Diensterbringung und ein möglicherweise im Backend ausgeführter Dienst endet in einem kurzlaufenden Dienst mit diesem Zeitpunkt. Im Falle eines langlaufenden Dienstes wird der Dienst jedoch über diesen Zeitpunkt hinweg ausgeführt.

Abbildung 3.6 soll die Informationsflüsse nochmals in einem FIM-spezifischen Szenario verdeutlichen. In diesem Fall wurde die Authentifikation des Benutzers

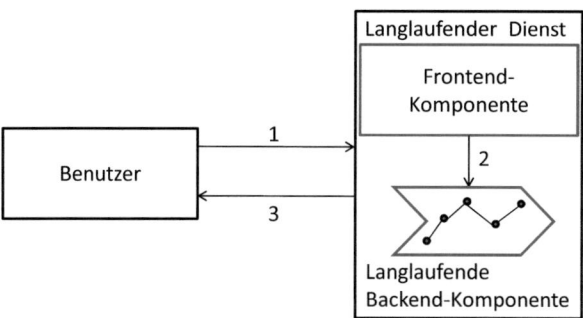

Abbildung 3.5: Konzeptioneller Aufbau eines langlaufenden Dienstes

an einen Identitätsprovider ausgelagert. Somit wird der Benutzer vom Dienstanbieter an den Identitätsprovider weitergeleitet. Durch die Erbringung eines Berechtigungsnachweises durch den Benutzer (vgl. Informationsfluss (A)) wird der Benutzer identifiziert. Der Identitätsprovider teilt daraufhin das Ergebnis der Authentifikation dem Dienstanbieter mit (B). Dieser Schritt wird in den meisten Fällen über den Client des Benutzers ausgeführt. Sollte die Authentifikation erfolgreich verlaufen sein und der Benutzer ist für die Dienstnutzung autorisiert, erfolgt daraufhin die Diensterbringung (C). In einem kurzlaufenden Dienst endet mit der Beendigung der Session Informationsfluss (C). Im Gegenteil hierzu findet in einem langlaufenden Dienst der Informationsfluss in irgendeiner Form, bspw. durch das regelmäßige Versenden eines E-Mail-Newsletters, weiterhin statt.

Problematisch kann nun hierbei sein, dass sich während der Diensterbringung identitätsbezogene Informationen beim Identitätsprovider ändern und der Dienst diese Änderung nicht mitbekommt. Angenommen der Dienstanbieter in Abbildung 3.6 benötigt zur Erbringung seines Dienstes die Heimatadresse des Benutzers. Während der initialen Dienstnutzung bekommt der Dienst die aktuelle Adresse des Benutzers durch den Identitätsprovider mitgeteilt. Da der Dienstanbieter die Heimatadresse auch zu einem späteren Zeitpunkt noch benötigt, wird er sie lokal in einem Identitätsspeicher ablegen. Wie bereits im Abschnitt 3.1 erwähnt, erfordern aktuelle FIM-Standards und -Softwaresysteme diese Maßnahme, da ein Datenaustausch nur zum Zeitpunkt der Dienstnutzung möglich ist, was in langlaufenden Dienstnutzungen nicht ausreichend ist. Wenn der Benutzer nun umzieht und sich somit seine Heimatadresse ändert, er diese Änderung auch dem Identitätsprovider mitteilt, jedoch nicht dem Dienst, dann kommt es zu Inkonsistenzen.

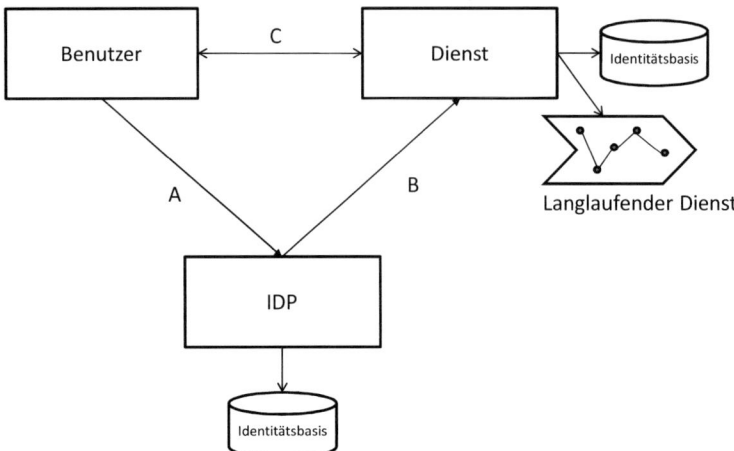

Abbildung 3.6: Informationsflüsse in langlaufenden Diensten

Legacy-Systeme

Eine weitere Ursache, welche die Replikation identitätsbezogener Informationen oftmals unumgänglich macht, ist die Verwendung von *Legacy-Systemen*. Eine sehr generische Definition für ein Legacy-System liefern Brodie und Stonebraker [Brodie & Stonebraker 1995, S. 4]:

> *"A legacy information system is any information system that significantly resists modification and evolution."*
> gemäß [Brodie & Stonebraker 1995, S. 3]

Demnach zeichnen Legacy-Systeme vor allem aus, dass sie sich schwer anpassen oder erweitern lassen. Das Verständnis der Bedeutung eines Legacy-Systems im Rahmen dieser Arbeit kommt dieser Definition sehr nahe. Im Wesentlichen wird demnach unter dem Begriff Legacy-Systeme eine Softwaresystemkomponente bezeichnet, die weiterhin im Einsatz ist, obwohl aktuellere oder effizientere Technologien existieren. Hauptgründe für den Fortbestand von Legacy-Systemen sind, dass diese Systeme meist seit vielen Jahren im Einsatz sind und durch Abhängigkeiten zu vielen anderen Systemen oftmals nur sehr schwer zu ersetzen sind [Bisbal et al. 1999]. Eine Migration dieser Systeme, d.h. sowohl eine Migration der Funktionalität als auch der Nutzdaten, ist daher oftmals sehr schwierig, ohne den Betrieb des Gesamtsystems zu gefährden [Nassif et al. 1993].

Eine Folge der mangelnden Flexibilität von Legacy-Systemen ist, dass sie sich oftmals nur sehr schwer in andere Systeme integrieren lassen, was wiederum auch der Grund dafür ist, warum diese Systeme identitätsbezogene Informationen nicht über externe Identitätsspeicher beziehen können und somit eine redundante Speicherung erfordern. Abbildung 3.7 soll nochmals die Notwendigkeit einer redundanten Speicherung identitätsbezogener Informationen im Falle eines Dienstes mit einer Legacy-Komponente verdeutlichen. Wie bei einem langlaufenden Dienst bleibt auch bei einem Dienst mit einer Legacy-Komponente die Backend-Komponente für den Benutzer typischerweise verborgen. Der Benutzer ruft einen Dienst über das Frontend auf (1). Im Hintergrund wird die Dienstanfrage an die Legacy-Komponente weitergeleitet (2). Da die Legacy-Komponente nicht dafür konzipiert wurde, Identitätsinformationen über externe Schnittstellen abzufragen, muss sie sich alle notwendigen Informationen aus bspw. einer Hintergrunddatenbank holen (3). Dieser Schritt läuft für den Benutzer transparent ab.

Eine Komponente, die nicht mit externen Identitätsspeichern kommunizieren kann und somit für die Diensterbringung auf einen eigene Datenbspeicher angewiesen ist, ist oftmals der Grund für die Replikation von Identitätsinformationen.

Performance

Da zum einen zwar die Bandbreite heutiger Netzanschlüsse immer größer wird, dieser Bandbreitenzuwachs jedoch auch einer immer komplexeren und datenintensiveren Dienstelandschaft gegenübersteht, spielt auch heute die Performance identitätsbezogener Dienste immer noch eine Rolle. Des Weiteren ist auch die Skalierbarkeit eines Dienstes zu berücksichtigen, da ein Dienst auch unter Last eine angemessene Performance aufweisen sollte. Die Performance lässt sich dadurch verbessern, dass eine lokale Kopie identitätsbezogener Informationen in der Nähe der Systeme, die diese Daten benötigen, gespeichert werden, da hierdurch die Daten nicht von einer ausgelagerten Komponente geholt werden müssen.

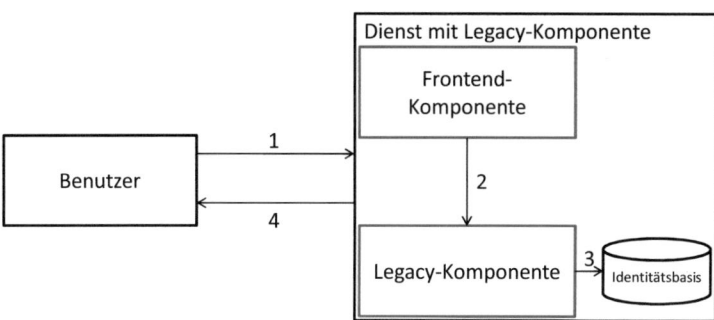

Abbildung 3.7: Ablauf bei einem Dienst mit Legacy-Komponente

Verfügbarkeit

Neben einer verbesserten Performance lässt sich durch die lokale Haltung identitätsbezogener Informationen auch eine starke zeitliche Abhängigkeit zu einer anderen Komponente vermeiden. Da lokal vorliegende Informationen jederzeit zugreifbar sind, wird die Verfügbarkeit eines Systems durch die Replikation identitätsbezogener Informationen verbessert.

3.2.2 Konsequenzen

Die im Rahmen dieser Arbeit relevanteste Konsequenz der im vorherigen Abschnitt beschriebenen Ursachen ist natürlich das Auftreten möglicher Inkonsequenzen. Wie aktuelle FIM-Protokolle und -Softwaresysteme diesen Inkonsistenzen begegnen wird in Abschnitt 5.3.3 bzw. in Abschnitt 5.4.3 noch einmal näher beleuchtet, da es für eine umfassende Angemessenheitsanalyse zunächst notwendig ist, die Anforderungen an einen Ansatz zur Sicherstellung der Konsistenz zu formulieren. Die Replikation identitätsbezogener Informationen hat jedoch neben der Gefahr auftretender Inkonsistenzen noch weiterer Konsequenzen, die vor allem für die Definition eines dedizierten Konsistenzmodells (vgl. Kapitel 4) und auch für die Formulierung der Anforderungen zur Sicherstellung der Informationskonsistenz eine entscheidende Rolle spielen. Aus diesem Grund soll im Folgenden nochmals genauer auf die relevantesten Konsequenzen neben potentiell auftretenden Inkonsistenzen eingegangen werden.

Mehrere Digitale Identitäten pro Benutzer

Trotz der Möglichkeiten, die aktuelle Ansätze des föderativen Identitätsmanagements bieten, ist es bei den meisten Dienstanbietern aufgrund der isolierten Bereitstellung derer Dienste immer noch notwendig, eine im Kontext dieses Dienstanbieters gültige Identität anzulegen [Miller 2009]. Folglich hat ein Benutzer eine Vielzahl unterschiedlicher Identitäten, verteilt über verschiedene Dienstanbieter. Abbildung 3.8 zeigt noch einmal eine exemplarische Verteilung mehrerer Identitäten eines Benutzers. Wie die Abbildung zeigt, muss sich ein Benutzer auch typischerweise pro Dienst einen anderen Benutzernamen merken. Darüber hinaus ist es oftmals nur schwer möglich eine Identität bei einem Dienstanbieter wieder los zu werden, da es meist gar nicht im Interesse des Dienstanbieters liegt, dass ein Benutzer eine Identität wieder löscht. Dies führt über kurz oder lang natürlich zu Problemen bzgl. der Eindeutigkeit des Benutzernamens [Miller 2009].

In Abschnitt 5.3.2 soll noch einmal näher auf die hieraus resultierenden Anforderungen zur Konsistenzsicherstellung eingegangen werden.

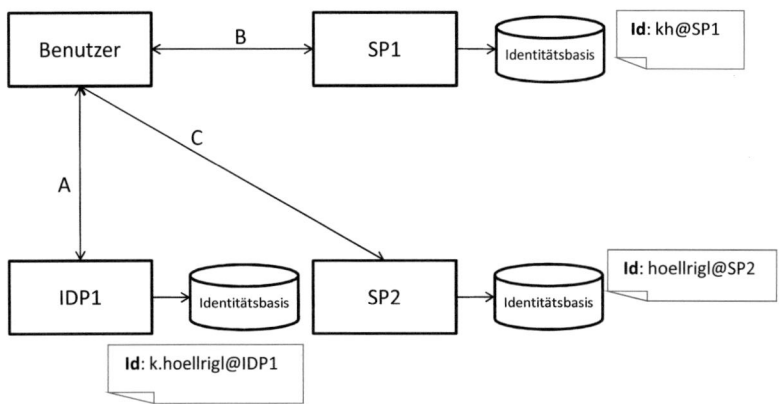

Abbildung 3.8: Beispielhafte Verteilung mehrerer Identitäten eines Benutzers

Einsatz unterschiedlicher Schemata zur Darstellung identitätsbezogener Informationen

Eine weitere Konsequenz der verteilten Haltung identitätsbezogener Informationen ist die Verwendung unterschiedlicher Schemata, um die Informationen darzustellen. Die Verwendung unterschiedlicher Informationsschemata beschränkt sich hierbei keinesfalls auf Dienste unterschiedlicher Organisationen, sondern oftmals auch innerhalb einer Organisation. Das Thema Datenheterogenität wird in Abschnitt 4.1.1 noch einmal genauer betrachtet.

In [Bazijanec et al. 2007] analysieren die Autoren bspw. die Aufbau- und Ablauforganisation mittelgroßer, deutscher Hochschulen. Die Autoren stellen hierbei fest, dass die meisten Hochschulen zusammen mit ihren Fakultäten und Lehrstühlen einer Holding-Struktur gleichen. Die Holding-Struktur als Organisationsstrukturtyp [Williamson 1983] zeichnet sich durch eine dezentrale Struktur mit autarken Organsiationseinheiten aus. Da sich diese im Laufe der Jahre unabhängig voneinander entwickelt haben, unterscheidet sich die Darstellung der gleichen Information häufig. Abbildung 3.9 zeigt eine beispielhaftes Szenario verteilt vorliegender Identitätsinformationen. Die Abbildung zeigt, dass bspw. der Anzeigenamen beim Identitätsprovider *Kilian Hoellrigl* lautet, wogegen der Dienstanbieter SP1 diese Information mit *K. Höllrigl* darstellt. Demnach wird hierbei sowohl die Verwendung von Umlauten vorgesehen, als auch der Vorname abgekürzt. Dienstanbieter SP2 dagegen stellt diese Information mit *Höllrigl, Kilian Thorsten* dar. Somit werden Informationen in verteilten Systemen weniger *repliziert*, sondern vielmehr *transformiert*. In Kapitel 4 wird noch einmal detailliert auf die Bedeutung solcher Transformationen eingegangen.

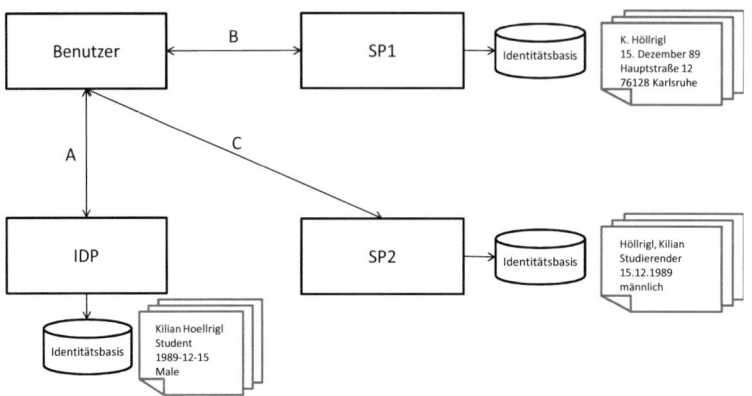

Abbildung 3.9: Beispielhafte Verteilung identitätsbezogener Informationen.

Im Folgenden soll zusammengefasst werden, zu welchen möglichen Transformationen es bei der Verteilung von Identitätsinformationen kommen kann.

(i) **Kopien/Replikate** – Die einfachste Form der Transformation ist die exakte Replikation, d.h. Informationen werden ohne jegliche Änderungen übernommen.

(ii) **Attributzuordnungen** – Attribute können durch einen *Namen*, einen *Datentyp* und einen *Wert* beschrieben werden (siehe Abschnitt 4.2.2). Im Falle einer *Attributzuordnung (engl. Attribute Mapping)* wird der Wert eines Attributs kopiert, jedoch wird der Namen des Attributs abgeändert. Die unterschiedlichen Bezeichnungen können wiederum in *syntaktische* und *terminologische* Variationen kategorisiert werden [Paci et al. 2009]. Bei syntaktischen Variationen handelt es sich um leichte Abwandlungen des Namens. Zum Beispiel könnte ein Attribut den Namen *firstname* tragen, wobei ein anderes Attribut *first-name* heißt. Terminologische Variationen dagegen weisen keine Namensähnlichkeiten auf, bspw. wird der Nachnamen eines Benutzers teilweise mit einem Attribut namens *lastname* beschrieben, zum Teil jedoch auch mit einem Attribut namens *sn*. Attribute Mappings werden in der Literatur oftmals auch als *synonym fields* bezeichnet [Windley 2005]. Es soll hierbei angemerkt werden, dass es neben synonym fields auch den umgekehrten Fall gibt, nämlich dass zwei Attribute gleich bezeichnet werden, sie jedoch eine unterschiedliche Bedeutung haben, was unter dem Begriff der *homonym fields* zusammengefasst wird. Ein Beispiel hierfür könnte ein Attribut *phone* sein, welches von einem Dienstanbieter dazu verwendet wird die Telefonnummer eines Benutzers zu speichern, wogegen ein anderer Dienstanbieter mit diesem Attribut festhalten könnte, ob ein Benutzer ein Telefonanschluss besitzt oder nicht.

(iii) **Komposition von Attributen** – eine weitere Transformationsmöglichkeit ist die Komposition unterschiedlicher Attribute zu einem neuen Attribut. Zum Beispiel könnte der Vorname und der Nachname eines Benutzers durch Konkatenation zum vollständigen Namen zusammengeführt werden. Des Weiteren werden häufig durch das Einfügen von bestimmten Zeichen, wie einem Komma, einem Punkt oder einem Bindestrich mehrere Attribute zu einem neuen Attribut zusammengefügt. Der Anzeigename eines Benutzers könnte bspw. aus dem Nachnamen und Vornamen getrennt durch ein Komma zusammengesetzt werden.

(iv) **Änderungen des Formats** – eine Änderung des Formats eines Attributs ist ebenfalls möglich. Dieses kann sowohl Auswirkungen auf den Wert eines Attributs haben als auch auf den Datentyp. Beispielsweise wird ein Datum, wie das Geburtsdatum, oftmals in unterschiedlichen Formaten, wie bspw. Tag/Monat/Jahr oder Jahr/Monat/Tag, gespeichert. Eine weitere gebräuchliche Formatänderung ist die Transformation von Umlauten in Zeichenfolgen ohne diakritische Zeichen.

(v) **Komplexe Transformationen** – abschließend lassen sich noch komplexere Transformationen nennen, die ein oder mehrere Attribute verwenden und hieraus ein spezialisiertes Attribut ableiten. Zum Beispiel auf Grund von datenschutztechnischen Bemühungen heraus, könnte aus dem Geburtsdatum abgeleitet werden ob ein Benutzer volljährig ist oder nicht, d.h. anstatt das vollständige Geburtsdatum zu übermitteln wird nur die notwendige Information übermittelt [Identity Metasystem]. Ein anderes Beispiel ist die Ableitung der Initialen aus dem vollständigen Namen. Vor allem in internationalen Kooperationen ist es auch keine Seltenheit, dass ein Attributwert in eine andere Sprache transformiert wird [Hommel 2007, S. 310].

3.3 Zusammenfassung

In diesem Kapitel wurden die notwendigen Grundlagen zum Verständnis der Arbeit dargelegt. Insbesondere wurde hierbei auf den Austausch identitätsbezogener Informationen durch aktuelle IdM-Standards, -Protokollen und -Softwaresysteme fokussiert. Des Weiteren wurden die Ursachen und Konsequenzen präsentiert, welche zu einer redundanten und dezentralen Speicherung identitätsbezogener Informationen führen. Als Fazit kann festgehalten werden, dass in aktuellen ver-

teilten IdM-Systemen die Replikation von Identitätsinformationen in den meisten
Szenarien erwünscht ist. Dies resultiert auch daraus, dass der durch die Replikation gewonnene Mehrwert höher ist als die dadurch entstehenden "Kosten", was
allgemein eine Grundvoraussetzung für die verteilte Haltung von Informationen
sein sollte. Im Bereich des organisationsinternen Identitätsmanagements existieren bereits Ansätze zur Sicherstellung der Konsistenz. In den folgenden Kapiteln
soll nun analysiert werden, inwieweit diese existierenden Ansätze ausreichend
sind, um in verteilten Systemen die Konsistenz identitätsbezogener Informationen
sicherstellen zu können.

4

Konsistenzmodell für
Identitätsinformationen in FIM

Wie im vorherigen Kapitel gezeigt wurde, gibt es gute Gründe, identitätsbezogene Informationen in verteilten Systemen redundant und dezentral zu verwalten, bspw. um die Autonomie eines Systems aufrecht zu erhalten oder die Performance zu verbessern. Da sich identitätsbezogene Informationen über die Zeit ändern, liegt eine wesentliche Herausforderung darin, die verteilt vorliegenden Informationen konsistent zu halten. In der vorliegenden Arbeit wird davon ausgegangen, dass die Konsistenz identitätsbezogener Informationen sowohl für eine Entität, bspw. ein Benutzer, als auch für einen Dienstanbieter ein erstrebenswertes Ziel darstellt. Ziel dieses Kapitels ist es, die genaue Bedeutung des Begriffs *Konsistenz* zu klären. Insbesondere gilt es, einen geeigneten Konsistenzbegriff für Identitätsinformationen in verteilten Systemen zu identifizieren und zu spezifizieren. Hierzu soll zunächst eine Analyse existierender Konsistenzmodelle und verwandter Arbeiten im Bereich der Konsistenz in verteilten IdM-Systemen vorgenommen werden. Auf der Basis dieser Analyse soll die Angemessenheit der Modelle für den Einsatz in verteilten IdM-Systemen bewertet werden. Da ein auf die IdM-Domäne angepasstes Konsistenzmodell einen Mehrwert verspricht, wird im Folgenden ein auf bestehenden Konzepten aufbauendes Konsistenzmodell dediziert für Identitätsinformationen in verteilten Systemen präsentiert [Hoellrigl et al. 2010a]. Insbesondere soll dieses Modell eine formale Grundlage liefern, auf welcher die Betrachtung von Konsistenzfragen in verteilten IdM-Systemen ermöglicht wird. Um den Mehrwert des Konsistenzmodells zu demonstrieren, soll die Nutzung des Konzepts exemplarisch anhand einer aktuellen FIM-Technologie gezeigt werden. Abschließend soll eine Bewertung des Konsistenzmodells durchgeführt werden.

4.1   Hintergrund

In diesem Abschnitt sollen zunächst Ansätze vorgestellt werden, welche sich mit der Heterogenität von Daten beschäftigen, da diese für das im nächsten Abschnitt vorgestellte Konsistenzmodell von Bedeutung sind. Des Weiteren soll eine detaillierte Betrachtung des Begriffs Konsistenz erfolgen. Eng mit dem Begriff Konsistenz verbunden sind die in verteilten Systemen Anwendung findenden Konsistenzmodelle, welche in der Folge skizziert werden sollen. Hierauf aufbauend wird eine Bewertung hinsichtlich der Angemessenheit der Modelle für verteilte IdM-Systeme durchgeführt.

4.1.1   Heterogene Repräsentation identitätsbezogener Informationen

Eine verteilte Administration identitätsbezogener Informationen führt oftmals dazu, dass identitätsbezogene Informationen innerhalb der jeweiligen Systeme unterschiedlich spezifiziert sind, d.h. die unterschiedlichen Systeme verwenden zur Beschreibung identitätsbezogener Informationen unterschiedliche Informationsmodelle (siehe Abschnitt 2.1.1). Folglich wird in verteilten Systemen dieselbe Identitätsinformation in vielen Fällen *heterogen* beschrieben. Die *Heterogenität* kann sich hierbei auf unterschiedliche Aspekte beziehen (vgl. Abschnitt 3.2.2):

(i) **Attributnamen** – die Heterogenität kann sich bspw. auf die zur Speicherung der Daten eingesetzten Attributnamen beziehen, z.B. könnte der Vorname eines Benutzers in einem System in einem Attribut namens *Vorname* gespeichert werden, wogegen ein anderes System den Vornamen in einem Attribut namens *givenname* vorhalten könnte.

(ii) **Struktur** – auch die Struktur der Daten an sich kann heterogen sein, d.h. die Datenmodelle. Ein Grund hierfür ist, dass je nach eingesetzter Technologie zur Speicherung der Daten auch unterschiedliche Schmemabeschreibungssprachen, wie bspw. *XML Schema* [W3C XML Schema] oder *LDAP Schema* (bspw. [RFC 2256]), Verwendung finden können.

(iii) **Datentyp** – des Weiteren bezieht sich die Heterogenität auch auf den Einsatz unterschiedlicher Datentypen. Ein Beispiel könnte sein, dass das Geburtsdatum eines Benutzers in einem System als *String* gespeichert wird und in einem anderen System als *Datetime*. Hierdurch kann sich auch eine Heterogenität der Attributwerte ergeben, z.B. könnten Identitätsinformationen unter Verwendung unterschiedlicher Zeichensätze gespeichert werden. Vor allem in internationalen Föderationen kann es auch aufgrund der Verwendung unterschiedlicher Sprachen zu Unterschieden in den Attributwerten kommen.

(iv) **Semantik** – die Semantik der verwendeten Attribute kann sich ebenfalls unterscheiden. So wäre es bspw. möglich, dass ein System in einem Attribut *firstname* nur den ersten Vornamen eines Benutzers vorhält, ein anderes System im Attribut *firstname* jedoch alle Vornamen eines Benutzers speichern könnte.

Im Folgenden sollen Ansätze vorgestellt werden, welche sich mit der Überwindung der Heterogenität von verteilten Daten beschäftigen.

Einsatz eines standardisierten, herstellerübergreifenden Informationsmodells

Eine Lösung zur Überwindung der heterogenen Beschreibung identitätsbezogener Informationen ist der Einsatz eines standardisierten, herstellerübergreifenden Informationsmodells (siehe bspw. [Hommel 2007, S. 144]).

Beispielsweise hat die Liberty Alliance durch die Spezifikation des *Personal* und *Employee* Profiles [Liberty ID-SIS PP] einen Ansatz zur Standardisierung der Beschreibung identitätsbezogener Informationen eines Benutzers (siehe Abschnitt 3.1.2). Die Liberty Alliance berücksichtigt neben allgemeinen Identitätsinformationen auch sehr Liberty ID-SIS spezifische Attribute.

Auch die Internet Engineering Task Force (IETF) versucht durch die standardbasierte Beschreibung der Attribute einer Person, bspw. durch die LDAP-Objektklasse *inetOrgPerson* [RFC 2798], ein herstellerunabhängiges Informationsschema zu spezifizieren. Da auf der Basis der LDAP-Objektklasse *inetOrgPerson* jedoch nicht alle Attribute, welche typischerweise in einem IdM-Softwaresystem zur Beschreibung eines Benutzers benötigt werden, beschrieben werden können, hat sich der Einsatz der Objektklasse *inetOrgPerson* nicht durchgesetzt [Hommel 2007, S. 145 ff].

Die LDAP-Objektklasse *eduPerson* [Internet2 eduPerson] der Internet2-Initiative ist für den Einsatz im Hochschulbereich konzipiert und hat sich insbesondere durch die weite Verbreitung von Shibboleth (siehe Abschnitt 3.1.2) an vielen Hochschulen und Forschungseinrichtungen durchgesetzt.

Bewertung

Prinzipiell ist der Einsatz eines gemeinsamen Informationsschemas dann sinnvoll, wenn die Föderationspartner ihre lokalen Informationsschemata weiterhin verwenden können und die Abbildung des lokalen Informationsschemas auf das föderationsweite Schema durch eine Vermittlerkomponente vorgenommen wird (vgl. Abschnitt 5.3.4). Die Abbildung kann hierbei sowohl lokal durch die Föderationspartner durchgeführt werden oder durch einen föderationsweit angebotenen Dienst. Im Falle der Bereitstellung eines wiederverwendbaren Dienstes besteht ein Vorteil darin, dass der Aufwand zur Integration eines neuen Föderationspartners reduziert werden kann. Insgesamt lässt sich somit der notwendige Entwicklungsaufwand für die Föderation reduzieren.

Eine Alternative wäre, dass die Föderationspartner ihre lokalen Dienste und Anwendungen auf das föderationsweite Informationsschema anpassen, was jedoch aufgrund des hohen Aufwands, welcher zur Anpassung der lokalen Dienste und Anwendungen notwendig wäre, weniger empfehlenswert ist. Im Falle von Legacy-Systemen (vgl. Abschnitt 3.2.1) könnte dieser Ansatz eventuell auch gar nicht realisierbar sein. Des Weiteren wäre es bei diesem Ansatz notwendig, dass bei Änderungen des Informationsschemas auch die lokalen Dienste und Anwendungen angepasst werden müssen. Hinsichtlich einer angestrebten losen Kopplung der Föderationspartner wäre genau dieser Fall zu vermeiden (siehe Abschnitt 5.3.4).

Somit bietet sich an, dass das föderationsweite Informationsschema auf die lokalen Informationsschemata abgebildet wird. Wie im Folgenden gezeigt wird, ist dies der Ansatz, welcher typsicherweise auch in heterogenen, verteilten Datenbanksystemen Einsatz findet.

Heterogene Informationsmodelle in Datenbankmanagementsystemen

Die Herausforderung heterogener Informationsmodelle ist im Bereich föderativer Datenbankmanagementsysteme seit vielen Jahren von Forschungsinteresse [Sheth & Larson 1990; Ventrone 1991]. Hierbei wird zwischen *syntaktischen* und *semantischen* Heterogenitäten unterschieden. Syntaktische Heterogenitäten werden im Rahmen von Datenintegrationsansätzen untersucht [Papazoglou et al. 1996; Dayal & Hwang 1984; Breitbart et al. 1986; Czejdo et al. 1987; Kim & Seo 1991]. Um diese Heterogenitäten technisch zu überwinden, werden typischerweise unterschiedliche *Schema-Translation/Mapping*-Ansätze eingesetzt (vgl. Abschnitt 5.3.1). Es soll hier angemerkt werden, dass selbst in relationalen Datenbanksystemen, welche bereits 1970 entwickelt wurden [Codd 1970], die Integration von Daten, welche auf der Basis unterschiedlicher Datenmodelle beschrieben sind, bis heute eine wesentliche Herausforderung darstellt [Anthes 2010].

In [Kashyap & Sheth 1996] wird versucht, die semantische Heterogenität in verteilten Datenbanksystemen zu überwinden. Ein wesentliches Ziel der Autoren ist, angelehnt an Ansätze aus dem Bereich der semantischen Datenmodellierung [Peckham & Maryanski 1988; Hull & King 1987], bei der Abbildung der "realen Welt" auf eine "modellierte Welt" semantische Informationen der realen Welt in die modellierte Welt zu übernehmen. Ein wesentlicher Aspekt, den weitere Ansätze in diesem Bereich gemein haben, vgl. bspw. [Brézillon 1999; Goh et al. 1999; Ouksel & Naiman 1994; Siegel & Madnick 1991], ist die Berücksichtigung des Kontextes jedes Objektes. Ein Kontext kann hierbei aus verschiedenen Aspekten gebildet werden, bspw. durch eine zu einem Objekt gehörende Semantik (vgl. [Sheth 1991]), oder die Beziehungen zu anderen Objekten, bspw. auf der Basis eines Entity-Relationship-Modells [Chen 1976]. Semantik lässt sich wiederum folgendermaßen definieren:

> "The scientific study of the relations between signs and symbols and what they denote or mean."
> gemäß [Wood 1985]

Die Semantik kann demnach als die "Bedeutungslehre" verstanden werden, welche Beziehungen zwischen Zeichen und Symbolen als auch deren Bedeutung als Gegenstand hat.

Die Schema-Mapping-Ansätze, welche in verteilten Datenbanksystemen zur Überwindung der Heterogenität Anwendung finden, sind auch in verteilten IdM-Systemen einsetzbar. Wie in Abschnitt 4.2.3 gezeigt werden wird, kann die Abbildung semantisch in Beziehung stehender Identitätsinformation, ähnlich wie in Datenintegrationsansätzen, durch den Einsatz von "Transformationen" ermöglicht werden. Wie dies praktisch realisiert werden kann, wird in Abschnitt 5.3 demonstriert.

Ontologien

Ein weiterer Ansatz, der sich mit heterogenen Informationsmodellen beschäftigt, ist die Verwendung von Ontologien. Eine Ontologie kann wie folgt definiert werden:

> "A formal, explicit specification of a shared conceptualization."
> gemäß [Gruber 1993]

Eine Ontologie ist demnach eine formale, explizite Spezifikation einer gemeinsam verwendeten Konzeptualisierung. Eine *Konzeptualisierung* wird in diesem

Kontext als Modell der realen Welt verstanden, d.h. ein Phänomen der realen Welt, bspw. eine Person oder ein Tier, wird auf eine abstrakte Art und Weise dargestellt [Uschold & Gruninger 2004]. Die *explizite Spezifikation* bezieht sich auf eine explizite Beschreibung der Namen und Definition von Konzepten und Beziehungen in dem abstrakten Modell. Die Definition betont "shared" aus dem Grund, da ein wesentliches Ziel einer Ontologie ist:

> *"A shared understanding of some domain that can be communicated*
> *between people and application systems."*
> gemäß [Fensel 2001, S. 3]

Demnach werden Ontologien eingesetzt, um ein *gemeinsames* Verständnis über eine bestimmte Domäne zu ermöglichen. Die Spezifikation erfolgt *formal*, was im Wesentlichen bedeutet, dass die Spezifikation typischerweise in einer logikbasierten Sprache, wie bspw. OWL 2 [W3C OWL 2] oder RDFS [W3C RDFS], die aus dem Bereich der Wissensrepräsentation in der Künstlichen Intelligenz stammen, formuliert wird und hierdurch eine maschinelle Verarbeitung ermöglicht.

Im Wesentlichen versucht eine Ontologie, die Bedeutung von Informationen von der syntaktischen Darstellung zu trennen und die Bedeutung bzw. die Semantik dadurch explizit zu machen. In der Folge wird es ermöglicht, dass ein gemeinsames Domänenverständnis geschaffen wird, da eine Domäne inklusive ihrer Entitäten und Beziehungen, ähnlich einem Entity-Relationship-Diagramm im Datenbankbereich [Hesse & Krzensk 2004], beschrieben wird:

> *"The role of ontologies is to capture domain knowledge in a generic way*
> *and to provide a commonly agreed upon understanding of a domain.*
> *The common vocabulary of an ontology, defining the meaning of terms*
> *and their relations, is usually organised in a taxonomy and contains*
> *modelling primitives such as classes, relations, functions, and axioms."*
> gemäß [Kietz et al. 2000]

Im Bereich organisationsinterner IdM-Softwaresysteme wird in [Emig et al. 2007] die Unterstützung der Transformationen zwischen lokalen und IdM-internen Informationsmodellen verfolgt. Hierbei ist das Ziel, durch den Einsatz von Ontologien bei der Abbildung der Informationsschemata aufeinander, den Aufwand für die manuelle Konfiguration der für die Transformation zuständigen Adapter zu reduzieren.

Bewertung von Ontologien

Durch die Verwendung von Ontologien in verteilten IdM-Systemen ist es möglich, heterogene Repräsentationen zu überwinden, da Ontologien den Daten zusätzlich zu der Syntax auch noch eine Semantik verleihen. Im Falle der Verwendung einer systemweiten Ontologie in verteilten IdM-Systemen, besteht demnach ein gemeinsames Verständnis hinsichtlich der Identitätsinformationen, und Heterogenitäten in der Darstellung können hierdurch leichter überwunden werden. Wenn Föderationspartner ihre Informationen auf der Basis unterschiedlicher Ontologien beschreiben, ist es notwendig, semantische Variationen zu berücksichtigen [Paci et al. 2009]. Dies erfordert die Abbildung unterschiedlicher Ontologien aufeinander [Choi et al. 2006].

Da es ein wesentliches Ziel der vorliegenden Arbeit ist, Konsistenz nicht ausschließlich zwischen Replikaten herzustellen, sondern darüber hinaus auch zwischen semantisch in Beziehung stehenden Identitätsinformationen, wäre die Realisierung der Konsistenz identitätsbezogener Informationen auf der Basis von Ontologien erheblich einfacher, da semantisch in Beziehung stehende Attribute leichter festzulegen sind (vgl. Abschnitt 5.3.4). In Abschnitt 4.2.3 wird auf die Rolle semantisch in Beziehung stehender Attribute für die Konsistenz identitätsbezogener Informationen detailliert eingegangen. Der vorgeschlagene formale Ansatz abstrahiert hierbei von der konkreten Realisierung der Transformationen. Somit ist es möglich, dass zur praktischen Umsetzung der Transformationen auch Ontologien Verwendung finden (siehe Abschnitt 5.3.4). Hierbei sollte jedoch angemerkt werden, dass der Aufwand unterschiedliche Ontologien aufeinander abzubilden (*Ontology Mapping*), bei der praktischen Sicherstellung der Informationskonsistenz eventuell höher ist, als die Erstellung von Konvertierungsregeln, bspw. mit Hilfe von XSLT (siehe auch [Hommel 2007, S. 148]).

4.1.2 Definition Konsistenz

Etymologisch hat der Begriff *Konsistenz* bzw. *konsistent* seinen Ursprung im lateinischen *consistere*, still stehen, dicht werden [Brockhaus Enzy. 2006a]. Ganz allgemein beschreibt der Begriff die Beschaffenheit und Festigkeit einer Substanz. In der Logik ist eine konsistente Aussage *in sich lückenlos* und *widerspruchsfrei*. *Widerspruchsfreiheit* kommt aus dem Bereich der mathematischen Logik und bezeichnet eine Eigenschaft einer Menge von Ausdrücken [Brockhaus Enzy. 2006b]. In der mathematischen Logik ist eine Menge X von Ausdrücken dann *(semantisch) widerspruchsfrei*, falls jeder aus X beweisbare Ausdruck allgemein gültig ist.

Die *Widerspruchsfreiheit* wird auch im Bereich von Datenbanksystemen allgemein als Definition für Konsistenz verwendet [Lockemann 2004]. Eine Datenbasis ist dann zu dem Schema der Datenbasis (siehe Abschnitt 2.1.1) konsistent, wenn die Daten der Datenbasis den im Schema definierten Bedingungen nicht widersprechen. Des Weiteren ist die Konsistenz eine der wesentlichen Eigenschaften der so genannten *ACID-Transaktionen*. ACID stellt hier die Abkürzung für *Atomicity, Consistency, Isolation* und *Durability* dar. Eine Transaktion erfüllt dann die Konsistenzeigenschaft, wenn sie ausgehend von einem konsistenten Zustand nach Transaktionsabschluss wieder einen konsistenten Zustand bewirkt.

Im Rahmen dieser Arbeit werden dezentral verwaltete Identitätsinformationen dann als konsistent angesehen, wenn sie widerspruchsfrei sind. Hierbei soll betont werden, dass die Widerspruchsfreiheit sich auf die Semantik der Informationen bezieht, d.h. auf deren Bedeutung.

4.1.3 Konsistenzmodelle

Im Folgenden soll auf unterschiedliche Konsistenzmodelle sowie deren Notwendigkeit und Bedeutung in verteilten Systemen eingegangen werden. Konsistenzmodelle sind seit vielen Jahren Forschungsgegenstand im Bereich des Zugriffs auf (verteilte) gemeinsam genutzte Daten. Es wird hierbei davon ausgegangen, dass unterschiedliche Akteure, wie Prozesse oder Dienste[1], lesend und schreibend auf die verteilt vorliegende Daten zugreifen. Solange alle Dienste nur lesend auf ihre lokalen Daten zugreifen würden, wäre die Betrachtung der Informationskonsistenz überflüssig. Falls ein Dienst jedoch Daten lokal ändert, unterscheidet diese Kopie der Daten sich unmittelbar von allen anderen Replikaten. Demnach ist es notwendig, die durchgeführte Änderung an allen Kopien vorzunehmen, um die Konsistenz aufrecht zu erhalten.

> *"In an ideal world there would be only one consistency model: when an update is made all observers would see that update."*
> gemäß [Vogels 2009]

In verteilten Systemen ist diese ideale Welt nicht gegeben, da eine "gleichzeitige" Anpassung aller Kopien nicht möglich ist. Folglich ist es notwendig, die Konsistenzanforderungen zu relaxieren. Dies geschieht auf der Basis unterschiedlicher Konsistenzmodelle, welche jeweils einen relaxierten Konsistenzbegriff spezifizieren. Ein Konsistenzmodell kann hierbei folgendermaßen definiert werden:

> *"Bei einem Konsistenzmodell handelt es sich im Wesentlichen um einen Vertrag, den die Prozesse mit dem Datenspeicher abschließen. Er besagt,*

---

[1]Im Rahmen dieser Arbeit wird auf der "Granularitätsebene" von Diensten agiert, weshalb im Folgenden ein Dienst repräsentativ als Akteur gewählt wird.

*dass der Speicher korrekt funktionieren wird, solange die Prozesse sich
an bestimmte Regeln halten."*
gemäß [Tanenbaum & van Steen 2008]

Ein Konsistenzmodell spezifiziert somit auf der Basis eines Regelwerks, was ein
Prozess, welcher auf den Datenspeicher zugreift, als Rückgabewert zu erwarten hat.
In der "idealen Welt" würde ein Prozess bei einer Leseoperation erwarten, dass er
jeweils den aktuellsten Wert des gelesenen Datenobjekts zurück erhält. Da dies
in verteilten Systemen nicht möglich ist, werden durch ein Konsistenzmodell die
möglichen Werte, welche eine Leseoperation zurückliefern kann, eingeschränkt,
was letztendlich zu einer Relaxierung des Konsistenzbegriffs führt [Tanenbaum &
van Steen 2008, S. 308 ff]. Welches Konsistenzmodell Anwendung findet, hängt
wiederum stark vom jeweiligen Szenario ab.

Konsistenzmodelle werden in der Literatur in zwei Kategorien eingeteilt: *Datenzentrierte* und *clientzentrierte* Konsistenzmodelle [Tanenbaum & van Steen
2006]. Im Folgenden soll näher auf die jeweilige Kategorie eingegangen werden.

Datenzentrierte Konsistenzmodelle

Datenzentrierte Konsistenzmodelle verfolgen das Ziel, eine systemweite Konsistenz
der verteilt vorliegenden Daten zu erreichen. Die Verteilung oder gemeinsame
Nutzung von Daten findet in datenzentrierten Konsistenzmodellen transparent
für den Benutzer statt, d.h. für den Benutzer erscheint es so, als ob es eine einzige
Kopie der Daten gibt. Aus diesem Grund werden diese Konsistenzmodelle auch
Single-copy Consistency [Bernstein & Goodman 1983; Bernstein et al. 1986; Herlihy
& Wing 1990] genannt.

Strenge Konsistenz

Das hierbei denkbar strikteste Konsistenzmodell ist die *Strenge Konsistenz (engl.
Strict Consistency)*, welche fordert, dass jede Leseoperation auf ein Datenobjekt
x den Wert der "letzten" Schreiboperation auf x liefert. Die Bestimmung dieses
letzten Schreibvorgangs ist in verteilten Systemen schwierig, da es die Existenz
einer globalen Zeit voraussetzt. Die Implementierung der Strict Consistency ist in
verteilten Systemen aufgrund der Zeit, die ein Signal zur Koordination benötigt,
unmöglich [Tanenbaum & van Steen 2006].

Sequentielle Konsistenz

Da die Koordination der unterschiedlichen Akteure ebenfalls eine gewisse Zeit
benötigt, ist es in verteilten Systemen notwendig, die Anforderung an die Konsistenz zu relaxieren. Die Grundidee jedes datenzentrierten Konsistenzmodells ist

hierbei, durch die Nutzung von Eigenschaften der auf den Daten ausgeführten *Operationen* eine Relaxierung zu ermöglichen. Das hierbei strikteste Konsistenzmodell nach Strict Consistency ist die *Sequentielle Konsistenz (engl. Sequential Consistency)*, welche initial von Lamport vorgeschlagen wurde [Lamport 1979]. Sequential Consistency wird hierbei wie folgt definiert:

> *"The result of any execution is the same as if the operations of all the processors were executed in some sequential order, and the operations of each individual processor appear in this sequence in the order specified by its program."*
> gemäß [Lamport 1979]

Die Idee dieses Modells ist demnach, dass *alle* Prozesse die gleiche Sequenz der Operationen auf den Datenobjekten sehen. Wichtig ist hierbei zu betonen, dass keinerlei Aussagen bzgl. der zeitlichen Komponente getroffen werden, d.h. es muss ausschließlich sichergestellt sein, dass alle Prozesse die gleiche Reihenfolge der Operationen sieht. Es spielt somit keine Rolle, wann welche Operation ausgeführt wird, sondern nur in welcher Reihenfolge.

Zum besseren Verständnis soll an dieser Stelle ein Beispiel auf der Basis einer in [Tanenbaum & van Steen 2008] eingeführten Notation verwendet werden. Die verwendete Notation stellt auf einer Zeitachse die Operationen auf Datenobjekte unterschiedlicher Dienste dar. Die Zeitachse verläuft horizontal und durch $W_i(x)a$ wird eine Schreiboperation (dargestellt durch W für *write*) des Dienstes i auf das Datenobjekt x mit dem Ergebnis a ausgedrückt. $R_i(x)b$ drückt aus, dass Dienst i eine Leseoperation (dargestellt durch R für *read*) auf dem Datenobjekt x durchführt, welche den Wert b zurückgibt.

Abbildung 4.1 zeigt ein Beispiel in der genannten Notation. Die Reihenfolge der Operationen in Darstellung (1) erfüllt hierbei die Anforderungen sequentieller Konsistenz, da Dienst d3 und Dienst d4 die Schreiboperationen von d1 und d2 in der gleichen Reihenfolge sehen. Beispiel (2) erfüllt diese Anforderung nicht.

Es existieren verschiedene weitere Konsistenzmodelle, wie bspw. *Linearizability* [Herlihy & Wing 1990] oder *Kausale Konsistenz (engl. Causal Consistency)* [Hutto & Ahamad 1990], welche demselben Prinzip folgen, jedoch noch weitere "Verfeinerungen" vorsehen. Bei der Linearizability bspw. wird durch den Einsatz einer logischen Uhr [Lamport 1978] ein Auswahlkriterium der nächsten Operation ergänzt, wogegen bei der Causal Consistency die potentielle Kausalität zweier Ereignisse mit berücksichtigt wird. Eine gute Einführung in diese Konsistenzmodelle ist bspw. in [Tanenbaum & van Steen 2008; Gharachorloo et al. 1991] zu finden.

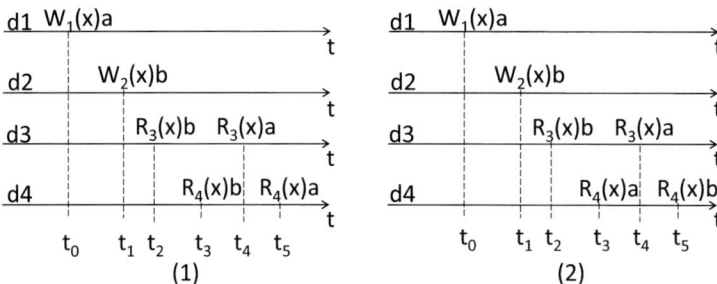

Abbildung 4.1: $W_i(x)a$ drückt eine Schreiboperation des Dienstes i auf das Datenobjekt x mit dem Ergebnis a aus. $R_i(x)b$ drückt aus, dass Dienst i eine Leseoperation auf dem Datenobjekt x durchführt, welche den Wert b zurückgibt. Darstellung (1) zeigt eine exemplarische Abfolge von Operationen, welche die sequentielle Konsistenz erfüllt, da d3 und d4, das Ergebnis der durch d1 und d2 auf x ausgeführten Schreiboperationen in derselben Reihenfolge sehen. Beispiel (2) stellt eine nicht sequentiell konsistente Abfolge von Operationen dar.

Stetige Konsistenz

Eine Herausforderung bei der Definition und der Umsetzung eines Konsistenzmodells ist die Beantwortung der Frage, wie weit die Konsistenz relaxiert werden kann. Generell hängt diese Frage vorwiegend von den Anforderungen der jeweiligen Anwendung ab. In [Yu & Vahdat 2000] und [Yu & Vahdat 2002] wird die so genannte *"Conit-basierte" Stetige Konsistenz (engl. Conit-based Continuous Consistency)* vorgestellt, welche auf der Basis bestimmter Metriken Anwendungen erlaubt, ihre Konsistenzanforderungen zu formulieren. Folgende Metriken werden vorgeschlagen:

(i) **Numerical Error** – die Metrik *Numerical Error* ist für Anwendungen gedacht, die auf Daten mit einer numerischen Semantik operieren, wie bspw. Börsenkurse.

(ii) **Order Error** – mittels der Metrik *Order Error* können Anwendungen, die erlauben, dass die Reihenfolge und Anzahl an Aktualisierungen auf den unterschiedlichen Replikaten variieren darf, eine maximale Grenze für die Limitierung der durchgeführten Aktualisierungen spezifizieren. Die obere Grenze für den Order Error legt somit auch fest, wie viele Änderungen möglicherweise umgeordnet oder rückgängig gemacht werden müssen.

(iii) **Staleness** – hierdurch ist es Anwendungen möglich, einen maximalen "Veralterungsgrad" zu spezifizieren.

91

Vor allem die letzte Metrik ist im Rahmen dieser Arbeit von Interesse. Um den Veralterungsgrad zu ermitteln, wird in der praktischen Realisierung typischerweise auf jedem Server, welcher Replikate vorhält, ein Echtzeit-Vektor geführt, der für jeden weiteren Server den Zeitpunkt der bereits gesehenen Änderungen speichert. Beispielsweise bedeutet dann der Wert t_1 bei Server A zu einem dazugehörigen Server B, dass A alle durch B akzeptierten Änderungen bis zum Zeitpunkt t_1 gesehen hat. Um einen bestimmten Veralterungsgrad zu gewährleisten, muss demnach für jeden Server gelten, dass die Zeitdauer zwischen der letzten akzeptierten Änderung und der aktuellen Zeit kleiner als der spezifizierte Veralterungsgrad ist.

Um die Spezifikation der Metriken zu ermöglichen, insbesondere festzulegen auf welche Einheit eine Metrik definiert wird, führen Yu und Vahdat eine *Konsistenzeinheit (engl. Consistency Unit, kurz Conit)* ein. Die festgelegten Metriken beziehen sich demnach immer auf ein Conit. Mittels eines Conit kann somit die Granularität angegeben werden, in welcher die Konsistenz gemessen werden soll, bspw. könnte, um die Konsistenzanforderung an eine verteilt verwaltete Datenbanktabelle zu formulieren, ein Conit für die ganze Datenbanktabelle stehen. Alternativ könnte ein Conit eine Zeile oder auch nur einen einzelnen Eintrag in der Datenbanktabelle repräsentieren. Um nun die Konsistenzanforderung zu definieren, wird für jedes Conit ein drei-dimensionaler Vektor *(Numerical Error, Order Error, Staleness)* verwendet, wobei es nicht notwendig ist, dass für jede Metrik eine Bedingung angegeben wird. Demnach kann eine Konsistenzanforderung auch nur für eine oder zwei der Metriken festgelegt werden. Ein Conit wird hierbei pro Replikat festgelegt, d.h. unterschiedliche Replikate können auch unterschiedliche Konsistenzanforderungen besitzen.

Ein einfaches Beispiel soll die Verwendung der Conit-based Continuous Consistency noch einmal verdeutlichen. Das Beispiel lehnt sich hierbei an einem Beispiel aus [Tanenbaum & van Steen 2008, S. 308] an. Angenommen man möchte den Börsenkurs einer bestimmten Aktie, welche an verschiedenen Börsen gehandelt wird, konsistent halten. Dann wäre eine Möglichkeit das ein Conit den Börsenkurs einer Aktie an einem bestimmten Standort repräsentiert. Die Konsistenzforderung pro Conit könnte bspw. lauten, dass der Kurs dieser Aktie an einem bestimmten Standort solange die Konsistenzanforderungen erfüllt, solange die *relative numerische Abweichung (Numerical Error)* zu allen anderen Replikaten nicht unterhalb von 5 % liegt. In diesem Fall würde der einem Conit zugeordnete Vektor nur einen Wert für die Metrik Numerical Error enthalten.

Bewertung datenzentrierter Konsistenzmodelle

Konsistenzmodelle, die eine starke Konsistenz sicherstellen, haben in verteilten Systemen den Nachteil, dass Protokolle und Mechanismen, die diese Modelle umsetzen, einen erheblichen Einfluss auf die Performance und Verfügbarkeit beteiligter Systeme nehmen [Gray et al. 1996; Coan et al. 1986; Gilbert & Lynch 2002; Lu 2007; Davidson et al. 1984]. Die Hauptidee zur Umsetzung dieser Konsistenzmodelle ist die Verwendung einer atomaren Operation oder Transaktion zur Durchführung einer Änderungsoperation, bspw. realisiert durch Two-Phase Locking [Bernstein et al. 1986]. Dies erfordert wiederum einen hohen Kommunikationsaufwand zur Koordination aller beteiligten Systeme, was letztendlich den hohen Einfluss auf die Verfügbarkeit und Performance des Gesamtsystems erklärt.

Wie in den vorherigen Kapiteln erläutert, ist ein wesentlicher Gedanke des föderativen Paradigmas, dass jeder Föderationspartner einen gewissen Grad an Autonomie behält. Diese Autonomie sollte sich vor allem in der weitestgehenden Aufrechterhaltung der Performance und der Verfügbarkeit der einzelnen Systeme manifestieren, d.h. es sollte vermieden werden, dass ein System von der Performance oder der Verfügbarkeit eines anderen Systems abhängt. Daher liefern datenzentrierte Konsistenzmodelle in den meisten Anwendungsszenarien keine geeignete Grundlage für die Konsistenz identitätsbezogener Informationen in FIM.

Durch eine Relaxierung der Konsistenzanforderungen lässt sich die Performance und die Verfügbarkeit der beteiligten Systeme verbessern. Beispielsweise kann durch den Ansatz von Yu und Vahdat je nach Angabe der Metriken die "Qualität" der Konsistenz variiert werden. Wenn alle drei Metriken auf den Wert Null gesetzt sind, wäre dies mit der Strict Consistency gleichzusetzen. Durch die Verwendung der jeweiligen Metriken lässt sich eine Relaxierung herbeiführen. Im Wesentlichen liegt bei dem Conit-based Continuous Consistency Model die Herausforderung in den folgenden Punkten [Tanenbaum & van Steen 2008, S. 311]:

(i) Die Bestimmung der "richtigen" Werte für die Metriken für die jeweilige Anwendung ist eine nicht triviale Aufgabe.

(ii) Die Festlegung der "Granularität" eines Conit ist von entscheidender Bedeutung für die spätere Sicherstellung der Konsistenz.

(iii) Die Verwaltung der Conits selbst kann einen hohen Aufwand bedeuten.

Auch wenn diese Relaxierung in verteilten Systemen eine Verbesserung bzgl. der Verfügbarkeit und Performance herbeiführen würden, ist Conit-based Continuous Consistency zur Sicherstellung der Konsistenz in verteilten Identitätsmanagementsystemen als zu aufwendig einzustufen. Der primäre Grund hierfür ist, dass der Ansatz von einem datenzentrierten Konsistenzbegriff ausgeht, wodurch auch nach einer Relaxierung der Konsistenzanforderung ein erheblicher Einfluss auf die Performance des Gesamtsystems resultiert. Auch in Conit-based Continuous Consistency ist es unter Umständen notwendig, alle Replikate vor der Durchführung einer Schreiboperation zu koordinieren, weshalb dieser Ansatz auch einer koordinierenden Komponente bedarf, die bei "Verstößen" gegen die Konsistenzanforderungen eventuell auch Rollbacks durchführen muss. Somit ist eine unabhängige dezentrale Durchführung von Operationen nicht erlaubt.

Des Weiteren lassen sich die vorgeschlagenen Konsistenzmodelle nicht ohne Weiteres auf die Konsistenz identitätsbezogener Informationen anwenden, da identitätsbezogene Informationen typischerweise heterogen vorgehalten werden. Es ist somit nicht ausreichend, auftretende Änderungen nur an Replikate zu verteilen, sondern es müssen auch Informationen Berücksichtigung finden, welche semantisch in Beziehung stehen. Beispielsweise müssen Änderungen, die den Nachnamen eines Benutzers betreffen auch an Attribute des Benutzers verteilt werden, die diese Information ebenfalls enthalten. Zum Beispiel könnte es sein, dass ein Dienstanbieter den Nachnamen nur in Kombination mit dem Vornamen in dem Attribut Fullname vorhält. In den vorgeschlagenen Modellen wird so eine Heterogenität nicht berücksichtigt.

Clientzentrierte Konsistenzmodelle

Das Ziel datenzentrierter Konsistenzmodelle ist die systemweite Konsistenz eines verteilten Datenspeichers. Eine wesentliche Grundannahme dieser Modelle ist, dass verschiedene Dienste gleichzeitig auf den gleichen Daten operieren. Datenzentrierte Konsistenzmodelle versuchen auch in diesem Fall, die Konsistenz des Datenspeichers zu gewährleisten. Wie bereits erwähnt, hängen die Anforderungen, welche an die Konsistenz verteilt vorliegender Daten gestellt werden, im höchsten Maße von den jeweiligen Anwendungen ab. Beispielsweise existiert eine Vielzahl an verteilt agierender Anwendungen, bei denen Aktualisierungen nicht gleichzeitig von mehreren Stellen aus durchgeführt werden, sondern dediziert von einer Stelle aus. Typischerweise zeichnen sich diese Anwendungen auch durch das Vorherrschen von Leseoperationen aus.

Exemplarisch kann hier das Domain Name System (DNS) [Mockapetris & Dunlap 1995] genannt werden. Der DNS-Namensraum ist aufgegliedert und unterschiedlichen Verantwortlichen zugeteilt. Aktualisierungen werden hierbei ausschließlich von den jeweilig Zuständigen auf deren zugeordneten Bereich durchgeführt. Demnach kann es in diesem Fall auch zu keinen Konflikten bei Aktualisierungen kommen. Die einzigen Konflikte, die in dieser Kategorie von Anwendungen eine Rolle spielen, sind Lese-Schreib-Konflikte, d.h. dass ein Dienst einen Wert aktualisieren möchte und ein anderer Dienst, eventuell auch auf einem anderen Replikat, den gleichen Wert lesen möchte.

In vielen Fällen hat sich gezeigt, dass diese Art von Anwendungen ein gewisses Maß an Inkonsistenzen tolerieren kann. Ein weiteres Beispiel sind Webanwendungen. Beim Abruf von Websites im World Wide Web werden üblicherweise Cache-Strategien zur Verbesserung der Performance und der Verfügbarkeit eingesetzt [RFC 2616, Abschnitt 13]. Da in vielen Fällen die Änderungshäufigkeit von Websites sehr gering ist, ist das Risiko, eine veraltete Website aus dem Cache zu laden, ebenfalls gering.

Für diese Klasse verteilt vorliegender Datenspeicher hat sich zu Gunsten einer verbesserten Performance und Verfügbarkeit ein sehr relaxiertes Konsistenzmodell namens *Eventual Consistency* etabliert [Golding 1992]. Um Eventual Consistency zu gewährleisten, wird im Wesentlichen nur gefordert, dass auftretende Änderungen letztendlich (engl. eventual) an alle Replikate verteilt werden. Eine Limitierung der Zeitspanne für den Verteilungsprozess ist nicht vorgesehen. Es existiert eine Vielzahl an Systemen, die diese Art der Konsistenz umsetzen (siehe bspw. [Birrell et al. 1982; Demers et al. 1988; Gray et al. 1996; Terry et al. 1998; Dullmann et al. 2001; Dubois & Scheurich 1990; Dubois et al. 1986]).

Eventual Consistency ist somit im Vergleich zur Strict Consistency das andere Extrem hinsichtlich der "Striktheit" der Konsistenzanforderungen. Auch wenn viele Anwendungen, insbesondere in verteilten Systemen, zu Gunsten einer erhöhten Performance und Verfügbarkeit ein relaxiertes Konsistenzmodell gegenüber einem strengen Konsistenzmodell bevorzugen, ist es vor allem das Fehlen jeglicher Zusicherungen, bspw. hinsichtlich des Zeitpunkts, wann verteilt vorliegende Informationen konsistent sind, welches Eventual Consistency für manche Anwendung als unzureichend klassifiziert. Um diesem Fehlen von Zusicherungen entgegenzuwirken, wird versucht, das Spektrum zwischen Strict Consistency und Eventual Consistency auszunutzen. Yu und Vahdat haben hierbei versucht, ausgehend von einem strengen Konsistenzbegriff, d.h. einem datenzentrierten Ansatz, den Konsistenzbegriff zu lockern. Demgegenüber stehen *clientzentrierte Konsistenzmodelle*, welche ausgehend von Eventual Consistency versuchen, die Konsistenz etwas restriktiver zu fassen. Der Grundgedanke in clientzentrierten Konsistenzmodellen ist, dass im Gegensatz zu datenzentrierten Modellen nicht versucht wird, systemweite Konsistenz zu erreichen, sondern es werden ausschließlich Zusicherung aus der Sicht des *Clients* gegeben. Dies motiviert sich größtenteils auch dadurch, dass Eventual Consistency vor allem im Bereich mobiler Endgeräte problematisch sein kann, d.h. wenn ein Client erst auf eine lokale Kopie eines lokalen Datenspeichers zugreift und danach den lokalen Datenspeicher wechselt und somit auf einer anderen Datenbasis operiert. Falls die Änderungen bis dahin noch nicht verteilt wurden, können in so einem Fall Inkonsistenzen problematisch sein.

Clientzentrierte Konsistenzmodelle haben ihren Ursprung in den Arbeiten an Bayou [Edwards et al. 1997; Terry et al. 1994, 1995; Petersen et al. 1997], einem schwach konsistenten verteilten Datenbanksystem. Bayou basiert auf der Annahme, dass sich mobile und verteilt auf lokalen Daten operierende Clients, durch eine eingeschränkte Netzwerkanbindung begründet, nur sehr selten koordinieren können. Zu Gunsten der Verfügbarkeit und Performance verfolgt Bayou daher ein "Access-Anywhere"-Modell, d.h. jeder Client operiert lokal auf seinen Daten und Änderungen werden nur bei Gelegenheit verteilt.

In clientzentrierten Modellen ist es somit vor allem wichtig, dass für Clients, die aufgrund eines Standortwechsels den lokalen Datenspeicher wechseln, gewisse Zusagen hinsichtlich der Konsistenz der Daten gemacht werden können. In [Terry et al. 1994] führen die Autoren deshalb so genannte *Session Guarantees* für relaxiert konsistente Datenspeicher ein. Der Begriff Session bezieht sich hierbei nicht auf eine atomare Transaktionen, sondern fasst eine Sequenz von Lese- und Schreiboperationen einer Anwendung zusammen [Terry et al. 1994]. Die Autoren schlagen vier Konsistenzgarantien vor, welche in der Literatur als clientzentrierte Konsistenzmodelle bekannt sind [Tanenbaum & van Steen 2008]:

(i) **Read Your Writes** – eine von einem Prozess p durchgeführte Folge von Schreiboperationen auf ein Datenelement x wird im Falle einer darauf folgenden Leseoperation von p auf x sichtbar sein.

(ii) **Monotonic Reads** – wenn ein Prozess einen Wert von Datenelement x gelesen hat, liefert jede darauf folgende Leseoperation von p auf x denselben oder einen aktuelleren Wert von x.

(iii) **Writes Follow Reads** – wenn ein Prozess p einen Wert von Datenelement x gelesen hat, wird garantiert, dass jede darauf folgende Schreiboperation von p auf x auf demselben oder einem aktuelleren Wert von x erfolgt.

(iv) **Monotonic Writes** – jede Schreiboperation eines Prozesses p auf ein Datenelement x wird abgeschlossen, bevor durch p eine weitere Schreiboperation auf x erfolgt.

Bei den Definitionen clientzentrierter Konsistenzmodelle wird schnell ersichtlich, dass diese für Anwendungen konzipiert wurden, bei welchen, durch die Mobilität der Endgeräte begründet, beim Wechsel des Datenspeichers eine gewisse Garantie hinsichtlich der Konsistenz der zugrundeliegenden Daten gegeben sein soll. Für eine Anwendung, die nur lokal auf ihren eigenen Daten operiert, sind die Konsistenzanforderungen clientzentrierter Konsistenzmodelle im Normalfall immer erfüllt. Als Beispiel für eine Anwendung, welche von clientzentrierten Konsistenzmodellen profitieren kann, kann eine Kalenderanwendung genannt werden, welche von einem oder mehreren Benutzern von mehreren Clients aus genutzt wird. Wenn der Benutzer den Client wechselt und die Kalenderanwendung nutzt, soll bspw. sichergestellt sein, dass alle Termine, welche von einem anderen Client aus geschrieben wurden, auch von diesem Client aus sichtbar sind. In diesem Fall wäre folglich das Konsistenzmodell *Read Your Writes* gefordert.

Da das Access-Anywhere-Modell unter anderem durch die eingeschränkte Konnektivität der verteilt vorliegenden Daten motiviert wird, bedeutet "Garantie" in clientzentrierten Konsistenzmodellen, dass entweder vor jedem Lese- oder Schreibzugriff innerhalb einer Session das entsprechende Konsistenzmodell sichergestellt ist, oder die Anwendung den Zugreifenden darüber informiert, dass die Garantien nicht eingehalten werden können.

Bewertung clientzentrierter Konsistenzmodelle

Relaxierte Konsistenzmodelle wie Eventual Consistency können mittels asynchroner Mechanismen realisiert werden, was sich in verteilten Systemen wiederum positiv auf die Verfügbarkeit und Skalierbarkeit des Gesamtsystems auswirkt. Da verteilte Operationen unabhängig voneinander ausgeführt werden können, wird deren Realisierung gegenüber der Umsetzung von Mechanismen, welche eine strenge Konsistenz sicherstellen, erheblich vereinfacht. Aufgrund einer relativ geringen Änderungsrate identitätsbezogener Informationen, kann in verteilten IdM-Systemen in der Regel davon ausgegangen werden, dass ein gleichzeitig schreibender Zugriff auf verteilt vorliegenden Daten sehr selten vorkommt. Da generell in verteilten IdM-Systemen für ein Großteil identitätsbezogener Informationen die Rate der Lese- zu den Änderungsoperationen sehr hoch ist, können potentielle Inkonsistenzen zu Gunsten einer verbesserten Verfügbarkeit und Performance in den meisten Szenarien toleriert werden. Relaxierte Konsistenzmodelle sind somit für den Einsatz in verteilten IdM-Systemen besser geeignet als restriktivere Konsistenzmodelle. Die Verwendung asynchrone Mechanismen zur Sicherstellung relaxierter Konsistenz, erlaubt es beteiligte Systeme weniger stark zu koppeln, bspw. hinsichtlich deren Verfügbarkeit [Hoellrigl et al. 2010b]. Insgesamt wirkt sich die gelockerte Umsetzung somit positiv auf die Autonomie der Teilsysteme aus, was ein wesentliches Ziel in verteilten Identitätsmanagementsystemen darstellt.

Die in [Terry et al. 1994] vorgeschlagenen Konsistenzmodelle sind in verteilten Identitätsmanagement nicht für alle Anwendungsbereiche ausreichend. In verteilten IdM-Systemen sind die Konsumenten identitätsbezogener Informationen die Dienstanbieter, welche auf der Basis von Identitätsinformationen bspw. die Zugriffsberechtigungen vergeben und ermitteln oder einen personalisierten Dienstzugang anbieten. Um das Risiko einer unautorisierten Diensterbringung oder einer unbeabsichtigten Dienstverweigerung besser abschätzen zu können, auch in langlaufenden Diensten (siehe Abschnitt 3.2.1), wäre eine Konsistenzgarantie notwendig, welche eine gewisse Aktualität lokal vorgehaltener Identitätsinformationen gewährleistet. Da sich die Identitätsinformationen bei anderen Dienstanbietern ändern können, müsste somit sichergestellt werden, dass Änderungen innerhalb einer bestimmten Zeitdauer an diesen Dienstanbieter verteilt werden. Die durch Session Guarantees angebotenen Konsistenzanforderungen sind in diesem Fall nicht ausreichend, da sie sich ausschließlich auf die Operationen beschränken, welche durch einen Prozess bzw. übertragen auf die IdM-Domäne durch einen Dienstanbieter durchgeführt werden. Daher werden zusätzliche Konsistenzgarantien im Bereich relaxierter Konsistenzmodelle im Falle verteilter IdM-Systeme gefordert.

Des Weiteren gehen auch relaxierte Konsistenzmodelle nicht auf Charakteristiken der Informationen selbst ein. Eine Berücksichtigung heterogener Schemata findet auch in relaxierten Konsistenzmodellen nicht statt.

4.1.4 Resümee

Abbildung 4.2 soll den Zusammenhang zwischen strengen Konsistenzmodellen und relaxierten Konsistenzmodellen noch einmal verdeutlichen. Die Abbildung soll noch einmal anschaulich machen, dass durch die Relaxierung der Konsistenzanforderungen eine Erhöhung der Performance und Verfügbarkeit erreichbar ist. Dieser Mehrwert ist jedoch mit einer Erhöhung potentieller Inkonsistenzen zu "bezahlen". Die vorgestellten Ansätze von Yu und Vahdat [Yu & Vahdat 2002] und Terry et al. [Terry et al. 1994] verfolgen eine Ausnutzung des Konsistenzspektrums jeweils ausgehend von den beiden gegenüberliegenden Extrempunkten des Spektrums der Konsistenz. Yu und Vahdat relaxieren durch die Berücksichtigung der Anwendungsanforderungen ein sehr strenges Konsistenzmodell. Demgegenüber ist der Ansatz von Terry et al. zu sehen, welcher ausgehend von einem relaxierten Konsistenzmodell unterschiedliche Session Guarantees berücksichtigt.

Der Ansatz von Yu und Vahdat ist in verteilten Identitätsmanagementsystemen aufgrund des erhöhten Aufwands, welcher zur Koordination der einzelnen Replikate notwendig ist, in den meisten Anwendungsfällen nicht geeignet. Die durch den Ansatz von Terry et al. [Terry et al. 1994] bereit gestellten Session Guarantees sind für manche Anwendungsfälle im föderativen Identitätsmanagement nicht ausreichend, da die maximale Zeitdauer, welche für die Verteilung einer auftretenden Änderung benötigt wird, durch Session Guarantees nicht berücksichtigt wird.

Insgesamt kann festgehalten werden, dass der Einsatz relaxierter Konsistenzmodelle in verteilten Identitätsmanagementsystemen gegenüber strikteren Konsistenzmodellen in der Regel zu Gunsten einer verbesserten Performance, Verfügbarkeit und Reduktion der Abhängigkeiten zu bevorzugen ist [Hoellrigl et al. 2010a]. Dennoch sind die bereitgestellten Konsistenzgarantien nicht für alle Anwendungsszenarien ausreichend. Die folgenden Einschränkungen aktueller relaxierter Konsistenzmodelle motivieren weitere Anpassungen:

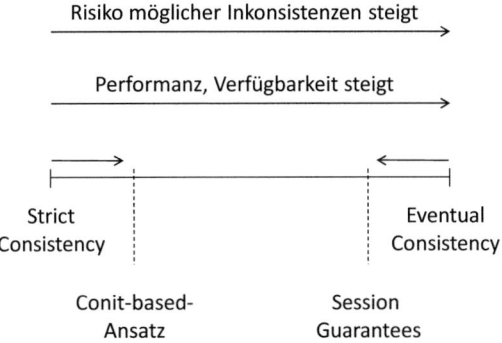

Abbildung 4.2: Spektrum der Konsistenzmodelle in Bezug zur Performance, Verfügbarkeit und potentieller Inkonsistenzen. Der Ansatz von Yu und Vahdat verfolgt eine Relaxierung der Konsistenzanforderungen ausgehend von einem strengen Konsistenzbegriff. Der Ansatz von Terry et al. hingegen versucht, durch die Bereitstellung von "Session Guarantees" Eventual Consistency strenger zu fassen.

(i) **Unzureichende Konsistenzgarantien** – in verteilten IdM-Systemen werden Identitätsinformationen eines Benutzers auch zur Autorisation einer Dienstnutzung eingesetzt. Um das Risiko einer unautorisierten Diensterbringung oder einer unbeabsichtigten Dienstverweigerung zu reduzieren, auch in langlaufenden Diensten (siehe Abschnitt 3.2.1), wäre eine sinnvolle Konsistenzgarantie, dass ein gewisse Aktualität lokal vorgehaltener Identitätsinformationen gewährleistet werden kann. Folglich sollte ein Dienstanbieter die Dauer festlegen können, welche eine bei einem anderen Dienstanbieter durchgeführte Änderung maximal benötigen darf, bis sie bei diesem Dienstanbieter angekommen ist. Aktuelle relaxierte Konsistenzmodelle sehen diese Konsistenzgarantie nicht vor. Das im Folgenden vorgeschlagene Konsistenzmodell soll zeigen, wie eine Berücksichtigung dieses zeitlichen Aspekts auch in relaxierten Konsistenzmodellen möglich ist.

(ii) **Charakteristika identitätsbezogener Informationen** – auch schwache Konsistenzmodelle sind genauso wie strikte Konsistenzmodelle sehr abstrakt und berücksichtigen keinerlei Spezifika der Informationen selbst. Identitätsinformationen haben jedoch semantische und kausale Beziehungen zueinander, was sich wesentlich auf die Konsistenz identitätsbezogener Informationen auswirkt. Beispielsweise ist es nicht ausreichend, auftretende Änderungen an Identitätsinformationen ausschließlich an Replikate zu verteilen, sondern Änderungen müssen zur Sicherstellung der Konsistenz auch an semantisch in Beziehung stehende Informationen verteilt werden. Die kausale Beziehung

zwischen Identitätsinformationen sollte durch ein Konsistenzmodell ebenfalls Berücksichtigung finden, da auftretende Änderungen an Identitätsinformationen ebenfalls auf allen kausal in Beziehung stehenden Informationen
Änderungen hervorrufen. In Abschnitt 4.2 wird gezeigt werden, wie diese
Charakteristika in einem dedizierten Konsistenzmodell Berücksichtigung
finden können.

4.2   Konsistenzmodell dediziert für den Einsatz in FIM

Im Folgenden soll ein formales Modell vorgestellt werden, welches die Struktur
eines verteilten Identitätsmanagementsystems durch die Fokussierung auf die Konsistenz identitätsbezogener Informationen hervorhebt und somit Identitätsmanagementsysteme sowohl von Marketing-Philosophien als auch von Protokoll- und
Technologieterminologie befreit [Hoellrigl et al. 2010a]. Hierfür erfolgt zunächst
eine grobe Übersicht der Bausteine des formalen Modells und eine Darlegung
der Ziele, welche mit den einzelnen Bausteinen erreicht werden sollen. Dies soll
ein erstes Verständnis über die generellen Ziele des Konsistenzmodells vermitteln.
Dem folgend werden die einzelnen Bausteine des Konsistenzmodells eingeführt,
angefangen mit der Formalisierung der Ausgangsbasis des formalen Modells, den
Attributen. Hierauf aufbauend werden sowohl semantische als auch kausale Beziehungen der Attribute eingeführt und formalisiert. Im Anschluss wird auf der
Basis des bis dahin eingeführten Modells die Formalisierung einer föderierten
Identität vorgestellt. Danach erfolgt eine formale Definition des Konsistenzmodells *ID-Consistency*. Abschließend soll durch eine Illustration das Verständnis
für *ID-Consistency* geschärft werden.

4.2.1   Überblick der Bausteine und Ziele des Modells

Tabelle. 4.1 gibt einen Überblick der Symbole und Funktionen des formalen Modells. Das Modell ist aus der Sicht einer Entität aufgebaut, also bspw. aus der Sicht
eines Benutzers und dessen identitätsbezogenen Informationen in einem verteilten
System (vgl. Abschnitt 2.1.2). Die wesentlichen Ziele, welche durch die essentiellen
Bausteine des formalen Modells erreicht werden sollen, sind:

(i) Die Kategorisierung von Attributen in *primäre* und *transformierte Attribute* liefert eine erste Strukturierung verteilter IdM-Systeme und bildet die
Grundlage für eine Formalisierung dezentral verwalteter identitätsbezogener
Informationen. Insbesondere vereinfacht diese Kategorisierung und Formalisierung die Beschreibung *semantischer* und *kausaler* Beziehungen.

Symbol	Bedeutung
A	Menge der primären Attribute
X	Menge der transformierten Attribute
M	Menge der Transformationsfunktionen
C	Menge kausaler Beziehungen
H	Menge der Halter identitätsbezogener Informationen
P	Menge der autoritativen Informationshalter
e_i	ite (digitale) Identität einer Entität
y_j	Datentyp eines Attributs a_j
v_j	Wert eines Attributs a_j
f	Federated Identity einer Entität
T	Inconsistency Window

Funktion	Bedeutung
$a_j[t]$	jtes Attribut einer Entität zum Zeitpunkt t
$m_k(v_1,\ldots,v_l)$	kte Transformationsfunktion

Tabelle 4.1: Überblick der Symbole und Funktionen des formalen Modells

(ii) Die Bestimmung von *Transformationsfunktionen* erlaubt den Vergleich aktueller Werte von primären und transformierten Attributen. Dies erlaubt vor
allem die Auffindung von Widersprüchen zwischen primären und transformierten Attributen und somit von Inkonsistenzen in heterogenen Identitätsinformationen.

(iii) Die Spezifikation eines *Inconsistency Window*, welches die Zeitspanne zwischen einer Änderung an einem primären Attribut und dem Moment festlegt,
wann die Änderung vollständig an alle zu diesem primären Attribut semantisch in Beziehung stehende Attribute verteilt wurde, liefert die Möglichkeit,
klar zu spezifizieren, wann ein Attribut konsistent ist und wann nicht.

4.2.2 Attribute einer Entität

Der Ausgangspunkt des formalen Modells ist auf der realweltlichen Seite eine
Entität (vgl. Abschnitt 2.1.2). Im Folgenden wird eine realweltliche Person als
Repräsentant einer Entität verwendet. Dies soll keinesfalls eine Beschränkung auf
diese Teilmenge von Entitäten beabsichtigten, sondern es soll hierdurch nur eine
vereinfachte Darstellung erzielt werden. Eine Person wird in einem bestimmten
Kontext, bspw. ein Dienstanbieter oder ein Identitätsprovider, durch eine digitale
Identität repräsentiert (siehe Abschnitt 2.1.2). Ein Benutzer kann demnach auch
mehrere digitale Identitäten in diesem Modell[2] besitzen, welche jeweils inner-

---

[2]In der Literatur werden diese digitale Identitäten teilweise auch als "Teilidentitäten" (engl.
Partial Identity) einer digitalen Identität eines Benutzers bezeichnet [IETF Privacy].

halb eines bestimmten Kontextes Verwendung finden. Eine Identität wiederum wird durch *Attribute* des Benutzers beschrieben. Eine Grundidee des formalen Modells ist es, dass von allen Aspekten eines IdM-Systems zunächst nur die Vereinigung aller Attribute eines Benutzers sowie die Art und Weise, wie diese Attribute ausgetauscht und vorgehalten werden, von Interesse für das formale Modell sind.

Charakteristika von Attributen

Zusammenfassend werden in diesem Modell Attribute folgendermaßen charakterisiert:

(i) Jegliche angeeignete oder erworbene Information, eine Charakteristik oder systemimmanente Information eines Benutzers wird als Attribut bzw. als Attribute ausgedrückt (vgl. Abschnitt 2.1.3).

(ii) Ein Attribut wird durch einen *Namen*, einen *Datentyp* und einen *Wert* ausgedrückt. Im Modell wird angenommen, dass sich innerhalb des Lebenszyklus eines Attributs ausschließlich der Wert eines Attributs über die Zeit ändern kann. Das bedeutet, dass im Falle der Änderung des Namens oder des Datentyps es sich nicht mehr um dasselbe Attribut handelt. Der Datentyp eines Attributs a_i wird durch y_i bezeichnet und der Wert durch v_i.

(iii) Jedes Attribut ist *eindeutig* unabhängig vom Datentyp oder dem Wert eines Attributs. Zum Beispiel bedeutet das, dass das Attribut *Nachname* eines Benutzers bei einem Bankinstitut nicht dasselbe Attribut ist wie das Attribut *Nachname* desselben Benutzers bei dessen Arbeitgeber.

(iv) Ein Attribut kann zu anderen Attributen in Beziehung stehen. Demnach können identitätsbasierte Informationen trotz unterschiedlicher Namen, Datentypen und selbst Werten semantisch oder kausal in Beziehung stehen.

Illustration

Abbildung 4.3 soll an einem Beispiel zeigen, auf welche Aspekte eines IdM-Systems es in Bezug auf die Attribute eines Benutzers ankommt. Das auf der linken Seite der Abbildung kreisförmig dargestellt Modell soll ein verteiltes IdM-System repräsentieren. Informationsflüsse werden durch Pfeile dargestellt. In der Abbildung wird angenommen, dass die unterschiedlichen Systeme integriert wurden. Die durch Attributnamen auf den Zeichenblättern illustrierten Daten, sind die bei den jeweiligen Systemen zu einer Identität eines Benutzers vorgehaltenen Informationen. Die unterschiedlichen von den Systemen zur Speicherung eingesetzten Mechanismen

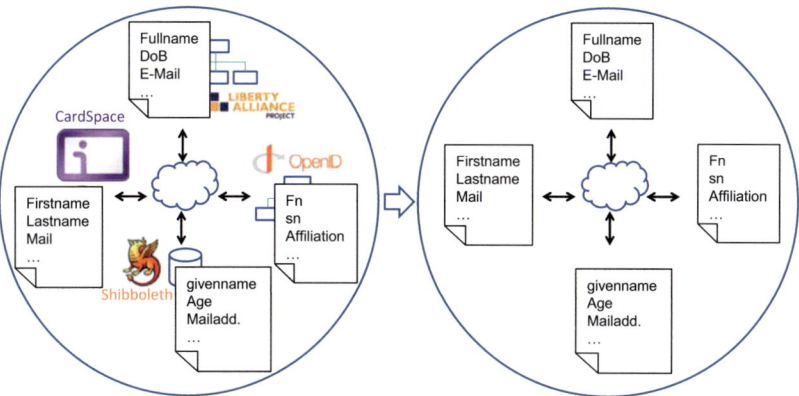

Abbildung 4.3: Exemplarische Illustration der Abbildung eines IdM-Systemmodells auf die für das formale Modell relevanten Aspekte in Bezug auf die Attribute eines Benutzers.

sind durch Verzeichnisbäume und Datenbanksymbole dargestellt. Die kreisförmige Abbildung auf der rechten Seite zeigt das gleiche verteilte IdM-Systeme mit den für das formale Modell notwendigen Aspekten. Demnach interessieren weder die verwendeten Speichermechanismen, wie Datenbanken oder Verzeichnisdienste, noch die jeweils eingesetzten FIM-Technologien, wie CardSpace oder OpenID. Es wird einzig und allein auf die Attribute eines Benutzers fokussiert bzw. auf die Art und Weise, wie die Attribute untereinander ausgetauscht werden.

Formalisierung eines Attributs

Mit der Formalisierung eines Attributs werden folgende Ziele verfolgt:

(i) Eine Formalisierung soll den Zusammenhang zwischen dem Datentyp, dem Wert eines Attributs und der Zeit erlauben.

(ii) Auf der Basis der Formalisierung soll es möglich sein, die Beziehung zwischen Attributen beschreiben zu können.

In Bezug auf die Konsistenz identitätsbezogener Informationen spielt der Name eines Attributs eine untergeordnete Rolle. Demnach wird für die Formalisierung ein Fokus auf den Datentyp, den Wert und die Zeit gelegt. Der Zusammenhang des Datentyps und des Werts eines Attributs a_i zu einem bestimmten Zeitpunkt t, wobei $i = 1, \ldots, n$ und n die Anzahl aller Attribute eines Benutzers beschreibt, kann durch eine Funktion beschrieben werden, welche die Zeit t innerhalb des

103

Intervalls $[t_0, t_d]$ auf einen Wert $v_i \in y_i$ abbildet. Der Intervall $[t_0, t_d]$ steht hierbei für den Lebenszyklus des Attributs, d.h. t_0 bezeichnet den Zeitpunkt der Erzeugung des Attributs und t_d den Zeitpunkt wann das Attribut gelöscht wird.

Demnach kann ein Attribut formal folgendermaßen dargestellt werden:

$$a_i : [t_0, t_d] \rightarrow y_i$$
$$t \mapsto v_i$$

Basierend auf dieser Formalisierung eines Attributs eines Benutzers sollen nun die semantischen Beziehungen, welche identitätsbasierte Informationen zueinander haben können, eingeführt werden.

4.2.3   Semantische Beziehungen zwischen Attributen

Ein Attribut kann sowohl zu einem anderen Attribut *semantisch äquivalent* sein als auch eine *Generalisierung* eines anderen Attributs darstellen. Zwei Attribute sind dann semantisch äquivalent, wenn sie die gleiche Bedeutung haben. Bei einer Generalisierung wird ein Attribut aus einem oder auch mehreren anderen Attributen "abgeleitet". Attribute, für die eine dieser Eigenschaften in Beziehung zu einem anderen Attribut zutreffen, werden im formalen Modell als *semantisch in Beziehung stehende Attribute* bezeichnet. Mit der Berücksichtigung semantischer Beziehungen zwischen Attributen sollen die folgenden Ziele erreicht werden:

(i) **Sicherstellung der Konsistenz** – in verteilten Identitätsmanagementsystemen werden Informationen eines Benutzers nicht nur repliziert, sondern eher transformiert (siehe Abschnitt 3.2.2). Dies ist eine Konsequenz der dezentralen und verteilten Verwaltung. Die Berücksichtigung semantischer Beziehungen macht zwei Aspekte hinsichtlich der Konsistenz heterogener Identitätsinformationen explizit:

   (i) **Widerspruchsfreiheit** – um zu ermitteln, ob dezentral verwaltete Informationen konsistent sind, muss gewährleistet sein, dass die Transformationen "korrekt" waren. Durch die Analyse und Bestimmung semantisch in Beziehung stehender Attribute, können demnach potentielle Widersprüche und somit Inkonsistenzen aufgedeckt werden.

   (ii) **Verteilung auftretender Änderungen** – um die Konsistenz identitätsbezogener Informationen sicherstellen zu können, ist es notwendig, dass bei Änderungen eines Attributwerts nicht nur alle Werte der Replikate angepasst werden, sondern auch alle Werte der semantisch in Beziehung stehenden Attribute. Demnach ist die Berücksichtigung semantischer Beziehungen eine Grundvoraussetzung, um das Ziel eines konsistenten verteilten Identitätsmanagementsystems zu erreichen.

(ii) **Klare Strukturierung eines IdM-Systems** – durch die Analyse und die Modellierung semantischer Beziehungen identitätsbezogener Informationen entsteht ein klares Bild hinsichtlich deren Speicherung, d.h. es wird klar wo von wem welche Daten vorgehalten werden. Darüber hinaus werden Informationsflüsse klargestellt, da deutlich gemacht wird, wer wann mit wem welche Daten austauscht.

Ein Beispiel für eine identitätsbezogene Information, die oftmals in semantisch äquivalenten Attributen verteilt über unterschiedliche Dienstanbieter und Identitätsprovider gespeichert wird, ist der *Vorname* eines Benutzers. Der Grund hierfür ist, dass es bei einer Vielzahl an Dienstanbietern und Identitätsprovidern für das Anlegen einer Identität notwendig ist, den Vornamen anzugeben. Da unterschiedliche Dienstanbieter Informationen eines Benutzers typischerweise auf der Basis unterschiedlicher Informationsschemata speichern (vgl. Abschnitt 4.1.1), werden zur Speicherung des Vornamens unterschiedliche Bezeichner verwendet, wie *firstname, givenname* und *Vorname*. Darüber hinaus werden nicht nur die Namen unterschiedlich gewählt, sondern es kommt auch hinsichtlich des Datentyps zu Unterschieden. Ein Beispiel könnte sein, dass das Geburtsdatum eines Benutzers in einem System als *String* gespeichert wird und in einem anderen System als *Datetime*. Selbst der Wert semantisch äquivalenter Attribute kann variieren, bspw. durch die Verwendung unterschiedlicher Encodings. Auch die Semantik verwendeter Attribute kann sich unterscheiden. Beispielsweise kann es sein, dass ein Dienstanbieter im Attribut *firstname* alle Vornamen eines Benutzers speichert, wogegen ein anderer Dienstanbieter nur den ersten Vornamen in einem gleich benannten Attribut speichert und weitere Vornamen eines Benutzers in zusätzlichen Attributen, wie *middlename*, gespeichert werden.

Ein Beispiel für ein Attribut, welches eine Generalisierung anderer Attribute darstellt, sind die *Initialen* eines Benutzers. Die Initialen eines Benutzers werden aus dessen Vor- und Nachnamen abgeleitet (vgl. Abschnitt 3.2.2). Wenn sich der Nachname eines Benutzers ändert, ist es notwendig, auch die Initialen eines Benutzers anzupassen, um einen konsistenten Zustand zu erreichen.

Mengen semantisch in Beziehung stehender Attribute

Um die Konsistenz identitätsbezogener Informationen in verteilten Systemen sicherzustellen, müssen Änderungen an Attributen eines Benutzers demnach an alle semantisch in Beziehung stehenden Attribute verteilt werden. Hierbei ist es hilfreich, zunächst alle Attribute zu gruppieren, die semantisch in Beziehung zueinander stehen. Die Ermittlung semantisch in Beziehung stehender Attribute, kann bspw. durch die Analyse von Informationsflüssen geschehen. An dieser

Stelle können auch Ontologien eingesetzt werden (siehe Abschnitt 4.1.1). Die Gruppierung resultiert in verschiedene *Mengen in Beziehung stehender Attribute*.

Eigenschaften einer semantischen Beziehung

Ausgehend von den Mengen semantisch in Beziehung stehender Attribute, lässt sich Folgendes über die Eigenschaften der semantischen Beziehungen identitäts-bezogener Informationen aussagen:

(i) Ein Attribut ist zu sich selbst semantisch äquivalent. Somit kann jedes Attribut a_i, mit $i = 1, \ldots, n$ mindestens einer Menge semantisch in Beziehung stehender Attribute zugeordnet werden.

(ii) Jede Menge semantisch in Beziehung stehender Attribute beinhaltet eine Teilmenge von Attributen, welche den *aktuellen* Wert und demnach den *realweltlichen* Zustand für alle in dieser Menge von semantisch in Beziehung stehender Attribute repräsentieren. Diese Attribute werden im Modell als *primäre Attribute* bezeichnet. Die Menge aller primären Attribute eines Benutzers wird durch A beschrieben.

(iii) Das formale Modell trifft die Annahme, dass es zu jedem Zeitpunkt in jeder Menge semantisch in Beziehung stehender Attribute nur genau ein primäres Attribut bzw. die minimale Menge an Attributen gibt, welche den realweltlichen Zustand für diese Menge in Beziehung stehender Attribute repräsentieren. Demnach ist es nicht möglich, dass zwei unterschiedliche primäre Attribute semantisch äquivalent zu einander sind, bzw. ein primäres Attribut eine Generalisierung eines anderen primären Attributs sein kann. Dies impliziert auch, dass ein primäres Attribut auch keine Generalisierung irgend eines anderen Attributs sein kann, da es ansonsten ein weiteres primäres Attribut geben müsste, welches den Wert für die Spezialisierung dieses Attributs repräsentiert, was der Forderung widerspricht, dass ein primäres Attribut keine Generalisierung eines anderen primären Attributs sein darf.

(iv) Attribute die nicht zu der Menge der primären Attribute zählen sind *transformierte Attribute* und werden durch X bezeichnet, wobei $A \cap X = \emptyset$. Die Anzahl aller Attribute eines Benutzers ist somit $n = |A \cup X|$.

Formalisierung semantischer Beziehungen

Die folgende Notation wird verwendet, um die *semantische Äquivalenz* zwischen einem Attribute a_i und einem anderen Attribut a_j, wobei $i, j \in \{1, \ldots, n\}$ und $i \neq j$, zu beschreiben:

$$a_i \Leftrightarrow a_j$$

Falls ein Attribut a_j eine *Generalisierung* eines anderen Attributs a_i darstellt, wobei $i \neq j$, wird folgende Notation verwendet:

$$a_i \rightarrow a_j$$

Um die semantische Beziehung zwischen Attributen zu beschreiben, werden im formalen Modell *Transformationsfunktionen* verwendet, welche den Wert eines oder mehrere primärer Attribute auf den Wert eines transformierten Attributs abbilden. Eine zwingend notwendige Voraussetzung ist, dass eine Transformationsfunktion die Semantik der primären Attribute erhält oder einen Wert ableitet, welcher einen geringeren Informationsgehalt besitzt, d.h. die Werte der primären Attribute generalisiert.

Folgende Notation wird verwendet, um Transformationsfunktionen zu beschreiben. M bezeichnet die Menge aller Transformationsfunktionen. Eine Transformationsfunktion $m_i \in M$, welche eine Teilmenge der primären Attribute $\{a_1, \ldots, a_k\} \subseteq A$, wobei $k \in \{1, \ldots, n\}$, mit den Datentypen bzw. Bildmengen $\{y_1, \ldots, y_k\}$ auf ein transformiertes Attribut a_x, wobei $x \in \{1, \ldots, n\}$, mit dem Datentyp y_x abbildet, wird folgendermaßen dargestellt:

$$m_i : y_1 \times \ldots \times y_k \rightarrow y_x$$
$$(v_1, \ldots, v_k) \mapsto v_x,$$

Um die oben angesprochenen Widerspruchsfreiheit gewährleisten zu können, ist es notwendig, dass für jedes transformierte Attribute mindestens eine Transformationsfunktion existiert, welche die Werte primärer Attribute auf die Werte des transformierten Attributs abbildet. Die Voraussetzung für die Konsistenz identitätsbezogener Informationen in verteilten Systemen ist demnach, dass für jedes transformierte Attribute $a_x \in X$ und zu jedem Zeitpunkt innerhalb des Lebenszyklus des transformierten Attributs gilt:

$$\exists \{a_1, \ldots, a_k\} \subseteq A \text{ und } \exists m_i \in M : m_i(v_1, \ldots, v_k) = v_x.$$

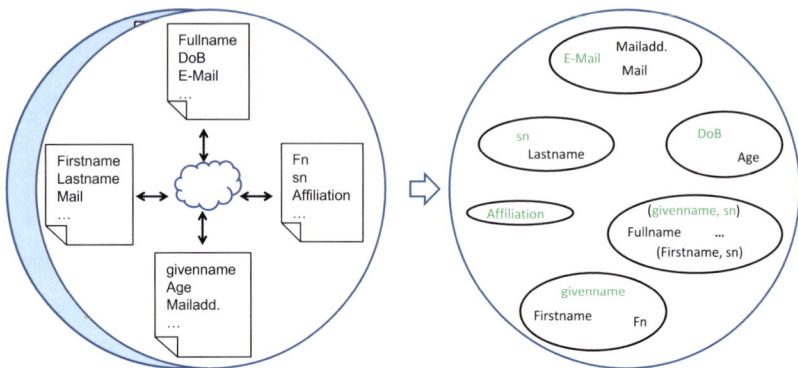

Abbildung 4.4: Illustration einer exemplarischen Menge semantisch in Beziehung stehender Attribute. Die kreisförmige Abbildung auf der rechten Seite enthält die unterschiedlichen Mengen an semantisch in Beziehung stehenden Attributen. Eine Menge semantisch in Beziehung stehender Attribute wird durch eine Ellipse zusammengefasst. Die primären Attribute in den jeweiligen Mengen semantisch in Beziehung stehender Attribute sind hervorgehoben.

Illustration

Aufbauend auf der Illustration in Abschnitt 4.2.2 soll anhand eines Beispiels (siehe Abbildung 4.4) noch einmal verdeutlicht werden, wie die verschiedenen Mengen semantisch in Beziehung stehender Attribute aussehen könnten. Auf der rechten Seite der Abbildung sind die unterschiedlichen Mengen, jeweils in Ellipsen umrandet zusammengefasst dargestellt. Primäre Attribute sind grün hervorgehoben. Beispielsweise ist das primäre Attribute *givenname* semantisch äquivalent zu den transformierten Attributen *Firstname* und *Fn*. Die Abbildung zeigt ebenfalls beispielhaft, dass das Attribut *givenname* nicht nur in einer Menge semantisch in Beziehung stehender Attribute vorzufinden ist, sondern es neben der semantischen Äquivalenz zu *Firstname* und *Fn*, in Kombination mit dem Attribut *sn* auch noch semantisch äquivalent zu bspw. dem Attribut *Fullname* des Benutzers ist. Die Abbildung zeigt darüber hinaus durch die Attribute *DoB* und *Age* ein Beispiel für eine Generalisierung, da das Attribute *Age* aus dem Attribute *DoB*, welches für das Geburtsdatum (engl. Date Of Birth) eines Benutzers steht, abgeleitet werden kann.

4.2.4   Kausale Beziehungen zwischen Attributen

Neben semantischen Beziehungen zwischen Attributen können Attribute eines Benutzers auch noch *kausal* miteinander in Beziehung stehen. Kausal in Beziehung stehen bedeutet hierbei, dass eine Änderung an einem Attribut eine Änderung auf einem kausal in Beziehung stehenden Attribut auslösen kann.

Beispielsweise stehen die Attribute *Straße* und *Hausnummer* der Heimatadresse eines Benutzers kausal in Beziehung, da im Falle einer Änderung der Straße, bspw. durch einen Wohnortwechsel eines Benutzers, sich typischerweise auch die Hausnummer ändert.

Mit der Berücksichtigung kausaler Beziehungen im formalen Modell sollen folgenden Ziele erreicht werden:

(i)   **Sicherstellung der Konsistenz** – die Berücksichtigung kausaler Beziehungen macht im Falle der Änderung identitätsbezogener Informationen mögliche weitere zur Sicherstellung der Konsistenz durchzuführende Änderungen explizit. Demnach kann durch die Spezifikation kausaler Beziehungen bei auftretenden Änderungen das Risiko möglicher Widersprüche und somit Inkonsistenzen reduziert werden.

(ii) **Klare Strukturierung eines IdM-Systems** – durch die Analyse und Spezifikation kausal in Beziehung stehender Attribute werden wiederum die Informationsflüsse in einem IdM-System klargestellt. Demnach trägt die Berücksichtigung kausaler Beziehungen zu einem klar strukturierten Modell verteilter IdM-Systeme hinsichtlich der Verteilung identitätsbezogener Informationen bei.

Charakteristika kausaler Beziehungen

Die kausale Beziehung zwischen Attributen kann folgendermaßen charakterisiert werden:

(i)   Die Definition primärer und transformierter Attribute impliziert, dass ein transformiertes Attribut zu jedem primären Attribut, zu welchem es semantisch in Beziehung steht, auch kausal in Beziehung steht. Dies lässt sich dadurch begründen, dass ein transformiertes Attribut aus einer Menge primärer Attribute abgeleitet wird, d.h. falls sich nun eines der primären Attribute ändert, aus welchen das transformierte Attribute abgeleitet wurde, muss zur Wiederherstellung der Konsistenz dieser Attribute der Wert des transformierten Attributs ebenfalls geändert werden, da andernfalls die semantisch Beziehung nicht mehr gegeben ist.

(ii) Kausale Beziehungen sind gerichtet, da im Falle einer kausalen Beziehung zwischen zwei Attributen sein kann, dass bei einer Änderung des einen Attributs zwar ein anderes Attribut angepasst werden muss, dies im umgekehrten

Falle allerdings nicht der Fall sein muss. Diese Eigenschaft rührt im Wesentlichen daher, dass im formalen Modell davon ausgegangen wird, dass Änderungen ausschließlich von primären Attributen aus angestoßen werden. Somit ist ein transformiertes Attribut zwar zu einem oder mehreren primären Attributen kausal, allerdings sind primäre Attribute nicht zu transformierten Attributen kausal abhängig.

Eine kausale Beziehung kann jedoch auch bilateral sein. Beispielsweise ist es möglich, dass zwei primäre Attribute, wie *Stadt* und *Postleitzahl*, bilateral in kausaler Beziehung stehen, da es keinen Unterschied macht, ob erst die Postleitzahl angepasst wird und dann die Stadt oder umgekehrt.

(iii) Kausale Beziehungen sind unabhängig von den Werten der kausal in Beziehung stehenden Attribute. Somit ist die kausale Beziehung *zeitinvariant*.

(iv) Die kausale Beziehung zweier transformierten Attribute impliziert, dass die primären Attribute, zu welchen die transformierten Attribute in semantischer Beziehung stehen, ebenfalls in kausaler Beziehung stehen. Diese Eigenschaft erlaubt, dass kausale Beziehungen zwischen transformierten Attributen nicht berücksichtigt werden müssen, um die Konsistenz dieser Attribute erreichen zu können, da dies bereits durch die Kausalbeziehung der transformierten Attribute zu den jeweiligen primären Attributen erreicht wird.

Aufgrund der Eigenschaften kausaler Beziehungen zwischen Attributen wird im formalen Modell die Annahme getroffen, dass primäre Attribute, welche kausal zueinander in Beziehung stehen, nicht dezentral vorgehalten werden. Diese Annahme reduziert die Zeitdauer, welche notwendig ist, um auftretende Änderungen zwischen kausal in Beziehung stehenden primären Attributen zu verteilen. Dadurch wird bspw. auch der Einsatz transaktionsbasierter Mechanismen zur Sicherstellung der Konsistenz dieser Attribute ermöglicht, da die Informationen nicht verteilt vorliegen und diese Mechanismen somit einen akzeptablen Einfluss auf die Performance des Gesamtsystems nehmen.

Formalisierung kausaler Beziehungen

Um zu beschreiben, dass ein Attribut a_1 mit einem Attribut a_2 kausal in Beziehung steht, wird folgende Notation verwendet:

$$a_1 \hookrightarrow a_2$$

Die Menge *kausal in Beziehung stehender* Attribute wird wie folgt beschrieben:

$$C := \{(a_i, a_j) \in A \times (A \cup X) \cdot a_i \hookrightarrow a_j\}$$

4.2.5 Formalisierung einer Federated Identity

Basierend auf der eingeführten Formalisierung soll im Folgenden die föderierte Identität eines Benutzers formalisiert werden. Zum einen soll die Formalisierung zeigen, dass es auf der Basis des formalen Modells möglich wird, identitätsbezogene Begriffe eindeutig zu beschreiben, um hierdurch Unklarheiten zu vermeiden. Zum anderen dient die formale Beschreibung der föderierten Identität eines Benutzers als Basis für die im nächsten Abschnitt getroffene Definition für das vorgeschlagene Konsistenzmodell.

Wie bereits erwähnt besitzt ein Benutzer typischerweise mehrere Identitäten. Es macht durchaus Sinn anzunehmen, dass ein Benutzer genau eine Identität bei jedem IDP oder SP hat, welcher selbst identitätsbezogene Informationen eines Benutzers vorhält. Demnach wird angenommen, dass jeder IDP oder SP einen Benutzer eindeutig identifizieren kann[3].

Die Menge aller IDPs und SPs eines Benutzers, bei welchen Identitätsinformationen vorgehalten werden, wird durch H bezeichnet. Ein IDP, welcher ein primäres Attribut eines Benutzers verwaltet, wird als *autoritative Informationsquelle* für dieses Attribut bezeichnet. Dies spiegelt auch die reale Welt wieder, da unterschiedliche Attribute eines Benutzers typischerweise von unterschiedlichen vertrauenswürdigen Instanzen ausgestellt werden. Beispielsweise wird die Kreditkartennummer eines Benutzers von dessen Kreditkartenunternehmen ausgestellt. Die Nummer des Personalausweises wiederum wird von einer anderen Institution vergeben. Die Menge autoritativer Informationsquellen eines Benutzers wird durch P beschrieben, wobei $P \subseteq H$.

Eine Identität e_i, mit $i = 1, \ldots, h$ und $h = |H|$, wird folgendermaßen beschrieben:

$$e_i := \{a_1, \ldots, a_l\} \cup \{a_{l+1}, \ldots, a_m\}, \text{ mit } \{a_1, \ldots, a_l\} \subseteq A, \{a_{l+1}, \ldots, a_m\} \subseteq X \text{ und}$$
$$l, m \in \{1, \ldots, n\} \text{ und } l \neq m.$$

Die föderierte Identität, bezeichnet durch f, wird folgendermaßen beschrieben:

$$f := \bigcup_{i=1}^{h} e_i, \text{ mit } h = |H|$$

4.2.6 *ID-Consistency*

Ein Vorteil relaxierter Konsistenzmodelle ist, dass die Umsetzung in verteilten Systemen keinen erheblichen Einfluss auf die Verfügbarkeit und Performance

---

[3]Eine Identität bei einem IDP oder SP muss nicht eindeutig über alle IDPs oder SPs eines Benutzers sein.

des Gesamtsystems nimmt, da Daten verteilt administriert werden können und aufkommende Änderungen asynchron verteilt werden. Ein Nachteil relaxierter Konsistenzmodelle hingegen ist, dass keinerlei Zusicherungen hinsichtlich des Zeitpunkts wann Informationen konsistent sind, getroffen werden können. Es existieren verschiedene Ansätze, das Spektrum zwischen Strict Consistency und Eventual Consistency zu nutzen. Jedoch wird in Ansätzen, welche ausgehend von einem relaxierten Konsistenzmodell bestimmte Konsistenzgarantien vorgeben, der zeitliche Aspekt nicht berücksichtigt (vgl. Abschnitt 4.1.3).

Inconsistency Window

Die Erhaltung der Autonomie der Teilsysteme in verteilten Identitätsmanagement-systemen wird in den meisten Szenarien eine hohe Priorität eingeräumt. Daher bietet sich die Verwendung eines relaxierten Konsistenzmodells an. Identitätsbe-zogene Informationen werden jedoch unter anderem auch für die Vergabe von Berechtigungen und für die Durchführung der Zugriffskontrolle verwendet. Dem-nach kann es in vielen Fällen von Bedeutung sein, dass Dienstanbieter eine obere Grenze hinsichtlich des "Alters" der Informationen angeben können.

Um den zeitlichen Aspekt zu berücksichtigen, wird im formalen Modell ein so genanntes *Inconsistency Window* (vgl. [Vogels 2009]) vorgesehen. Das Inconsis-tency Window, welches im Folgenden durch T beschrieben wird, spezifiziert die Zeitdauer, welche zwischen dem Auftreten einer Änderung an einem primären Attribut und der Verteilung dieser Änderung an alle semantisch und kausal in Beziehung stehende Attribute (d.h. inklusive aller transformierten Attribute) bei einem bestimmten Dienstanbieter[4] $h \in H$ maximal benötigt werden darf.

Das vorgeschlagene Konsistenzmodell ist hierbei aus der Sicht des Dienstanbie-ters zu sehen, welches auf der Basis eines *relaxierten* Konsistenzbegriffs Dienstan-bietern erlaubt, zusätzliche Konsistenzanforderungen durch die Angabe des Incon-sistency Window zu formulieren. Ob es innerhalb einer Föderation nur ein für alle Föderationsmitglieder geltendes Inconsistency Window gibt, oder ob jeder Föde-rationsteilnehmer die Größe des Inconsistency Window selbst wählen kann, ist der Föderation überlassen. Aus Gründen der Einfachheit wird im Folgenden davon aus-gegangen, dass alle Föderationsteilnehmer dasselbe Inconsistency Window haben.

Definition *ID-Consistency*

An dieser Stelle soll noch einmal daran erinnert werden, dass im Modell angenom-men wird, dass kausal in Beziehung stehende primäre Attribute, d.h. $a_i, a_j \in A$

---

[4]Ein Identitätsprovider agiert in diesem Anwendungsfall als SP, da er die Änderung von einer autoritativen Informationsquelle zugesandt bekommt

und $(a_i, a_j) \in C$ mit $i \neq j$, durch dieselbe autoritative Quelle verwaltet werden. Somit wird davon ausgegangen, dass zur Sicherstellung der Konsistenz kausal in Beziehung stehender primärer Attribute transaktionsbasierte Mechanismen Verwendung finden können und demnach ein striktes Konsistenzmodell eingesetzt werden kann. Für den Fall eines beliebigen transformierten Attributs eines Benutzers bei einem Dienstanbieter $h \in H$ wird *ID-Consistency* folgendermaßen definiert:

> *Zu jedem Zeitpunkt* t_j *innerhalb des Lebenszyklus eines transformierten Attributs* $a_i \in X$ *existiert eine Transformationsfunktion* $m \in M$ *und eine Menge primärer Attribute* $\{a_1, \ldots, a_k\} \subseteq A$ *und es existiert ein Zeitpunkt* $t_p \in [t_j - T, t_j]$, *so dass das Folgende gilt:*
> $a_i[t_j] = m(a_1[t_p], \ldots, a_k[t_p]).$

4.2.7 Illustration

Zum besseren Verständnis von *ID-Consistency* sollen verschiedene beispielhafte Illustrationen aufgeführt werden. Hierbei sollen verschiedene Sequenzen von Lese- und Schreiboperationen auf verteilten Informationen demonstrieren, welche Bedeutung und Implikationen die Definition von *ID-Consistency* hat, d.h. wann ein verteiltes IdM-System die Anforderungen von *ID-Consistency* erfüllt und wann nicht.

Zur Illustration von Lese- und Schreiboperationen, soll eine ähnliche Notation wie die von Tanenbaum [Tanenbaum & van Steen 2008] verwendet werden. Prinzipiell wird davon ausgegangen, dass identitätsbezogene Informationen dezentral administriert werden. Des Weiteren kann angenommen werden, dass jeder Dienstanbieter und jeder Identitätsprovider ausschließlich auf seinen eigenen lokal vorgehaltenen Identitätsinformationen operiert. Im Falle eines attributbasierten Ansatzes (siehe Abschnitt 3.1.2), d.h. falls ein Dienstanbieter selbst keine Identitätsinformationen vorhält, muss vor jeder Leseoperation auf lokalen Identitätsinformationen zunächst die Verteilung der entsprechenden identitätsbezogenen Informationen eines Identitätsproviders erfolgt sein. Da es aktuell, bspw. in [Chadwick & Inman 2009], auch die Möglichkeit gibt innerhalb einer Benutzersession Informationen von mehreren Identitätsprovidern zu beziehen, soll dieser Fall ebenfalls Berücksichtigung finden. In der Illustration wird die Verteilung der Informationen zwischen bspw. einem Identitätsprovider und einem Dienstanbieter durch eine Leseoperation auf dem entsprechenden Datenobjekt der IDPs, gefolgt durch eine Schreiboperation auf der lokalen Identitätsbasis illustriert.

Durch folgende Notation werden Lese- und Schreiboperationen beschrieben:

(i) **Schreiboperation** – $W_{p_i}(a_j)[t]b$ steht für eine Schreiboperation durch einen Identitätsprovider $p_i \in P$ auf ein primäres Attribut $a_j \in A$ zum Zeitpunkt

t mit b als Resultat der Operation[5]. Eine Schreiboperation eines Dienstanbieters oder Identitätsproviders $h_i \in H$ auf ein transformiertes Attribut
$a_x[t] = m(v_1, \ldots, v_k)$ zum Zeitpunkt t und dem Ergebnis b wird durch
$W_{h_i}(a_{x(a_1, \ldots, a_k)})[t]b$ beschrieben. Falls das Ergebnis einer Schreiboperation für das Verständnis einer Illustration nicht von Bedeutung ist, wird es
weggelassen. Da das formale Modell annimmt, dass Schreiboperationen auf
transformierten Attributen nur auf der Basis der primären Attribute, von
welchen das transformierte Attribut abgeleitet wird, möglich sind, geht jeder
Schreiboperation auf ein transformiertes Attribut $a_x \in X$ eine Folge von Leseoperationen auf den primären Attributen, von welchen das transformierte
Attribute abgeleitet wird, voran.

(ii) **Leseoperationen** – eine Leseoperation auf ein Attribut $a_j \in (A \cup X)$ durch
einen Dienstanbieter oder Identitätsprovider $h_i \in H$ zum Zeitpunkt t mit
dem Ergebnis b wird durch $R_{h_i}(a_j)[t]$ beschrieben.

Abbildung 4.5 zeigt ein erstes Beispiel, welches die zeitlichen Anforderungen verdeutlichen soll. Im dargestellten Szenario werden zwei Identitätsprovider $p_1, p_2 \in P$ sowie ein Dienstanbieter $h_1 \in H$ gezeigt. Darstellung (1) in Abbildung 4.5 zeigt eine Situation, in welcher die durch *ID-Consistency* geforderten Anforderungen erfüllt werden. Die Änderungen durch die Schreiboperation
$W_{p_1}(a_1)[t_0]$ und die Schreiboperation $W_{p_2}(a_2)[t_1]$ wurde innerhalb des Inconsistency Window erfolgreich gelesen und lokal bei dem Dienstanbieter h_1 durch die
Schreiboperation $W_{h_1}(a_{3(a_1, a_2)})[t_2]$ geschrieben. Die Leseoperation $R_{h_1}(a_3)[t_3]$
erfüllt demnach die zeitliche Bedingung, da $\Delta t \leqslant T$. Für das formale Modell ist
hierbei der Zeitpunkt der Änderung, d.h. t_0 relevant und somit der Zeitpunkt wann
die Änderung des primären Attributs vorgenommen wurde und nicht der Zeitpunkt wann diese Änderung gelesen wurde. An dieser Stelle soll angemerkt werden,
dass diese Forderungen keinesfalls die Synchronisation aller beteiligten Systeme
bzw. deren Uhren bedarf, da zur Einhaltung von *ID-Consistency* die relative Zeit,
bspw. realisiert durch eine logische Uhr [Lamport 1978], des Client ausreichend ist.

Die Sequenz (2) in Abbildung 4.5 hingegen erfüllt die Anforderungen von
ID-Consistency nicht, da die Leseoperation $R_{h_1}(a_3)[t_2]$ erst durchgeführt wurde
nachdem $\Delta t > T$ und bevor die Änderung der Schreiboperation $W_{p_1}(a_1)[t_1]$
erfolgreich verteilt werden konnte. Hier soll angemerkt werden, dass im Falle
von stationären Endgeräten *ID-Consistency* "strenger" ist, als aktuelle clientzentrierte Konsistenzmodelle. Beispielsweise erfüllt die Sequenz (2) in Abbildung 4.5

---

[5]Das Resultat einer Schreiboperation wird in diesem Fall vereinfacht mit b ausgedrückt, da
eine genauere Schreibweise, welche den Datentyp y und den Wert v berücksichtigt, die Illustration
unnötig verkomplizieren würde.

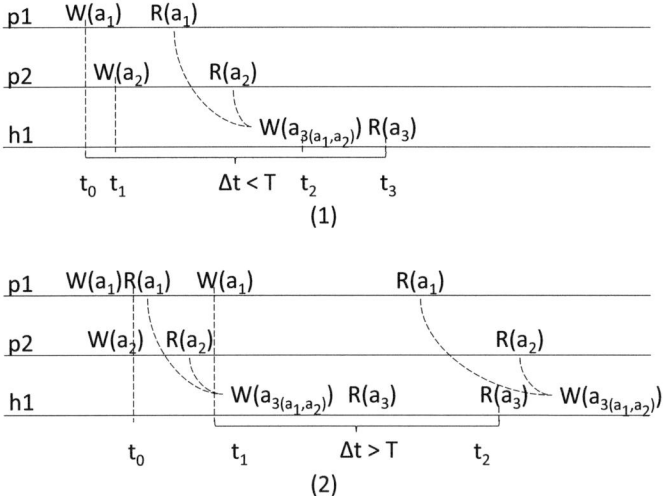

Abbildung 4.5: Lese- und Schreiboperationen zweier Identitätsprovider (p_1, p_2) und eines Dienstanbieters (h_1). Exemplarisches Szenario (1) erfüllt die zeitliche Anforderung von *ID-Consistency*. Die in Darstellung (2) gezeigte Sequenz von Lese- und Schreiboperationen erfüllt die Konsistenzanforderungen nicht.

die Anforderung der Monotonic-Read Consistency (siehe Abschnitt 4.1.3), da h_1 zum Zeitpunkt t_0 beim Identitätsprovider p_1 das Attribute a_1 liest und die Leseoperation zum Zeitpunkt t_2 keine ältere Version von a_3 zurückliefert. Das Beispiel demonstriert, dass die Einschränkung der Dauer für die Verteilung einer Änderung, welche durch einen anderen Dienst verursacht wurde, nicht das Ziel aktueller clientzentrierter Modelle ist.

Abbildung 4.6 zeigt ein weiteres Beispiel, welches die Auswirkung eines Inconsistency Window verdeutlichen soll. Da die Verteilung einer Änderung durch eine Schreiboperation eine bestimmte Zeitdauer in Anspruch nimmt, ist es möglich, dass zwei unterschiedliche Dienstanbieter im Zeitraum T unterschiedliche Werte lesen, welche beide als konsistent angesehen werden. Da identitätsbezogene Informationen jedoch eine recht geringe Änderungsrate haben und demnach die Zeitspanne zwischen zwei aufeinanderfolgende Änderungen deutlich größer sein sollte als das Inconsistency Window, ist anzunehmen, dass nach der Änderung eines primären Attributs nach einer Zeitspanne T alle transformierten Attribute den "aktuellsten" Wert haben. Durch die niedrige Änderungsrate ist anzunehmen, dass dieser Wert für eine Zeitspanne $\bar{t} \gg T$ seine Aktualität behält.

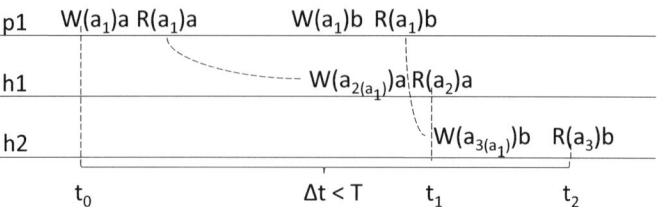

Abbildung 4.6: Lese- und Schreiboperationen eines Identitätsprovider (p_1) und zweier Dienstanbieter (h_1, h_2).

4.2.8 Bestimmung des Inconsistency Window

Die Größe des Inconsistency Window spielt für die Sinnhaftigkeit des Konsistenzmodells eine erhebliche Rolle. Nur wenn die Größe des Inconsistency Window auf das jeweilige Anwendungsszenario bezogen angemessen bestimmt wurde, ist die durch *ID-Consistency* definierte Konsistenz angemessen.

Generell hängt die Größe des Inconsistency Window stark von den Anforderungen der Anwendung ab. Jedoch können auch allgemeine Aussagen über die Größe des Inconsistency Window getroffen werden. Folgende Faktoren sollten bei der Bestimmung des Inconsistency Window berücksichtigt werden:

(i) **Änderungsrate identitätsbezogener Informationen** – bei der Bestimmung des Inconsistency Window sollte immer auch die Änderungsrate der zugrundeliegenden Daten berücksichtigt werden. Falls bspw. die Änderungsrate sehr hoch ist, die Leserate auf den verteilten Daten jedoch eher gering, ist es prinzipiell fraglich, ob sich der Aufwand, welcher notwendig ist, um die verteilt vorliegenden Informationen miteinander zu synchronisieren, angemessen ist. Im Falle von identitätsbezogenen Informationen ist die Änderungsrate typischerweise eher gering. Die Leserate dagegen hoch. Dies ist einer der Gründe, warum sich der Einsatz asynchroner Mechanismen zur Synchronisation rechtfertigt. Darüber hinaus hat diese Eigenschaft jedoch auch die Konsequenz, dass bei Änderungen alle "Replikate" nach einer bestimmten Zeitspanne wieder den aktuellen Wert vorweisen. Der Mehrwert eines Inconsistency Window ist demnach dann gegeben, wenn das Inconsistency Window sehr viel kleiner gewählt wird, als die Zeitspanne zwischen zwei Änderungen an einem primären Attribut.

(ii) **Technische Grenze** – eine untere Schranke für das Inconsistency Window kann theoretisch auf der Basis technischer Faktoren, wie die durchschnittlich Kommunikationsauslastung und die Performance eines Systems oder auf der

Basis existierende Modelle für die Verteilung von Informationen, ermittelt werden.

(iii) **Nichtfunktionale Anforderungen** – eine obere Schranke des Inconsistency Window wird durch die maximal tolerierbare Dauer vorgegeben, bspw. ermittelt durch ein bestimmtes Risikolevel eines Attributs oder anderer Sicherheitsmetrik.

4.3 Konsistenzanalyse

Vor der Analyse eines beispielhaften realweltlichen IdM-Systems bezüglich der Erfüllung der Anforderungen von *ID-Consistency*, sollen zunächst die drei wesentlichen IdM-Ansätze, die in Abschnitt 2.3.1 im Zuge der Erläuterung der Historie des föderativen Identitätsmanagements eingeführt wurden, in Hinsicht auf deren Auswirkungen auf die Konsistenz identitätsbezogener Informationen diskutiert werden.

4.3.1 Konsistenzanalyse generischer IdM-Modelle

Begründet durch die Speicherung und den Austausch identitätsbezogener Informationen in den unterschiedlichen IdM-Modellen, wird die Konsistenz identitätsbezogener Information erheblich durch den jeweiligen Ansatz beeinflusst. Abbildung 4.7 zeigt die drei wesentlichen IdM-Modelle (vgl. Abschnitt 2.3.1) sowie die Informationsflüsse und -haltung in den unterschiedlichen Ansätzen.

(i) **Das isolierte IdM-Modell (1)** – im isolierten IdM-Modell wird von jedem Dienstanbieter eine eigene Identitätsmanagementdomäne etabliert und betrieben [Shin et al. 2004]. Diese Form des Identitätsmanagements ist aktuell[6] immer noch der vorherrschende Ansatz für das Identitätsmanagement (siehe Abschnitt 3.2). Da der isolierte Ansatz per Definition keinerlei Korrelationen und Synchronisationsstrategien mit anderen Dienstanbietern vorsieht, d.h. eine Änderung an einem Attribut in der IdM-Domäne eines Dienstanbieters wird nicht an einen anderen Dienstanbieter propagiert. Somit ist es nicht möglich, eine Aussage hinsichtlich der Konsistenz aller Identitätsinformationen eines Benutzers zu machen. Dies resultiert typischerweise darin, dass es dem Benutzer überlassen ist, Änderungen seiner Identitätsinformationen jedem Dienstanbieter mitzuteilen. Dies resultiert in einer mangelhaften Benutzerfreundlichkeit und einem erheblichen Sicherheitsrisiko, da es für viele Benutzer aufgrund der hohen Anzahl genutzter Dienst schwierig ist,

---

[6]Stand Okt. 2010

117

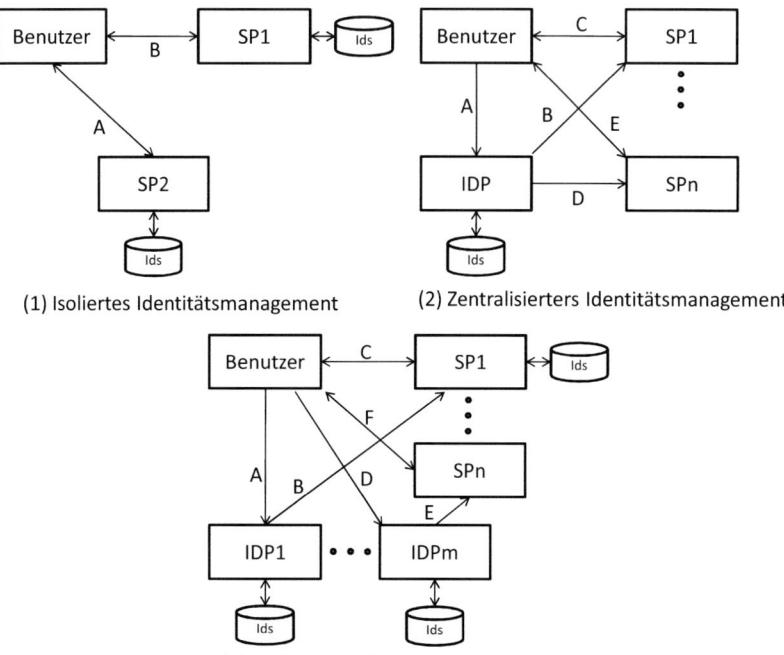

(1) Isoliertes Identitätsmanagement   (2) Zentralisierters Identitätsmanagement

(3) Föderatives Identitätsmanagement

Abbildung 4.7: Abstrakter Aufbau der unterschiedlichen Identitätsmanagement-modelle. Die logischen Informationsflüsse werden hierbei durch die Pfeile darge-stellt. In Darstellung (1) werden die Informationsflüsse und -haltung im isolierten IdM-Modell gezeigt. Illustration (2) stellt den Austausch und die Haltung identi-tätsbezogener Informationen im Falle des zentralisierten föderativen Ansatzes dar. Der abstrakte Aufbau eines verteilten föderativen IdM-Modells ist in Darstellung (3) zu sehen.

die Übersicht darüber zu bewahren, welcher Dienst welche Informationen vorhält und es hierdurch zu Inkonsistenzen kommen kann.

(ii) **Das zentralistische föderative IdM-Modell (2)** – das zentralistische föderative IdM-Modell kann im Vergleich zu dem isolierten IdM-Modell hinsichtlich der Konsistenz identitätsbezogener Informationen als anderes Extrem gesehen werden. Wie in Abbildung 4.7 gezeigt wird, werden sämtliche identitätsbezogenen Informationen aller Dienstanbietern (SP_1 bis SP_n) einer Föderation, bei einem zentralen Identitätsprovider vorgehalten. In diesem Identitätsmanagementmodell ist demnach ausschließlich der attributbasierte Ansatz möglich (vgl. Abschnitt 3.1.2). Ein Vorteil dieses Ansatzes ist, dass die Konsistenz identitätsbezogener Informationen aus dem einfachen Grund, dass identitätsbezogene Informationen nur an einer zentralen Stelle und somit nicht redundant vorgehalten werden, nicht berücksichtigt werden muss. Die Vorherrschaft des isolierten IdM-Modells ist ein Zeichen dafür, dass dieser Ansatz für größere Anwendungsszenarien oder gar Internet weit nicht praktikabel ist.

(iii) **Das verteilte föderative IdM-Modell (3)** – das verteilte föderative IdM-Modell wurde nicht zuletzt aufgrund der Nachteile der beiden zuvor genannten IdM-Modell "ins Leben gerufen". Die genannten Nachteile sollen im Wesentlichen durch die Verteilung der Verantwortlichkeiten und somit einer dezentralen Verwaltung identitätsbezogener Informationen, gleichzeitig jedoch auch der Möglichkeit, die verteilt vorgehaltenen Informationen miteinander zu verlinken, erreicht werden. Hinsichtlich der Konsistenz identitätsbezogener Informationen ist dieses Modell so zu bewerten, dass die dezentrale Verteilung identitätsbezogener Informationen zwar eine Betrachtung der Konsistenz notwendig macht, jedoch durch den Ansatz, dass die verteilt vorliegenden Informationen miteinander in Korrelation gebracht werden können, die Grundlage dafür geschaffen wurde, auftretende Änderungen an die dezentralen Identitätsspeicher zu verteilen.

Somit kann festgehalten werden, dass der föderative Ansatz hinsichtlich der Konsistenz identitätsbezogener Informationen, durch die *Identity Federation* eine gute Ausgangslage liefert. Inwieweit FIM-Standards und -Technologien mit der Konsistenz identitätsbezogener Informationen umgehen können, d.h. welche Maßnahmen in den einzelnen Standards und Technologien zur Sicherstellung der Konsistenz vorgesehen werden, wird in Abschnitt 5.3.3 und in Abschnitt 5.4.3 noch einmal näher betrachtet.

4.3.2   Beispielhafte Nutzung des Konzepts von ID-Consistency anhand von CardSpace

In diesem Abschnitt soll beispielhaft anhand einer realweltlichen FIM-Technologie, Windows CardSpace (siehe Abschnitt 3.1.3), analysiert werden, in weit es möglich ist, in CardSpace *ID-Consistency* sicherzustellen. CardSpace wurde hierbei als Repräsentant für aktuelle FIM-Technologien ausgewählt, da CardSpace ein vielversprechender Ansatz für zukünftige verteilte IdM-Systeme darstellt. Insbesondere ist dies durch den Information-Card-basierten Ansatz zu begründen, welcher durch die Berücksichtigung der Benutzerbelange vor allem dem Datenschutz und der Benutzerfreundlichkeit, zwei sehr bedeutende Faktoren in IdM-Systemen, angemessen Rechnung trägt. Hier soll angemerkt werden, dass die folgende Analyse keine allgemeine Analyse von Windows CardSpace darstellt, d.h. eine Analyse aller Funktionalitäten von CardSpace, sondern vielmehr konzentriert sich die Analyse ausschließlich auf die die Konsistenz identitätsbezogener Informationen betreffende Aspekte und Funktionalitäten. Es geht hierbei weniger darum, eine generelle Aussage für alle FIM-Technologien hinsichtlich der Einhaltung von *ID-Consistency* zu treffen, sondern vielmehr soll gezeigt werden, wie das Konzept von *ID-Consistency* angewendet werden kann. Hierdurch soll der Mehrwert, welcher durch das Modell bzw. durch dessen Formalismus in Bezug auf die Konsistenz identitätsbezogener Informationen bringen kann, demonstriert werden.

Das wesentliche Ziel der Nutzung des Konzepts von *ID-Consistency* soll demnach sein, dass auf der Basis einer formalen Beschreibung eine Aussage darüber getroffen werden kann, welche Garantien hinsichtlich der Konsistenz identitätsbezogener Informationen durch CardSpace gegeben werden können, insbesondere soll festgestellt werden, inwieweit das Inconsistency Window spezifiziert werden kann.

Vorgehensweise

Um das Konzept von *ID-Consistency* zu nutzen, werden zunächst die wesentlichen Bausteine innerhalb des entsprechenden FIM-Systems ermittelt. Hierzu wird wie folgt vorgegangen:

(1) **Analyse der Informationsflüsse und -replikation** – da zur Ermittlung der *primären* und *transformierten* Attribute vor allem die Art und Weise wie Informationen ausgetauscht und repliziert werden von Bedeutung ist, wird CardSpace zunächst hinsichtlich dieser beiden Aspekte analysiert. Basierend auf der Analyse der Informationsreplikation können die *Mengen an semantisch in Beziehung stehender Attribute* bestimmt werden.

(2) **Identifikation und Formalisierung der Transformationsfunktionen** – die Identifikation und Formalisierung dazugehöriger *Transformationsfunktionen* werden in einem nächsten Schritt ermittelt, da diese notwendig sind, um zu überprüfen, ob die Werte primärer Attribute korrekt auf die transformierten Attribute abgebildet werden.

(3) **Bestimmung des Inconsistency Window** – in einem letzten Schritt wird untersucht, inwieweit die Limitierung des *Inconsistency Window* möglich ist, und wenn ja wie groß die Zeitspanne unter bestimmten Rahmenbedingung gewählt werden kann.

Schritt 1: Analyse der Informationsflüsse in CardSpace

Abbildung 4.8 gibt eine abstrakte Darstellung der Informationsflüsse und -speicherung in einem exemplarischen benutzerzentrierten FIM-System. Charakteristisch ist hierbei, dass jegliche Kommunikation über den Benutzer erfolgt. Eine direkte Kommunikation zwischen Identitätsprovider und Dienstanbieter wird in der Regel vermieden (vgl. Abschnitt 3.1.3).

Attribute des Benutzers können in CardSpace sowohl auf mehrere IDPs als auch über SPs verteilt werden. Die Gründe, weshalb SPs im benutzerzentrierten IdM Informationen lokal vorhalten, sind oftmals technischer Natur, d.h. bspw. auf Grund von Legacy-Systemen, welche zur Erbringung eines Dienstes identitätsbezogene Informationen aus lokalen Informationsspeichern beziehen müssen. Demnach kann auch das benutzerzentrierte FIM die Speicherung von Identitätsinformationen bei Dienstanbietern nicht vollständig vermeiden. Hinsichtlich der redundanten Informationshaltung über mehrere Identitätsprovider motiviert CardSpace sogar die Nutzung mehrere Identitätsprovider. Die wesentlichen Gründe hierfür sind:

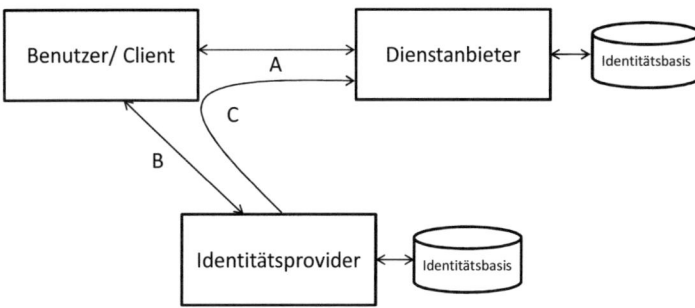

Abbildung 4.8: Abstrakte Informationsflüsse und -speicherung in einem exemplarischen benutzerzentrierten FIM-System.

(i) **Verteilung der Verantwortlichkeiten** – durch die Nutzung mehrerer Identitätsprovider wird verhindert, dass ein IDP eine zu umfangreiche und umfassende Übersicht identitätsbezogener Informationen eines Benutzers erhält.

(ii) **Vertrauen** – viele Benutzer wollen keine zu große Abhängigkeit zu einem einzelnen Identitätsprovider aufbauen. Auch Dienstanbieter vertrauen nicht auf einen einzelnen Identitätsprovider.

(iii) **Unterschiedliche vertrauenswürdige Aussteller** – unterschiedliche Attribute eines Benutzers werden typischerweise von unterschiedlichen vertrauenswürdigen Instanzen ausgestellt. Beispielsweise wird die Kreditkartennummer eines Benutzers von dessen Kreditkartenunternehmen vergeben. Die Nummer des Personalausweises wiederum wird in Deutschland von einer staatlichen Einrichtung ausgestellt.

(iv) **Validität der Informationen** – Identitätsinformationen werden von unterschiedlichen IDPs auf unterschiedliche Weise erhoben und verwaltet. Dies resultiert in unterschiedlichen Assurance Level. Beispielsweise kann über Self-hosted IDPs typischerweise gar keine Aussage bzgl. der Korrektheit der gelieferten Identitätsinformationen getroffen werden (siehe Abschnitt 3.1.3). Daher fordern Dienste mit unterschiedlichen Sicherheitsanforderungen in Bezug auf die Korrektheit identitätsbezogener Informationen die Verwendung mehrere IDPs.

Folglich sind identitätsbezogene Informationen in CardSpace sowohl bei Identitätsprovidern als auch bei Dienstanbietern vorgehalten, d.h. sowohl IDPs als auch SPs können in der Menge H liegen. In *ID-Consistency* wird vorausgesetzt, dass Änderungen ausschließlich von primären Attributen ausgehen, d.h. primäre Attribute zuerst angepasst werden. Demnach ist es notwendig, die Art und Weise wie Informationen miteinander ausgetauscht werden können, zu analysieren, um feststellen zu können, wie auftretende Änderungen verteilt werden können.

Wie die Abbildung 4.8 gezeigt wird, ist ein Austausch identitätsbezogener Informationen aktuell ausschließlich unidirektional von einem Identitätsprovider zu einem Dienstanbieter möglich (vgl. Informationsfluss (C)). Aus diesem Grund können *primäre Attribute* auch ausschließlich bei Identitätsprovidern vorgehalten werden, um *ID-Consistency* zu ermöglichen. Bei Dienstanbietern vorgehaltene Attribute dagegen müssen *transformierte Attribute* sein, wobei auch Identitätsprovider transformierte Attribute vorhalten können. Andernfalls wäre es nicht möglich, Änderungen an primären Attributen an semantisch in Beziehung stehende transformierte Attribute zu verteilten.

Abbildung 4.9 soll beispielhaft sowohl eine mögliche Verteilung identitätsbezogener Informationen, als auch die Zuordnung autoritativer Quellen in einem CardSpace System demonstrieren. Primäre Attribute sind in der Abbildung mit einem Stern gekennzeichnet, wobei an dieser Stelle angemerkt werden soll, dass die Festlegung der primären Attribute eine organisatorische Aufgabe darstellt. Bei der Spezifikation primärer Attribute muss unter anderem auch auf die unterschiedlichen Assurance Level (siehe Abschnitt 2.1.8) der Identitätsprovider geachtet werden, da es ansonsten passieren könnte, dass ein Identitätsprovider mit einem niedrigen Assurance Level für ein Attribut eines Benutzers autoritativ wäre und diese Identitätsinformation bei einem anderen IDP mit einem höheren Assurance Level erhoben und verwaltet wird. In der Abbildung wird bspw. das Attribut *(dob, date, 2008-12-15)* und *(date-of-birth, string, 08-12-15)* redundant über zwei Identitätsprovider vorgehalten. Der Dienstanbieter in Abbildung 4.9 hält ebenfalls Daten lokal vor. Beispielsweise die Attribute *Vorname* und *Nachname* des Benutzer. Für diese Identitätsinformationen ist IDP1 autoritativ, da er die primären Attribute *firstname* und *lastname* verwaltet.

Basierend auf der Analyse der Informationsreplikation können semantisch in Beziehung stehende Attribute identifiziert und in entsprechende Mengen aufgegliedert werden. Abbildung 4.10 zeigt die Mengen semantisch in Beziehung stehender Attribute anhand des Beispiels in Abbildung 4.9.

Schritt 2: Identifikation und Formalisierung der Transformationsfunktionen

Nach der Analyse der Informationsflüsse und der Identifizierung semantisch in Beziehung stehender Attribute können im nächsten Schritt die Transformationsfunktionen formalisiert werden. *ID-Consistency* fordert, dass es eine Transformationsfunktion geben muss, welche semantisch in Beziehung stehende Attribute aufeinander abbildet. Die Spezifikation der Transformationsfunktionen ist hierbei notwendig, um die Widerspruchsfreiheit semantisch in Beziehung stehender Attribute überprüfen zu können. Somit müssen zunächst Transformationsfunktionen formalisiert werden.

Als Ausgangslage können hierbei im System implementierte Transformationen dienen. CardSpace unterstützt die Abbildung eines Attributs auf ein anderes Attribut auf der Basis der so genannten *Claims Transformation Language oder Claim Rule Language (CRL)* [WWW CRL][7]. Die Sprache ist dafür gedacht, dass ein Identitätsprovider sein lokales Informationsschema auf die Schemata von Dienstanbietern abbilden kann.

---

[7]Die Claim Rule Language wird in Abschnitt 5.4.3 noch einmal genauer analysiert.

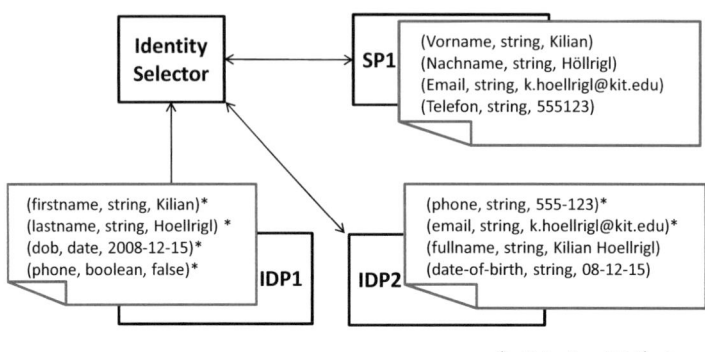

*= Primäre Attribute

Abbildung 4.9: Aufbau eines beispielhaften CardSpace Systems. Aus Gründen der Einfachheit wurden nur ein Dienstanbieter und zwei Identitätsprovider dargestellt. Der Identity Selector repräsentiert die clientseitige Komponente. Primäre Attribute wurden durch einen Stern gekennzeichnet.

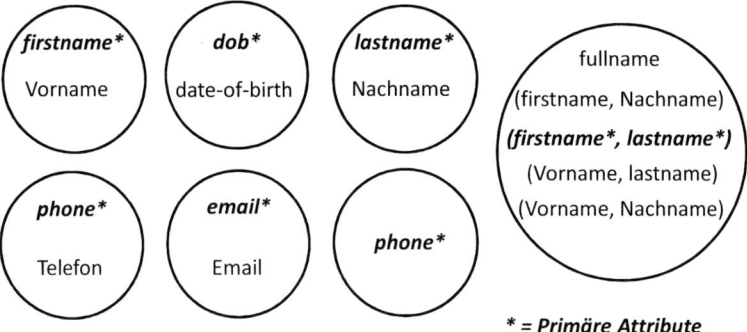

*= Primäre Attribute

Abbildung 4.10: Mengen semantisch in Beziehung stehender Attribute anhand des Beispiels in Abbildung 4.9. Semantisch in Beziehung stehende Attribute werden durch Kreise zusammengefasst. Die Kreise stellen demnach die Mengen dar. Primäre Attribute in den jeweiligen Kreisen sind mit einem Stern gekennzeichnet.

Liste 4.1 zeigt beispielhaft, wie eine Transformationsregel, welche das Attribut *(phone, string, 555-123)* auf das Attribut *(Telefon, string, 555123)* (vgl. Abbildung 4.9) abbildet, implementiert werden könnte.

```
c:[Type == "phone"] =$>$ issue(Type = "Telefon", Value =
    regexreplace(c.Value, "[^0-9]", ""))
```

Liste 4.1: Exemplarische Transformationsregel zur Abbildung des Attributs *phone* auf das Attribut *Telefon*

Ausgehend von dieser Transformationsregel kann eine Transformationsfunktion spezifiziert werden:

Der Wert v_1 beschreibt den Wert des Attributs *phone* und v_2 den Wert des Attributs *Telefon*, dann kann m_1 folgendermaßen formalisiert werden:

$$m_1 : [\text{-}0-9]^* \to [0-9]^*$$

$v_1 \mapsto v_2$, wobei v_1 auf v_2 abgebildet wird indem das Zeichen "-" aus dem String vollständig entfernt wird.

Auf der Basis dieser Formalisierung kann nun überprüft werden, ob die Werte des Attributs *phone* korrekt auf die Werte des Attributs *Telefon* abgebildet werden. Im Beispiel in Abbildung 4.9 wird der aktuelle Wert *555-123* des Attributs *phone* mittels m_1, d.h. $m_1(555\text{-}123)$, auf den Wert *555123* abgebildet, was der aktuelle Wert des Attributs *Telefon* ist. Demnach ist das Attribut *Telefon* mit dem Attribut *phone* konsistent.

Schritt 3: Bestimmung des Inconsistency Window

Im nächsten Schritt soll die auf der Basis von CardSpace mögliche Größe des Inconsistency Window ermittelt werden, d.h. es soll die Zeitspanne ermittelt werden, in welcher CardSpace auftretenden Änderungen an primären Attributen an transformierte Attribute verteilen kann. Das Ziel dieses Schrittes ist es demnach, eine untere Grenze zu ermitteln (vgl. Abschnitt 4.2.8), welche CardSpace für die Verteilung auftretender Änderungen sicherstellen kann.

In CardSpace werden Informationen zwischen einem Identitätsprovider und einem Dienstanbieter nur dann ausgetauscht, wenn ein Benutzer sich bei einem IDP einloggt, um danach einen Dienst eines SP verwendet. Der Informationsaustausch ist hierbei auf die Länge der Sitzungssession des Benutzers beim SP beschränkt, d.h. sobald der Benutzer die Dienstnutzung beendet, bspw. durch ausloggen, können zwischen dem SP und dem IDP keine Daten mehr ausgetauscht werden. Darüber hinaus wird ein Benutzer in einem CardSpace-basierten System nicht gezwungen, sich auf einer regelmäßigen Basis einzuloggen, um einen Dienst zu nutzen.

Hieraus lässt sich Folgendes schließen:

Angenommen zwei Attribute eines Benutzers a_1, a_2 stehen semantisch zueinander in Beziehung, wobei $a_1 \in A$, $a_2 \in X$ und $m_1 \in M$ ist die Transformationsfunktion, die die Werte von a_1 auf a_2 abbildet. Des Weiteren wird angenommen, dass sich der Wert des Attributs a_1 zum Zeitpunkt t_0 ändert. *ID-Consistency* fordert nun, dass sichergestellt wird, dass innerhalb des Inconsistency Window die Änderung von a_1 an a_2 kommuniziert wird, d.h. folgendes muss gewährleistet werden:

$$\exists t_p \in [t_0, t_0 + T] : a_2[t_p] = m_1(a_1[t_0]), \text{ mit } m_1 \in M.$$

Durch die temporale Kopplung der Verteilung identitätsbezogener Informationen an den Login-Prozess, kann gefolgert werden, dass der Benutzer sich innerhalb des Intervalls $[t_0, t_0 + T]$ einloggen müsste, da andernfalls die Änderung nicht vor dem Zeitpunkt $t_0 + T$ an das Attribut a_2 kommuniziert werden würde. Da der Benutzer in CardSpace jedoch nicht dazu gezwungen wird, sich innerhalb eines bestimmten Zeitraums nach einer Änderungen bei einem Dienst einzuloggen, kann nicht garantiert werden, dass die Änderung innerhalb des Inconsistency Window an den Dienst kommuniziert wird.

Die Konsistenzanforderungen hinsichtlich des zeitlichen Aspekts kann demnach in CardSpace nicht gewährleistet werden, weshalb CardSpace die Anforderungen von *ID-Consistency* nicht erfüllt.

4.4   Bewertung

In diesem Abschnitt soll eine Bewertung des vorgeschlagenen Konsistenzmodells vorgenommen werden. Nach einer Darlegung der generellen Beiträge von *ID-Consistency* sollen zum besseren Verständnis nochmals die Implikationen von *ID-Consistency* zusammengefasst werden. Hierauf aufbauend erfolgt eine Einordnung des Konsistenzmodells in den Zusammenhang zu existierenden Ansätzen sowie eine Bewertung des Konsistenzmodells hinsichtlich dessen Angemessenheit in verteilten IdM-Systemen.

4.4.1   Generelle Beiträge des Konsistenzmodells

Folgende generellen Beiträge können auf der Basis von *ID-Consistency* erreicht werden:

(i) **Formale Basis für die Modellierung verteilter Identitätsmanagementsysteme** – die Entwicklung eines Modells dediziert für die Beschreibung der Konsistenz identitätsbezogener Informationen in verteilten Systemen liefert eine formale Basis, um essentiellen Herausforderungen hinsichtlich der

Konsistenz identitätsbezogener Informationen bei der Etablierung und dem
Betrieb eines IdM-Systems in verteilten Umgebungen strukturiert zu begegnen. Durch die diese formale Grundlage erlaubt das Modell, die elementaren
Bestandteile eines IdM-Systems zu identifizieren und IdM-Systeme somit
sowohl von Marketing-Philosophien als auch von Protokoll- und Technologieterminologie zu befreien.

(ii) **Klar strukturiertes Modell** – durch die Modellierung von Attributen und dazugehörigen Transformationsfunktionen wird ein klar strukturiertes Modell
eines Identitätsmanagementsystems erreicht. Insbesondere werden Informationsflüsse klargestellt und autoritative Quellen identifiziert. Durch die
Klarstellung der Informationsflüsse werden bspw. verschachtelte Synchronisationspfade identifiziert, welche zu einer verringerten Aktualität identitätsbezogener Informationen führen können.

(iii) **Quantifizierte Formulierung von Konsistenzanforderungen** – da das Modell die Zeitdauer zwischen auftretenden Änderungen und der vollständigen
Verteilung an alle Replikate berücksichtigt, wird eine Quantifizierung des
relaxierten Konsistenzbegriffs ermöglicht. Die Quantifizierung erlaubt es
Anwendungen, Anforderungen an die Konsistenz identitätsbezogener Informationen angemessen zu formulieren. Die Spezifikation der Konsistenzanforderung kann bspw. auch in Form von Service Level Agreements[8] im Rahmen
einer Dienstvereinbarung Verwendung finden. Darüber hinaus kann auf der
Basis des formalen Modells die Ermittlung der "Qualität" einer durch einen
bestimmten IdM-Ansatz oder eine IdM-Technologie erreichbare Konsistenz
vorgenommen werden. Das Modell kann demnach auch eingesetzt werden,
um IdM-Systeme hinsichtlich Informationskonsistenz zu bewerten und zu
vergleichen, indem eine im Durchschnitt und unter bestimmten Rahmen-
bedingungen erreichbare Dauer für die Verteilung auftretender Änderung
ermittelt wird.

(iv) **Klare Randbedingungen** – durch die Spezifikation klarer Randbedingungen hinsichtlich des Austauschs und der Speicherung identitätsbezogener
Informationen, kann das Modell sowohl in der Konzeptions- und der Struk-
turierungsphase als auch während des Betriebs eines IdM-Systems helfen,
der Sicherstellung der Konsistenz strukturiert zu begegnen.

---

[8]Die Nutzung eines Dienstes durch einen Dienstnehmer wird typischerweise durch ein von
beiden Parteien ausgehandeltes Service Level Agreement [ITU SANCHO] ergänzt. Das Service Level Agreement beschreibt hierbei auf der Basis spezifizierter Metriken unterschiedliche "Level" für
die Charakteristiken des Dienstes und dessen Erbringung, bspw. hinsichtlich dessen Verfügbarkeit
oder Skalierbarkeit, welche durch den Dienstanbieter gewährleistet werden.

4.4.2 Implikationen

Zusammengefasst lauten die wesentlichen Implikationen von *ID-Consistency* wie folgt:

(i) *ID-Consistency* kann nur gewährleistet werden, wenn Transformationsfunktionen korrekt modelliert und umgesetzt sind. Fehlerhaft Transformationsfunktionen können in logischen Widersprüchen zwischen Identitätsinformationen führen. Dies kann jedoch nicht als Schwäche von *ID-Consistency* gesehen werden, da *ID-Consistency* hilft, fehlerhafte Abbildung aufzudecken und somit eher zur Auffindung von Widersprüchen beiträgt.

(ii) Je geringer die Größe von T, desto höher ist der Aufwand um *ID-Consistency* gewährleisten zu können und somit auch der Einfluss auf die Performance und die Verfügbarkeit des Gesamtsystems.

(iii) *ID-Consistency* unterbindet nicht, dass Änderungen an primären Attributen "übersprungen" werden können.

(iv) Da *ID-Consistency* von einem relaxierten Konsistenzbegriff ausgeht, sind die durch *ID-Consistency* gemachten "Garantien" so zu verstehen, dass die Einhaltung der Konsistenzanforderungen entweder erfüllt werden, oder dass ein "Verstoß" für die betroffene Systemkomponente ersichtlich wird.

4.4.3 Einordnung und Bewertung

Die Berücksichtigung des zeitlichen Aspektes durch das Inconsistency Window ist ähnlich zu der "Staleness"-Metrik in [Yu & Vahdat 2002] zu sehen. Im Gegensatz zu dem Ansatz von Yu und Vahdat, wird in *ID-Consistency* die Konsistenz jedoch nicht ausgehend von einem harten Konsistenzbegriff relaxiert, sondern ein relaxierter Konsistenzbegriff wird ähnlich wie bei [Terry et al. 1994] geschärft. Der entscheidende Unterschied hierbei ist, dass in Yu und Vahdat ein datenzentriertes Konsistenzmodell verfolgt wird [Tanenbaum & van Steen 2008], welches bei "Verstößen" der Konsistenzvorschrift eventuell Änderungen durch Rollbacks rückgängig machen muss, da ansonsten kein systemweit konsistenter Zustand erreicht werden kann. Die Gewährleistung der Rücknahme von Änderung hat einen erheblichen Einfluss auf die Umsetzung der Konsistenz, da eine Koordination der beteiligten Systeme erforderlich ist, bspw. wie in [Yu & Vahdat 2000, 2002] durch eine Middleware, welche die Konsistenz zwischen den Replikaten sicherstellt. Gegebenenfalls ist dies auch mit einem hohen Koordinationsaufwand verbunden.

In verteilten Identitätsmanagementsystemen sind Schreibkonflikte sehr selten und falls diese auftreten, können sie sehr einfach aufgelöst werden. Daher sind Mechanismen, um durchgeführte Änderungen wieder rückgängig zu machen, in verteilten Identitätsmanagementsystemen nur selten notwendig, bzw. die Umsetzung dieser würde den Nutzen in den meisten Fällen nicht rechtfertigen. Dies ist der Grund warum *ID-Consistency* von einem clientzentrierten Konsistenzmodell ausgeht und dieses durch die Angabe einer oberen Schranke für die Verteilung auftretender Änderungen schärft. Der Grad der Schärfung hängt von der Größe von T ab.

Abbildung 4.11 soll das Konsistenzmodell *ID-Consistency* noch einmal in das Spektrum existierender Konsistenzmodelle einordnen. Ähnlich wie der Ansatz von [Terry et al. 1994] wird in *ID-Consistency* ein relaxiertes Konsistenzmodell zugrundegelegt. Bei der Wahl eines sehr großen T wäre *ID-Consistency* mit Eventual Consistency vergleichbar. Durch die Reduktion der Größe des Inconsistency Window wird demnach der Grad der "Striktheit" von *ID-Consistency* bestimmt.

Die genaue Spezifikation des Inconsistency Window hängt von der jeweiligen Anwendung ab. Generell lässt sich sagen, dass die Spezifikation von T so gewählt sein sollte, dass eine Verteilung von Änderungen im spezifizierten Zeitraum rein technisch möglich ist (siehe Abschnitt 4.2.8). Die Definition von *ID-Consistency* schließt nicht aus, dass Änderungen an primären Attributen "übersprungen" werden, da innerhalb der Zeitspanne T ein primäres Attribut rein theoretisch mehrfach geändert werden kann und ein Dienstanbieter unmittelbar den aktuelleren Wert propagiert bekommt.

Warum das Überspringen von Operationen in verteilten Identitätsmanagementsystemen eine untergeordnete Rolle spielt, lässt sich wie folgt begründen:

(i) Zum einen ist die Änderungsrate eines Großteils identitätsbezogener Informationen typischerweise eher gering. Daher ist anzunehmen, dass in einer realistischen und angemessenen Größe des Inconsistency Window identitätsbezogene Informationen in der Regel nicht häufiger als einmal geändert werden. Demnach ist die Wahrscheinlichkeit eher gering, dass Änderungen übersprungen werden.

(ii) Eine geringe Änderungsrate impliziert darüber hinaus, dass im Falle des Ausbleibens von Änderungen für die Länge eines Inconsistency Window ein Dienstanbieter den aktuellsten Wert für ein Attribut sieht.

4.5 Resümee

Die Entwicklung eines Modells dediziert für die Beschreibung der Konsistenz identitätsbezogener Informationen in verteilten Systemen, erlaubt durch den Fokus auf die Konsistenz, essentielle Herausforderungen bei der Etablierung eines

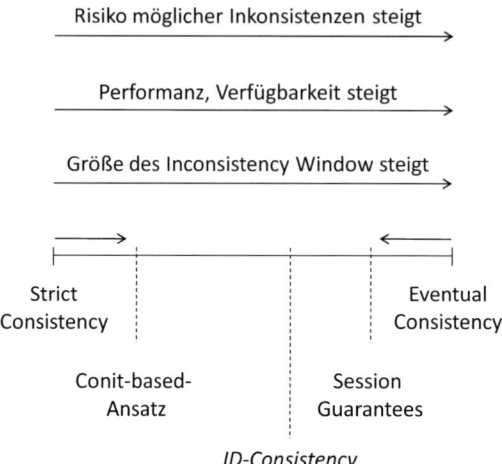

Abbildung 4.11: Einordnung des Konsistenzmodells *ID-Consistency* in das Spektrum der Konsistenzmodelle.

IdM-Systems in verteilten Umgebungen strukturiert zu begegnen. Es wird eine Basis geschaffen, welche es ermöglicht, Identitätsmanagementsysteme hinsichtlich der Konsistenz identitätsbezogener Informationen formal zu beschreiben. Da das Modell die Zeitdauer zwischen auftretenden Änderungen und der vollständigen Verteilung an alle Replikate berücksichtigt, wird eine Quantifizierung des relaxierten Konsistenzbegriffs und somit die Ermittlung der durch einen Ansatz erreichbaren "Konsistenzqualität" erreicht.

5

Sicherstellung der Informationskonsistenz in FIM

Der theoretischen Betrachtung der Konsistenz identitätsbezogener Informationen steht die praktische Sicherstellung dieser Konsistenz in realen IdM-Systemen gegenüber. In diesem Kapitel soll diese praktische Seite der Informationskonsistenz untersucht werden. Hierbei wird im Folgenden von dem im vorherigen Kapitel vorgestellten Konsistenzmodell – *ID-Consistency* – ausgegangen, d.h. wenn von der Sicherstellung der *Konsistenz* identitätsbezogener Informationen gesprochen wird, wird von einem relaxierten Konsistenzbegriff auf der Basis von *ID-Consistency* ausgegangen. Als Grundlage für die Sicherstellung der Konsistenz werden zunächst zwei sehr grundlegende Replikationsstrategien aus dem Bereich verteilter Datenbanksysteme diskutiert. Hierauf folgend soll von Erfahrungen berichtet werden, welche im Zuge der Etablierung und dem Betrieb eines IdM-Systems am KIT gesammelt werden konnte. In der Folge werden zwei Mechanismen für die praktische Sicherstellung der Konsistenz identitätsbezogener Informationen in verteilten Systemen unter Berücksichtigung unterschiedlicher Leitgedanken konzipiert, prototypisch umgesetzt und bewertet. Als Bewertungsgrundlage der vorgestellten Ansätze soll das im vorherigen Kapitel vorgestellte Konsistenzmodell dienen, insbesondere soll ein Wert für ein mögliches Inconsistency Window in den unterschiedlichen Ansätzen ermittelt werden.

5.1   Grundlegende Replikationsstrategien

Ein wesentlicher Aspekt der Konsistenzfrage ist die jeweilige Replikationsstrategie, d.h. die Strategie, wie Daten repliziert und vor allem wann auftretende Änderungen an die einzelnen Replikate propagiert werden. Im Folgenden sollen die beiden wesentlichen Replikationstechniken – die *synchrone* und *asynchrone* Replikation – vorgestellt werden. Des Weiteren werden zwei grundsätzlich Ansätze vorgestellt, welche zur Verteilung auftretender Änderungen eingesetzt werden, der *Push-Ansatz* und der *Pull-Ansatz*.

5.1.1   Synchrone Replikation

Wie bereits in Abschnitt 4.1.3 erwähnt wurde, wird bei der Verfolgung eines datenzentrierten Konsistenzmodells ein *transaktionsbasierter* oder *synchroner* Ansatz zur Propagation auftretender Änderungen verfolgt. Die Grundidee des synchronen Ansatzes ist, dass bei einer Änderung an einem Replikat der Zugriff auf alle weiteren Replikate so lange gesperrt wird, bis alle Replikate ebenfalls geändert werden konnten. Diese Technik wird aus diesem Grund auch *pessimistic replication* oder *eager replication* genannt [Gray et al. 1996; Wiesmann et al. 2000].

Allgemeine Bewertung

Es existiert eine Vielzahl an Systemen, die Konsistenz durch synchrone Mechanismen umsetzen (siehe bspw. [Bernstein et al. 1986; Dietterich 1994; Oracle7 Server]). Typischerweise sind synchrone Mechanismen dann von Vorteil, wenn lokale Netzwerke mit einer geringen Latenz und einer niedrigen Fehlerquote eingesetzt werden [Saito & Shapiro 2005]. Durch die synchrone Replikationsstrategie kann ein System im Normalfall keinen inkonsistenten Datensatz lesen, da jegliche Operation transaktionsbasiert durchgeführt wird, d.h. eine Operation ist erst dann als erfolgreich gekennzeichnet, wenn alle Replikate aktualisiert werden konnten. Im Falle eines Fehlers wird durch entsprechende Rollback-Mechanismen garantiert, dass bereits durchgeführte Änderungen wieder rückgängig gemacht werden.

Der Nachteil der synchronen Replikationsstrategie besteht darin, dass alle zu aktualisierende Replikate solange sowohl für einen lesenden als auch für einen schreibenden Zugriff gesperrt sind, bis die Transaktion abgeschlossen ist, d.h. entweder bis die Aktualisierung vollständig durchgeführt werden konnte, oder im Fehlerfall alle Änderungen wieder rückgängig gemacht wurden. Diese Replikationstechnik hat vor allem in verteilten Systemen einen erheblichen Einfluss auf die Performance und Verfügbarkeit der Einzelsysteme [Yu & Vahdat 2002; Do et al. 1999]. Des Weiteren steigt die Gefahr von Deadlocks [Gray et al. 1996].

Zusammenfassend kann demnach festgehalten werden, dass synchrone Replikationstechniken in verteilten Systemen in den meisten Anwendungsszenarien ungeeignet sind, da Replikate über eine Vielzahl räumlich verteilter Systeme vorgehalten werden und die Verfügbarkeit aller Teilsysteme nicht immer gegeben ist, bspw. aufgrund einer eingeschränkten Netzwerkkonnektivität [Saito & Shapiro 2005].

5.1.2 Asynchrone Replikation

Verschiedene Faktoren, wie eine eingeschränkte Konnektivität [Terry et al. 1995] oder ein hoher Verteilungsgrad motivieren den Einsatz einer *asynchronen* Replikationsstrategie auch *Optimistic Replication* oder *Lazy Replication* genannt. Auch der Faktor Mensch trägt in verteilten Systemen häufig dazu bei, dass optimistische Verfahren eingesetzt werden müssen, vor allem dann, wenn mehrere Personen kollaborativ an einer Sache arbeiten [Saito & Shapiro 2005]. Die Asynchronität erlaubt hierbei, dass Operationen auf lokal vorliegenden Daten ohne die Koordination mit anderen Replikaten durchgeführt werden können. Diese Strategie wird deshalb *optimistisch* genannt, da von der Annahme ausgegangen wird, dass eine asynchrone Ausführung in den meisten Fällen keine Probleme verursacht und falls doch Probleme aufkommen, können diese im Nachhinein ohne großen Aufwand behoben werden [Tanenbaum & van Steen 2006].

Allgemeine Bewertung

Ein wesentlicher Nachteil einer asynchronen Replikationsstrategie ist die Gefahr potentieller Inkonsistenzen. Inwieweit das Risiko von Inkonsistenzen gegeben ist und vor allem inwieweit Inkonsistenzen toleriert werden können, hängt stark von dem jeweiligen Anwendungsszenarien ab.

Durch eine asynchrone Replikationsstrategie lässt sich die Verfügbarkeit und die Performance des Gesamtsystems erhöhen, da ein Schreibzugriff auch dann abgeschlossen werden kann, wenn Teilsysteme nicht erreichbar sind oder die Teilsysteme eine schlechte Performance aufweisen [Saito & Shapiro 2005]. Auch die Skalierbarkeit hinsichtlich der Anzahl an Replikaten ist bei der Verwendung asynchroner Mechanismen gegenüber synchronen Mechanismen besser. Darüber hinaus lassen sich asynchrone Synchronisationsmechanismen oftmals erheblich leichter und mit einem geringeren Aufwand realisieren. Vor allem in Systemen, in welchen lesende Zugriffe gegenüber schreibenden Zugriffen Priorität haben, haben sich asynchrone Replikationsstrategien bewährt, da der lesenden Zugriff durch den Schreiboperationen nicht geblockt wird. Demnach ist die Frage, welches Konsistenzmodell in einem realen System sichergestellt werden soll, auch oftmals eine Nutzen/Kosten-Frage, d.h. wenn sich mit einem relativ geringen Aufwand ein

System realisieren lässt, in welchem es zwar potentiell zu Inkonsistenzen kommen kann, diese Inkonsistenzen jedoch in den meisten Fällen tolerierbar sind und auftretende Probleme keinen großen Schaden verursachen, sprechen die Argumente zu Gunsten der Performance, Verfügbarkeit und des reduzierten Aufwands für die Entwicklung und den Betrieb eines asynchronen Mechanismus.

5.1.3 Push- und Pull-Ansatz

In asynchronen Replikationsstrategien ist die grundsätzliche Konzeptionsentscheidung, ob Aktualisierungen auf der Basis eines Push-Ansatzes oder eines Pull-Ansatzes realisiert werden.

In einem Push-basierten Ansatz wird die Aktualisierung der Replikate durch den Datenspeicher initiiert, auf welchem das Replikat geändert wurde. Der Vorteil eines Push-basierten Ansatzes ist, dass Änderungen sehr schnell und zeitnah propagiert werden können. In einer synchronen Replikationsstrategie ist ein Push-basierter Ansatz eine Grundvoraussetzung.

Die Herausforderung eines Push-basierten Ansatzes besteht darin, dass eine koordinierende Instanz benötigt wird, welche alle Replikate verwaltet, die angepasst werden müssen. Des Weiteren ist es notwendig, dass bei einer Nichterreichbarkeit eines Replikats mit etwaigen Sendewiederholungen gearbeitet werden muss, um sicherstellen zu können, dass Änderungen auch an alle Replikate verteilt werden. Unter Umständen verbieten Ansätze wie traditionelle Client/Server-Protokolle einen Push-basierten Ansatz aus genau diesem Grund, da der Server die Adresse der Clients nicht kennt und somit Aktualisierungen auch nicht senden kann.

Aus diesem Grund verwenden traditionelle Request/Response-Protokolle in Kombination mit Caching einen Pull-basierten Ansatz, bspw. HTTP 1.1 [RFC 2616, Abschnitt 13]. In einem Pull-basierten Ansatz, wird eine Aktualisierung erst dann an einem Replikat vorgenommen, wenn der Datenspeicher dieses Replikats die Aktualisierung bei einem Datenspeicher eines geänderten Replikats anfragt. Typischerweise erfolgt diese Abfrage periodisch, was in der Informatik typischerweise als *Polling* bezeichnet wird. Pull-basierte Ansätze gehen somit das Risiko ein, dass auftretende Änderungen nicht unmittelbar an alle Replikate propagiert werden, wodurch die Gefahr potentieller Inkonsistenzen erhöht wird. Ein Pull-Ansatz kann somit nur in Kombination mit einer asynchronen Replikationsstrategie eingesetzt werden.

Die Schwierigkeit bei einem Pull-basierten Ansatz ist die Bestimmung des Polling-Intervalls. Falls dieser zu klein gewählt wird, ist die Gefahr "unnötiger" Anfragen gegeben, d.h. obwohl sich an den angefragten Daten nichts geändert hat, wird eine Anfrage gestellt und somit bspw. die Netzwerklast erhöht. Falls der Intervall zu gering gewählt wird, besteht die Gefahr, Änderungen zu spät zu erhalten und somit längere Zeit einen veralteten Wert vorzuhalten. Verschiedene Strategien, welche die Problematik einer angemessen Caching-Strategie bearbeiten sind im Bereich des Browser-Caching seit Jahren Gegenstand der Forschung. In aktuellen Ansätzen, wie bspw. *AJAX* [Winkler 2009; Wenz 2007], wird durch Techniken wie *Reverse AJAX* [Crane & McCarthy 2008] ein Server-Push realisiert, d.h. der Server sendet eine Nachricht an den Client, ohne einen expliziten Request des Client erhalten zu haben [Bozdag et al. 2007].

5.2 "Lessons learned": Informationskonsistenz innerhalb einer Organisation

Im Folgenden soll von den Erfahrungen berichtet werden, welche im Zuge des Projekts *Karlsruher Integriertes Informationsmanagement (KIM)* [Juling & Maurer 2005; Hartenstein et al. 2008; Labitzke et al. 2010] gemacht werden konnten. Das Projekt KIM ist hierbei ein breit ausgerichtetes Projekt, welches motiviert durch aktuelle Entwicklungen, wie dem Bologna-Prozess [BMBF Bologna], einen sowohl die Organisation als auch die technische Infrastruktur betreffenden Paradigmenwechsel am *Karlsruher Institut für Technologie (KIT)* [WWW KIT] verfolgt [Hartenstein et al. 2008]. Hierbei wurden zunächst die notwendigen Organisationsstrukturen geschaffen und durch die Etablierung einer integrierten *dienstorientierten Architektur (engl. Service-oriented Architecture, kurz SOA)* die Grundlage gelegt, um Dienste von Systemen und Einrichtungen im KIT-weiten Kontext zu integrieren und bereitzustellen.

Im Rahmen des Gesamtvorhabens KIM wurde im Projekt *KIM-IdM (KIM Identitätsmanagement)* das Ziel verfolgt ein KIT-weites Identitätsmanagement zu etablieren. Das Projekt KIM-IdM wurde 2006 ins Leben gerufen und Ende 2009 zu einem erfolgreichen Abschluss gebracht. Eines der wesentlichen Ziele des Projekts KIM-IdM war es, die Qualität identitätsbezogener Informationen am KIT zu verbessern, d.h. unter anderem auch die Konsistenz identitätsbezogener Informationen sicherzustellen. Des Weiteren wurden die folgenden Ziele verfolgt[1]:

(i) Realisierung eines gesicherten Zugriffs auf datenschutzrechtlich relevante und schützenswerte Informationen der Mitglieder des KIT.

(ii) Verringerung des Aufwands für die Integration neuer Dienste.

(iii) Weitestgehende Aufrechterhaltung der Autonomie dezentraler Einrichtungen und Institute.

---

[1]`http://kim.cio.kit.edu/138.php` [Stand Okt. 2010]

135

Die Ergebnisse des Projekts KIM-IdM wurden in einem ausführlichen Abschlussbericht dokumentiert [Hoellrigl et al. 2009a]. Da ein Großteil der im Projekt entstandenen Ergebnisse in einen nachhaltigen Betrieb am *Steinbuch Centre for Computing (SCC)* überführt wurden, gibt es voraussichtlich einen jährlichen Bericht über den laufenden Stand des Identitätsmanagementsystems am SCC (siehe bspw. [Hoellrigl et al. 2009b]).

Im Folgenden soll auf einige für die Erkenntnisse der vorliegenden Arbeit relevanten Erfahrungen und Anwendungsbeispiele bezüglich der Provisionierung identitätsbezogener Informationen am KIT näher eingegangen werden, da diese in Teilen in Form von angeeigneter Expertise in die Mechanismen zu Sicherstellung der Konsistenz in verteilten IdM-Systemen (siehe Abschnitt 5.3 und Abschnitt 5.4) eingeflossen sind. In den folgenden Abschnitten (bspw. in Abschnitt 5.3.4 und Abschnitt 5.3.5) werden immer wieder auf einzelne Erfahrungen hingewiesen, welche bspw. mit dem Einsatz von Provisionierungswerkzeugen gemacht werden konnten.

5.2.1 Provisionierung am KIT

Im Folgenden soll zunächst auf die Erfahrungen, welche im Zuge der Analyse und der Modellierung von Prozessen gemacht wurden, eingegangen werden. Konkrete Beispiele zur Modellierung von Provisionierungsprozessen werden im Zuge der umgesetzten Prozesse zur Sicherstellung der Informationskonsistenz in verteilten Systemen präsentiert (siehe Abschnitt 5.3 und Abschnitt 5.4). Des Weiteren sollen die Erfahrungen, die mit dem *Sun Java System Identity Manager* [WWW Sun IdM] gemacht werden konnten, vorgestellt werden.

Prozessanalyse und -modellierung

Eine wertvolle Erfahrung war der Umgang mit der Analyse und Modellierung von Prozessen. Folgende Erfahrungen waren hierbei insbesondere von Bedeutung:

(i) **Modellierungssprachen** – durch die Modellierung bestehender und neu umzusetzender Prozesse, konnten Erfahrungen mit unterschiedlichen Modellierungssprachen wie *Ereignisgesteuerten Prozessketten* [Scheer 2001; Keller et al. 1992], *Petri-Netzen* [Reisig 1986; Oberweis 1996; Reisig 2010] und der *Business Process Modelling Notation (BPMN)* [van der Aalst & van Hee 2002; Dumas et al. 2005; OMG BPMN] gesammelt werden. Hierbei kann vor allem der Einsatz von BPMN für die Modellierung von Provisionierungsprozessen als sehr geeignet eingestuft werden, weshalb auch die Prozesse des Projekts KIM-IdM in der Regel unter Verwendung von BPMN modelliert wurden. Des Weiteren wurden auch die im Rahmen der vorliegenden Arbeit eingesetzten Prozesse auf der Basis von BPMN modelliert. Folgenden Aspekte konnten bei BPMN als vorteilhaft bewertet werden:

- **Einfachheit der Sprache** – die verschiedenen Elemente von BPMN sind einfach zu erlernen und in ihrer Anzahl überschaubar [WWW BPMN 2.0 Poster; Allweyer 2009].

- **Verständlichkeit** – die mittels BPMN modellierten Prozesse wurden von den meisten Interessenvertretern als verständlich und intuitiv eingestuft. Die Modellierung der Prozesse hat hierbei zu einem besseren Verständnis der Abläufe geführt.

- **Effizienz** – es konnte die Erfahrung gemacht werden, dass sich Provisionierungsprozesse auf der Basis von BPMN schnell und kompakt erstellen ließen.

(ii) **Analyse und Realisierung von Provisionierungsprozessen** – aufgrund der Analyse und der Realisierung einer Vielzahl an Provisionierungsprozessen, war es möglich, Erfahrungen hinsichtlich der effizienten Umsetzung dieser Prozesse zu sammeln. Besonders zu beachtende Aspekte waren folgende:

- **Vermeidung von Medienbrüchen** – durch die Vermeidung von Medienbrüchen, kann sowohl die Effizienz hinsichtlich der zur Durchführung benötigten Zeit und Ressourcen als auch die Sicherheit eines Provisionierungsprozesses erhöht werden.

- **Vermeidung von verschachtelten Provisionierungspfaden** – wie bereits in Abschnitt 4.4 angemerkt wurde, sollten in Provisionierungsprozessen verschachtelte Synchronisationspfade vermieden werden, da diese die Gefahr auftretender Inkonsistenzen erhöhen können. Der primäre Grund hierfür ist, dass die Verteilung auftretender Änderungen durch verschachtelte Synchronisierungspfade länger benötigt, um an alle Datenbasen verteilt zu werden.

- **Vermeidung mehrere autoritativer Quellen für ein Attribut** – auch in organisationsinternen Szenarien lässt sich die Struktur eines Identitätsmanagementsystem vereinfachen, indem vermieden wird, dass für ein Attribut einer Entität mehrere Quellen autoritativ sind. Mehrere autoritative Quellen führen in den meisten Fällen zu unklaren und komplexen Prozessen und können die Administration eines IdM-Systems erheblich erschweren.

In Abschnitt 5.3 und Kapitel 6 werden verschiedene Prozessmodelle auf der Basis von BPMN präsentiert werden.

Erfahrungen mit dem Sun Java System Identity Manager

Auch wenn bei der Provisionierung von Identitätsinformationen am KIT verschiedene Provisionierungswerkzeuge getestet werden konnten, bspw. der *Microsoft Identity Integration Server (MIIS)* [WWW MIIS], konnten die meisten Erfahrungen mit der Identitätsmanagementsoftware *Sun Java System Identity Manager (Sun IdM)* gesammelt werden. Es konnten hierbei die Versionen 7.0 - 8.1 getestet und produktiv eingesetzt werden. Im Folgenden sollen einige Erfahrungen, die mit dem Sun IdM gemacht werden konnten, näher beschrieben werden.

Adapter

Bei der Sicherstellung der Konsistenz spielt nicht nur die Heterogenität der eingesetzten Informationsschemata eine Rolle, sondern auch die verwendeten Informationsspeicher. Wie in Abschnitt 3.2.1 angemerkt wurde, werden identitätsbezogene Informationen oftmals auch in Legacy-Komponenten redundant vorgehalten, da identitätsbezogene Informationen aus bspw. lokalen Datenbanksystemen oder Verzeichnisdiensten bezogen werden müssen. Demnach ist es zur Sicherstellung der Informationskonsistenz in verteilten Systemen notwendig, auch Legacy-Systeme zu berücksichtigen.

Hierbei war der Umgang mit den unterschiedlichen Adaptern, bspw. zur Anbindung eines Active Directory (AD), eines Sun LDAP oder einer SQL-Datenbank von Vorteil, da hierdurch die Art und Weise, wie Informationen aus Datenquellen bezogen werden und in Datensenken geschrieben werden, getestet und analysiert werden konnte. Der Sun IdM stellt eine umfangreiche Adapterauswahl zur Verfügung und erlaubt die Entwicklung eigener Adapter auf der Basis eines Frameworks [Sun IdM Deployment]. Im Prinzip setzt hierbei jeder Adapter die zur Provisionierung von Identitätsinformationen notwendigen CRUD-Operationen um (siehe hierzu auch Abschnitt 3.1.1). Da es auch in organisationsübergreifenden Szenarien gilt, Legacy-Komponenten bei der Sicherstellung der Konsistenz zu berücksichtigen, waren die Erfahrungen, welche mit den Adaptern gemacht werden konnten, auch bei dem Entwurf und der Umsetzung von Mechanismen zur Sicherstellung der Konsistenz in organisationsübergreifenden Szenarien hilfreich.

Geschäftsprozessunterstützung

Für die Realisierung unterschiedlicher Geschäfts- und Provisionierungsprozesse ist vor allem eine *(Geschäfts-)Prozessunterstützung* notwendig (vgl. Abschnitt 3.1.1). Der Sun IdM bietet hierfür eine auf den Standards der *Workflow Management Coalition* [WWW WfMC] basierende Beschreibungssprache namens *XPRESS*. Durch den Einsatz dieser Sprache, ist eine sehr flexible Umsetzung eigener Prozesse möglich.

138

XPRESS ist eine XML-basierte Ausdruck- und Skript-Sprache [Sun IdM Work-flows, Kapitel 4]. Ein Ausdruck, in XPRESS als *eXPRESSion* bezeichnet, ist ein Funktionsaufruf, welcher keinen, einen oder mehrere Argumente entgegennimmt und einen Wert zurückliefert. Der Sun IdM bringt bereits eine Vielzahl an "Built-in"-Funktionen mit und erlaubt, auf der Basis von XPRESS weitere Funktionen zu spezifizieren. XPRESS erlaubt darüber hinaus den Aufruf von Java-Klassen. Daher kann XPRESS auf die Mächtigkeit von Java zurückgreifen. Des Weiteren erlaubt XPRESS die Auswertung von JavaScript-Ausdrücken. XPRESS verwendet eine *XML-basierte Prefix Notation*, d.h. zunächst wird der Operator angegeben gefolgt von den Operanden.

Die Möglichkeit, nahezu beliebige Prozesse auf der Basis von XPRESS zu im-plementieren, war für die vorliegende Arbeit insbesondere von Interesse. Selbst-geschriebene Prozesse werden bspw. eingesetzt, um vor einer Provisionierung von identitätsbezogenen Informationen eine Überprüfung der Qualität der zu provisionierenden Daten durchzuführen. Des Weiteren dienen die Prozesse zur Umsetzung der Provisionierung selbst. Innerhalb der Provisionierung können wiederum weitere Prozesse aufgerufen werden, bspw. zum Versenden von Be-nachrichtigungen beim Eintreten bestimmter Ereignisse oder zum Anstoßen von Genehmigungsprozessen vor der tatsächlichen Durchführung einer bestimmten Aktion, wie der Vergabe von Berechtigungen.

Zusätzlich zu der Möglichkeit, umgesetzte Prozesse zur Provisionierung von Identitätsinformationen aufzurufen und durchzuführen, können Prozesse auch mittels der Service Provisioning Markup Language (SPML) (siehe Abschnitt 3.1.1) von autorisierten externen Diensten aufgerufen werden, bspw. aus einer anderen Webanwendung heraus. Die Verwendung von SPML erlaubt Diensten, Prozesse auf standardbasierte Weise anzusprechen. Unter anderem ermöglicht dies, die Prozessunterstützung durch eine andere SPML-basierte Prozessunterstützung auszutauschen. Auch wenn dies erfordert, dass die Prozessbeschreibungen unter Umständen an die neue Prozessunterstützung angepasst werden müssen, wird durch die Verwendung einer standardbasierten Schnittstelle wie SPML die Flexibi-lität, insbesondere hinsichtlich zukünftiger Anpassungen, erhöht.

Abbildung 5.1 soll die Interaktionsmöglichkeiten der Prozessunterstützung des Sun IdM noch einmal verdeutlichen. Eigens implementierte Prozesse, welche im Sun IdM umgesetzt wurden, können von extern, bspw. aus Webanwendungen oder aus anderen IdM-Softwaresystemen heraus, die ebenfalls SPML-fähig sind, aufge-rufen werden. Darüber hinaus können Prozesse intern weitere Prozesse aufrufen. Legacy-Systeme (siehe Abschnitt 3.2.1), die nicht SPML-fähig sind, können über die angebotenen Adapter des Sun IdM Prozesse der Prozessunterstützung aufrufen und ausführen. Diese Möglichkeiten wurden größtenteils auch im Projekt KIM-

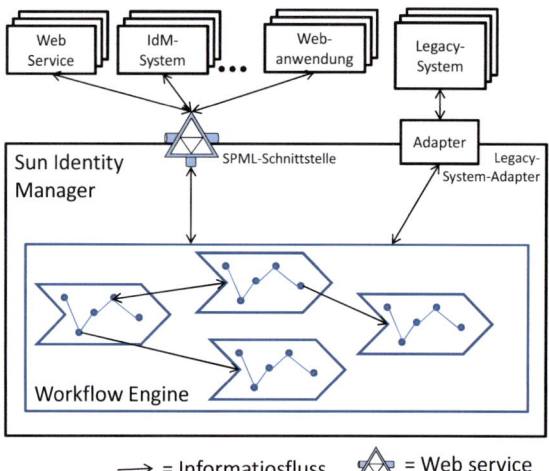

Abbildung 5.1: Interaktion beispielhafter Systeme mit der Prozessunterstützung des Sun IdM. Die Prozessunterstützung kann von Web Services, Webanwendungen oder anderen IdM-Systemen über einen SPML-Web Service des Sun IdM angesprochen werden. Alternativ kann die Prozessunterstützung über Adapter des Sun IdM auch von nicht SPML-fähigen Softwaresystemen aufgerufen werden.

IdM eingesetzt und haben sich dort ausnahmslos bewährt. Beispielsweise wird hierbei aus dem am KIT angebotenen Mitarbeiterportal[2] der Sun IdM über die SPML-Schnittstelle angesprochen, z.B. um Benutzern eine initial notwendige Aktivierung ihres Mitarbeiterkontos zu ermöglichen [Hoellrigl et al. 2009a, S. 81 ff].

Ein Beispiel, wie die Flexibilität bei der Erstellung eigener Prozesse via XPRESS auch zur Realisierung eines Mechanismus in organisationübergreifenden Szenarien Verwendung finden kann, wird in Abschnitt 5.3.5 präsentiert.

SPML-Web Service

Der Einsatz des SPML-Web Service des Sun IdM zur Provisionierung von Identitätsinformationen bietet sich vor allem im Zuge einer dienstorientierten Architektur an. Hierdurch ergeben sich die Vorteile einer SOA für die Provisionierung von Identitätsinformationen, bspw. eine vereinfachte Integration durch wohldefinierte und standardbasierte Schnittstellen [Papazoglou & Heuvel 2007] oder die Wiederverwendung von Funktionalitäten über dedizierte Dienstschnittstellen. Ein Web Service wird laut der Definition des World Wide Web Consortium (W3C), welches im Bereich der Web Service-Technologie eine entscheidende Rolle spielt [Alonso et al. 2004, S. 124], als Softwaresystem verstanden, welches auf der Basis einer maschinenlesbaren Beschreibung der Dienstschnittstelle eine Maschine-zu-Maschine-Kommunikation über ein Netzwerk ermöglicht. Die Beschreibung der Dienstschnittstelle geschieht hierbei in der Regel auf der Basis der *Web Service Description Language (WSDL)* [W3C WSDL] und die Kommunikation unter Verwendung von SOAP-Nachrichten [W3C SOAP].

> *"A Web service is a software system designed to support interoperable machine-to-machine interaction over a network. It has an interface described in a machine-processable format (specifically WSDL). Other systems interact with the Web service in a manner prescribed by its description using SOAP messages, typically conveyed using HTTP with an XML serialization in conjunction with other Web-related standards."*
> gemäß [W3C WS Arch]

An dieser Stelle soll angemerkt werden, dass sich die Definition des W3Cs sehr auf das SOAP-Protokoll zur Kommunikation mit einem Web Service bezieht. Dennoch können die Kernelemente der Definition als allgemein anerkannt angesehen werden. In jüngster Zeit gewinnen so genannte *REST-Web Services* immer mehr an Beliebtheit. *REST* steht hierbei für *REpresentational State Transfer* und bezeichnet einen Architekturstil für verteilte Informationssysteme. Die Bezeichnung

---

[2] `https://intra.kit.edu/` [Stand Okt. 2010]

REST stammt aus einer Dissertation von Roy Fielding [Fielding 2000, S. 76 ff]. Der Unterschied zwischen "SOAP-Web Services" und REST-Web Services besteht im Wesentlichen darin, dass REST-Web Services nicht über SOAP kommunizieren, sondern direkt auf HTTP aufsetzen. Des Weiteren muss ein REST-Web Service als Rückgabewert auch kein XML zurückgeben, sondern kann bspw. auch HTML zurückliefern. Das Ziel dieses Abschnittes ist es nicht dienstorientierte Architekturen sowie deren Vorteile und Möglichkeiten zu diskutieren und zu bewerten oder gar eine Diskussion SOAP-basierter versus REST-basierter Web Service zu liefern. Daher soll an dieser Stelle auf bestehende Literatur verwiesen werden. Eine gute Einführung in Web Services und deren Rolle in verteilten Informationssystemen ist in [Alonso et al. 2004] zu finden. Weitere empfehlenswerte Werke sind [Papazoglou & Ribbers 2006; Erl 2004]. Das Ziel dieses Abschnittes ist es vielmehr, die in Abschnitt 3.1.1 eingeführten abstrakten Komponenten des SPML-Modells zum besseren Verständnis anhand eines konkreten Anwendungsszenarios vertieft vorzustellen. Insbesondere da die Spezifikation hinsichtlich der Verwendung eines Provisioning Service Target und den Provisioning Service Objects intuitiv anders erwartet wird, als es in der Anwendung mit dem Sun IdM der Fall ist.

Die Zuordnung der abstrakten Komponenten des SPML-Modells auf ein Anwendungsszenario auf der Basis des Sun IdM ist wie folgt:

(i) **Requesting Authority** – jede Webanwendung oder Web Service, der mit dem SPML-Web Service des Sun IdM interagiert.

(ii) **Provisioning Service Provider** – der Sun IdM selbst kann als *Provider* angesehen werden, da bspw. die Konfiguration des durch den Provider zu provisionierenden Provisioning Service Targets innerhalb des Sun IdM mittels einer XML-Datei[3] konfiguriert wird. Hier muss auch sowohl das Schema angegeben werden, mit welchem die innerhalb des Targets zu provisionierenden Objekte syntaktisch beschrieben sind, als auch die *Capabilities*, d.h. die durch das entsprechende Target unterstützten SPML-Funktionalitäten und somit im Wesentlichen die auf dem Target durchführbaren SPML-Operationen.

(iii) **Provisioning Service Target** – das *Target* definiert die Objekte, die es verwaltet. Innerhalb des Sun IdM muss demnach ein spezifisches SPML-Schema angegeben werden, welches die Attribute und auch Capabilities der zu provisionierenden Objekte festlegt. Auch wenn SPML 2.0 mehrere Targets unterstützt, kann mit dem Sun IdM nur ein Target provisioniert werden. Dies ist dadurch zu begründen, dass entgegen der Erwartung, dass eine an den Sun

---

[3]Im Sun IdM kann dies über die Datei spml2.xml konfiguriert werden. Diese ist unter Objects in Configuration:SPML2 zu finden. Ab der Version 7.0 unterstützt der Sun IdM die SPML-Version 2.

IdM angeschlossene Ressource ein Target darstellt, d.h. eine Datenbank oder ein LDAP-Verzeichnis, quasi der Sun IdM mit allen angeschlossenen Ressourcen das Target darstellt. Warum dies im Falle des Sun IdM ausreichend ist lässt sich dadurch erklären, dass der Sun IdM eine Art Virtual Directory [Gifford et al. 1991; Benantar 2005] darstellt, d.h. er bietet die Möglichkeit, auf alle angeschlossenen Ressourcen eine aggregierte Sicht zur Verfügung zu stellen. Wie demnach ein tatsächlich zu provisionierendes Objekt auf einer konkreten Ressource angesprochen wird, soll im Folgenden näher erläutert werden.

(iv) **Provisioning Service Object** – das *Provisioning Service Object (Objekt)* ist das eigentlich zu provisionierende Ziel. Ein Objekt ist im Sun IdM mit den Daten einer Identität innerhalb einer *View* im Sun IdM gleichzusetzen. Eine View im Sun IdM kann hierbei mit einer Datenbankview oder einer View auf die unterschiedlichen Identitäten eines Benutzers, wie sie in Virtual Directories angeboten wird, verglichen werden. Folglich nimmt der Sun IdM, ähnlich wie ein Virtual Directory, beim Aufruf einer bestimmten Identität eine Abfrage aller diesem Benutzer zugeordneten Identitäten in verschiedenen Ressourcen vor und stellt diese Informationen in einer konsolidierten Sicht dar. Demnach ist das zu provisionierende Objekt eine Identität einer Entität mit all deren Attribute in den über verschiedene Ressourcen verteilten Identitäten dieser Entität. Somit ist es auch nicht notwendig, die einzelnen Identitätsspeicher, in welchen Daten eines Benutzers vorgehalten werden, als separate Targets anzubieten, sondern der Sun IdM fasst diese in einem Target zusammen.

Abbildung 5.2 soll die Zuordnung der abstrakten Komponenten auf den Sun IdM noch einmal verdeutlichen.

Verschiedene Anwendungsszenarien unter Verwendung von SPML sind in der Dokumentation des Projekts KIM-IdM zu finden [Hoellrigl et al. 2009a].

5.2.2   Resümee

Die vorgestellten Erfahrungen, welche in einem organisationsinternen Projekt gemacht werden konnten, können bei der Konzeption und Umsetzung eines Mechanismus zur Sicherstellung der Konsistenz in einem organisationübergreifenden und verteilten IdM-System in Teilen wiederverwendet werden, auch wenn dabei berücksichtigt werden muss, dass eine Integrationslösung in einem organisationsübergreifenden Szenario beteiligte Systeme weniger stark koppeln sollte als in einem organisationsinternen Szenario. Demnach gilt es, beteiligte Systeme zu inte-

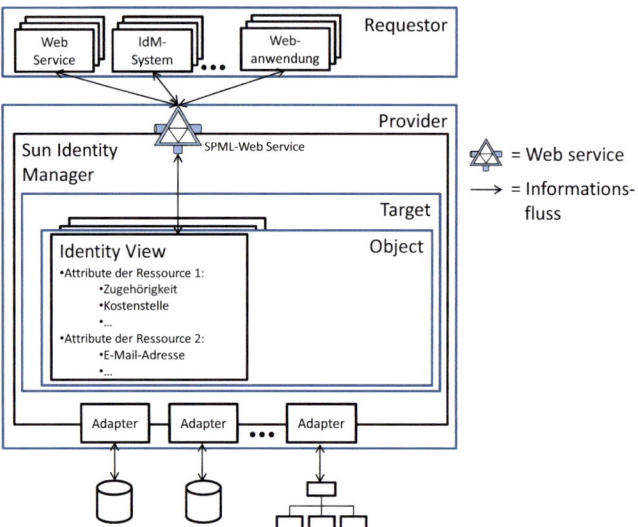

Abbildung 5.2: Zuordnung der abstrakten Komponenten des SPML-Modells auf die Komponenten eines Sun IdM. Insbesondere die Zuordnung eines Provisioning Service Object zu einer vollständigen Identity View eines Benutzers, d.h. die Gesamtheit aller zur einer Identität eines Benutzers gehörenden Attribute, ist hierbei zu betonen. Ein Target ist folglich auch nicht wie zu erwarten wäre eine Ressource, sondern der Sun IdM inklusive all seiner angeschlossenen Ressourcen.

grieren, ohne dabei zu viele Abhängigkeiten zwischen den Systemen zu erzeugen. Wie dies erreicht werden kann, wird in Abschnitt 5.3.4 noch gezeigt werden.

Wie genau die dargelegten Erfahrungen in die Konzeption und Umsetzung der Konsistenzsicherstellung in einem organisationübergreifenden Szenario aussieht, soll in Abschnitt 5.3.3 aufgegriffen werden. Eine Bewertung der einzelnen Erfahrungen in einem organisationsinternen Szenario kann erst nach einer Beschreibung der Anforderungen an die Sicherstellung in organisationsübergreifenden Szenarien erfolgen (siehe Abschnitt 5.3.2).

5.3   FedWare

Basierend auf den einzelnen Teillösungen, welche aktuell zum Austausch von Informationen innerhalb einer Organisation als auch organisationübergreifend eingesetzt werden, soll im Folgenden ein Ansatz vorgestellt werden, der eine Kombination bestehender Konzepte und Protokolle zu einem sinnvollen Gesamtkonzept verfolgt. Hierzu sollen zunächst die für das Verständnis des vorgeschlagenen Ansatzes notwendigen Grundlagen dargelegt werden. Dem folgend soll eine genaue Anforderungsanalyse für einen angemessenen Mechanismus zur Sicherstellung der Konsistenz in verteilten IdM-Systemen durchgeführt werden. Basierend auf diesen Anforderungen ist es möglich, die in Abschnitt 3.1 vorgestellten Standards, Protokolle und Softwaresysteme, noch einmal hinsichtlich deren Angemessenheit für die Sicherstellung der Konsistenz in verteilten Systemen zu analysieren und zu bewerten. Da keines der analysierten Konzepte die Anforderung vollständig unterstützt, wird im Anschluss ein eigenes Konzept sowie dessen Implementierung vorgestellt und bewertet [Hoellrigl et al. 2010b].

5.3.1   Hintergrund

Um den in Abschnitt 5.3.4 vorgeschlagenen Ansatz zur Sicherstellung der Konsistenz zu verstehen, ist es unerlässlich die hierfür notwendigen Grundlagen einzuführen. Da es sich bei dem Ansatz um eine Middleware-Lösung handelt, soll im Folgenden das Middleware-Konzept näher dargelegt werden.

Middleware – Konzepte und Dienste

In verteilten IdM-Systemen kommt es aufgrund der unabhängig Evolution der einzelnen Systeme nicht nur zu einer heterogenen Repräsentation von Informationen, sondern auch zu einer heterogenen Technologielandschaft. Hierbei werden sowohl unterschiedliche Standards und Protokolle als auch unterschiedliche Softwaresysteme verwendet, um identitätsbezogene Informationen auszutauschen.

Um diese Heterogenität zu überwinden gibt es unterschiedliche Ansätze. Ein Ansatz ist die Verwendung von Standard-Protokollen [Bernstein 1996], d.h. Systeme die miteinander interagieren einigen sich auf einen Standard zum Austausch von Informationen. Die Verwendung dieser Standardprotokolle kann vereinfacht angeboten werden, indem so genannte *Middleware-Dienste* zur Verfügung gestellt werden, die nicht nur standardisierte Protokolle einsetzen, sondern darüber hinaus standardisierte Programmierschnittstellen einsetzen [Coulouris & Dollimore 1988]. Diese Dienste werden Middleware-Dienste genannt, da sie "In The Middle" von Anwendungen und den darunterliegenden Netzwerken, Hardware, Programmiersprachen, usw. liegen [Bernstein 1996]. Eine Middleware kann hierbei folgendermaßen definiert werden:

> *"Middleware could be defined as a layer of enabling software services that allow application elements to interoperate across network links, despite differences in underlying communications protocols, system architectures, operating systems, databases, and other application services."*
> gemäß [Papazoglou & Ribbers 2006, S. 392].

Das generelle Ziel einer Middleware ist demnach Anwendungen die Interaktion über ein Netzwerk zu ermöglich, trotz einer vorherrschenden Heterogenität darunter liegender Hardware- und Softwaresystem-Komponenten. Die Definition von [Papazoglou & Ribbers 2006] ist hierbei recht allgemein gehalten. Generell sollte eine Middleware jedoch bestimmte Eigenschaften aufweisen. Laut [Bernstein 1996] zeichnet sich ein Middleware-Dienst hierbei durch die folgenden Eigenschaften aus:

(i) **Generizität** – ein Middleware-Dienst sollte einen *generischen Charakter* haben, d.h. er sollte über verschiedene Anwendungen einsetzbar sein.

(ii) **Plattformunabhängigkeit** – ein Middleware-Dienst sollte so implementiert sein, dass er auf *unterschiedlichen Plattformen* lauffähig ist.

(iii) **Verteiltheit** – ein Middleware-Dienst ist typischerweise *verteilt* und erlaubt in der Regel auf der Basis einer Client/Server-Architektur, einen entfernten Zugriff oder er ermöglicht, dass auf andere Dienste oder Anwendung entfernt zugegriffen werden kann.

(iv) **Standardsupport** – ein Middleware-Dienst unterstützt normalerweise verschiedene *Standard-Protokolle* und *standardisierte Programmierschnittstellen.*

Middleware-Dienste können in unterschiedliche Typen eingeteilt werden. Im Wesentlichen lässt sich hierbei zwischen *Remote Procedure Calls (RPCs)*, *Message-oriented Middleware*, *Data-access Middleware*, *Transaction-oriented Middleware* und *Object Request Brokers (ORBs)* unterscheiden [Papazoglou & Ribbers 2006]. Unabhängig von den unterschiedlichen Typen von Middleware lassen sich zwei Formen der Kommunikation mit Middleware-Diensten unterscheiden, die *synchrone* und die *asynchrone* Kommunikation.

Bei einer *synchronen* auch *blockierend* genannten Interaktion zwischen Kommunikationspartnern wartet der Anfragende nach einer Anfrage auf die Antwort des Partners, d.h. der anfragende Kommunikationspartner "blockiert" die Verarbeitung bis er die Antwort auf seine Anfrage erhält [Alonso et al. 2004, S. 22 ff]. Synchron miteinander kommunizierende Anwendungen werden auch *Request/Response-Anwendungen* genannt [Papazoglou & Ribbers 2006, S. 393].

Dem gegenüber steht die *asynchrone* auch *nicht-blockierende* genannte Interaktion. Auch wenn die Realisierung einer synchronen Kommunikation in der Regel einfacher umzusetzen ist, ist ein wesentlicher Vorteil einer asynchronen Kommunikation, dass Kommunikationsverzögerungen oder sogar ein Ausfall der Middleware typischerweise keinerlei Einfluss auf die beteiligten Systeme nimmt.

Die Art der Anbindung beteiligter Systeme an eine Middleware ist deshalb auch typischerweise eine *Lose Kopplung (engl. Loose Coupling)* bezeichnet [Kaye 2003]. Das Kern Prinzip der losen Kopplung ist es, die Annahmen, welche zwei interagierende Parteien, bspw. in Bezug auf Systemkomponenten, Anwendungen, Dienste oder Programme, voneinander treffen müssen, um miteinander interagieren zu können, so gering wie möglich zu halten [Hohpe & Woolf 2003, S. 10]. Das Gegenteil einer losen Kopplung wird *Enge Kopplung (engl. Tight Coupling)* genannt. Ein passendes Beispiel einer engen Kopplung ist ein lokaler Methodenaufruf innerhalb einer Anwendung. Die Annahmen die hierbei getroffen werden müssen, sind bspw. dass beide Methoden in einem Prozess laufen müssen oder die aufrufende Methode die exakte Anzahl der zu übergebenden Parameter in den passenden Datentypen übermitteln muss [Hohpe & Woolf 2003, S. 10]. Eine asynchrone Kommunikation kann demnach die Anzahl der zu treffenden Annahmen reduzieren.

Bei der asynchronen Kommunikation spricht man typischerweise von einem Austausch von *Nachrichten (engl. Messages)*. Um eine asynchrone Kommunikation umzusetzen, werden in der Regel *Warteschlangenmechanismen (engl. Queuing Mechanism)* eingesetzt. Hierbei lässt sich zwischen zwei Mechanismen unterscheiden, zum einen dem *Store-and-Forward-* und zum anderen dem *Publish/Subscribe-*Prinzip.

Bei dem Store-and-Forward-Prinzip werden von der sendenden Partei Nachrichten in eine *Nachrichtenschlange (engl. Message Queue)* gelegt und vom Empfänger aus dieser Nachrichtenschlange entnommen [Papazoglou & Ribbers 2006]. Die Nachrichtenschlange ist hierbei unabhängig von dem Sender und Empfänger und dient den kommunizierenden Parteien als Nachrichtenpuffer. Oftmals wird diese Art der Kommunikation auch in einem "Many-to-One-Messaging"-Paradigma angewendet, d.h. mehrere Sender schicken einem einzelnen Empfänger Nachrichten.

Bei dem Publish/Subscribe-Paradigma wird der Empfänger einer Nachricht vom Sender der Nachricht nicht direkt adressiert, d.h. der Produzent einer Nachricht *publiziert (engl. published)* diese Nachricht und alle Anwendung, die diese Art von Nachricht erhalten möchten *subskribieren (engl. subscribe)* sich [Rosenblum & Wolf 1997; Eugster et al. 2003]. Der *Subskribent* adressiert hierbei die Nachrichten, auf welche er sich subskribieren möchte, anhand spezifischer Eigenschaften, bspw. anhand eines *Betreffs (engl. Subject-Based)* [Oki et al. 1993] oder anhand eines *Themas (engl. Topic-Based)* [Antollini et al. 2006] oder auch über den vollständigen *Inhalt der Nachricht (engl. Content-Based)* [Carzaniga et al. 2001; Carzaniga & Wolf 2002]. Ein Publish/Subscribe-Mechanismus muss demnach im Wesentlichen eine Selektion der Nachrichten realisieren, d.h. es muss festgestellt werden, welche Nachricht zu welcher Subskription gehört. Anhand der Subskriptionen ergibt sich dann, an welche Empfänger diese Nachrichten gesendet werden müssen. Somit ist es auch notwendig die Subskribenten bzw. deren Adressen als auch Mechanismen zur Zustellung der Nachricht zu verwalten. Eine Herausforderung bei der Umsetzung eines Publish/Subscribe-Mechanismus ist die Ausdrucksstärke der Adressierung unter Berücksichtigung der Skalierbarkeit der Zustellung [Carzaniga et al. 2000].

Schema-Mapping-Ansätze

Wie in Abschnitt 4.1.1 bereits angesprochen wurde, werden zur Überwindung von Heterogenitäten in der Darstellung von Informationen unterschiedliche Schema-Mapping-Ansätze einsetzt (bspw. [Papazoglou et al. 1996]). Schema-Mapping-Ansätze kommen aus dem Bereich der *Datenintegrationssysteme (engl. Data Integration Systems)*, welche auf der Basis einer einheitlichen Anfragesprache die Abbildung auf die Datenformate verschiedener Datenrepositorien (siehe bspw. [Chawathe et al. 1994; Ives et al. 1999; Knoblock et al. 1998]) verfolgen. Die wesentliche Schwierigkeit bei der Umsetzung solcher Systeme ist die Abbildung des Schemas, mit welchem angefragt wurde, auf die Schemata der verschiedenen Datenrepositorien, auch bekannt als Schema-Mapping, Schema-Translation oder auch Schema-Matching. Oftmals erfolgt die Konfiguration des Schema-Mappings hierbei manuell. Es existieren verschiedene Ansätze, welche versuchen diesen Vorgang zumindest in Teilen zu automatisieren. Beispielsweise wird in [Doan et al. 2003] ein so genannter *Multistrategy*-Ansatz vorgestellt, welcher in zwei Phasen abläuft, einer Traingings und einer Matchingphase. In der Trainingsphase wird hierbei die Abbildung an exemplarischen Datenquellen manuell vorgenommen, um somit einen so genannten *Learner* zu "trainieren". In einer hierauf folgenden Phase wird von diesem Learnern dann für neue Ressourcen eine Abbildung vorgeschlagen. Hierdurch soll der Aufwand für die manuelle Konfiguration gemindert werden. Ein guter Überblick unterschiedlicher Schema-Mapping-Ansätze ist in [Doan et al. 2003] zu finden.

Verwandte Arbeiten

Eine Arbeit, welche sich mit der Überwindung von Informationsheterogenitäten in verteilten IdM-Systemen widmet ist [Hommel 2005]. Die Autoren führen einen so genannten *Attribut Konverter* ein, welcher ein födertationsweites Schema in ein lokales Schema konvertiert [Hommel 2007, S. 238 ff]. Der Attribut Konverter unterstützt hierbei drei unterschiedliche Konvertierungen:

(i) **Attribut-Mapping** – der Konverter erlaubt es den Attributnamen eines Attributs auf den Namen eines anderen Attributs abzubilden (vgl. Abschnitt 3.2.2).

(ii) **Einfache String-Operationen** – der Wert eines Attributs kann auf Stringbasis angepasst werden, bspw. um Umlaute zu entfernen, aber auch um mehrere Attributwerte zusammenzuführen oder einen Attributwert auf mehrere Attributwerte aufzuteilen.

(iii) **Komplexere String-Operationen** – der Wert eines Attributs kann komplexeren Transformationen unterzogen werden, bspw. zur Transformation eines Wertes in einer bestimmten Sprache in eine andere Sprache. Die technische Durchführung solcher Transformationen wird mit Hilfe von XSLT [W3C XSLT] vorgeschlagen.

In der Arbeit [Pham et al. 2007] wird ebenfalls die Sicherstellung der Konsistenz identitätsbezogener Informationen adressiert. Die Autoren berufen sich hierbei auf Replikationsstrategien aus dem Bereich der Zugriffskontrolle [De Capitani di Vimercati & Samarati 1996]. Zur Lösung der Konsistenzproblematik schlagen die Autoren die Verwendung einer *Attribut Synchronisation* vor oder als Alternative den FIM-typischen Delegationsansatz, d.h. die Auslagerung der Verwaltung identitätsbezogener Information an Identitätsprovider. Die Angemessenheit aktueller FIM-Standards und -Protokolle zur Sicherstellung der Konsistenz wird in Abschnitt 5.3.3 noch einmal im Detail diskutiert.

Zur Realisierung der Attribut Synchronisation schlagen die Autoren die Verwendung eines Meta oder Virtual-Directories vor. Die Nachteile der Verwendung eines Meta oder Virtual-Directories zur Sicherstellung der Konsistenz in organisationsübergreifenden Szenarien sind im Wesentlichen in einer Erhöhung der

149

Annahmen zu finden, die getroffen werden müssen, um Föderationsteilnehmern zu ermöglichen miteinander zu kommunizieren. Demnach resultiert der Einsatz eines Meta oder Virtual-Directories für die Konsistenzsicherstellung in verteilten IdM-Systemen in einer engen Kopplung beteiligter Systeme, bspw. in Bezug auf das zu verwendende Schema. Beispielsweise würde der Einsatz eines Meta Directories bei Änderungen des Schemas die Anpassung aller beteiligten Systeme erfordern, die dieses Schema verwenden. Ein zentraler Meta Directory-Ansatz hat darüber hinaus die gleichen Nachteile, wie der zentralistische föderative Ansatz, d.h. bspw. eine verringerte Autonomie und die Forderung eines hohen Maßes an Vertrauen in eine zentrale Instanz (siehe Abschnitt 2.3.1). Dieser Ansatz ist in verteilten IdM-Systemen demnach in den meisten Anwendungsszenarien weniger empfehlenswert.

Resümee

Die Verwendung von Middleware-Diensten zur Sicherstellung der Informationskonsistenz in verteilten IdM-Systemen macht aus mehreren Gründen Sinn. Zum einen erlaubt die Bereitstellung von Middleware-Diensten eine Wiederverwendung und kann somit zur Reduktion des initial notwendigen Aufwands zur Entwicklung des Sicherstellungsmechanismus und zur Integration der Föderationsteilnehmer beitragen. Des Weiteren führen asynchrone Middleware-Dienste zu einer lose gekoppelten Lösung, da durch den Einsatz von Middleware-Diensten angebundene Systeme, sowohl hinsichtlich der Verfügbarkeit anderer angebundener Systeme lose gekoppelt sind, als auch in Bezug auf deren Konfiguration, bspw. dem verwendeten Informationsschemata oder den eingesetzten Informationsspeichern. Eine hinsichtlich dieser Aspekte lose gekoppelte Gesamtlösung wirkt sich wiederum positiv auf die Komplexität des Gesamtsystems aus und kann somit zu einer Reduktion des Aufwands des Betriebs des Gesamtsystems führen, da bspw. Änderungen an den Schemata der lokalen Systeme in einem System, bei welchem Teilsysteme nicht von den Informationsschemata anderer Teilsysteme abhängig sind, keinen Einfluss auf das Gesamtsysteme nehmen [Hoellrigl et al. 2010b].

Existierende Ansäte zur Überwindung der Heterogenität eingesetzter Informationsschemata sind ebenfalls zur Sicherstellung der Konsistenz in verteilten IdM-Systemen sinnvoll. Im Abschnitt 5.3.4 sollen deshalb die eingeführten Konzepte sowohl von [Hommel 2005] als auch im Zusammenhang von Datenintegrationsansätzen in Teilen aufgegriffen und eingesetzt werden.

5.3.2 Anforderungen zur Sicherstellung der Konsistenz in verteilten IdM-Systemen

Elementare Anforderungen an einen Ansatz zur Sicherstellung der Konsistenz in verteilten IdM-Systemen werden erheblichen von den Konsequenzen der Replikation (siehe Abschnitt 3.2.2) identitätsbezogener Informationen beeinflusst. Die Konsequenzen haben in Bezug auf die Sicherstellung der Konsistenz identitätsbezogener Informationen die folgenden wesentlichen Auswirkungen:

(i) **Mehrere Identitäten pro Benutzer** – im isolierten Identitätsmanagementmodell (vgl. Abschnitt 4.3.1) sind die unterschiedlichen Identitäten eines Benutzers nicht mit einander korreliert. Wie in Abbildung 3.8 bereits gezeigt wurde, bedeutet dies, dass ein Identitätsprovider, der einen bestimmten Benutzer mit einem bestimmten Identifikator identifiziert, nicht die Möglichkeit hat, unter Verwendung desselben Identifikators auf eine Identität desselben Benutzer bei einem anderen Identitätsprovider oder Dienstanbieter zu verweisen.

(ii) **Heterogene Informationsschemata** – durch die unabhängige Evolution der zur Beschreibung identitätsbezogener Informationen verwendeter Informationsschemata im isolierten Identitätsmanagementmodell, kommt es typischerweise zu heterogenen Repräsentationen identitätsbezogener Informationen. Um *ID-Consistency* in verteilten IdM-Systemen sicherstellen zu können, ist es jedoch notwendig nicht nur "Replikate" anzupassen, sondern auch semantisch in Beziehung stehende Informationen. Demnach gilt es, bei der Verteilung von Änderungen auch eventuell notwendige Transformationen (vgl. Abschnitt 3.2.2) vorzunehmen.

Die im Folgenden dargelegten Anforderungen sollen neben der Sicherstellung der Konsistenz auch die Reduktion des Aufwands berücksichtigen, der für die initiale Integration eines Systems notwendig ist. Darüber hinaus ist auch auf den Aufwand für den Betrieb des Mechanismus zur Sicherstellung der Konsistenz zu achten. Grundlegende Anforderungen zur Sicherstellung der Konsistenz in verteilten IdM-Systemen sind:

(A1) **Verteilung auftretender Änderungen** – die fundamentalste Anforderung zur Sicherstellung der Konsistenz ist, Änderungen an identitätsbezogenen Informationen an alle semantisch in Beziehung stehende Attribute (siehe Abschnitt 4.2.3) zu verteilen. Änderungen beziehen sich hierbei nicht ausschließlich auf Modifikationen von Attributwerten, wie eine Änderung des Nachnamens, der Heimatadresse oder der Kreditkartennummer, sondern vor allem Änderungen, welche sich auf die Zugriffsberechtigungen eines Benutzers auswirken, sollten innerhalb der Föderation verteilt werden. Zum Beispiel könnte der Wechsel einer Rolle, einer Mitgliedschaft, einer Organisationszugehörigkeit oder einer Deaktivierung eines Benutzers bei einem Identitätsprovider auch für andere Identitätsprovider und Dienstanbieter von Interesse sein.

Da *ID-Consistency* erfordert, dass auftretende Änderungen innerhalb eines bestimmten Zeitfensters verteilt werden, gilt es, eine zuverlässige Verteilung zu gewährleisten. Neben der Verwendung zuverlässiger Transportprotokolle auf Transportschicht des OSI-Referenzmodells [ISO/IEC 7498-1], muss hierbei auch auf der Anwendungsschicht gewährleistet sein, dass bspw. durch Wiederholungsmechanismen Änderungen erneut verteilt werden, falls ein System vorübergehend nicht erreichbar ist.

Verteilte IdM-Systeme ändern sich über die Zeit, d.h. neue Systeme werden integriert und andere Systeme verlassen die Föderation. Darüber hinaus kann sich die Konfiguration integrierter Teilsysteme ändern, bspw. kann sich die Adresse eines Identitätsproviders ändern oder das Informationsschema wird angepasst. Diese Änderungen können potentiell Auswirkungen auf das Gesamtsystem nehmen, insbesondere können Änderungen an der Konfiguration eines Teilsystems Änderungen in anderen Teilsystemen nach sich ziehen und somit den Aufwand für den Betrieb des Gesamtsystems erhöhen. Um den Betriebsaufwand zu reduzieren, sollten die Teilsysteme hinsichtlich ihrer Verfügbarkeit und Konfiguration von den anderen Teilsystemen weitestgehend entkoppelt sein.

Da der Mechanismus zur Verteilung auftretender Änderungen von allen Teilsystemen benötigt wird, sollte dieser in einer wiederverwendbaren Weise zur Verfügung gestellt werden, da sich hierdurch der initiale Aufwand bei der Integration neuer Teilsysteme reduzieren lässt. Des Weiteren wird in verteilten IdM-Systemen typischerweise mehr als ein Protokoll zur Kommunikation identitätsbezogener Informationen eingesetzt [OASIS SAML Change Notify Protocol] (siehe Abschnitt 3.1). Zum Beispiel werden in Information-Card-basierten Systemen Informationen sowohl auf der Basis von SAML als auch unter Verwendung von WS-Federation bzw. WS-Trust ausgetauscht. Um diese Heterogenitäten zu unterstützen, sollte der Mechanismus zur Verteilung auftretender Änderungen unterschiedliche Protokolle unterstützen.

(A2) **Korrelation verschiedener Identitäten einer Entität** – Änderungen an Attributen einer Identität eines Benutzers können nur dann an andere Identitäten dieses Benutzers verteilt werden, wenn diese miteinander korreliert sind. Der Vorgang der Korrelation unterschiedlicher Identitäten einer Entität im föderativen Identitätsmanagement wird *Identity Federation* genannt (siehe Abschnitt 2.1.6). Demnach ist die Unterstützung der Identity Federation zur Sicherstellung der Konsistenz in verteilten IdM-Systemen notwendig. Die Linking Information, d.h. die Information, welche Identitätsprovider und Dienstanbieter verwenden, um auf denselben Benutzer zu verweisen, werden initial während der Identity Federation festgelegt und auch während des Betriebs, zur Herstellung der Korrelation benötigt.

Da jeder Identitätsprovider oder Dienstanbieter, der selbst Identitäten eines Benutzers lokal verwaltet, die Funktionalität zur Identity Federation benötigt, sollte die Identity Federation auf eine wiederverwendbare Weise bereitgestellt werden, um hierdurch eine Reduktion des Entwicklungsaufwands zu erzielen. Den Aufwand für die Verwaltung der Verlinkungen sollte möglichst gering gehalten werden, bspw. durch die Vermeidung bilateraler Verlinkungen zwischen den einzelnen Teilsystemen.

(A3) **Berücksichtigung von Legacy-Systemen** – Legacy-Systeme, d.h. Systeme die aktuelle FIM-Protokolle nicht unterstützen (siehe Abschnitt 3.2.1), werden auch in verteilten IdM-Systemen eingesetzt, um identitätsbezogene Informationen vorzuhalten. Folglich ist es notwendig, Legacy-Systeme bei der Integration zu berücksichtigen. Insbesondere ist es notwendig, auch Änderungen an identitätsbezogenen Information in Legacy-Systemen zu detektieren, so dass diese Änderungen an die anderen Systeme verteilt werden können. Um den Entwicklungsaufwand möglichst gering zu halten, sollten Integrationsmechanismen in einer wiederverwendbaren Weise zur Verfügung gestellt werden.

(A4) **Überwindung heterogener Informationsschemata** – Änderungen an Identitätsinformationen können nur dann zwischen den Teilsystemen kommuniziert werden, wenn es ein gemeinsames Verständnis bzgl. der Attribute eines Benutzers gibt (vgl. Abschnitt 4.1.1). Da in aktuellen Systemen nicht davon ausgegangen werden kann, dass grundsätzlich ein gemeinsames föderationsweites Schema existiert, ist es in der Regel notwendig zwischen den Informationsschemata der Teilsysteme zu vermitteln. Dies ist insbesondere dann notwendig, wenn komplexere Transformationen durchgeführt werden müssen.

Um zu vermeiden, dass Föderationspartner ihre Schemata bilateral untereinander abbilden, wodurch die Anzahl der Abbildungen mit steigender Anzahl der Föderationsteilnehmer steigt, sollte ein föderationsweites Schema etabliert werden. Die Etablierung dieses Schemas kann auf zwei Arten realisiert werden:

(i) Jedes Föderationsmitglied könnte das lokal eingesetzte Schema direkt anpassen, was jedoch eine Anpassung aller lokalen auf dieses Schema zugreifenden Applikationen erfordern würde.

(ii) Alternativ könnte das lokale Schema jedes Föderationsmitglieds auf das föderationsweite Schema abgebildet werden.

Um den Entwicklungsaufwand zu reduzieren, sollten Föderationsteilnehmer ihre lokalen Anwendungen nicht anpassen müssen. Somit ist die Variante (ii) in der Regel zu bevorzugen. Die Abbildung des föderationsweiten Schemas auf die lokalen Schemata sollte darüber hinaus in einer wiederverwendbaren Weise angeboten werden, um den Entwicklungsaufwand weiter zu reduzieren. Somit sollte es Föderationsmitgliedern möglich sein, die Aufgabe der Abbildung der Informationsschemata an einen wiederverwendbaren Vermittlungsmechanismus zu delegieren.

5.3.3   Analyse und Bewertung existierender Ansätze

Basierend auf den im vorherigen Abschnitt eingeführten Anforderungen soll im Folgenden eine Angemessenheitsanalyse und Bewertung der in Abschnitt 3.1 vorgestellten Standards, Protokolle und Softwaresysteme sowohl im Bereich organisationsinterner als auch organisationsübergreifender IdM-Systeme in Bezug auf die Sicherstellung der Konsistenz in verteilten Systemen vorgenommen werden. Wie bereits erwähnt wurde, wurden die analysierten Standards, Protokolle und Softwaresysteme aufgrund ihrer Verbreitung und Relevanz ausgewählt[4]. Darüber hinaus sollen die im Abschnitt 5.2 dargelegten Erfahrungen, welche im Bereich der Etablierung eines organisationsinternen IdM-Systems gemacht werden konnten auf die Eignung zur Sicherstellung der Konsistenz in verteilten IdM-Systemen analysiert und bewertet werden.

Organisationsinterne Ansätze

Der Grund warum Provisionierungssysteme, welche in organisationsinternen Szenarien eingesetzt werden, nicht "1-zu-1" auf organisationsübergreifende Szenarien anwendbar sind, liegt im Wesentlichen in der Art der Integration beteiligter

---

[4]Es existieren auch weitere FIM-Softwaresysteme wie bspw. OpenSSO jedoch bauen diese größtenteils auf FIM-Standards wie SAML und WS-Trust bzw. WS-Federation auf. Demnach teilen sich diese zu weiten Teilen auch deren Stärken und Schwächen und sollen an dieser Stelle nicht gesondert betrachtet werden.

Systeme durch diese Provisionierungssysteme, da Systeme in organisationsinternen Szenarien wesentlich enger miteinander gekoppelt werden können als in organisationsübergreifenden Szenarien. Die hierdurch resultierenden Annahmen betreffen sowohl technische Aspekte, wie die Art der Anbindung der zu provisionierenden Systeme, bspw. die zur Integration eingesetzten Adapter, als auch nicht technische Aspekte, wie das für eine Integration notwendige Vertrauen. In organisationsinternen Szenarien ist es grundsätzlich einfacher, Systeme "eng" miteinander zu koppeln, d.h. eine hohe Anzahl getroffener Annahmen ist in organisationsinternen Szenarien oftmals möglich. Die enge Kopplung manifestiert sich im Wesentlichen in einem hohen Grad an Abhängigkeiten zwischen den Systemen [Pautasso & Wilde 2009; Hohpe & Woolf 2003], bspw. hinsichtlich der Verfügbarkeit und Konfiguration der Systeme. Diese Abhängigkeiten sollten jedoch gerade in organisationsübergreifenden Anwendungsszenarien vermieden werden, da in organisationübergreifenden Szenarien der Autonomie der einzelnen Systeme eine hohe Priorität eingeräumt werden sollte.

Dennoch können viele Aspekte, welche beim Einsatz in organisationsinternen Szenarien Anwendung finden, auch auf organisationübergreifende Mechanismen übertragen werden. Ein wesentlicher Aspekt, welchen es bei der Konzeption und Umsetzung der Konsistenzsicherstellung in einem verteilten IdM-System genauso zu bewältigen gilt wie in einem organisationsinternen Szenario, ist die Berücksichtigung von Legacy-Systemen, da diese auch in verteilten IdM-Systemen als Quellen und Senken identitätsbezogener Informationen dienen können. Demnach ist in diesem Zusammenhang der Umgang mit dem Einsatz von Adaptern eines Integrationswerkzeugs, wie dem Sun IdM, von Vorteil. Je nach Art und Weise wie in organisationübergreifenden Szenarien die Sicherstellung der Konsistenz realisiert wird, kann eine Prozessunterstützung ebenfalls von Vorteil sein, bspw. zur Realisierung föderationsweiter Provisionierungsprozesse.

	Provisionierungssysteme	SPML
A1	○	○
A2	—	—
A3	✓	—
A4	○	—

✓ = Anforderung wird voll berücksichtigt,
○ = Anforderung wird teilweise berücksichtigt,
— = Anforderung wird nicht berücksichtigt

Tabelle 5.1: Übersicht der Ergebnisse der Analyse organisationsinterner Ansätze zur Sicherstellung der Informationskonsistenz.

Tabelle 5.1 gibt noch einmal eine kurze Zusammenfassung der Angemessenheitsanalyse organisationsinterner Ansätze. Provisionierungssysteme für den Einsatz in organisationsinternen Systemen könnten zu Teilen auch für die Provisionierung in organisationsübergreifenden Szenarien eingesetzt werden, dennoch erfüllen sie die *Verteilung auftretender Änderungen (A1)* nicht vollständig, da sie angebundene Systeme zu stark koppeln. Die *Korrelation verschiedener Identitäten einer Entität (A2)* wird durch aktuelle Provisionierungssysteme nicht ausreichend unterstützt, da in organisationsinternen Szenarien zwar auch eine Korrelation unterschiedlicher Identitäten einer Entität vorgenommen wird, diese jedoch typischerweise durch Out-of-Band-Mechanismen bewerkstelligt werden muss (vgl. Abschnitt 3.1.2) und es in der Regel keinerlei standardbasierte Protokolle gibt, welche eine *Identity Federation* ermöglicht. Die *Berücksichtigung von Legacy-Systemen (A3)* wird durch organisationsinterne Ansätze voll unterstützt, da aktuelle Provisionierungssysteme für viele Legacy-Systeme "Out Of The Box"-Adapter zur Verfügung stellen und sogar die Entwicklung eigener Adapter vorsehen. Die *Vermittlung (A4)* zwischen unterschiedlichen Informationsschemata angeschlossener Systeme wird in aktuellen Provisionierungssystemen zwar vorgesehen, die Anforderung kann jedoch dahingehend nur als teilweise erfüllt angesehen werden, da die Vermittlung typischerweise sehr fest innerhalb der einzelnen Systeme abläuft und demnach auch nur schwer wiederverwendet werden kann, wie dies bspw. in Form eines Attribut Konverters [Hommel 2007, S. 238 ff] der Fall ist.

Der Einsatz von SPML könnte auch in organisationsübergreifenden Szenarien von Bedeutung sein. Insbesondere könnte SPML zur *Verteilung auftretender Änderungen (A1)* eingesetzt werden. Da SPML jedoch kein ausreichendes Sicherheitsmodell vorsieht (siehe Abschnitt 3.1.1) ist es notwendig, beim produktiven Einsatz von SPML zusätzliche Zugriffskontrollmechanismen einzubauen. Eine direkte Provisionierung über einen Provisioning Service Provider auf ein Target und dessen verwaltete Objekte würde in organisationübergreifenden Szenarien ein zu hohes Maß an Vertrauen erfordern. Die *Korrelation verschiedener Identitäten einer Entität (A2)* liegt außerhalb der Zielsetzung von SPML und wird demnach auch nicht von SPML abgedeckt. Auch die *Berücksichtigung von Legacy-Systemen (A3)* ist nicht im Rahmen der SPML-Spezifikation intendiert und wird von SPML deshalb nicht unterstützt. Aus diesem Grund wird SPML auch in der Regel als Teil eines Provisionierungssystems, wie dem Sun IdM, welches wiederum die Möglichkeit der Integration von Legacy-Systemen vorsieht, eingesetzt. Wie bereits bei der allgemeinen Bewertung von SPML in Abschnitt 3.1.1 angemerkt wurde, ist eine Schwäche von SPML die fehlende Flexibilität hinsichtlich des eingesetzten Informationsschemas. SPML sieht demnach keinerlei *Vermittlung (A4)* zwischen unterschiedlichen Informationsschemata vor.

156

Organisationsübergreifende Ansätze

In Abschnitt 5.4.3 werden benutzerzentrierte Ansätze, wie CardSpace, Higgins und OpenID noch einmal gesondert betrachtet, da deren Fokus auf der Berücksichtigung der Benutzerfreundlichkeit und der Privacy eines Benutzers liegt und somit unter anderen Gesichtspunkten Bewertung finden sollte. Des Weiteren sollen in diesem Teil nur die Standards, Protokolle und Softwaresysteme untersucht werden, welche für die im Folgenden vorgestellte Lösung relevant sind. Wie in Abschnitt 5.4.3 noch gezeigt werden wird, erfüllen auch benutzerzentrierte Ansätze die gestellten Anforderungen nicht vollständig.

Tabelle 5.2 fasst die Angemessenheitsanalyse zusammen. Die Spezifikationen der Liberty Alliance und der Kantara Initiative werden im Folgenden unter *Liberty Alliance* zusammengefasst (siehe Tabelle 5.2). Generell kann für alle analysierten FIM-Standards und -Softwaresysteme gesagt werden, dass diese aktuell die *Verteilung auftretender Änderungen (A1)* an die Sitzungssession des Benutzers beim Dienstanbieter koppeln, sowohl für eine Front-Channel- als auch eine Back-Channel-Kommunikation, d.h. sobald der Benutzer die Dienstnutzung beendet, bspw. durch ausloggen, können zwischen dem IDP und der Relying Party keine Daten mehr ausgetauscht werden (siehe bspw. [OASIS SAML Change Notify Protocol; Hommel et al. 2008]). Eine Verteilung auftretender Änderungen während ein Benutzer offline ist, wird demnach nicht vorgesehen. Aktuelle Entwicklungen wie das *Change Notify Protokoll* [OASIS SAML Change Notify Protocol] liegen aktuell[5] noch in einer Draft Version vor und können deshalb nicht in die Bewertung mit einfließen. Dennoch zeigt dieser Draft, dass auch die "SAML Community" diese Schwachstelle in aktuellen SAML-Protokollen sieht.

Liberty Alliance adressiert im *Subscription and Notification Framework* [Liberty Subscriptions and Notifications] (vgl. Abschnitt 3.1.2) die Konsistenzproblematik. Das Subscription and Notification Framework ist jedoch auf XML-basierte Web Services und auf das Liberty ID-WSF Framework limitiert. Ein nicht SOAP-fähiger Client wird nicht unterstützt. Des Weiteren kann eine Subskription ausschließlich während des Login-Prozesses bei dem jeweiligen Identitätsprovider, welcher die Authentifikation durchgeführt hat, vorgenommen werden. Hierdurch obliegt die Verwaltung der Subskribenten dem jeweiligen IDP.

Die Anforderung der *Korrelation verschiedener Identitäten einer Entität (A2)* wird sowohl von *SAML* als auch von der *Liberty Alliance* erfüllt. Auch *WS-Federation* unterstützt diese Anforderungen vollständig[6]. *Shibboleth* berücksichtigt aktuell keine Identity Federation, jedoch ist laut der Shibboleth Roadmap der

---

[5]Stand Okt. 2010

[6]In der WS-Federation Terminologie wird die Identity Federation als "Identity Mapping" [OASIS WS-Federation] bezeichnet.

	SAML	Liberty Alliance	WS-Federation	Shibboleth
A1	—	○	—	—
A2	✓	✓	✓	—
A3	—	—	—	—
A4	—	—	○	✓

✓ = Anforderung wird voll berücksichtigt,
○ = Anforderung wird teilweise berücksichtigt,
— = Anforderung wird nicht berücksichtigt

Tabelle 5.2: Überblick der Ergebnisse der Angemessenheitsanalyse organisations-übergreifender Standards, Protokolle und Softwaresysteme bezüglich der Anforderungen an einen Mechanismus zur Sicherstellung der Konsistenz in verteilten IdM-Systemen.

Anwendungsfall "IEEE Scenario", welcher Identity Federation voraussetzen würde, ein erstrebenswerter Anwendungsfall[7]. Hierbei wird angestrebt auf aktuellen SAML-Standards und Spezifikationen der Liberty Alliance aufzubauen.

Die *Berücksichtigung von Legacy-Systemen (A3)* wird von keinem der aktuellen FIM-Standards, -Protokolle und -Softwaresysteme vorgesehen. Typischerweise sind diese Protokolle auf Anwendungsschichtprotokolle wie http(s) und das darüber liegende SOAP beschränkt (siehe bspw. [OASIS SAML Bindings; Liberty ID-WSF; Liberty ID-FF Bindings and Profiles]). Andere Protokolle bspw. zur Kommunikation mit Verzeichnisdiensten wie LDAP [RFC 2251] werden nicht berücksichtigt[8].

SAML und die *Liberty Alliance* sehen aktuell die *Überwindung heterogener Informationsschemata (A4)* nicht vor. Wie bereits im Abschnitt 5.3.1 angemerkt, existieren verwandte Arbeiten [Hommel 2005] und [Hommel 2007], welche eine Vermittlung zwischen unterschiedlichen Informationsschemata auf der Basis von SAML anstreben. *WS-Federation* bzw. *WS-Trust* sehen eine Vermittlungskomponente vor. Beispielsweise erlauben aktuelle Implementierungen eines Security Token Services (siehe Abschnitt 3.1.2) einfache String-Operationen, um den Namen und Wert eines Attributs auf der Basis der sogenannten Claim Rule Language [WWW CRL] anzupassen (siehe Abschnitt 4.3.2 für ein Beispiel). *Shibboleth* ab der Version 2.0 unterstützt die Anforderung einer Vermittlungskom-

---

[7]`https://spaces.internet2.edu/display/SHIB2/Shibboleth+Roadmap` [Stand Okt. 2010]

[8]Auch hier soll angemerkt werden, dass dieser Nachteil von der IdM-Gemeinschaft erkannt wurde und es einen aktuellen Draft gibt [OASIS SAML Change Notify Protocol], in welchem solche Protokolle berücksichtigt werden.

ponente ebenfalls. Shibboleth bietet hierfür dedizierte *AttributeEncoder*[9], welche
es erlauben unterschiedliche Transformationen auf Benutzerattributen seitens des
Identitätsproviders vorzunehmen, bspw. ein Zusammenführen, Auftrennen und
Umformatieren von Attributwerten und Namen, um hierdurch eine Abbildung
auf das entsprechende Informationsschema der Dienstanbieter zu erreichen.

Resümee

Zusammenfassend kann festgehalten werden, dass für sich alleine genommen
weder organisationsinterne noch organisationübergreifende Ansätze zur Sicherstellung der Konsistenz in verteilten IdM-Systemen ausreichend geeignet sind.
Daher gilt es, auf der Basis der vorgestellten Ansätze eine sinnvolle Gesamtlösung
zu entwickeln, welche den Anforderungen angemessen genügt. Ziel muss es hierbei sein, eine Lösung zu konzipieren, welche auf der Basis bestehender Konzepte
und vor allem bestehender Standards aufbaut, um hierdurch den Aufwand für die
Integration in bestehenden verteilten IdM-Systemen möglichst gering zu halten.

5.3.4   Konzeption

Um die Anforderungen, welche in Abschnitt 5.3.2 vorgestellt wurden, in ange-
messenem Maße zu erfüllen, insbesondere um *ID-Consistency* in verteilten IdM-
Systemen sicherstellen zu können, wird ein integrierter Ansatz namens *FedWare*
vorgeschlagen[10] [Hoellrigl et al. 2010b]. FedWare basiert auf dem Sun Java System
Identity Manager (Sun IdM), welcher zur Erfüllung der Anforderungen, um verschiedene Middleware-Dienste erweitert wurde. Hierbei war ein Leitgedanke bestehende Konzepte, bspw. das Publish/Subscribe-Paradigma (vgl. Abschnitt 5.3.1)
oder existierende Standards und Protokolle wie SAML und SPML oder Spezifikationen der Liberty Alliance, soweit wie möglich wiederzuverwenden. Hierdurch
wird vor allem der Integrationsaufwand reduziert und die Interoperabilität mit existierenden Ansätzen gewährleistet. Somit ist die Kombination isolierter Teillösung
zu einem sinnvollen Gesamten ein wesentliches Ziel des vorgeschlagenen Ansatzes.

Des Weiteren ist das Ziel des Ansatz, das in der Arbeit eingeführt Konsistenz-
modell *ID-Consistency* sicherzustellen. Es wird demnach von einem relaxierten
Konsistenzbegriff ausgegangen, wobei FedWare Mechanismen vorsieht, welche die
Spezifikation eines Inconsistency Window ermöglichen sollen. Insbesondere muss

---

[9]https://spaces.internet2.edu/display/SHIB2/
SAML2ScopedStringAttributeEncoder [Stand Okt. 2010]

[10]Wie bereits erwähnt wird im Rahmen dieser Arbeit davon ausgegangen, dass die Verteilung
auftretender Änderungen zur Erreichung eines föderationsweit konsistenten Zustands aller identitätsbezogenen Informationen sowohl im Sinne des Dienstanbieters als auch des Dienstnehmers
liegt.

hierfür die Kopplung aktueller FIM-Standards und -Softwaresysteme an den Login-Prozess des Benutzers gelöst werden, um eine Back-Channel-Kommunikation möglich zu machen, d.h. FedWare soll eine Verteilung auftretender Änderungen erlauben, ohne die Interaktion mit einer Client-seitigen Komponente, wie einem Web Browser, notwendig zu machen.

Um einen ersten Eindruck der Funktionsweise von FedWare zu vermitteln, soll im Folgenden der grobe Ablauf einer Interaktion zur Verteilung auftretender Änderungen vorgestellt werden. Abbildung 5.3 gibt eine Systemübersicht der Integrationslösung FedWare. Am oberen Rand der Abbildung sind die *Producer*, d.h. die Erzeuger einer Nachricht, welche sowohl Identitätsprovider als auch Dienstanbieter sein können. Im Falle einer detektierten Änderung teilt ein Producer Fed-Ware über entsprechende Schnittstellen diese Änderung mit, bspw. über einen *SAML-basierten* oder einen *SPML-basierten Publishing Service*. Sobald FedWare eine Änderung mitgeteilt bekommt, ermittelt das System durch die Verwendung des so genannten *Identifier Mapping Service* alle zu der geänderten Identität korrelierten Identitäten. Basierend auf den *Mappings* bzw. den *Linking-Informationen*, also den Informationen zur Korrelation der Identitäten eines Benutzers, ermittelt FedWare des Weiteren die lokalen Informationsschemata der zugehörigen Identitäten und führt falls notwendig Transformationen zur Überwindung heterogener Informationsschemata unter Verwendung der *Vermittlerkomponente* durch. In einem letzten Schritt, werden die transformierten Änderungen an die jeweiligen *Consumers* übermittelt, welche wiederum sowohl Identitätsprovider als auch Dienstanbieter sein können. Der letzte Schritte macht es notwendig, dass die Consumers der Änderungen, in einem vorgelagerten Schritt FedWare ihr Interesse an Änderungen an einer bestimmten Identität unter Verwendung eines *Subscription Service* mitteilen. Ein Identitätsprovider bzw. ein Dienstanbieter kann hierbei ein Producer und/oder ein Consumer sein. Im Falle eines Legacy-Systems wird dieses über entsprechende *Legacy-Adapter* des Sun IdM eingebunden, wodurch Legacy-Systeme ebenfalls als Producer und Consumer fungieren können.

Im Folgenden soll die Funktionalität anhand der vorgestellten Anforderungen noch einmal im Detail erläutert werden.

(A1) - Verteilung auftretender Änderungen

Da FedWare eine Back-Channel-Lösung für die Verteilung auftretender Änderungen liefert, ist die Interaktion mit FedWare nicht an eine direkte Interaktion mit dem Benutzer geknüpft, sondern Dienste agieren mit FedWare via einem Request/Response-Protokoll, bspw. auf der Basis von SPML. Auch wenn durch die Verwendung von SPML die Kommunikation mit FedWare auch synchron erfolgen kann, ist die intendierte Interaktion mit FedWare *asynchron*. Als Warteschlan-

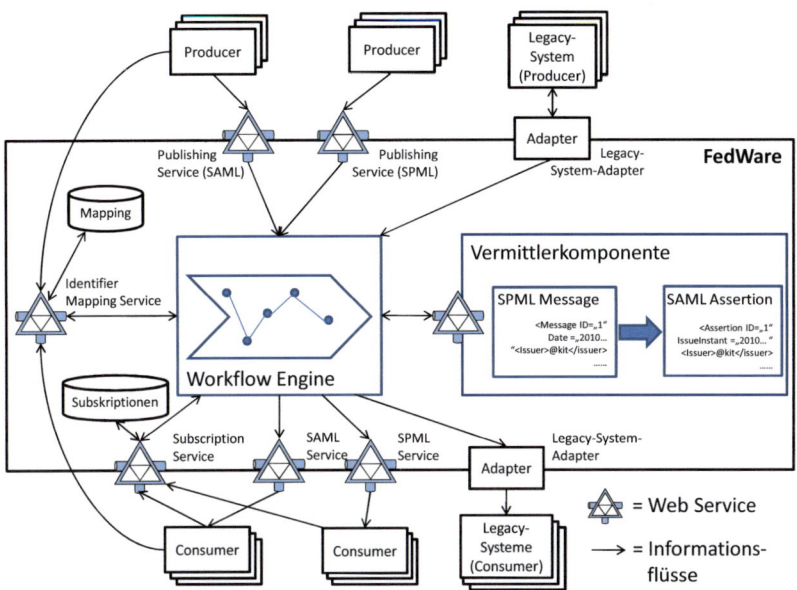

Abbildung 5.3: Systemübersicht der Integrationslösung FedWare

genmechanismuns wird hierbei das Publish/Subscribe-Paradigma eingesetzt. Die Entscheidung für eine asynchrone Interaktion unter Verwendung des Publish/Subscribe-Mechanismus wurde deshalb gewählt, da sie erlaubt den Producer einer Nachricht von den Consumern der Nachricht zu entkoppeln [Carzaniga et al. 1998]. Es wird demnach eine Entkopplung der Föderationspartner bei der Verteilung auftretender Änderungen erzielt. Die Entkopplung betrifft hierbei die folgenden Aspekte:

(i) **Informationsschemata** – sobald ein Producer eine Änderung an einer Identität feststellt, teilt er diese Änderung unter Verwendung des während der Korrelation der Identitäten des Benutzers generierten pseudonymen Identifikators dieser Identität (in Abbildung 5.4 exemplarisch durch das Attribut *LinkId* dargestellt) und unter Verwendung des lokalen Informationsschemas an FedWare mit. Ein Consumer wiederum subskribiert sich unter Angabe des während der Korrelation generierten pseudonymen Identifikators und Informationsschemas der korrelierten Identität. Abbildung 5.4 soll die Entkopplung von Producer und Consumer noch einmal verdeutlichen. Aus Gründen der Einfachheit wurden im gezeigten Beispiel einfache pseudonyme Identifikatoren verwendet. Normalerweise werden an dieser Stelle in FedWare GUIDs eingesetzt, welche keinerlei Rückschluss auf die lokalen Identifikatoren des Benutzers zulassen (siehe Abschnitt 5.3.6). Der Producer (IDP1) kommuniziert Änderungen an dem Benutzer mit der *LinkId=123xyz@IDP1* und unter Verwendung seines lokalen Informationsschemas. FedWare übernimmt daraufhin die Abbildung auf die Identitäten desselben Benutzers bei den Dienstanbietern SP1 und SP2 und schickt diese dann an SP1 und SP2 unter Einsatz deren pseudonymen Identifikatoren *LinkId=456abc@SP1* und *LinkId=987hal@SP2*. Zur Kommunikation werden demnach aus Privacy-Gründen auch keinerlei lokalen Benutzernamen der Identität verwendet (siehe weiter unten) oder gar in FedWare gespeichert.

(ii) **Verfügbarkeit** – durch die asynchrone Kommunikation beteiligter Systeme ist IDP1 nicht von der Verfügbarkeit von SP1 und SP2 abhängig. Demnach wird IDP1 nicht geblockt, falls ein zu benachrichtigender Consumer vorübergehend nicht erreichbar ist.

(iii) **Adressierung** – da die Adressierung der Subskribenten von FedWare übernommen wird, ist ein Producer bei Änderungen der Adresse eines Consumers nicht betroffen.

(iv) **Performance** – ein weiterer Vorteil der asynchronen Kommunikation ist, dass ein Producer auch nicht von der Performance eines Consumers abhängig ist, da ein Producer nicht auf die Antwort eines Consumers warten muss, spielt es keine Rolle wie lange es dauert, um einen Consumer über eine Änderung zu benachrichtigen.

Subskriptionen

Eine Subskription in einem Publish/Subscribe-System repräsentiert das Interesse eines Consumers über Änderungen an einer bestimmten Information. Im Falle von FedWare bezieht sich die Subskription auf identitätsbezogene Informationen. Zur Umsetzung von Subskriptionen stellt FedWare einen *Subscription Service* bereit, welcher auf dem *Subscription and Notification Framework* der Liberty Alliance [Liberty Subscriptions and Notifications] basiert. Eine Subskription kann auf eine einzelne Identität, eine Gruppe oder auch eine Rolle vorgenommen werden. Hierfür wurde das durch die Liberty Alliance spezifizierte Schema um ein Element *Address Types* erweitert. Es existieren drei unterschiedlich Address Types, repräsentiert durch *NameId*, *GroupId* und *RoleId*. Änderungen müssen hierbei immer die bei der Korrelation unterschiedlicher Identitäten eines Benutzers generierten Identifikatoren (siehe Anforderung A2) enthalten. Eine Subskription findet demnach in FedWare auf dem Identifikator statt. Die Art der Änderung kann hierbei

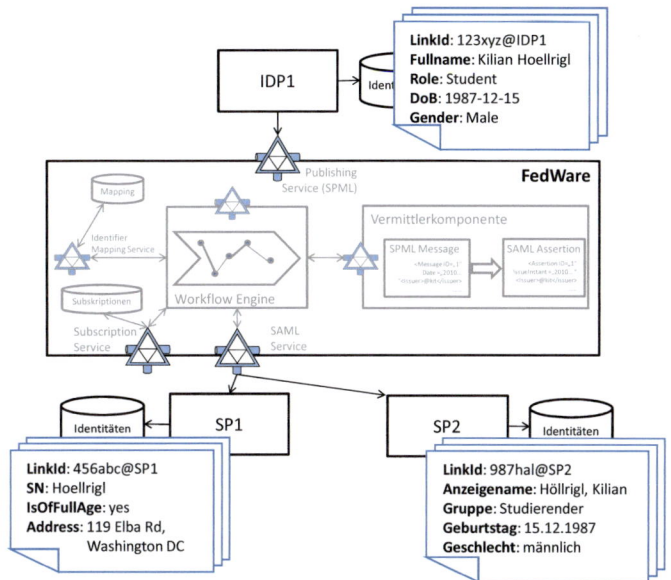

Abbildung 5.4: Exemplarische Illustration der Entkopplung von Producer und Consumer bei der Verwendung von FedWare.

durch die Bestimmung eines *Triggers* definiert werden, d.h. ein Subskribent kann sich zu bestimmten *Ereignisse (engl. Events)* subskribieren. Unterstützte Ereignisse sind hierbei *Create*, *Update* und *Delete*, wobei ohne Angabe eines Triggers die Ereignisse Update und Delete als Standardeinstellung verwendet werden.

Um einem Subskribenten die Möglichkeit zu geben, vorgenommene Subskriptionen zu verwalten, bspw. um eine Subskription zu verlängern oder auch zu löschen, bietet der Subscription Service die Funktionalitäten zum *Erzeugen*, *Suchen*, *Ändern* und *Löschen* von Subskriptionen. Legacy-Systeme, die den Subscription Service nicht ansprechen können, werden unter Verwendung der Adapter des Sun IdM an FedWare angeschlossen.

Änderungen verteilen

Um einem Producer die Möglichkeit zu bieten, auftretende Änderungen an Fed-Ware zu kommunizieren, stellt FedWare einen *SAML-basierten Publishing Service* bereit, welcher die Kommunikation auftretender Änderung auf der Basis von SAML Assertions erlaubt. Die Wahl fiel deshalb auf SAML, da dieser Standard als defacto Standard (vgl. Abschnitt 3.1.2) für verteilte IdM-Systeme gesehen werden kann und SAML von allen FIM-Standards, -Protokollen und -Softwaresystemen bis auf OpenID[11] unterstützt wird. Somit lässt sich der Integrationsaufwand für FedWare in bestehende Systeme reduzieren.

Eine Herausforderung bei der Verwendung von SAML zur Verteilung von Änderungen liegt in Überwindung der fehlenden CRUD-Semantik von SAML, d.h. SAML berücksichtigt in den Attribute Assertions keine Semantik für ein Änderungsereignis (vgl. Abschnitt 3.1.2). Änderungen an Attributen können somit nicht ohne Weiteres kommuniziert werden. Hierfür ist es notwendig, dass die Föderationspartner sich auf eine Semantik unterschiedlicher Attribute Assertions einigen. Zum Beispiel könnte ein *Update*-Ereignis in einer Attribute Assertion so kodiert werden, dass im `NameID`-Tag der SAML Assertion der Identifikator der betroffenen Identität übertragen wird und in einem Attribut nur der neue Wert kommuniziert wird. Ein Dienstanbieter, der die Nachricht erhält würde demnach erkennen, dass sich der Wert für das angegebene Attribut geändert hat und wüsste somit, dass es sich um ein *Update*-Ereignis handelt. Eine *Delete*-Ereignis könnte durch das Weglassen eines Wertes für das gesendete Attribut angedeutet werden. Falls der Identifikator innerhalb des `NameID`-Tags dem Dienstanbieter nicht bekannt ist, im Falle von FedWare also der generierte pseudonyme Identifikator, weiß der Dienstanbieter, dass es sich um ein *Create*-Ereignis handelt.

Zusätzlich zu der Möglichkeit auftretende Änderungen via SAML an FedWare zu kommunizieren, können Producer Änderungen auch via SPML an FedWare übermitteln. Da eine Vielzahl an Provisionierungssystemen SPML zur Provisionierung von Identitäten innerhalb einer Organisation einsetzen, erlaubt die *SPML Publishing Service* von FedWare (siehe Abbildung 5.3), die Wiederverwendung von Mechanismen zur organisationsinternen Provisionierung in organisationsübergreifenden Föderationen. Dies vereinfacht die Integration, da der Aufwand zur Entwicklung angemessener Protokolle für eine föderationsweite Sicherstellung der Konsistenz wiederverwendet werden können.

Da FedWare unterschiedliche Protokolle zur Provisionierung auftretender Änderungen unterstützt, kann es notwendig sein, dass eine Nachricht, welche durch einen Producer auf der Basis einer SPML-Nachricht versendet wurde, auf eine SAML-Nachricht abgebildet werden muss. Eine exemplarische Abbildung ist in Anhang B zu finden.

Verteilungslogik

Die Logik zur Verteilung von Änderungen wird in FedWare durch eine Service Orchestrierung innerhalb einer *Prozessunterstützung (Workflow Engine, WE)* (siehe Abbildung 5.3) umgesetzt.

---

[11]Es existieren jedoch auch hier bereits Ansätze die diese beiden Welten miteinander zu verbinden versuchen. Siehe bspw. `http://identitymeme.org/doc/draft-hodges-saml-openid-profile-02.html` [Stand Okt. 2010].

Das wesentliche Ziel von FedWare ist es, die Sicherstellung von *ID-Consistency* innerhalb einer Föderation zu erreichen. Hierzu ist zum einen notwendig, dass die Änderungen, welche ein Producer an FedWare kommuniziert auch an alle Subskribenten verteilt werden. Dies erfordert gegebenenfalls auch, dass Systeme, welche kurzzeitig nicht erreichbar sind, bspw. durch ein Netzwerkproblem, einen Systemausfall oder auch Wartungsarbeiten, innerhalb einer angemessenen Zeitspanne erneut über die Änderung zu informieren. Demnach ist eine Aufgabe, welche in der Workflow Engine umgesetzt werden muss, ein "Retry"-Mechanismus, um Änderungen auf Applikationsebene zuverlässig zustellen zu können.

Zusätzlich zu der zuverlässigen Verteilung einer Änderung an alle betroffenen Systeme, erfordert die Sicherstellung von *ID-Consistency*, dass im Falle einer Überschreitung des Inconsistency Window, einen inkonsistenten Zustand zu kommunizieren, da dies einen Einfluss auf zukünftige Zugriffskontrollentscheidungen haben kann. Zum Beispiel kann es passieren, dass ein Benutzer bei einem Identitätsprovider deaktiviert wird. Da sich diese Änderung wesentlich auf die Zugriffsberechtigung des Benutzers auswirkt, ist diese Information für andere Identitätsprovider und Dienstanbieter besonders von Interesse. Falls diese Änderung nicht an alle betroffenen Identitätsprovider in der Föderation kommuniziert werden kann, kann es für Dienstanbieter von Bedeutung sein zu erfahren, dass einem bestimmten Identitätsprovider die Deaktivierung dieses Benutzers noch nicht mitgeteilt werden konnte. Ähnlich verhält es sich bei einem Wechsel der Rolle. Wenn sich bspw. ein Studierender exmatrikuliert, kann das für viele Dienstanbieter von Interesse sein, da Studierende meist spezielle Konditionen für eine Dienstleistung erhalten.

(A2) - Korrelation verschiedener Identitäten einer Entität

Die Korrelation verschiedener Identitäten eines Benutzers, ist eine wesentliche Voraussetzung, um auftretende Änderungen zwischen den einzelnen Identitäten kommunizieren zu können. Die hierfür notwendige Korrelation unterschiedlicher Identitäten wird nicht allein für die Sicherstellung der Konsistenz benötigt, sondern bspw. auch zur Realisierung eines Single Sign-On. Da viele FIM-Protokolle zu großen Teilen aus der Motivation heraus konzipiert wurden, ein Single Sign-On über mehrere Dienste hinweg realisieren zu können, unterstützen beinahe alle FIM-Protokolle die Korrelation unterschiedlicher Identitäten eines Benutzers durch *Identity Federation*.

Im Falle von FedWare baut der *Identifier Mapping Service (IMS)*, welcher in FedWare für die Realisierung der Identity Federation umgesetzt wurde, auf der *Liberty ID-WSF Identity Mapping Service*-Spezifikation [Liberty Identity Mapping Service] auf, da diese Spezifikation einen SAML-basierten Web Service vorsieht.

Wie bereits erwähnt erleichtert die Nutzung von SAML die Interoperabilität mit bestehenden FIM-Lösungen und reduziert den Integrationsaufwand.

Der Identifier Mapping Service (siehe Abbildung 5.3) wird sowohl von Producers und Consumers initial dazu verwendet, die Identitäten eines Benutzers miteinander zu verlinken, als auch zu einem späteren Zeitpunkt, um die Linking-Informationen zur Abbildung einer Identität eines Benutzers auf andere Identitäten desselben Benutzers durchzuführen. Das initiale Linking findet hierbei durch die Verwendung pseudonymer, persistenter Identifikatoren statt. Wie festgestellt wird, dass zwei Identitäten zu demselben Benutzer gehören, ist den Identitätsprovidern und Dienstanbietern überlassen. In Abschnitt 5.4.4 wird eine Methode vorgestellt, bei welchem der Benutzer selbst die Zuordnung vornimmt. Prinzipiell ist dies jedoch auch durch andere Methoden möglich, bspw. durch die Verwendung einer Menge sich überschneidender Attribute, durch welche eine eindeutige Zuordnung zu einem Benutzer ermöglicht wird. Konzeptionell wird durch den IMS ein Identifikator, welcher für einen bestimmten Benutzer bei einem Identitätsprovider oder Dienstanbieter eingesetzt wird, durch einen anderen Identifikator eines anderen IDPs oder SPs ausgetauscht. Dieser Identifikator soll hierbei keineswegs einen Authentifikationsstatus oder einen Autorisationsnachweis implizieren.

Der abstrakte Protokollablauf, um initial Identitäten eines Benutzers miteinander zu verlinken, ist wie folgt: zunächst senden die jeweiligen IDPs und SPs ihre lokalen Identifikatoren für die zu verlinkende Identität in `<saml2:NameID>`-Element einer SAML Assertion an den IMS. Der IMS generiert dann einen pseudonymen Identifikator für jeden Dienstanbieter und Identitätsprovider und speichert diesen lokal ab. Die lokalen Identifikatoren werden hierbei nicht gespeichert. Die generierten pseudonymen Identifikatoren (Details zur Implementierung erfolgen in Abschnitt 5.3.5) werden an die entsprechenden Dienstanbieter und Identitätsprovider zurückgesendet und diese speichern diese lokal ab. Alternativ zu dieser Vorgehensweise ist es auch möglich, dass Identitätsprovider und Dienstanbieter nicht die lokalen Identifikatoren an den IMS senden, sondern die pseudonymen Identifikatoren selbst generieren und an den IMS senden. Diese Variante kann die Sicherheit des Systems dahingehend verbessern, dass es dem IMS nicht ohne weiteres mögliche ist, die lokalen Identifikatoren eines Benutzers herauszubekommen, sondern dies nur in Zusammenarbeit mit den jeweiligen Identitätsprovider oder Dienstanbieter möglich wäre. Demnach kann durch diese Variante das notwendige Vertrauen, welches in den IMS gesetzt werden muss, reduziert werden. Dies bedeutet jedoch, dass IDPs und SPs diese Funktionalität selbst implementieren müssen. An dieser Stelle muss demnach abgewägt werden, ob für eine Föderation die Reduktion des Integrationsaufwands oder der Sicherheitsaspekt und das notwendige Vertrauen in den IMS Service eine höhere Bedeutung hat.

Im Falle von Legacy-Systemen, welche die Verlinkung nicht mittels des IMS durchführen können, wird Gebrauch der Funktionalitäten des Sun IdM gemacht. Dieser ermöglicht durch die Angabe so genannter "Correlation Rules" [Sun IdM Administration, Kapitel 3] die Abbildung einer lokalen Identität auf die FedWare-interne Identität. Das Prinzip einer Correlation Rule ist hierbei sehr simple: Eine Correlation Rule ist eine einfach Suchanfrage an den Sun IdM. Das Ergebnis der Suchanfrage wird hierbei mit entsprechenden Attributen aus der Quelle verglichen. Über diesen Vergleich wiederum wird dann die Korrelation hergestellt.

(A3) - Berücksichtigung von Legacy-Systemen

Zur Integration von Legacy-Systemen, nutzt FedWare die Adapter des Sun IdM. Wie bereits in Abschnitt 5.2.1 erwähnt wurde, bietet der Sun IdM eine Vielzahl unterschiedlicher Adapter, um bspw. verschiedene Verzeichnisdienste oder relationale Datenbanksysteme anzubinden. Eine wesentliche Forderung, die von jedem dieser Adapter erfüllt sein muss und in der Regel auch ist, ist die Detektion auftretender Änderungen. Im Sun IdM wird dies als *Active Sync* bezeichnet [Sun IdM Administration, Kapitel 7]. Ein Active-Sync-Adapter detektiert demnach Änderungen und erlaubt hierauf basierend beliebige Prozesse auszulösen. Daher werden im Falle von Legacy-Systemen die Provisionierungsprozesse des Sun IdM durch die Adapter ausgelöst. Falls ein bestimmtes Legacy-System nicht unterstützt wird, können eigene Adapter implementiert werden.

(A4) - Überwindung heterogener Informationsschemata

Um existierende Heterogenitäten in den unterschiedlichen Informationsschemata der Föderationspartner überwinden zu können, ohne die Föderationspartner hierbei zu zwingen, ihre lokalen Anwendungen anpassen zu müssen oder die Abbildung eines föderationsweiten Schemas auf ihr lokales Schema selbst abzubilden, stellt FedWare eine *Vermittlerkomponente* zur Verfügung (vgl. Abbildung 5.3). Um hierbei bilaterale Abbildungen zwischen den Föderationspartner zu vermeiden, wird ein Zwischenschema verwendet, d.h. die Schemata der Föderationspartner werden zunächst auf das Zwischenschema abgebildet und dieses wiederum wird auf das Schema des Zielsystems abgebildet.

Die Vermittlerkomponente berücksichtigt Heterogenität des Namens von Informationen durch die Verwendung von Synonymen. Des Weiteren sind Kompositionen mehrerer Attribute zu einem Attribut vorgesehen und die Aufteilung eines Attributs auf mehrere. Änderungen des Datentyps und des Formats von Attributen werden ebenfalls unterstützt, so lässt sich bspw. der Datentyp des Geburtsdatums eines Benutzers von `dd.mm.yyyy` auf `yyyy-mm-dd` ändern[12].

Zur Determinierung notwendiger Transformationsregeln wird hierbei ein zweistufiger Ansatz verwendet, ähnlich wie der in [Doan et al. 2003] vorgeschlagene Ansatz. Der Prozess ist hierbei wie folgt: Als erstes übermittelt jeder Föderationspartner sein eigenes Informationsschema für einen Benutzer über eine in FedWare angebotene grafische Benutzeroberfläche (siehe Anhang C). Ein Föderationspartner kann zur Spezifikation seines lokalen Schemas einen Attributnamen, einen Datentyp, ein Datenformat und eine ergänzende Beschreibung angeben. Weitere Details zu den Eigenschaften dieser Funktionalität sind in Abschnitt 6.2.2 zu finden. Um die Ermittlung der Transformationsregeln zu vereinfachen, ist es darüber hinaus noch möglich, eine Ontologie für ein Attribut und einen Beispielwert zu ergänzen.

Basierend auf der Eingabe der Föderationsmitglieder, wird mittels der Vermittlerkomponente eine mögliche Transformationsregel ermittelt, welche das lokale Schema auf das Zwischenschema abbildet. Hierbei werden zunächst Synonyme gegen eine föderationsweite Liste gecheckt. Im Falle von Kompositionen wird ein ähnlicher Ansatz wie in [Hommel 2005] eingesetzt. Hierbei wird ein Attribut zunächst aufgeteilt, bspw. könnte das Attribut *displayname* in *lastname* und *firstname* aufgeschlüsselt werden. Zur Umsetzung dieser Transformationen werden die Attribute intern in XML vorgehalten und mittels der EXtensible Stylesheet Language Transformation [W3C XSLT] abgebildet. Details zur Umsetzung werden in Abschnitt 5.3.5 beschrieben.

Ein Administrator muss daraufhin die vorgeschlagenen Transformationsregeln überprüfen und bestätigen oder gegebenenfalls adaptieren. Hierfür kann es notwendig sein, dass der Administrator mit dem Föderationspartner weiter abklären muss, was eine korrekte Transformationsregel sein könnte. Nähere Informationen zu möglichen Kollaborationswerkzeugen zur Unterstützung des Aufbaus und des Betriebs eines FIM-Systems werden in Kapitel 6 vorgestellt.

Im Falle eines in der Föderation unbekannten Attributs wird das Attribut dem Zwischenschema hinzugefügt. Falls das Attribut ein neues Synonym für ein bestehendes Attribut darstellt, wird das Synonym in die Liste der Synonyme aufgenommen. Diese Überprüfung muss einmalig für jedes Attribut eines Föderationspartners vorgenommen werden.

Gesamtprozess einer exemplarischen Änderung

Abschließend soll noch einmal kurz der Ablauf einer exemplarischen Änderung via FedWare beschrieben werden. Abbildung 5.5 zeigt den vereinfachten Ablauf. Aus

---

[12]Wie bereits erwähnt wird eine ähnliche Komponente auch in [Hommel 2007] verwendet,

Gründen der Einfachheit wurden die Ziele der Provisionierung nicht angegeben. Des Weiteren werden ausschließlich die Hauptprozesse angezeigt. Unterprozesse, wie die Überprüfung der Richtlinien und die Generierung der Nachrichten, werden nicht angezeigt. In dem dargestellten Beispiel benachrichtigt ein Identitätsprovider FedWare über eine Änderung der Zugehörigkeit eines Benutzers. Die Kommunikation mit dem Identitätsprovider ist asynchron, d.h. der IDP bekommt bei einer erfolgreichen Übermittlung seiner Änderung unmittelbar von FedWare eine Response, ohne dass die Änderung bereits an alle Subskribenten verteilt wurde.

Nachdem FedWare die Nachricht erhalten hat, wird zunächst eine Überprüfung der Richtlinien und der Autorisation des IDP durchgeführt. Hierauf folgend wird ein entsprechender Prozess in der Workflow Engine aufgerufen. Basierend auf den in der Nachricht enthaltenen Informationen wird zunächst die Liste der zu dem angegebenen pseudonymen Identifikator verlinkten Identifikatoren ermittelt. Für jeden vom IMS zurückgelieferten Identifikator wird nun abgefragt, ob eine Subskription besteht. Falls Subskriptionen bestehen, werden die zu benachrichtigende Subskribenten, inklusive derer Informationsschemata bzw. die Abbildungsregeln, um die notwendigen Abbildungen auf das Informationsschema durchzuführen und die Art der gewünschten Benachrichtigung abgefragt. Als nächstes wird durch den Prozess die Vermittlerkomponente aufgerufen, um die notwendigen Transformationen durchzuführen. Danach werden die Subskribenten benachrichtigt. Falls ein Consumer nicht erreichbar ist, wird basierend auf einem zuvor konfigurierten Retry-Mechanismus der entsprechende Consumer nach einer bestimmten Zeit erneut benachrichtigt. Diese Prozedur wird für eine zuvor konfigurierte Anzahl an Versuchen wiederholt. Falls die Benachrichtigung nach dem Ablauf des spezifizierten Inconsistency Window nicht erreicht wurde, wird durch den Prozess ein Eskalationsprozess angestoßen, welcher bspw. betroffene Systeme über den inkonsistenten Zustand informiert oder einen zuvor spezifizierten Kreis an Verantwortlichen per E-Mail benachrichtigt.

5.3.5 Implementierung

Das im vorherigen Abschnitt vorgestellte Konzept wurde zur Überprüfung der Einsatzmöglichkeit in realen Szenarien prototypisch implementiert. Als Plattform für die Implementierung wurde *Java* gewählt, da hierdurch eine weitgehende Unabhängigkeit der darunterliegenden Plattform erzielt wird.

Als Grundlage für FedWare dient der *Sun Java System Identity Manager (Sun IdM)* in der Version 8.0. FedWare wurde auf einem *Windows Server 2003 R2* in einem *Glassfish V2 UR2* Application Server [WWW GlassFish] eingesetzt. Als Integrierte Entwicklungsumgebung (IDE) kommt *Netbeans 6.1* [WWW Netbeans] zum Einsatz, welche den Glassfish Server V2 UR2 bereits beinhaltet, genauso wie

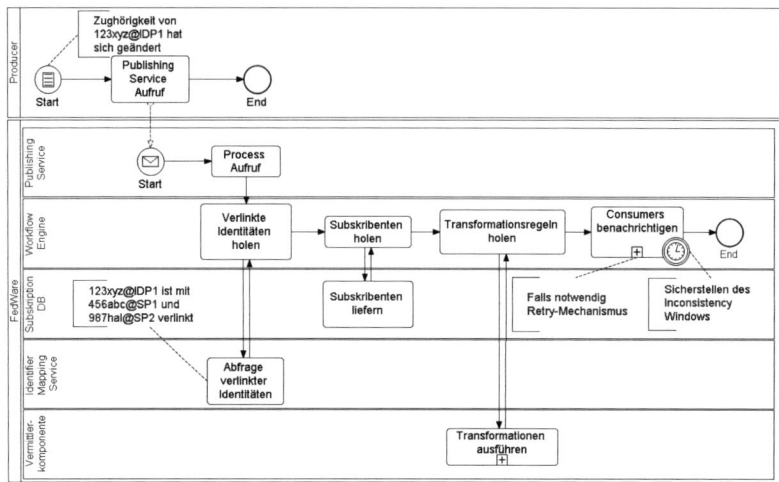

Abbildung 5.5: Vereinfachter Ablauf einer föderationsweiten Verteilung einer Änderung.

das Java Development Kit 6[13]. Die Wahl fiel hierbei auf Netbeans als Entwicklungsumgebung, da es eine Identity Manager IDE als Netbeans-Plugin für den Sun IdM gibt, welche eine einfache und komfortable Anpassung der Referenzimplementierung des Sun IdM ermöglicht. Als Hintergrunddatenbankserver von FedWare wurde der Microsoft SQL Server 2005 Enterprise Edition [WWW MS SQL Server] eingesetzt. Die für das Identifier Mapping und die Subskriptionen verwendeten Tabellen wurden in der prototypischen Implementierung auf dem gleichen Datenbankserver gehostet.

Als Programmiersprache wurde durchgehend Java verwendet. Die Grundlage der Middleware-Dienste dient die Programmierschnittstelle *JAX-WS (Java API for XML-Web Services)*. Alle Web Services sind demnach XML-basierte Java Web Service. Es wurde hierbei darauf geachtet, dass alle Web Services WS-I konform[14] umgesetzt wurden. Als Kommunikationsprotokoll kommt SOAP [W3C SOAP] zum Einsatz. Da FedWare das Publish/Subscribe-Paradigma realisiert, erfolgt jegliche Kommunikation mit einem Publisher *asynchron*, d.h. in einer nicht-blockierenden Kommunikation. Der Publisher muss demnach nicht auf das Ergebnis der letztendlichen Operation warten, sondern er bekommt unmittelbar durch FedWare eine Nachricht, ob seine Anfrage erfolgreich entgegengenommen wurde oder nicht. Dennoch wurde jeder Service so realisiert, dass eine Anfrage falls

---

[13]Stand Okt. 2010 in der aktuellen Version 6 Update 21.

[14]WS-I ist eine Empfehlung der Web Service Interoperability Organization[WWW WSI].

möglich unmittelbar ausgeführt wird, d.h. eine Nachricht wird nur dann nicht sofort ausgeführt und in diesem Fall in die Hintergrunddatenbank von FedWare geschrieben, wenn FedWare ausgelastet ist und somit keine weiteren Anfragen bearbeiten kann. Dies wurde im Sun IdM so umgesetzt, dass jeder Provisionierungsprozess unter `execMode` auf den Wert `asyncImmediate` gesetzt wurde. Standardmäßig wird dieser Wert im Sun IdM auf `async` gesetzt, was darin resultiert, dass die Anfrage temporär in die Hintergrunddatenbank geschrieben wird und ein Scheduler den Workflow zu einem späteren Zeitpunkt durchführt. Dies wurde in der prototypischen Implementierung vermieden, da durch eine unmittelbare Ausführung ein besseres Gefühl für die untere Schranke der Zeiten für die Verteilung auftretender Änderungen gewonnen werden kann.

Folgende Web Services wurden implementiert:

(i) **Subscription Service** – die Implementierung des Subscription Service wurde auf der Basis des Subcription XML-Schemas der *Liberty ID-WSF Spezifikation* [Liberty Subscriptions and Notifications] vorgenommen. Das Schema wurde hierbei um ein *typeOfNotification* XML-Element erweitert, welches erlaubt, das Protokoll zu spezifizieren, auf dessen Basis die Benachrichtigung durchgeführt werden soll. In der prototypischen Implementierung wurden die Benachrichtigungstypen *SAML*, *SPML* und *EMail* berücksichtigt. Weitere mögliche Benachrichtigungsprotokolle könnten WS-Trust oder LDAP V3 sein. Der angesprochene OASIS Draft zur Benachrichtigung bei Änderungen [OASIS SAML Change Notify Protocol] sieht auf der Basis des `<ActionProtocol>`, welches durch die Angabe der jeweiligen Protokoll-URIs im Attribut `protocol` spezifiziert wird, ebenfalls die Benachrichtigung durch unterschiedliche Protokolle vor. Eine Berücksichtigung des Change Notify Protokolls war aufgrund des späten Zeitpunkts der Veröffentlichung und des Draft-Status nicht möglich.

(ii) **SAML-basierter Publishing Service** – um FedWare auftretenden Änderungen mitzuteilen, wurde in der prototypischen Implementierung ein *SAML-basierter Publishing Service* implementiert. Der SAML-basierte Publishing Service wurde hierbei mit dem in Anhang B vorgestellten SAML-Semantik zur Kommunikation von Änderungen auf der Basis der SAML-Spezifikation [OASIS SAML Assertions and Protocols] umgesetzt. Als Basis für die Implementierung diente die OpenSAML2 [WWW Internet2 OpenSAML] Java-Klassenbibliothek des Projekts Internet2.

(iii) **SPML-basierter Publishing Service** – zusätzlich zu der Möglichkeit auftretende Änderungen mittels SAML zu kommunizieren, wurde ein *SPML-basierter Publishing Service* realisiert. Der SPML-basierte Service basiert hierbei auf der SPML-Spezifikation [OASIS SPML V2.0]. Die Implementierung verwendet die Java-Klassenbibliotheken des Projekts OpenSPML [WWW OpenSPML]. In der aktuellen Implementierung wurde ein so genannter `ExtendedRequest` verwendet, um die realisierten Provisionierungsprozesse zur Verteilung auftretender Änderungen in der Workflow Engine des Sun IdM aufzurufen. Die Funktionalität eines `ExtendedRequest` wird mittlerweile durch SPML V2.0 abgedeckt und kann demnach standardkonform genutzt werden.

(iv) **Identifier Mapping Service** – für die Implementierung des *Identifier Mapping Service*, welcher in der prototypischen Implementierung die Generierung, Abspeicherung und Abfrage pseudonymer Identifikatoren realisiert, wurde die *Libery ID-WSF Spezifikation* [Liberty Identity Mapping Service] zu Grunde gelegt. Als pseudonyme Identifikatoren werden hierbei *Globally Unique Identifier (GUID)*[15] verwendet.

Für die Verlinkung von Identitäten auf Legacy-Systemen werden so genannte *Correlation Rules* des Sun IdM eingesetzt. Eine Correlation Rule erlaubt hierbei, auf einer XPRESS spezifischen Anfragesprache eine Suchanfrage an den Sun IdM zu richten. Eine Correlation Rule ist demnach nichts anderes als eine Suchanfrage auf bestimmte Attribute einer Identität eines Benutzers innerhalb des Sun IdM. Falls der Wert des gesuchten Attributs bzw. der gesuchten Attribute mit einer im IdM verwalteten Identität übereinstimmt, wird die Verlinkung der auf der Ressource gespeicherten Identität und der Identität im Sun IdM vorgenommen. In der prototypischen Implementierung wurde als gemeinsamer Identifikator und somit als internen FedWare Identifikator GUIDs eingesetzt.

(v) **Vermittlerkomponente** – die Vermittlerkomponente wurde ebenfalls über eine Web Service-Schnittstelle zugänglich gemacht. Zur Umsetzung der Transformationsregeln, bspw. für die Komposition unterschiedlicher Attribute zu einem neuen Attribut, wird XSLT eingesetzt. Zum einen erleichtert dies den Umgang mit Transformationen, da durch die Verwendung eines weitverbreiteten Standards wie XSLT auf eine Vielzahl an Entwicklungswerkzeugen zurückgegriffen werden kann. Zum anderen wird auch in vielen IdM-Technologien, wie dem Sun IdM oder auch Shibboleth, XML als internes Datenformat und Format für die Speicherung von Konfigurationen verwendet. Zur Durchführung der Transformationen wurde der XSLT-Prozessor Xalan-Java [WWW Xalan] verwendet.

---

[15]Eine GUID ist eine Implementierung des *Universally Unique Identifiers (UUID)* publiziert unter dem RFC 4122 [RFC 4122].

Abbildung 5.6 zeigt eine exemplarische Transformation. Im gezeigten Beispiel wird zum einen aus zwei Attributen *firstname* und *lastname* das Attribut *displayname* abgeleitet. Während der Transformation werden Sonderzeichen in Zeichenfolgen ohne diakritische Zeichen ersetzt. Im Beispiel wird *Höllrigl* ersetzt durch *Hoellrigl*.

Für die Umsetzung der grafischen Benutzeroberfläche zur Etablierung der Transformationsregeln wurden *JavaServer Pages (JSP)* [WWW JSP] eingesetzt. JavaServer Pages sind eine Entwicklung von Sun Microsystems, welche die Erstellung dynamischer Websiten erlauben.

Als Prozessunterstützung wird in der prototypischen Implementierung die Workflow Engine des Sun IdM verwendet. Sämtliche Prozesse wurden mittels der XPRESS Language (siehe Abschnitt 5.2.1) eine von Sun Microsystems entwickelte XML-basierte Ausdruck- und Skript-Sprache [Sun IdM Workflows, Kapitel 4]. Der Aufruf von Prozessen, welche innerhalb der Workflow Engine des Sun IdM umgesetzt wurden, werden durch die Publishing Services durch die Verwendung des durch OpenSPML umgesetzten `ExtendedRequest` aufgerufen.

5.3.6 Bewertung

Die in diesem Abschnitt vorgestellte Bewertung soll zum einen qualitativ erfolgen, wobei hierbei sowohl die Aspekte Effizienz als auch Sicherheit und Privacy des vorgestellten Ansatzes diskutiert werden sollen. Zum anderen soll eine quantitative Analyse des Ansatzes in Form von Lasttests auf dem Prototypen skizziert werden.

Qualitative Evaluation

Auch in FedWare ist der Einsatz des zuvor beschriebenen formalen Modells an vielen Stellen sehr hilfreich. Im Folgenden soll an gegebener Stelle auf den Einsatz des formalen Modells hingewiesen werden.

Effizienz

Um die Effizienz zu steigern, sprich den Aufwand für die Entwicklung und den Betrieb von FedWare zu reduzieren, spielt die Reduktion der Abhängigkeiten angeschlossener Systeme, d.h. deren losen Kopplung, eine wesentliche Rolle. Zusammengefasst werden durch FedWare die folgenden Abhängigkeiten zwischen Föderationspartnern vermieden:

(i) **Verfügbarkeit und Performance** – der Einsatz von Middleware-Diensten, insbesondere die Verwendung eines Publish/Subscribe-Mechanismus erlaubt

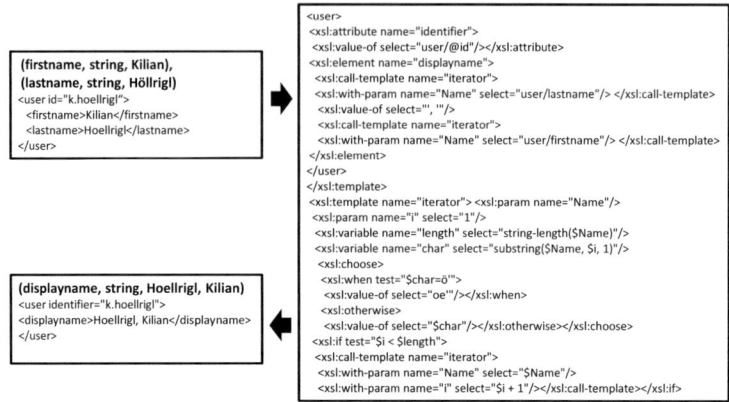

Abbildung 5.6: Beispiel einer XSL-Transformation.

eine asynchrone Verteilung auftretender Änderungen. Hierdurch ist der Producer einer Nachricht unabhängig von der Verfügbarkeit und Performance der Consumer.

(ii) **Konfiguration** – eine weitere Konsequenz der Verwendung von Middleware-Diensten ist die Flexibilität bzgl. der Konfiguration angeschlossener Systeme. Da die Änderung angeschlossener Systeme, bis hin zur Integration oder Entfernung von Systemen, keine Auswirkungen auf andere Systeme hat, lässt sich der Aufwand für den Betrieb des Gesamtsystems reduzieren. Der Einsatz einer Vermittlerkomponente macht darüber hinaus Änderungen an den Informationsschemata der Föderationspartner voneinander unabhängig, da die Abbildung durch FedWare übernommen wird.

Folgende weitere Maßnahmen tragen zur Reduktion des Aufwands bei:

(i) **Wiederverwendung** – da Föderationsmitglieder die durch FedWare bereitgestellten Middleware-Dienste nicht selbst implementieren müssen, wird der Aufwand zur Integration von Systemen erheblich reduziert.

(ii) **Einsatz von Standards** – durch die Nutzung standardbasierter Protokolle zur Verteilung auftretender Änderungen wird die Interoperabilität mit bestehenden FIM-Systemkomponenten ermöglicht. Hierdurch lässt sich der Aufwand zur Integration neuer Systeme verringern.

(iii) **Subskriptionen auf Rollen und Gruppen** – ein wichtiger Aspekt in einem Publish/Subscribe-System ist die Skalierbarkeit der Verwaltung von Subskriptionen. Falls Subskriptionen auf einzelnen Benutzeridentitäten beschränkt wären, würde hierdurch ein erhöhter Verwaltungsaufwand resultieren, da die Anzahl der Subskriptionen und somit auch die Subskriptionstabelle schnell anwachsen würde. Durch die Möglichkeit Subskriptionen auf Rollen und Gruppen vorzunehmen, lässt sich der Verwaltungsaufwand reduzieren.

(iv) **Vermeidung bilateraler Verlinkungen** – die Verlinkung lokaler Identitäten eines Benutzers über den Identifier Mapping Service verhindert, dass Föderationspartner ihre lokalen Identitäten bilateral miteinander verknüpfen. Hierdurch lässt sich der Aufwand für den Betrieb der Lösung für die Korrelation von Identitäten reduzieren.

(v) **Einsatz eines FedWare-internen Zwischenschemas** – durch den Einsatz eines FedWare-internen Zwischenschemas werden bilaterale Abbildungen zwischen den Föderationspartnern vermieden, wodurch wiederum die Anzahl der notwendigen Transformationsregeln reduziert wird. Hierdurch kann der Gesamtaufwand für den Betrieb der Lösung weiter reduzieren werden.

Sicherheit und Privacy

Im Folgenden soll ausgehend von den Informationen, welche in FedWare gehalten werden, die Sicherheit und Privacy des Ansatzes diskutiert werden:

(i) **Linking-Information** – wie bereits in Abschnitt 5.3.4 angemerkt wurde, werden in FedWare ausschließlich generierte pseudonyme Identifikatoren für die Korrelation unterschiedlicher Identitäten eines Benutzers vorgehalten. Abbildung 5.7 demonstriert noch einmal exemplarisch wie die Identitäten eines Benutzers auf der Basis des IMS erfolgreich verlinkt wurden. Die Abbildung soll hierbei verdeutlichen, warum die Verwendung von generierten pseudonymen Identifikatoren die Sicherheit der lokalen Identitätsinformationen eines Benutzers verbessert. Wie die Abbildung zeigt, werden im IMS ausschließlich generierte Identifikatoren gehalten. Falls bspw. aufgrund eines Hacker-Angriffs die Linking-Informationen in falsche Hände geraten würden, könnte der Angreifer keinerlei Rückschlüsse über die lokalen Identitätsinformationen des Benutzers bei den einzelnen Dienstanbietern und Identitätsprovidern ziehen. Weitere Identitätsinformationen werden nicht vorgehalten, da diese für die Verteilung auftretender Änderungen nicht benötigt werden. Durch eine Zugriffsbeschränkung auf den IMS wird ein unautorisierter Zugriff auf Linking-Information vermieden.

(ii) **"Pending Changes"** – noch nicht vollständig an alle Subskribenten verteilte Änderungen müssen durch FedWare vorgehalten werden. Sobald eine Änderung jedoch vollständig verteilt wurde, wird die ursprüngliche Nachricht bzw. identitätsbezogene Informationen gelöscht.

(iii) **Informationsschemata** – zur Durchführung von Transformationen werden die unterschiedlichen Informationsschemata wie bereits beschrieben vorgehalten. Da diese jedoch keinen Bezug zu bestimmten Identitäten haben, wird die Privacy des Benutzers nicht beeinträchtigt.

(iv) **Logging** – es ist eine organisatorische Aufgabe festzulegen, welche Informationen über eine bestimmte Änderung festgehalten werden. Es ist nicht zu empfehlen alle konkreten Werte jeder Änderung mitzuloggen, da FedWare ansonsten eine vollständige Historie der Benutzerinformationen vorhalten würde, inklusiver der aktuellsten Werte. Daher empfiehlt es sich aus datenschutztechnischen Gründen nur den Publisher, den Zeitpunkt und das konkrete Ereignis einer Änderung festzuhalten. Eine Historie der Werte sollte ausschließlich lokal durch die Föderationspartner vorgenommen werden.

Durch den Einsatz eines Publish/Subscribe-Mechanismus zur Verteilung auftretender Änderungen, wird zum einen eine Entkopplung integrierter Systeme erreicht. Gleichzeitig muss an dieser Stelle jedoch betont werden, dass FedWare ein hohes Maß an Vertrauen erfordert, da es die Benachrichtigungen an die Subskribenten selbst erzeugt und auch signiert. Demnach wird die Nachricht des Publishers auch für FedWare verschlüsselt und nicht für die Subskribenten, da diese der Publisher auch gar nicht kennt. Dies bedeutet, dass FedWare auch die Werte aller Identitäten, die über FedWare provisioniert wurden, rein theoretisch "abgreifen" könnte. Es bestände die Möglichkeit die ursprüngliche Nachricht des Publishers mit an die Subskribenten zu senden, jedoch könnte der Subskribent ohne Hilfe des Identifier Mapping Service die Abbildung auf den ihm bekannten pseudonymen Identifier nicht vornehmen, sprich er wüsste nicht auf welchen Benutzer sich die Änderung bezieht. Darüber hinaus müssten die Subskribenten sowohl das Format der ursprünglichen Nachricht verstehen. Somit würde diese Maßnahme nur bewirken, dass die Subskribenten nachvollziehen könnten, welcher Publisher eine Änderung über FedWare verteilt hat.

Des Weiteren ist es notwendig, dass bei der Bestimmung möglicher Publisher für bestimmte Attribute Level of Assurance Aspekte berücksichtigt werden, da ein Publisher für ein Attribut, welches er ändern darf, mindestens den gleichen Assurance Level haben muss, wie der höchste Assurance Level aller Subskribenten. Durch den Einsatz des im vorherigen Kapitel eingeführten formalen Modells, kann die Bestimmung der Publisher vorgenommen werden, da diese mit der autoritativen Informationsquelle, sprich mit den Providern in der Menge P gleichzusetzen sind. Es darf demnach nur der Halter eines *primären Attributs* ein Publisher für dieses Attribut sein.

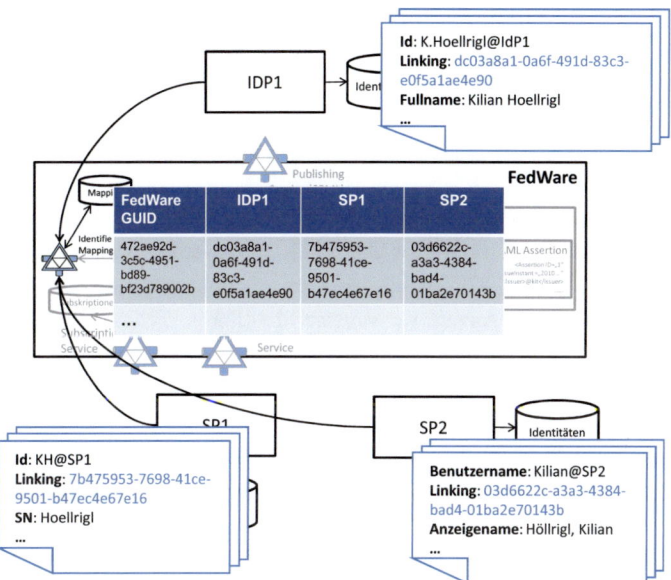

Abbildung 5.7: Beispiel einer Verlinkung der Identitäten eines Benutzers auf der Basis des Identifier Mapping Service. FedWare speichert lediglich die zur Verlinkung der Identitäten notwendigen pseudonymen Identifikatoren.

Quantitative Bewertung

In diesem Abschnitt soll eine quantitative Bewertung des Prototypen vorgenommen werden. Insbesondere erlaubt eine Bestimmung der durchschnittlichen Dauer zur Verteilung auftretender Änderungen die Spezifikation des *Inconsistency Window* und somit die Festlegung der *Qualität* der Konsistenz, welche mit FedWare unter bestimmten Bedingungen erreicht werden kann. Hierdurch soll ein Gefühl über die Einsetzbarkeit des Prototypen in realweltlichen Szenarien gewonnen werden.

Generelle Anmerkungen

Durch die Verwendung von SPML innerhalb von FedWare kann auf die Erfahrungen zurückgegriffen werden, welche mit der Performance und Skalierbarkeit von SPML im Rahmen der Provisionierung am KIT gemacht werden konnten. Am KIT wird SPML nicht generell für die Verteilung auftretender Änderungen verwendet, sondern ausschließlich aus dem KIT-Mitarbeiterportal und -Studierendenportal [Hoellrigl et al. 2009a] heraus. Hierbei werden bspw. Aktualisierungsinformationen eines Benutzerkontos über SPML provisioniert. Daher ist die aufkommende Last sehr gering, d.h. wenige Anfragen (< 100) am Tag. Selbst in Stoßzeiten war die Last bei einer Anzahl verwalteter Identitäten von ca. 30000 Benutzern nicht höher als 100 Anfragen in der Minute. Generelle Skalierungsprobleme gab es hierbei nie.

Für die Performance und Skalierungsanforderungen an FedWare lässt sich allgemein feststellen, dass durch den Einsatz von Middleware-Diensten und die hierdurch erreichte *Asynchronität*, ein Producer nicht von der Dauer der Verteilung auftretender Änderungen beeinflusst wird und somit höhere Zeiten bei der Verteilung auftretender Änderungen vertretbar wären. Des Weiteren ist die Änderungsrate von identitätsbezogenen Informationen gering. Selbst eine Verteilungsdauer, d.h. ein Inconsistency Window, im Minutenbereich wäre in den meisten Anwendungsszenarien akzeptabel.

Einflussfaktoren

Dennoch soll im Folgenden der Prototyp Lasttests unterzogen werden, nicht zuletzt, um ein Gefühl dafür zu bekommen, wie lange unter bestimmten Bedingungen eine Verteilung auftretender Änderungen dauert. Somit kann hierdurch auch die Größe des *Inconsistency Window* bestimmt werden. Folgende Faktoren können die Performance und Skalierbarkeit des Prototypen beeinflussen:

(i) **Änderungsrate** – ein wesentlicher Einflussfaktor auf die Skalierbarkeit des vorgestellten Ansatzes ist die Rate auftretender Änderungen, da angenommen wird, dass alle Änderungen über FedWare verteilt werden, um die Konsistenz sicherstellen zu können, insbesondere um das Inconsistency Window einhalten zu können.

(ii) **Anzahl verwalteter Identitäten** – die Anzahl der verwalteten Identitäten hat dahingehend einen Einfluss auf die Hintergrunddatenbank von FedWare, da mit einer zunehmenden Anzahl an Identitäten auch der Speicherplatzbedarf zur Verwaltung der Identitäten selbst als auch zur Verwaltung der Linking-Information steigt.

(iii) **Anzahl Producer** – die Anzahl der Producer kann ebenfalls ein Einflussfaktor sein, da auch hierdurch die Anzahl der Linking-Informationen von FedWare ansteigen kann.

(iv) **Anzahl an Subskriptionen/Consumer** – die Verteilung einer auftretenden Änderung hängt wesentlich von der Anzahl der Subskriptionen ab. Diese hat sowohl auf die Hintergrunddatenbank von FedWare hinsichtlich Subskriptionen und Linking-Informationen Einfluss als auch auf die zu benachrichtigenden Systeme.

Testumgebung

Alle Tests wurden auf der Grundlage des Sun IdM in der Version 8.0 auf einem Windows Server 2003 R2 Betriebssystem mit 3 GHz und 2 GB RAM in einem Glassfish V2 UR2 Application Server vorgenommen. Um in FedWare die Performance zu verbessern, wurden sämtliche Logging-Mechanismen ausgestellt. Darüber hinaus wurde die so genannte *Task Definition Summary*[16] ausgestellt, da dies einen erheblichen Performancegewinn ergibt. FedWare wurde hierbei auf einer virtuellen Maschine in einem VMware ESXi Server 4.0 gehostet. Der Server ist auf einer IBM x3550 mit 4x3 GHz Intel Xeon Prozessoren 5160 und 32 GB RAM installiert. Als Hintergrunddatenbank von FedWare wurde der Microsoft SQL Server 2005 Enterprise Edition [WWW MS SQL Server] eingesetzt. Die für das Identifier Mapping und die Subscrikriptionen verwendeten Tabellen wurden für alle Tests auf dem gleichen Datenbankserver gehostet.

Als Producer diente in allen Tests eine Java-Desktopanwendung. Als Consumer wurden in den Tests SOAP-basierte Web Services verwendet. Da in den initial durchgeführten Tests zwischen dem SAML-Publishing Service und dem SPML-Publishing Service keinerlei Unterschiede hinsichtlich der Antwortzeiten festgestellt werden konnten, wird im Basistest der SPML-Publishing Service verwendet. Die Begründung warum es bei der Nutzung der beiden Publishing Services

---

[16]Hierzu ist es notwendig, unter Taskdefinition>SPML.xml das resultLimit auf 0 zu setzen.

bzgl. der Performance zu keinen Unterschieden kam, ist darin zu finden, dass beide Dienste mit der Workflow Engine von FedWare via SPML kommunizieren. Von der Art und Anzahl der geänderten Attribute pro verteilte Änderung wurde in den Tests abstrahiert, da anfängliche Tests ergeben haben, dass die Skalierung dieses Parameters keinen Einfluss auf die Zeiten zur Verteilung der Änderungen hatte. In der prototypischen Implementierung authentifiziert sich der Producer gegenüber FedWare via Benutzername/Passwort. Netzwerkausfälle wurden nicht nachgestellt. Jeder Test wurde zehn Minuten durchgeführt. Für die Auswertung wurde jeder Test zehn Mal wiederholt.

Folgendes Szenario diente in den Tests als Basis. Ausgehend von diesem Basistest wurden dann jeweils die Einlussfaktoren angepasst, um hierdurch die Auswirkungen auf die Zeiten für die Verteilung ermitteln zu können.

Basistest

Im Basistest haben sich die zu verteilende Änderungen auf eine Identität bezogen. Auf diese Identität gab es eine Subskription. Um zunächst von den Datenbankzugriffen abstrahieren zu können, wurden alle für die Durchführung der Änderungsverteilung benötigten Informationen aus dem Arbeitsspeicher geladen. Demnach gab es im Basistest keine Datenbankzugriffe zur Ermittlung der Linking-Informationen oder der Subskription.

Die durchschnittliche Verteildauer wurde dadurch berechnet, dass der Producer beim Absenden einer Nachricht und der Consumer beim Empfang derselben Nachricht jeweils die RequestId und den aktuellen Timestamp in ihr Log geschrieben haben. Die RequestId wurde hierbei durch FedWare an den Consumer übermittelt. Um die Uhren des Producers und des Consumers nicht synchronisieren zu müssen, wurden beide Instanzen auf dem gleichen Server eingesetzt. Die Dauer der Verteilung ist durch die Differenz der beiden Zeitstempel gegeben.

Skalierung der Anfrage

Ein wesentlicher Einflussfaktor auf die Antwortzeiten ist die Änderungsrate der zu verwaltenden Identitätsinformationen. FedWare ist ein rein Push-basierter Ansatz, d.h. nur wenn sich eine Änderung ergibt, wird diese an FedWare mitgeteilt. Eine konkrete Änderungsrate lässt sich nur exemplarisch festlegen. Die Erfahrung mit einem IdM-System am KIT, an welchem immerhin 30 000 Benutzer verwaltet werden, hat eine durchschnittliche Änderungsrate von ca. 10 000 Änderungen im Monat für alle Identitäten dieser Benutzer ergeben. In den durchgeführten Lasttests soll diese Zahl noch etwas skaliert werden, d.h. wenn wir einen Anzahl verwalteter Identitäten von 250 000 annehmen und eine durchschnittliche Änderungsrate von einer Änderung pro Identität pro Tag, ergibt das, wenn wir eine

Gleichverteilung der Änderungen annehmen, eine Änderungsrate von 2 bis 3 Änderungen pro Sekunde.

Die Anfragerate wurde demnach bei den Lasttests bis auf 3 Änderungen pro Sekunde skaliert. Bei einer Testlaufzeit von zehn Minuten wurden demnach 1.800 Anfragen an FedWare abgesetzt. Abbildung 5.8 zeigt die durchschnittliche Antwortzeiten des Basistests. Die durchschnittliche Antwortzeit lag in den zehn Testläufen bei 282 ms. Die Standardabweichung lag im Mittel bei 118 ms. Diese hierbei recht hohe Standardabweichung lässt sich dadurch erklären, dass die CPU-Auslastung während der Tests sehr hoch war. Die CPU-Auslastung lag im Schnitt bei fast 90% hauptsächlich verursacht durch die Java Virtual Machine. Für die Erkenntnisse der Evaluierung waren die erreichten Ergebnisse jedoch ausreichend, da auch eine Standardabweichung im ms-Bereich für die Verteilung auftretender Änderungen durch eine Middleware-Lösung wie FedWare auch in einem realweltlichen Szenario immer noch akzeptabel wäre. Aus diesem Grund wurde eine Skalierung der CPU-Leistung nicht in Betracht gezogen.

Anzahl verwalteter Identitäten

Ausgehend von diesen Ergebnissen sollen nun weitere Einflussfaktoren angepasst werden. In einem weiteren Testszenario wurde zunächst der Einfluss der Anzahl zu verwaltender Identitäten gemessen. Die Liste der Identifier Mappings war initial auf einen Eintrag eingestellt. Die Datenbank hatte hierbei eine Größe von $4,75$ MB. Die Anzahl der verwalteten Identitäten wurde hierauf folgend in drei Schritten angehoben. Zunächst auf 1 800 (Datenbankgröße 5 MB), dann auf 18 000 (Datenbankgröße 7 MB) und letztendlich auf 180 000 Benutzer (Datenbankgröße 27 MB). Da Caching-Mechanismen ausgestellt sind, ist es für diesen Test unbedeutend, dass alle Identitäten bei einem Producer liegen. Demnach wird weiterhin ein Producer verwendet. Des Weiteren wird angenommen, dass es pro Benutzer eine Subskription gibt. In diesem Fall auch immer für denselben Consumer. Hierdurch soll die genaue Auswirkung, welche durch eine Erhöhung der verwalteten

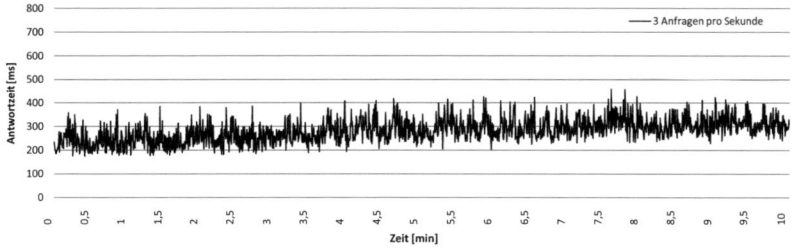

Abbildung 5.8: Lasttest im Basisszenario bei einer Anfragerate von 3 Anfragen pro Sekunde.

Identitäten entsteht, nachvollzogen werden können. Die Erhöhung nimmt auf die Linking-Informationen und die Benutzerrelation Einfluss.

Die Tests haben gezeigt, dass durch die Datenbankzugriffe die durchschnittliche Antwortzeit nur minimal auf 300 ms angestiegen ist. Die durchschnittliche Standardabweichung lag bei 117 ms. Die Skalierung der Datenbankgröße hatte auf die Antwortzeiten keinen erkennbaren Einfluss.

Anzahl Subskriptionen

In einem weiteren Schritt wird die Anzahl der Subskribenten erhöht. Das heißt es wird nicht nur ein Consumer benachrichtigt, sondern mehrere. Bei den Auswertungen für die Dauer der Verteilung wurde hierbei für jede verteilte Änderung der Maximalwert genommen, d.h. es wird die Zeitdauer verwendet, die benötigt wird, um alle Consumer zu benachrichtigen.

Da die Umsetzung der Provisionierungsprozesse im Sun IdM die Benachrichtigung der Subskribenten nur *sequentiell* zulässt, ist zu erwarten, dass die Zeiten für die Verteilung der Änderungen zunehmen. Als Subskribenten wurden erneut SOAP-basierte Web Services verwendet. Die Anzahl der Subskriptionen pro Änderung wurde erneut dreistufig angehoben. In einem ersten Schritt auf zwei Subskriptionen, dann auf fünf und in einem letzten Schritt auf zehn.

Bereits bei einem Anstieg von einer Subskription auf zwei war ein deutlicher Anstieg der Dauer zur Verteilung auftretender Änderungen auf 646 ms bei einer Standarabweichung von 279 ms zu beobachten (siehe Abbildung 5.9). Bei fünf Subskriptionen pro Änderung stieg die durchschnittliche Dauer zur Verteilung einer Änderung auf 1279 ms und einer Standardabweichung von 621 ms an. In einer letzten Stufe wurden pro Änderung zehn Subskriptionen eingestellt, wobei die durchschnittliche Dauer für die Verteilung einer Änderung in diesem Fall bei 2178 ms und einer Standardabweichung von 1172 ms lag (siehe Abbildung 5.10).

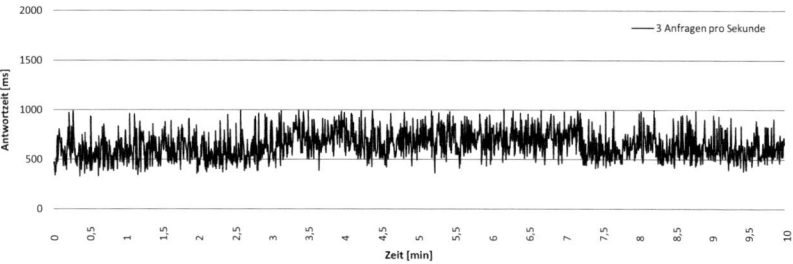

Abbildung 5.9: Lasttest bei einer Anfragerate von 3 Anfragen pro Sekunde und zwei Subskriptionen pro Änderung.

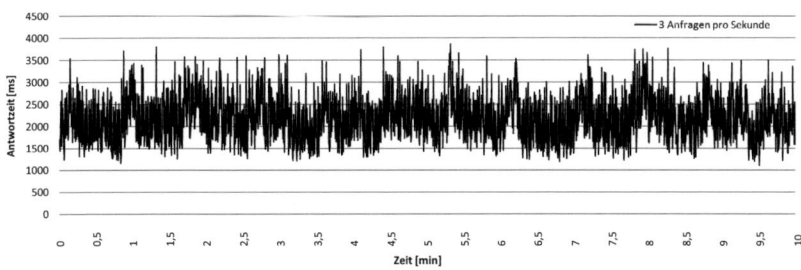

Abbildung 5.10: Lasttest bei einer Anfragerate von 3 Anfragen pro Sekunde und zehn Subskriptionen pro Änderung.

Resümee

Zusammenfassend kann festgehalten werden, dass erwartungsgemäß zum einen die Anzahl der zu verteilenden Änderungen und zum anderen die Anzahl der Subskriptionen pro Änderung die beiden wesentlichen Einflussfaktoren auf die Zeitdauer zur Verteilung der Änderungen darstellen. Die Ergebnisse der Performance-Evaluation haben gezeigt, dass FedWare in realweltlichen Szenarien einsetzbar wäre, da bereits die Tests auf dem Prototypen, auch unter Skalierung der Einflussfaktoren, akzeptable Zeiten zur Verteilung auftretender Änderungen ergeben haben. Insbesondere, sind Zeiten zur Verteilung auftretender Änderungen im Sekundenbereich dadurch tolerierbar, dass integrierte Systeme lose gekoppelt sind und demnach bspw. ein Producer einer Änderung von erhöhten Zeiten zur Verteilung nicht betroffen ist. Auch die relativ hohe Standardabweichung ist für die Erkenntnisse der Evaluation tolerierbar, da eine Varianz im Sekundenbereich auf das Inconsistency Window, welches in der Regel im Bereich verteilter IdM-Systeme eher im Minuten- oder Stundenbereich anzusiedeln wäre, keinen wesentlichen Einfluss nehmen würde.

5.3.7 Zusammenfassung

Die Evaluation im vorherigen Abschnitt hat gezeigt, dass ein lose gekoppelter Mechanismus zur Verteilung auftretender Änderungen im Bereich verteilter IdM-Systeme technisch umsetzbar ist. Demnach lässt sich ein den in Abschnitt 5.3.2 gestellten Anforderungen an eine adäquate Lösung zur Sicherstellung zur Konsistenz in verteilten Systemen realisieren. Insbesondere wird durch die Reduktion der Abhängigkeiten zwischen angeschlossenen Systemen und der Wiederverwendungsmöglichkeit zur Sicherstellung der Konsistenz notwendiger Funktionalitäten durch angebotene Middleware-Dienste die Effizienz adressiert und somit der Aufwand für die Entwicklung und den Betrieb der Gesamtlösung reduziert. An dieser

Stelle solle jedoch angemerkt werden, dass der betriebliche Aspekte, vor allem die Frage durch wen innerhalb einer Föderation eine Middleware-basierte Lösung betrieben wird, durch die vorliegende Arbeit nicht adressiert. Auch wenn eine Vielzahl existierender Föderationen, wie die DFN-AAI oder die SWITCHaai, ebenfalls "zentrale" durch die Föderation als Ganzes betriebene Komponenten im Einsatz haben, stellt die betriebliche Frage innerhalb einer Föderation sicherlich eine Herausforderung dar.

Wie die Tests gezeigt haben, sind die wesentlichen Einflussfaktoren auf die Zeit zur Verteilung auftretender Änderungen sowohl die Änderungsrate der zugrundeliegenden Identitätsinformationen als auch die Anzahl Subskribenten auf eine Änderung. Ein konkretes Inconsistency Window lässt sich demnach im Falle eines Push-basierten Ansatzes nur in Abhängigkeit dieser Faktoren ermitteln. Prinzipiell kann aus der durchgeführten Evaluierung die Erkenntnis gezogen werden, dass sich bereits mit dem Prototypen bei einer realistischen Änderungsrate identitätsbezogener Informationen und einer realistischen Anzahl verwalteter Identitäten eine akzeptable Qualität der Konsistenz erzielen lässt. Die Lasttests haben gezeigt, dass ein Inconsistency Window im Sekundenbereich unter der Annahme, dass es keine Netzwerkausfälle gibt, zu erreichen ist. Prinzipiell wären selbst unter Berücksichtigung temporärer Ausfälle im Minutenbereich durch die lose Kopplung von FedWare die Producer einer Änderung nicht betroffen. Für die Qualität der Konsistenz wäre eine Verteilungsdauer im Minuten- oder gar im einstelligen Stundenbereich in vielen Anwendungsfällen akzeptabel.

Da FedWare das Ziel hatte bestehende Teillösungen wiederzuverwenden und zu einer sinnvollen Gesamtlösung zu kombinieren, soll nun nochmals kurz zusammengefasst werden, welche Anforderungen auf der Basis welcher Spezifikation realisiert wurden.

Abbildung 5.11 fast nochmals zusammen welche Anforderungen durch welche Komponenten innerhalb von FedWare realisiert wurden. Der Bereich *A1* beinhaltet die Komponenten, welche für Anforderung *Verteilung auftretender Änderungen* benötigt wurden. Insbesondere sind hier die *Publishing Services*, die *Workflow Engine* des *Sun IdM* und der *Subscription Service* auf der Basis der *Liberty ID-WSF Subscription and Notification Framework* zu nennen. Der Bereich *A2* umfasst den *Identifier Mapping Service*, welcher auf der Basis der Spezifikation des *Liberty ID-WSF Identity Mapping Services* die *Korrelation verschiedener Identitäten einer Entität* ermöglicht. Die *Adapter* auf der Basis des *Sun IdM* zur *Berücksichtigung von Legacy-Systemen* werden im Bereich *A3* zusammengefasst. Der Bereich *A4* umfasst die *Vermittlerkomponente*, welche notwendige Transformationen zur Überwindung der Heterogenität eingesetzter Informationsschemata vornimmt.

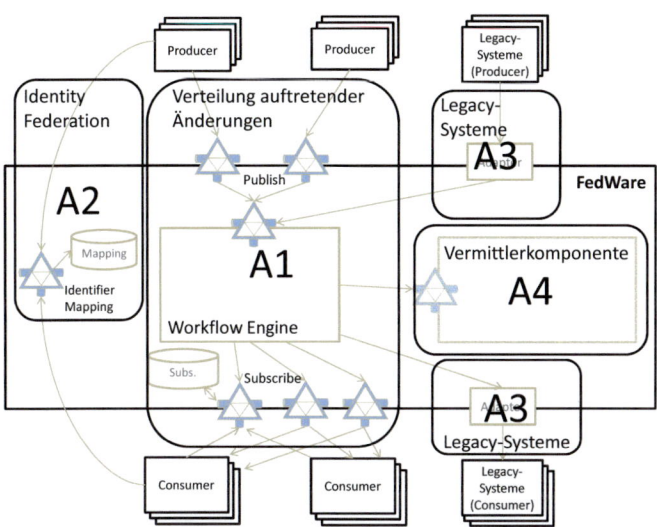

Abbildung 5.11: Systemübersicht bzgl. der Anforderung zur Sicherstellung der Konsistenz in verteilten IdM-Systemen.

5.4   User-Controlled Automated Identity Delegation

Der im vorherigen Abschnitt vorgestellte Ansatz zur Sicherstellung der Konsistenz in verteilten IdM-Systemen wurde mit dem Ziel konzipiert, bestehende Standards und Ansätze zu einer sinnvollen Gesamtlösung unter Berücksichtigung der losen Kopplung zu kombinieren. Im Folgenden soll ein weiterer Ansatz vorgestellt werden, welcher das Ziel verfolgt, die Belange des Benutzers in den Mittelpunkt zu stellen. Somit wird mit den beiden Ansätzen grundsätzlich zwar das gleiche Ziel verfolgt, die Sicherstellung von *ID-Consistency* in verteilten IdM-Systemen, allerdings wird bei dem im Folgenden vorgestellte Ansatz der Fokus auf die Benutzerzentrierung gelegt. Dies wird im Wesentliche dadurch motiviert, dass in verteilten Systemen durch eine steigende Anzahl genutzter IT-Dienste der Datenschutz und Datensicherheitsaspekt (engl. Privacy) identitätsbezogener Informationen immer mehr an Bedeutung gewinnt. Darüber hinaus spielt auch die Benutzerfreundlichkeit eine entscheidende Rolle, da es gilt Benutzer die Möglichkeit zu bieten, stets den Überblick darüber zu behalten, welcher Dienst welche Informationen vorhält und zu welchem Zweck er dies tut.

Wie bereits in Abschnitt 3.1.3 erläutert wurde, versucht das *benutzerzentrierte föderative Identitätsmanagement (engl. User-Centric Federated Identity Management)* dem *Privacy*-Aspekt dadurch Rechnung zu tragen, dass dem Benutzer die Kontrolle über jedwede Weitergabe seiner Identitätsinformationen anvertraut wird.

185

Der benutzerzentrierte Ansatz motiviert hierbei die Nutzung unterschiedlicher IDPs (vgl. Abschnitt 3.2 und Abschnitt 4.3.2). Die Nutzung mehrerer IDPs wird im Wesentlichen durch die Tatsache begründet, dass unterschiedliche Identitätsattribute auch unterschiedlich Aussteller haben und sowohl Benutzer als auch Dienste einem einzelnen, zentralen Identitätsprovider nicht vertrauen würden. Somit speichern auch benutzerzentrierte Ansätze Identitätsinformationen redundant über verschiedene IDPs. Des Weiteren machen aktuelle benutzerzentrierte IdM-Systeme die Speicherung identitätsbezogener Informationen auch bei Dienstanbietern notwendig, im Falle von langlaufenden Diensten (vgl. Abschnitt 3.2) auch über die Dauer einer Session hinaus.

Da Informationsreplikation dazu führt, dass Änderungen an Identitätsinformationen, um Inkonsistenz zu vermeiden, an alle Replikate verteilt werden müssen, ist es auch in benutzerzentrierten Ansätzen notwendig, sich über die Konsistenz identitätsbezogener Informationen Gedanken zu machen. Die Konsistenz identitätsbezogener Informationen spielt insbesondere auch dadurch eine entscheidende Rolle in benutzerzentrierten FIM, dass auch im benutzerzentrierten FIM Zugangsberechtigungen eines Benutzers auf der Basis von Identitätsinformationen ermittelt und vergeben werden. Der im Folgenden vorgestellt Ansatz soll hierbei noch einmal deutlich machen, wie die Belange des Benutzers bei der Konsistenzsicherstellung in den Vordergrund gerückt werden kann, bspw. durch Berücksichtigung dessen Einwilligung hinsichtlich jedweder Weitergabe identitätsbezogener Informationen.

Hinsichtlich der Konsistenz identitätsbezogener Informationen ist eine wesentliche Stärke des benutzerzentrierten Ansatz – die Zustimmungsmöglichkeit hinsichtlich der Weitergabe identitätsbezogener Information – auf Grund der Umsetzung dieser Funktionalität in aktuellen Systemen ein Nachteil. Dies lässt sich dadurch erklären, dass aktuelle Technologien auf eine Front-Channel-Kommunikation (siehe Kapitel 3.1) beschränkt sind und der Benutzer einer Weitergabe *manuell* zustimmen muss. Eine Back-Channel-Kommunikation identitätsbezogener Informationen basierend auf einer automatisierten Lösung der Benutzerzustimmung wird in aktuellen Systemen nicht vorgesehen. Mit anderen Worten: Wenn der Benutzer nicht online ist, können IDPs und SPs auch keine Daten austauschen. Somit ist es einem IDP auch nicht möglich, andere IDPs und Dienstanbieter über bspw. eine Deaktivierung eines Benutzers zu benachrichtigen.

Im Folgenden sollen zunächst die zum Verständnis des vorgeschlagenen Ansatzes notwendigen Hintergründe dargelegt werden. Hierauf folgende sollen die Anforderungen, welche an eine benutzerzentrierte Lösung zur Sicherstellung der Konsistenz gestellt werden, skizziert werden. Anhand der aufgestellten Anforderungen ist eine detaillierte Analyse hinsichtlich der Angemessenheit der in

Abschnitt 3.1.3 vorgestellten benutzerzentrierten FIM-Ansätze möglich. Da keines der analysierten Ansätze den Konsistenzaspekte ausreichend genügt, wird im Anschluss ein eigener Ansatz vorgestellt, der in aktuellen benutzerzentrierten FIM-Technologien eingesetzt werden kann, um die Konsistenz identitätsbezogener Informationen sicherzustellen. Zusätzlich zu der Darlegung des Konzepts, werden Implementierungsdetails und eine Performance-Evaluierung präsentiert. Eine Zusammenfassung schließt diesen Abschnitt.

5.4.1 Hintergrund

In diesem Abschnitt sollen zunächst die zum Verständnis des Ansatzes notwendigen Hintergründe vorgestellt werden. Hierbei handelt es sich zum einen um verwandte Arbeiten und zum anderen um Grundlagen, auf welche im weiteren Verlauf zurückgegriffen wird.

Ein wesentlicher Aspekt, welchen es bei der Umsetzung einer Back-Channel-Kommunikation zu erhalten gilt, ist die Privacy der Identitätsinformationen eines Benutzers. Insbesondere gilt es zu vermeiden, dass auch im Falle eines Hacker-Angriffs kein beliebiger Zugriff auf Attribute des Benutzers möglich wird. Da zur Umsetzung dieses Ziels in dem in Abschnitt 5.4.4 vorgeschlagenen Ansatzes das Konzept der Delegation eingesetzt wird, soll im Folgenden zunächst die Erläuterung des Delegationskonzeptes erfolgen. Anschließend werden verwandte Arbeiten vorgestellt.

Delegation

Delegation erlaubt es einem Benutzer anderen Entitäten, bspw. einem Dienstanbieter, in seinem Namen agieren zu lassen, indem der Benutzer der Entität spezifische Berechtigungen zuordnet [Humphrey et al. 2007; Karp & Li 2010; Na & Cheon 2000]. Verschiedene Delegationsmodelle können hierbei basierend auf der Art der Berechtigungsweitergabe unterschieden werden [Barka & Sandhu 2000]:

(i) **Dauer** – eine Charakteristik der Delegation lässt sich hinsichtlich der *Zeitdauer (engl. Permanence)*, für welche die delegierten Rechte weitergegeben werden, benennen. Eine permanente Delegation bezeichnet hierbei eine Delegation, in welcher der Delegierte auf Dauer durch den Delegierten ersetzt wird. Der Delegierte erhält gleichzeitig alle Berechtigungen des Delegierenden. Dem gegenüber steht die *temporäre* Delegation, welche auf eine bestimmte Zeitdauer beschränkt ist. Nach Ablauf dieser Zeitdauer sind die delegierten Rechte nicht weiter gültig.

(ii) **Monotonicity** – eine weitere Charakteristik der Delegation beschreibt den

Zustand, in welchem sich der Delegierende während der Delegation befindet. Eine *montone (engl. monotonic)* Delegation bedeutet hierbei, dass der Delegierende seine Berechtigungen während der Delegation behält. Demnach kann der Delegierende alle Operationen während der Delegation weiter ausführen, bspw. auch das Delegationsrecht, d.h. er kann dem Delegierten die Berechtigungen auch wieder entziehen. In eine *nicht-monotonen* Delegation dagegen verliert der Delegierende während der Delegation seine Berechtigungen. Im Gegensatz zur permanenten Delegation verliert der Delegierenden in der nicht-monotonen Delegation jedoch nicht das Recht, dem Delegierten die zugesprochenen Berechtigungen wieder zu entziehen.

(iii) **Totalität** – eine Delegation kann des Weiteren hinsichtlich der Menge an delegierten Rechten charakterisiert werden. Eine *totale* Delegation bezeichnet hierbei die vollständige Weitergabe aller Berechtigungen eines Delegierenden an einen Delegierten. Im Gegensatz hierzu wird in einer *partiellen* Delegation nur eine Untermenge an Berechtigungen des Delegierenden an den Delegierten weitergegeben.

(iv) **Verwaltung** – auch die Frage nach dem "Wer die Rechte delegiert" lässt sich als Charakteristik einer Delegation nennen. Hierbei lässt sich zwischen zwei Arten unterscheiden: der *self-acted-* und der *agent-acted-* Delegation. Im ersten Fall wird die Delegation durch den Benutzer selbst durchgeführt und im letzteren Fall wird die Delegation durch eine dritte Partei, dem so genannten "Agenten" durchgeführt.

(v) **Ebenen der Delegation** – unter den *Ebenen einer Delegation (engl. Levels of Delegation)* wird das Recht verstanden, ob und wie oft die delegierten Rechte weiter delegiert werden können. Eine *Single-Step*-Delegation erlaubt hierbei die Weitergabe der delegierten Rechte nicht, wogegen eine *Two- oder Multi-Step*-Delegation die Weitergabe der delegierten Rechte, um den jeweiligen "Level" vorsieht.

(vi) **Multiple Delegation** – in einer *multiplen* Delegation wird die Anzahl der Delegierten berücksichtigt, d.h. ob die delegierten Berechtigungen an eine oder an mehrere Delegierte weitergegeben werden.

(vii) **Zustimmung** – auch die Art der Zustimmung kann in einer Delegation unterschieden werden. In einer *bilateralen* Zustimmung wird die Delegation sowohl durch den Delegierenden als auch den Delegierten abgesegnet. In einer *unilateralen* Zustimmung dagegen entscheidet nur der Delegierende über die Delegation.

Hinsichtlich der Privacy identitätsbezogener Informationen ist vor allem die Totalität der Delegation von Bedeutung, da nur in einer partiellen Delegation sichergestellt werden kann, dass der Delegierte keinen beliebigen Zugriff auf die Daten eines Benutzers erhält. Auch die Dauer und die Monotonicity einer Delegation sollte Berücksichtigung finden.

Im Folgenden werden verwandte Arbeiten vorgestellt. Die Bewertung dieser Ansätze erfolgt in Abschnitt 5.4.3.

OAuth

Es existieren verschiedene Protokolle, welche die Delegation von Berechtigungen eines Benutzers verfolgen. OAuth [RFC 5849; WWW OAuth] ist ein Protokoll, welches es Benutzern erlaubt, einem *Client* in seinem Namen Zugriff auf eine seine Ressourcen, den *Servern*, zu geben. Hierbei muss der Delegierte, also der Client, nicht die gleichen Berechtigungen auf dem Server haben wie der Benutzer, bspw. kann dem Client auch nur Leseberechtigungen delegiert werden. Somit erlaubt OAuth eine partielle Delegation. In OAuth werden die Zugriffsberechtigung an den Besitz eines "Tokens" geknüpft. OAuth erlaubt hierdurch einem Benutzer, einer dritten Partei Zugriff auf eine seiner Ressource zu gewähren, ohne hierbei einen Berechtigungsnachweis, wie ein Benutzernamen und Passwort, übergeben zu müssen.

OAuth kann demnach dafür eingesetzt werden, einem SP Zugriff auf einen anderen von einem Benutzer genutzten Dienstanbieter zu gewähren, ohne dass der SP die Anmeldeinformationen des Benutzers für den Dienstanbieter kennen muss. OAuth beschränkt die Dauer der Autorisierung eines Zugriffs auf eine kurze Zeitdauer. Nach Ablauf dieser Zeit wird die Berechtigung ungültig und erfordert eine erneute Autorisierung durch den Benutzer.

User-Managed Access

User-Managed Access (UMA) [Machulak et al. 2010] ist eine Erweiterung von OAuth [RFC 5849], welches Methoden bereitstellt mittels welcher ein anfragender Dienst, *Client* in der UMA-Terminologie, im Namen eines Benutzers auf eine Ressource des Benutzers, dem *Server*, zugreifen kann. Da UMA zur Weitergabe der Berechtigungen OAuth verwendet, wird auch in UMA die Zugriffsberechtigung an ein Token gebunden.

UMA, welches ursprünglich unter dem Namen ProtectServe von Eve Maler vorgeschlagen wurde [WWW ProtectServe], erweitert OAuth dahingehend, dass es Benutzern ermöglicht, eine langfristige Autorisierung zu spezifizieren. Somit kann ein Benutzer vertrauenswürdigen Dienstanbietern die Berechtigung erteilen, auf andere durch den Benutzer genutzte Dienste zuzugreifen. Um dies zu erreichen, erweitert UMA OAuth um einen so genannten *Authorization Manager*, welcher als eine Art *Policy Decision Point* für die Dienste eines Benutzers fungiert. Demnach kann ein Benutzer über die Definition von Policies an einer zentralen Stelle, dem Authorization Manager, reglementieren, welche Dienste auf welche anderen Dienste eines Benutzers zugreifen dürfen. Erreicht einen Dienstanbieter eine Anfrage eines anderen Dienstes, so muss sich der anfragende Dienst zunächst beim Authorization Manager ein entsprechendes Access Token besorgen. Falls der anfragende Dienst die notwendige Berechtigung besitzt, stellt der Authorization Manager unter Verwendung von OAuth ein Token aus, mittels welchem der SP auf die Ressource des Benutzers zugreifen darf.

5.4.2 Anforderungen zur Sicherstellung der Konsistenz unter Berücksichtigung von Benutzerbelange

In diesem Abschnitt werden die Anforderungen präsentiert, welche an eine Lösung zur Sicherstellung der Konsistenz in verteilten benutzerzentrierten IdM-Systemen gestellt werden. Da sich die Anforderungen in Teilen mit den Anforderungen in Abschnitt 5.3.2 decken, werden betroffene Anforderungen zusammenfassend dargestellt bzw. unter dem Blickwinkel einer Benutzerzentrierung. Folgende Anforderungen sollten hierbei Berücksichtigung finden:

(A1) **Benutzerkontrollierter und automatisierter Attributaustausch** – um potentiellen Inkonsistenzen entgegenzuwirken, werden Mechanismen benötigt, welche eine kontrollierten und automatisierten Austausch identitätsbezogener Informationen erlaubt. Insbesondere zur Kommunikation auftretender Änderungen. Ein wesentlicher Fokus sollte hierbei auf die Benutzerzentrierung gelegt werden, d.h. die Herausgabe identitätsbezogener Informationen sollte durch den Benutzer kontrolliert werden können. Hierfür ist es notwendig, dass der Benutzer durch die Nutzung entsprechender Mechanismen festlegen kann, welcher Dienstanbieter bei welchem Identitätsprovider welche Attribute abfragen darf. Des Weiteren sollte es einem Benutzer zu jedem Zeitpunkt möglich sein, vorgenommene Einstellungen jederzeit anpassen und widerrufen zu können[17]. Darüber hinaus sollte es einem Benutzer möglich sein, auch im Nachhinein nachvollziehen zu können, wann welcher Dienst welche Attribute abgefragt hat.

(A2) **Korrelation unterschiedlicher Identitäten eines Benutzers** – analog zu den Anforderungen in Abschnitt 5.3.2 können Änderungen zwischen unter-

---

[17] An dieser Stelle soll angemerkt werden, dass in Deutschland nach dem Bundesdatenschutzgesetzt dies sogar gesetzlich verankert ist [BDSG 2003, § 20 Berichtigung, Löschung und Sperrung von Daten; Widerspruchsrecht]

schiedlichen Identitäten eines Benutzers ausschließlich dann kommuniziert werden, falls diese bspw. via Identity Federation korreliert wurden. In einem benutzerzentrierten Ansatz sollte den Belange eines Benutzers und dessen Privacy insbesondere dadurch Rechnung getragen werden, dass die Durchführung der Verlinkung durch den Benutzer selbst durchgeführt wird, bzw. nur mit dessen Zustimmung.

(A3) **Informationsheterogenitäten** – auch im benutzerzentrierten FIM kann nicht vorausgesetzt werden, dass alle beteiligten Systeme dasselbe Informationsschema verwenden. Somit gilt es auch hier, Änderungen an identitätsbezogenen Informationen an semantisch in Beziehung stehende Informationen zu verteilen. Hierfür sollten Mechanismen bereitgestellt werden, welche die Überwindung dieser Heterogenitäten erlauben.

5.4.3   Angemessenheitsanalyse existierender Ansätze

Basierend auf den präsentierten Anforderungen sollen in diesem Abschnitt die in Abschnitt 3.1.3 vorgestellten benutzerzentrierten Ansätze auf deren Angemessenheit hinsichtlich dieser Anforderungen untersucht werden. Des Weiteren sollen die vorgestellten verwandten Arbeiten ebenfalls in Bezug auf die Anforderungen analysiert werden.

Windows CardSpace erlaubt einen *benutzerkontrollierten und automatisierten Attributaustausch (A1)* nicht, da es in CardSpace notwendig ist, dass der Identity Selector bei jedem Datenaustausch zwischen IDP und SPs involviert ist. Eine Back-Channel-Kommunikation wird aktuell in CardSpace[18] bzw. ADFS[19] nicht unterstützt. Die *Korrelation unterschiedlicher Identitäten eines Benutzers (A2)* wird aktuell in CardSpace ebenfalls nicht unterstützt. Es existieren aktuelle Forschungsarbeiten [Chadwick & Inman 2009], welche die Verlinkung unterschiedlicher Identitäten eines Benutzers mittels eines so genannten *Linking Service* erlaubt (siehe Abschnitt 2.4.1). Der Linking Service wurde hierbei jedoch mit dem Ziel der *Attributaggregation [Klingenstein 2007]* konzipiert, d.h. der Linking Service soll ermöglichen, dass ein Benutzer innerhalb einer Transaktion Attribute unterschiedlicher Identitäten verwenden kann. Da eine Attributaggregation ebenfalls die *Verlinkung unterschiedlicher Identitäten eines Benutzers (A2)* erfordert, sieht der Linking Service auch Identity Federation vor. In dem im nächsten Abschnitt vorgeschlagenen Konzept wird der Linking Service von Chadwick und Inman nicht eingesetzt, da er zum einen weitgehende Anpassungen des Identity Selector erfordern würde, was sich wiederum stark auf den Aufwand zur Integration

---

[18]Version 2.0 Beta 2
[19]Version 2.0

solch eines Ansatzes in bestehende Systeme niederschlägt. Zum anderen sieht das Konzept des Linking Service aktuell nur eine Front-Channel-Kommunikation vor und bedarf einer manuellen Interaktion mit dem Benutzer. Eine Back-Channel-Kommunikation und ein *benutzerkontrollierter, automatisierter Attributaustausch (A1)* ist nicht vorgesehen. Der Linking Service-Ansatz geht des Weiteren davon aus, dass jedes Attribut eines Benutzers bei genau einem IDP verwaltet wird und schließt somit Informationsredundanzen aus. Demnach unterstützt der Ansatz auch keine *Informationsheterogenitäten (A3)*. Die *Überwindung heterogener Informationsschemata (A3)* wird im Gegensatz zu dem Ansatz von Chadwick und Inman von Windows CardSpace bzw. serverseitig durch ADFS [WWW WIF] vorgesehen.

Higgins sieht aktuell einen *benutzerkontrollierten und automatisierten Attributaustausch (A1)* nicht vor[20]. Higgins sieht die *Verlinkung unterschiedlicher Identitäten eines Benutzers (A2)* nicht vor. Die *Überwindung heterogener Informationsschemata (A3)* wird in Higgins insoweit unterstützt, dass Higgins mittels eines so genannten *Identity Attribute Services (IdAS)* [WWW Higgins IdAS] eine Sammlung unterschiedlicher Komponenten zur virtualisierten, vereinheitlichten Darstellung unterschiedlicher heterogener Datenrepositorien anbietet[21]. Das hierdurch erreichte *Common Data Model* wird demnach eingesetzt, um heterogene Informationsschemata zu überwinden. In Multiprotokoll Szenarien ist es jedoch notwendig, dass andere Systeme ihre lokalen Informationsschemata auf das Common Data Model abbilden.

Der Austausch von Attributen eines Benutzers ist in *OpenID* ebenfalls auf Front-Channel-Kommunikation beschränkt. Ein *benutzerkontrollierter und automatisierter Attributaustausch (A1)* ist demnach aktuell nicht vorgesehen. Auch wenn in manchen OpenID-fähigen Webanwendungen die *Verlinkung unterschiedlicher Identitäten eines Benutzers (A2)* vorgesehen wird, sieht *OpenID* diese Funktionalität nicht "Out Of The Box" vor. Auch die *Überwindung heterogener Informationsschemata (A3)* wird durch OpenID aktuell nicht berücksichtigt.

OAuth bindet die Zugriffskontrolle bzw. die Zugriffsrechte um diese durchzuführen an den Besitz eines Tokens. Ein *benutzerkontrollierter und automatisierter Attributaustausch (A1)* wird in OAuth nicht unterstützt. Des Weiteren sieht OAuth die *Verlinkung unterschiedlicher Identitäten eines Benutzers (A2)* nicht vor. Die *Überwindung heterogener Informationsschemata (A3)* wird durch OAuth ebenfalls nicht unterstützt.

Ein Ziel von *UMA* ist es auf der Basis durch den Benutzer festgelegter Richtlinien anderen Ressourcen auf Informationen des Benutzers zuzugreifen, wobei UMA

---

[20] Es ist in Higgins geplant ein ähnliches Feature durch so genannte *Relationship Cards* vorzusehen. Dieses Feature befindet sich aktuelle jedoch noch in einer Draft-Version [Higgins R-Cards] und kann deshalb im Rahmen der Arbeit nicht mit in die Evaluation einbezogen werden.

[21] Der IdAS ist demnach einem Virtual Directory [Gifford et al. 1991] ähnlich.

hierbei den Zugriff auch nicht auf Identitätsinformationen beschränkt. Jedoch ist es in UMA aktuell in technischer Hinsicht nicht möglich den Authorization Manager daran zu hindern, beliebigen Zugriff auf die Ressourcen eines Benutzers zu gewähren. Sollte der Authorization Manager bspw. durch einen Hacker-Angriff in unbefugte Hände geraten, könnte auf die Ressourcen eines Benutzers beliebig zugegriffen werden. Somit wird der *benutzerkontrollierter und automatisierter Attributaustausch (A1)* nur in Teilen erfüllt. Die *Verlinkung unterschiedlicher Identitäten eines Benutzers (A2)* wird in UMA unterstützt. Eine *Überwindung heterogener Informationsschemata (A3)* wird in UMA jedoch nicht vorgesehen. Der im folgenden Abschnitt vorgestellte Ansatz setzt nicht auf UMA auf, da UMA eine erhebliche Anpassung aktueller Identitätsprovider erfordert, da diese nicht "Out Of The Box" mit dem Authorization Manager kommunizieren können. Hierdurch wird der Integrationsaufwand erhöht.

Tabelle 5.3 fasst die Ergebnisse der Analyse noch einmal zusammen.

Resümee

Zusammenfassend kann festgehalten werden, dass aktuelle benutzerzentrierte Ansätze die Konsistenz von Identitätsinformationen nicht ausreichend sicherstellen können. Insbesondere die Automatisierung der Benutzerzustimmung unter Berücksichtigung von IT-Sicherheits- und Datenschutzbelange für einen automatisierten Attributaustausch zwischen IDPs und SPs wird durch bestehende Ansätze nicht angemessen erfüllt. Im Folgenden soll ein Ansatz vorgestellt werden, der diesen Aspekten ausreichend Rechnung trägt.

	CardSpace	Linking Service	Higgins	OpenID	OAuth	UMA
A1	—	—	—	—	—	○
A2	—	✓	—	—	—	✓
A3	✓	—	○	○	—	—

✓ = Anforderung wird voll berücksichtigt,
○ = Anforderung wird teilweise berücksichtigt,
— = Anforderung wird nicht berücksichtigt

Tabelle 5.3: Überblick der Ergebnisse der Angemessenheitsanalyse benutzerzentrierter FIM-Standards, -Protokolle und -Softwaresysteme hinsichtlich der Anforderungen zur Konsistenzsicherstellung in verteilten IdM-Systemen unter Berücksichtigung von Benutzerbelange.

5.4.4 Konzeption

In diesem Abschnitt wird der Ansatz *User-Controlled Automated Identity Delegation (UCAID)* vorgestellt, mittels welchem die Basis zur Sicherstellung der *ID-Consistency* in benutzerzentrierten FIM-Systemen geliefert werden soll. Der Ansatz führt hierfür eine zusätzliche Komponente ein, den *Identity Delegate*, welcher im Falle eines automatisierten Attributaustauschs im Namen des Benutzers agiert, vor allem wenn der Benutzer offline ist. Hierbei gewährleistet der Identity Delegate zwei wesentliche Aspekte der Benutzerzentrierung: (1) der Delegate agiert im Sinne des Benutzers bzgl. der Benutzerzustimmung indem er benutzerdefinierte Richtlinien anwendet, wenn ein Dienst Attribute eines Benutzers abfragen möchte. (2) Der Delegate substituiert den Benutzerclient beim Austausch von Attributen, d.h. anstatt eines Attributflusses durch den Benutzerclient, werden Attribute durch den Identity Delegate ausgetauscht. Demnach findet keine direkte Interaktion zwischen einem Dienstanbieter und einem Identitätsprovider statt, wie es in aktuellen benutzerzentrierten Systemen typisch ist (siehe Abschnitt 3.1.3). Somit erfordert UCAID keine manuelle Zustimmung des Benutzers, um einen Attributaustausch zwischen Identitätsprovider und Dienstanbieter zu erreichen. Durch den Einsatz benutzerdefinierter Richtlinien wird demnach eine Automatisierung der Benutzerzustimmung erzielt und folglich eine unerlaubte Freigabe identitätsbezogener Informationen vermieden.

Der Benutzer muss hierbei dem Delegate insoweit vertrauen, dass bei der Anfrage eines Dienstanbieters oder Identitätsproviders Attribute ausschließlich auf der Basis der spezifizierten Richtlinien herausgegeben werden[22]. Jedoch sollte hierbei immer das "Principle Of Least Privilege" berücksichtigt werden, d.h. der Delegate sollte so wenig Berechtigungen erhalten wie möglich und so viel wie nötig. Folglich bekommt der Identity Delegate nur eingeschränkte Berechtigungen, nämlich nur das Recht für andere Dienstanbieter verschlüsselte Attribute bei den Identitätsprovidern eines Benutzers anzufragen. Der Delegate folgt somit auch dem Konzept eines "Identity Relay" [Klingenstein 2007], welcher ausschließlich Daten sammelt und weiterleitet, ohne die Daten selbst lesen oder speichern zu können. Hierdurch wird auch im Missbrauchsfall oder einem Hacker-Angriff sichergestellt, dass kein beliebiger Zugriff auf Attribute eines Benutzers möglich ist und Daten weder gelesen, gespeichert oder verändert werden können. Durch diese Maßnahme lässt sich das notwendige Vertrauen in den Identity Delegate reduzieren. An dieser Stelle muss angemerkt werden, dass dieses Konzept voraussetzt, dass ein Identitätsprovider so konfiguriert wird, dass er dem Identity Delegate ausschließlich für vertrauenswürdige Dienstanbieter verschlüsselte Attri-

---

[22] Als Basis einer qualitativen Evaluation der Privacy des vorgestellten Ansatzes, wird in Abschnitt 5.4.6 eine ausführliches Vertrauensmodell präsentiert werden.

bute ausstellt. Da das FIM-Modell jedoch generell das Vertrauen der Benutzer und Dienstanbieter in Identitätsprovider erfordert, stellt der vorgeschlagene Ansatz an dieser Stelle keine zusätzlichen Anforderungen hinsichtlich des Vertrauens in einen Identitätsprovider.

Der Einsatz des Identity Delegate erfordert die folgenden sich möglicherweise wiederholende Schritte:

1. **Vorbereitungsschritt** – im aktuellen Konzept erfordert der Delegate, welcher als Dienst eines Drittanbieters konzipiert wurde, einiger initialer Konfigurationen, um innerhalb einer Föderation eingesetzt werden zu können.

2. **Registrierungsschritt** – im nächsten Schritt (siehe Abbildung 5.12) kann der Benutzer sich zunächst beim Identity Delegate registrieren und des Weiteren seine unterschiedlichen Identitätsprovider dem Delegate "vorstellen", d.h. er verlinkt seine Identitäten bei den unterschiedlichen IDPs mit dem Delegate.

3. **Autorisationsschritt** – nachdem der Benutzer sich beim Identity Delegate registriert hat und seine IDPs verlinkt wurden, kann er im Autorisierungsschritt (siehe Abbildung 5.13) Dienstanbieter autorisieren, über den Identity Delegate bei den verlinkten IDPs Daten abzufragen. Dieser Schritt kann für weitere Dienstanbieter wiederholt werden.

4. **Aktualisierungsschritt** – der zur Sicherstellung der Konsistenz wesentliche Schritt ist der Aktualisierungsschritt. Wie in Abbildung 5.14 zu sehen ist, wird in diesem Schritt für den Austausch von Attributen der Benutzer nicht mehr benötigt.

Im Folgenden soll der vorgeschlagene Ansatz anhand der verschiedenen Schritte im Detail vorgestellt werden.

Vorbereitungsschritt

Im *Vorbereitsschritt* werden IDPs und SPs ähnlich wie bei der Etablierung einer Föderation mit dem Identity Delegate "bekannt gemacht". Primär ist dies zur Überwindung der Heterogenität notwendig und zum Aufbau der Vertrauensbeziehung. Eine zukünftige Aufgabe könnte in der Automation dieses Schrittes bestehen, d.h. durch den Austausch maschinenlesbarer Richtlinien der Identitätsprovider und Dienstanbieter, bspw. unter Verwendung von WS-SecurityPolicy [OASIS WS-SecurityPolicy], könnten die notwendig Konfiguration automatisiert werden. Aktuell ist es im Konzept jedoch notwendig, dass die Betreiber des Identity Delegate die Abbildungen zwischen den unterschiedlichen Attributschemata spezifizieren.

Unter Anwendung des in Kapitel 4 vorgestellten formalen Modells werden zunächst semantisch in Beziehung stehende Attribute identifiziert. Hierauf folgend müssen Transformationsregeln spezifiziert werden, welche die unterschiedlichen Attribute der Benutzer aufeinander abbilden, d.h. die Informationsschemata müssen aufeinander abgebildet werden (siehe Abschnitt 5.3.1). Zur Reduktion des Aufwands zum Betrieb der Gesamtlösung wird in UCAID ein Zwischenschema eingesetzt (vgl. Abschnitt 5.3). Hierdurch müssen jeweils Transformationen zwischen den Informationsschemata der Identitätsprovider und Dienstanbieter auf das Zwischenschema etabliert und gepflegt werden. Bilaterale Abbildungen zwischen den IDPs und SPs werden vermieden. Des Weiteren werden im Vorbereitungsschritt Metainformationen, wie Endpunkte der Dienste, Sicherheitsrichtlinien und Sicherheitszertifikate, ausgetauscht.

Registrierungsschritt

Im nächsten Schritt, dem *Registrierungsschritt*, muss der Benutzer sich zunächst ein Benutzerkonto beim Identity Delegate anlegen. Abbildung 5.12 zeigt den groben Ablauf der einzelnen Schritte noch einmal zusammengefasst. In Abschnitt 5.4.6 wird zur Evaluation der Sicherheit und Privacy des Ansatzes noch einmal ein detailliertes Sequenzdiagramm präsentiert. Nachdem der Benutzer sich mit seiner Identität beim Delegate eingeloggt hat, besteht die Möglichkeit seine unterschiedlichen Identitäten bei seinen Identitätsprovider mit der Identität beim Identity Delegate zu verlinken (Schritt 2 – Schritt n+1). Der Benutzer kann hierbei während der initialen Registrierung all seine Identitäten bei den jeweiligen IDPs verlinken oder alternativ auch zu einem späteren Zeitpunkt diesen Schritt wiederholen. Dies wird dadurch realisiert, dass der Benutzer sich zunächst gegenüber seinen IDPs anmeldet. Im Falle von InfoCard-basierten Systemen kann dies bspw. unter Verwendung des Identity Selector vorgenommen werden (siehe Abschnitt 5.4.5). Durch die Wiederverwendung von Mechanismen der unterliegenden benutzerzentrierten Systeme wird eine konsistente Benutzererfahrung sichergestellt.

Wenn der Benutzer sich bei seinen IDPs authentisiert, muss dieser Linking-Informationen für den Benutzer genieren und an den Identity Delegate übermitteln. Die Übermittlung der Linking-Informationen ist dahingehend einfach zu realisieren, da der Identity Delegate in der Rolle eines Dienstanbieters die Linking-Informationen in Form einer Attributauskunft beim entsprechenden IDP anfragt. Die IDPs des Benutzers müssen dahingehend konfiguriert oder erweitert werden, dass sie bei einer entsprechenden Anfrage einen pseudonymen Identifikator generieren. Die Linking-Informationen werden daraufhin durch den Identity Delegate abgespeichert und dienen in weiteren Schritten als Referenz auf die Identität des Benutzers bei diesem IDP. Die Auswirkungen einer Identity Federation wurden bereits bei der Darlegung des Konzepts für FedWare diskutiert. Aus diesem

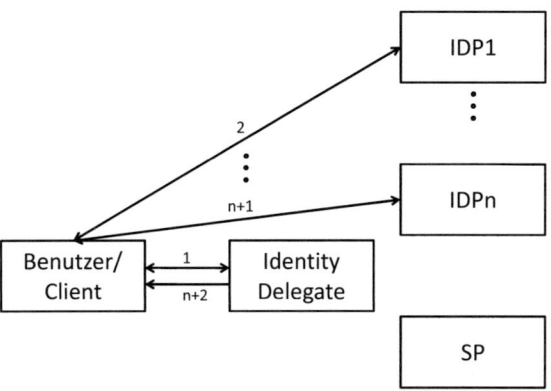

Abbildung 5.12: Vereinfachter Ablauf der einzelnen Schritte während des Registrierungsschrittes im UCAID-Ansatz.

Grund soll an dieser Stelle auf Abschnitt 5.3.4 verwiesen werden. An dieser Stelle soll nur angemerkt werden, dass auch im UCAID-Konzept zur Vermeidung einer unrechtmäßigen Korrelation unterschiedlicher Identitäten eines Benutzers generierte pseudonyme Identifikatoren verwendet werden sollten. Der Identity Delegate bestätigt dem Benutzer die Registrierung durch das Ausstellen einer *Information Card*, welche sich der Benutzer herunterladen kann und lokal auf seinem System speichert (Schritt n+2).

Zusätzlich zu der Verlinkung der unterschiedlichen Identitäten mit der Identität auf dem Delegate, kann ein Benutzer darüber hinaus im Registrierungsschritt festlegen, welches Attribut bei welchem IDP angefordert werden soll. An dieser Stelle kommt somit das in Kapitel 4 eingeführte formale Modell zum Einsatz, da durch die redundante Haltung identitätsbezogener Informationen eines Benutzers es bei einer automatisierten Abfrage von Attributen über den Delegate notwendig ist, festzulegen welcher IDP für welches Attribut autoritativ ist. Zum Beispiel wird der Nachnamen oder die Heimatadresse typischerweise bei mehreren IDPs verwaltet. Somit ist es notwendig, dass der Benutzer den Identity Delegate dahingehend konfiguriert, dass bei einer Anfrage eines Dienstanbieters automatisiert entschieden werden kann, bei welchen IDPs die angefragten Attribute geholt werden sollen. Dies ist ab dem Zeitpunkt notwendig, wenn mehr als ein IDP ein bestimmtes Attribut eines Benutzers vorhält. An dieser Stelle soll angemerkt werden, dass bei der Festlegung der autoritativen Quelle für redundante Attribute durch den Benutzer Level of Assurance Aspekte Berücksichtigung finden sollten. Insbesondere sollte vermieden werden, dass für ein bestimmtes Attribut ein IDP mit einem niedrigen LoA gegenüber einem IDP mit einem hohen LoA vorgezogen wird. In anderen Worten: Für eine Klasse semantisch in Beziehung stehender Attribute (vgl. Abschnitt 4.2.3) sollte immer der Identitätsprovider mit dem höchsten LoA autoritativ sein. Auch wenn ein Benutzer einen IDP mit einem niedrigen LoA für ein bestimmtes Attribut auswählt, können anfragende Dienstanbieter, da sie den Aussteller der Attribute kennen, die entsprechenden Attribute immer noch ablehnen. Demnach wird in UCAID durch die Tatsache, dass einem anfragenden Dienstanbieter die Quellen der Attribute bekannt sind, das Sicherheitsrisiko durch eine benutzerzentrierte Festlegung autoritativer Attributquellen reduziert.

Autorisationsschritt

In diesem Schritt wird der Benutzer befähigt, so genannte *Attributverteilrichtlinien* festzulegen. Diese Richtlinien spezifizieren, welcher Dienstanbieter über den Identity Delegate welche Attribute anfragen darf. Dies ist ein entscheidender Faktor für eine Automatisierung des Attributaustauschs unter Berücksichtigung der Benutzerbelange. Eine Attributverteilrichtlinie spezifiziert hierbei als minimale Anforderung für jedes Attribut eines Benutzers, welcher Dienstanbieter dieses Attribut über den Identity Delegate erfragen darf.

Feingranulare Attributverteilrichtlinien könnten hierbei auf der Basis bestehender *Richtlinienbeschreibungssprachen (engl. Policy Description Languages)*, wie bspw. PREP [Ahn & Ko 2007] oder auch XACML [Mohan & Blough 2010]. Die Ausdrucksstärke der Attributverteilrichtlinien hängt hierbei von der verwendeten Beschreibungssprache ab. Dem Benutzer wird ermöglicht, eine einmal spezifizierte Richtlinie jederzeit anzuschauen, anzupassen oder zu löschen, d.h. es handelt sich um eine *temporäre, monotone* und *partielle Delegation*. Da der Identity Delegate die ihm delegierten Rechte nicht weiterdelegieren darf, handelt es sich darüber hinaus um eine *Single-Step*-Delegation. Dem Identity Delegate muss an dieser Stelle vertraut werden, dass die Richtlinien, wie durch den Benutzer festgelegt, angewendet werden. Auch wenn es durchaus möglich wäre, dass die Einhaltung und Festlegung der Richtlinien durch die Identitätsprovider umgesetzt werden, würde dies in den meisten Fällen bedeuten, dass ein Identitätsprovider angepasst werden muss, was wiederum den Aufwand zur Integration der vorgeschlagenen Lösung erheblich erhöhen würde. An dieser Stelle soll angemerkt werden, dass Shibboleth durch die Berücksichtigung von *Attribute Release Policies* einen IDP mit einer solchen Funktionalität ausstattet, dies jedoch aktuell nur in der Spezifikation von Shibboleth vorgesehen wird. Darüber hinaus wird in vielen Implementierung diese Funktionalität nicht im Sinne einer durch den Benutzer bestimmten Art realisiert, sondern ausschließlich durch einen Administrator über die Pflege so genannter *Attribute Filtering Policies*. Der Benutzer ist demnach in aktuellen Implementierungen eines IDP nicht in den Prozess der Spezifikation der Attribute Release Policies involviert.

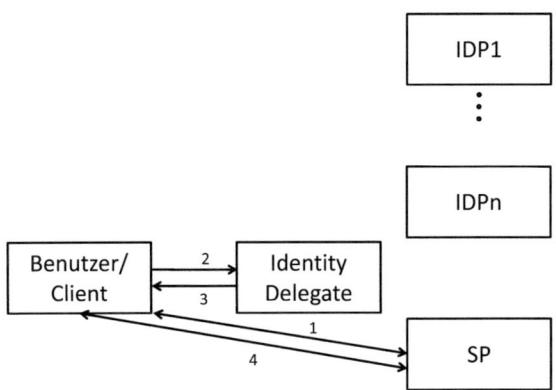

Abbildung 5.13: Grober Ablauf der unterschiedlichen Schritte des Autorisierungs-schritts in UCAID.

Um den Benutzer in den Prozess der Weitergabe von Attributen zu involvieren, existieren aktuell zwei Shibboleth-Erweiterungen[23]: uApprove [WWW uApprove] und Autograph [WWW Autograph]. Eine detaillierte Untersuchung unterschiedlicher Richtlinienbeschreibungssprachen und in diesem Bereich eingesetzter Werkzeuge ist nicht Gegenstand dieser Arbeit.

Ein prinzipieller Vorteil an dem aktuellen UCAID-Ansatz besteht ähnlich wie in dem Ansatz der UMA-WG (siehe Abschnitt 5.4.1 darin, dass die Attributverteilrichtlinien für mehrere Identitätsprovider an einer Stelle festgelegt und gepflegt werden können, wodurch die Benutzerfreundlichkeit des Ansatzes erhöht werden kann. Da es in aktuellen benutzerzentrierten Ansätzen nicht möglich ist, Attribute Release Policies zu spezifizieren, wird diese Aufgabe in UCAID an den Identity Delegate übergeben.

Aus Sicht des Benutzers ist eine "minimale" Attributverteilrichtlinie, d.h. eine Richtlinie die spezifiziert, ob ein Dienstanbieter bestimmte Attribute über den Identity Delegate abfragen darf oder nicht, sehr simple festzulegen: Zunächst greift der Benutzer analog zu einer "normalen" Dienstnutzung auf einen geschützten Bereich eines Dienstanbieters zu (Schritt 1 in Abbildung 5.13). Der Dienstanbieter fordert den Benutzer daraufhin auf, sich zu authentifizieren und drückt seinen Wunsch Attribute in Zukunft über eine Back-Channel-Kommunikation abfragen zu dürfen durch die Verwendung bestehender Sicherheitsrichtlinienbeschreibungssprachen wie WS-SecurityPolicy aus. Hierbei ist es auch notwendig, dass der SP eine Liste der gewünschten Attribute spezifiziert. Um diesem Wunsch

---

[23]http://wiki.unisa.edu.au/display/AAI/uApprove [Stand Okt. 2010]

zu entsprechen und gleichzeitig den SP zu autorisieren, d.h. auch eine entsprechende Richtlinie anzulegen, authentifiziert sich der Benutzer unter Verwendung der Information Card des Identity Delegate (Schritt 2). Dieses Verfahren wäre auch auf der Basis des OpenID-Protokolls möglich, in diesem Fall würde der Benutzer beim SP die OpenID-URL des Delegate angeben und dann an den Identity Delegate weitergeleitet werden. Vorausgesetzt der OpenID-Provider würde eine Authentifikation via Information Cards erlauben, könnte der Benutzer sich mittels der Information Card des Identity Delegate sowohl in InfoCard-basierten Systemen als auch in OpenID-basierten Systemen authentifizieren. Durch die Verwendung existierender benutzerzentrierter FIM-Mechanismen wird eine einheitliche Benutzerführung sichergestellt. Der Identity Delegate erzeugt daraufhin eine neue Richtlinie für den anfragenden Dienstanbieter und sendet eine Autorisationsbestätigung an den Benutzerclient zurück (Schritt 3). Der Client leitet diese Bestätigung an den Dienstanbieter weiter (Schritt 4).

An dieser Stelle wird des Weiteren die Identität des Benutzers beim Identity Delegate mit dessen Identität beim Dienstanbieter verknüpft. Dies geschieht dadurch, dass der Identity Delegate nachdem der Benutzer sich unter Verwendung der Information Card authentifiziert hat (Schritt 2 in Abbildung 5.13), einen pseudonymen Identifikator für den Benutzer bei diesem Dienstanbieter generiert und diesen gemeinsam mit der Autorisationsbestätigung an den Benutzerclient zurücksendet (Schritt 3). Nachdem der Benutzerclient die Informationen an den SP weitergeleitet hat (Schritt 4), muss der pseudonyme Identifikator durch den SP gespeichert werden. Im späteren Aktualisierungsschritt dient dieser Identifikator dem Dienstanbieter als Referenz auf den entsprechenden Benutzer, welcher wiederum durch den Identity Delegate über den Identifikator des Benutzers beim Delegate auf den pseudonymen Identifikator beim IDP aufgelöst werden kann. Wie bereits erwähnt wurde, erlaubt die Verwendung pseudonymer Identifikatoren die Privacy des Benutzers zu wahren. Ein Beispiel lässt sich in Abbildung 5.7 finden.

Aktualisierungsschritt

Der Aktualisierungsschritt ist der wesentliche Schritt zur Sicherstellung der Konsistenz, da er den Dienstanbieter ermöglicht, Attribute des Benutzers via Back-Channel-Kommunikation über den Identity Delegate abzufragen. Durch die Automatisierung der Benutzerzustimmung ist keinerlei unmittelbare Interaktion mit dem Benutzer notwendig. Durch diese Art der Kommunikation wird es den Dienstanbietern erlaubt, durch das regelmäßige Pollen des Identity Delegate eine gewisse Konsistenzqualität, d.h. ein bestimmtes Inconsistency Window, sicherzustellen. Im Konzept wurde dieser Pull-Ansatz gegenüber einem Push-Ansatz vorgezogen, also einem Ansatz, bei welchem die Identitätsprovider den Identity

Delegate über auftretende Änderungen informieren und dieser wiederum diese Änderungen an die Dienstanbieter des entsprechenden Benutzers weiterleitet, da in aktuellen benutzerzentrierten FIM-Systemen IDPs mit dieser Funktionalität nicht ausgestattet sind. Wie in Abschnitt 5.3 gezeigt wurde, wäre ein Push-basierter Ansatz, bspw. um eine Reduktion der Netzwerklast zu erreichen (vgl. Abschnitt 5.4.6), durchaus möglich. Auch wenn dies erfordern würde, dass Identitätsprovider angepasst werden müssten, könnte durch die Verwendung von SAML zur Kommunikation auftretender Änderungen der Aufwand zur Entwicklung einer solchen Lösung gering gehalten werden. An dieser Stelle könnte eventuell auch das angemerkte SAML Change Notify Protocol [OASIS SAML Change Notify Protocol] Anwendung findet, wobei eine Berücksichtigung dieses Protokolls in der prototypischen Implementierung im Rahmen dieser Arbeit aufgrund der Draft-Version der Spezifikation nicht vorgesehen wurde. Nichtsdestotrotz wurde im aktuellen Konzept von UCAID ein Pull-Ansatz gewählt, um hierdurch einen minimal Einfluss auf bestehende Identitätsprovider zu nehmen, da in einem Pull-Ansatz die IDPs zur Anfrage von Attributen quasi "Out Of The Box" eingesetzt werden können.

Der Aktualisierungsschritt läuft folgendermaßen ab (siehe Abbildung 5.14): Der Aktualisierungsschritt wird durch einen Dienstanbieter initiiert (Schritt 1), indem er via Back-Channel-Kommunikation beim Identity Delegate anfragt. Nachdem sich der Dienstanbieter gegenüber dem Identity Delegate authentifiziert ha[24], ermittelt der Delegate die für den Dienstanbieter und den entsprechenden Benutzer hinterlegten Attributverteilrichtlinie. Vorausgesetzt der SP ist autorisiert, ermittelt der Identity Delegate zunächst die für die angefragten Attribute autoritativen IDPs des Benutzers und fragt die entsprechenden Attribute bei den IDPs an (potentiell Schritt 2 – Schritt n+1). Im letzten Schritt übermittelt der Identity Delegate die angefragten Attribute an den Dienstanbieter (Schritt n+2). Eine genauere Sicherheitsbetrachtung dieses Vorgangs wird in Abschnitt 5.4.6 erfolgen.

Da das Abfragen von Attributen bei einem Identitätsprovider einer Authentifikation bedarf, stellt sich die Frage, wie der Identity Delegate in der Abwesenheit des Benutzers dessen Attribute anfragen kann. Es würde eine hohes Sicherheitsrisiko darstellen, falls der Benutzer dem Identity Delegate seine Authentifikationsnachweise mitteilen würde, da in diesem Fall der Identity Delegate, oder auch ein Angreifer, welcher sich unrechtmäßig Zugriff auf den Identity Delegate verschafft hat, die hinterlegten Benutzernachweis verwenden könnte, um sich unrechtmäßigerweise für den Benutzer auszugeben. Hierdurch wäre es möglich, auch Attribute zu ändern oder zu löschen.

Es gilt in jedem Fall zu verhindern, dass der Delegate die Authentifikations-

---

[24]in Abschnitt 5.4.6 wird als Basis einer detaillierten Sicherheitsbetrachtung nochmals ein ausführliches Sequenzdiagramm präsentiert werden.

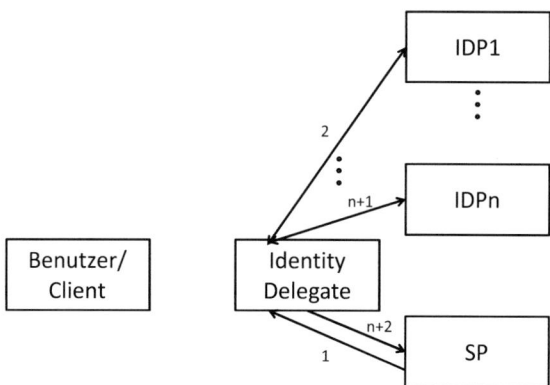

Abbildung 5.14: Vereinfachte Illustration der wesentlichen Schritte zur automatisierten Abfrage identitätsbezogener Informationen eine Dienstanbieters über den Identity Delegate.

nachweise des Benutzers kennt und verwendet. Deshalb sieht der UCAID-Ansatz einen bereits angesprochenen Delegationsmechanismus vor, welcher das Risiko eines unrechtmäßigen Zugriffs über den Identity Delegate auf die IDPs des Benutzers reduziert. Durch die Verwendung von Delegationsmechanismen ist es zunächst möglich, dass der Identity Delegate unter einer eigenen Identität bei den Identitätsprovidern und unter Verwendung eigener Benutzernachweise authentifizieren kann. Somit ist es möglich, dem Identity Delegate nur so wenige Berechtigungen wie möglich und so viel wie nötig zu geben. Hierzu wird demnach auf eine *partielle Delegation* zurückgegriffen (siehe Abschnitt 5.4.1), welche es dem Identity Delegate ausschließlich erlaubt, Attribute von einen Identitätsprovider für einen Benutzer zu erfragen, welche bereits für einen bestimmten Dienstanbieter verschlüsselt wurden. Folglich ist es dem Identity Delegate auch nicht möglich, die erfragten Attribute zu lesen oder zu ändern. Hierdurch wird demnach ein beliebiger Zugriff auf die Identitätsprovider vermieden. Des Weiteren kann ein identitätsbasiertes Logging durchgeführt werden, d.h. jeder IDP kann festhalten ob der Benutzer oder der Identity Delegate Attribute angefragt hat.

Da es sicherheitstechnisch unerwünscht ist, dass der Identity Delegate Attribute des Benutzers lesen oder ändern kann, leitet der Identity Delegate die Attribute des Benutzers verschlüsselt weiter. Hierdurch ist es jedoch auch nicht möglich, dass der Identity Delegate möglicherweise notwendige Transformationen vornimmt. Da im Allgemeinen nicht davon ausgegangen werden kann, dass jeder Identitätsprovider dasselbe Informationsschema für die Attribute verwendet wie die Dienstanbieter, kann dies erforderlich sein. Zur Ermittlung semantisch in Beziehung stehender

Attribute ist es auch notwendig, dass der Identity Delegate die Transformationsregeln kennt, d.h. der Identity Delegate könnte die Transformationen auch rein
theoretisch durchführen. Um diese Problematik zu bewerkstelligen, sendet der
Identity Delegate im aktuellen Konzept die für die Transformationen notwendigen
Regeln in der an den Dienstanbieter übermittelten Assertion mit. Hierdurch wird
es dem Dienstanbieter möglich, die Transformationen durchzuführen, ohne die
entsprechenden Transformationen selbst verwalten zu müssen.

Der Identity Delegate aggregiert folglich alle bei den Identitätsprovidern angefragten Attribute eines Benutzers. Zusätzlich fügt der Delegate zur Überwindung
eventueller Datenheterogenitäten notwendige Transformationsregeln hinzu und
signiert diese. Analog zu dem Ansatz in Abschnitt 5.3 wird auch in UCAID ein
Zwischenschema verwendet, d.h. die lokalen Informationsschema der IDPs und
SPs werden über ein Zwischenschema aufeinander abgebildet. Die ursprünglichen Attribute der IDPs werden durch diese Aktion nicht verändert. Letztendlich
kombiniert der Identity Delegate die aggregierten Attribute und die Transformationsregeln in einer Nachricht und sendet diese Nachricht an den Dienstanbieter.
Wenn der Dienstanbieter die Nachricht erhält, kann er zunächst die Signatur
des Identity Delegate und die Signaturen der IDPs kontrollieren. Vorausgesetzt
die Signaturen sind gültig und der SP vertraut den Inhabern der Zertifikate, mit
welchen die Signaturen erstellt wurden, kann der Dienstanbieter eventuell notwendige Transformationen durchführen, um die aktuellen Werte für die erfragten
Attribute zu ermitteln.

5.4.5   Implementierung

In diesem Abschnitt sollen die Erfahrungen, welche im Rahmen einer prototypischen Implementierung des UCAID-Ansatzes gemacht werden konnten, skizziert
werden. Eine ausführliche Betrachtung hierzu kann der Arbeit [Kühner 2010]
entnommen werden.

Zu Demonstrationszwecken wurde für die prototypische Implementierung
Windows CardSpace ausgewählt. Von einem Multi-Protokoll-Ansatz wurde an
dieser Stelle aus Gründen der Einfachheit abgesehen, auch wenn die Verwendung
bspw. eines OpenID-Providers mit der Authentifikationsmöglichkeit via Card-
Space bereits in der IdM-Gemeinschaft angedacht wurde[25]. Auch die Verwendung
eines Higgins-STS[26], als Identitätsprovider wäre möglich gewesen, da dieser den
Standard WS-Trust umsetzt und folglich zu CardSpace kompatibel sein müsste.

Als Grundlage für die prototypische Implementierung wurde CardSpace verwendet, da die Windows Identity Foundation [WWW WIF] eine Klassenbibliothek

---

[25]http://www.identityblog.com/?p=668 [Stand Okt. 2010]
[26]http://wiki.eclipse.org/STS_IDP [Stand Okt. 2010]

bereitstellt, mittels welcher die Erzeugung und Verwaltung von SAML Assertions bzw. Sicherheitstokens "Out Of The Box" möglich ist. Da in WS-Trust, welches zum Austausch von Sicherheitstokens in WIF Verwendung findet, das Format der Sicherheitstokens nicht spezifiziert wird, ist es möglich, mittels WS-Trust auch SAML Assertions zu kommunizieren (vgl. Abschnitt 3.1.2).

Die prototypische Implementierung wurde auf der Basis von Windows Card-Space V2.0 Beta 2 und den Active Directory Federation Services (ADFS) V2.0 der Windows Identity Foundation [WWW WIF] durchgeführt. Hierbei wurden unmodifizierte Instanzen von ADFS V2.0 als IDPs verwendet. Als Identitätsspeicher wurde ein Active Directory (AD) [WWW AD] eingesetzt. Als SP wurde in der prototypischen Implementierung ein CardSpace-fähige Website verwendet. Dies kann dahingehend als generischer Ansatz angesehen werden, dass im Falle einer Anpassung eines ADFS-IDPs, die gleichen Anpassungen ausreichend wären. Es wurde ein unveränderter Identity Selector verwendet. Der Identity Delegate ist eine Eigenentwicklung, die teilweise auf der Klassenbibliothek von WIF Beta 2 aufsetzt. Die Verwendung von WIF bedingt den Einsatz des *.NET Frameworks* als Programmierplattform. In der prototypischen Implementierung wurde die Version 3.5 [WWW .NET Framework] eingesetzt. Als Programmiersprache wurde C# [Hejlsberg et al. 2003] eingesetzt.

Die Dienstanbieter, die Identitätsprovider und der Identity Delegate verwenden zur gegenseitigen Authentifikation Client und Server X.509 Zertifikate [RFC 2459]. Dies wurde auf der Basis von TLS [RFC 2246] erzielt, welches auch zur Verschlüsselung der zu übertragenden Nachrichten zwischen den IDPs, SPs und dem Identity Delegate Verwendung findet.

Der Identity Delegate stellt sowohl eine Website als auch einen Web Service zur Verfügung. Die Website wurde hierbei als ASP.NET-Webanwendung realisiert. ASP.NET (Active Server Pages .NET) basiert auf dem .NET-Framework und erlaubt die Erstellung von Webanwendungen, welche serverseitig weitestgehend auf die Funktionalitäten des .NET-Frameworks zugreifen können. Der Web Service implementiert die Funktionalität eines WS-Trust Security Token Service (STS) und der Möglichkeit zur Ausstellung von Information Cards. Für die Umsetzung der STS-Funktionalität wurde auf die Klassenbibliothek von WIF zurück gegriffen. Die Klassenbibliothek von WIF wiederum basiert auf der *Windows Communication Foundation* [WWW WCF] und kann somit auch auf die durch WCF unterstützten Kommunikationsprotokolle und Sicherheitsmechanismen zurückgreifen. Der Identity Delegate stellt hierbei zwei *Endpunkte (engl. Endpoints)* zur Verfügung, da sich in der prototypischen Implementierung die Authentifikationsarten des Dienstanbieters, welcher sich mittels eines X.509 Zertifikats authentifiziert, und der Benutzers, der sich durch Benutzername/Password authentisiert, unterscheiden.

Um die Konfiguration der Attributverteilrichtlinien zu ermöglichen, wird Benutzern eine Website zur Verfügung gestellt. Des Weiteren stellt der Identity Delegate zur Entgegennahme und Ausstellung von Sicherheitstokens einen Web Service bereit. Die Website und der Web Service verwenden zur Speicherung von Informationen dieselbe Datenbank. Als Datenbankserver wurde der Microsoft SQL Server 2005 Enterprise Edition [WWW MS SQL Server] eingesetzt.

Der Identity Delegate wurde initial mit einer Liste vertrauenswürdiger IDPs und einer Liste vertrauenswürdiger Dienstanbieter konfiguriert, welche umgekehrt auch so konfiguriert wurden, dass sie dem Identity Delegate vertrauen. Des Weiteren wurden alle Transformationsregeln vorkonfiguriert, welche für die Evaluation der untersuchten Anwendungsszenarien gebraucht wurden. Im Folgenden soll kurz anhand des *Registrierungsschritts*, des *Autorisationsschritts* und des *Aktualisierungsschritts* näheres zur Implementierung vorgestellt werden.

Registrierungsschritt

Die unterschiedlichen Aktivitäten, welche der Benutzer während der Registrierung durchführt, erfolgen größtenteils über die im Identity Delegate zur Verfügung gestellte Website. Somit wird sowohl die *Durchführung der Registrierung*, die *Initiierung der Verlinkung* einer Identität auf einem IDP mit der Identität auf dem Identity Delegate, die *Festlegung der autoritativen IDPs* für seine Attribute und zur *Administration der Attributverteilrichtlinien* die Website des Identity Delegate verwendet.

Um hierbei eine möglichst einfache Benutzerführung zu erlauben, wurde in der prototypischen Implementierung die Initiierung der Verlinkung der Identitäten auf den IDPs mit der Identität auf dem Identity Delegate auf der Basis von CardSpace realisiert. Demnach kann ein Benutzer zur Verlinkung der Identitäten dieselben Mechanismen verwenden, welcher er auch zum Einloggen auf einen CardSpace-fähigen Dienstanbieter verwendet. Um dies zu ermöglichen wurde in der Website des Identity Delegate folgender HTML-Code eingefügt. Liste 5.1 zeigt das HTML-Tag der Website zur Verknüpfung der Identitäten auf den IDPs mit der Identity-Delegate-Identität unter Verwendung des Identity Selector.

```
<object type='application/x-informationCard' id='icardObj'>
</object>
[...]
<input type='hidden' name='tokenXml' value='' />
```

Liste 5.1: HTML-Tag der Website des Identity Delegate zur Verknüpfung der Identitäten eines Benutzers auf seinen IDPs unter Verwendung des Identity Selector.

Durch diese Ergänzung wird bei einem Klick auf einen Hyperlink innerhalb der HTML-Seite die Ausführung von JavaScript-Code ausgeführt (siehe Liste 5.2).

```
<asp:LinkButton runat="server" OnClientClick='javascript:tokenXml.
    value=icardObj.value;' />
```

Liste 5.2: Codesnippet eines "LinkButtons" zur Ausführung des JavaScript-Code beim Aufruf des Identity Selector.

Hierdurch wird der Identity Selector des Benutzers aufgerufen, welcher wiederum alle Information Cards des Benutzers anzeigt. Der Benutzer kann dann durch Auswahl der entsprechenden Karte eines IDP die Verlinkung durchführen. Nachdem der Benutzer über den Identity Selector eine Karte ausgewählt hat, wird er durch den Identity Selector aufgefordert einen Benutzernamen und Passwort einzugeben. Daraufhin erzeugt der Identity Selector ein Sicherheitstoken und sendet dieses via *WS-Trust Request Security Token (RST)* an den IDP. Der IDP nimmt das Token entgegen, überprüft Benutzername/Passwort des Benutzers, ermittelt vorausgesetzt die Authentifikation war erfolgreich die angeforderten Claims und erzeugt daraufhin ein Sicherheitstoken, welches er im Feld tokenXml ablegt. In der prototypischen Implementierung wurde als Tokenformat SAML verwendet. Das Sicherheitstoken des IDP wird als so genanntes *Bootstrap Token* vom Identity Delegate gespeichert und dient ihm im späteren Autorisierungsschritt als eine Art "Berechtigungsnachweis", welcher es ihm erlaubt, Attribute des Benutzers bei diesem IDP zu erfragen (siehe weiter unten). Um dies technisch zu realisieren wurden die Delegationsmechanismen von WIF verwendet. WIF ermöglicht hierbei, den IDP so zu konfigurieren, dass er für den Identity Delegate ein mit bestimmten Rechten korreliertes Bootstrap Token ausstellen. Demnach sind mit dem Bootstrap Token, auch nur bestimmte Berechtigungen verbunden, nämlich die Berechtigung für vertrauenswürdige Dienstanbieter verschlüsselt Sicherheitstoken anfragen zu dürfen. Des Weiteren wurde das Bootstrap Token von dem IDP auch nur für den Identity Delegate ausgestellt und kann somit von keinem anderen Dienst verwendet werden. Das Bootstrap Token enthält hierbei nur die Referenz auf den *pseudonymen Identifikator des Benutzers*, den *Issuer*, einen *Zeitstempel* sowie *für wen das Token ausgestellt wurde* jedoch keinerlei Attribute des Benutzers.

Nachdem der Benutzer die Konfiguration abgeschlossen hat, wird ihm eine durch den Identity Delegate erzeugte Information Card zum Download angeboten. Diese Information Card wird durch den Benutzer verwendet, um einen Dienstanbieter zu autorisieren, welcher über den Identity Delegate Attribute des Benutzers anfragen möchte.

Autorisationsschritt

Der Autorisationsschritt wird durch den Benutzer dadurch initiiert, dass er bei einem Dienstanbieter via einem CardSpace-Login auf einen geschützten Bereich zugreifen möchte. Der Dienstanbieter bekundet daraufhin sein Interesse, Attribute des Benutzers via Back-Channel-Kommunikation zu einem späteren Zeitpunkt abfragen zu können, indem er ein *Custom Claim Type* namens `LongLivedIden-tifier` als *Required Claims* spezifiziert (siehe Liste 5.3). Ein Custom Claim Type ist hierbei nichts anderes als ein Attribut. Dieses spezielle Attribut wird durch den Identity Delegate zur Verfügung gestellt, d.h. durch die Information Card des Identity Delegate kann dieses Attribut angefragt werden. Den Wunsch eines Dienstanbieters über eine Back-Channel-Kommunikation beim Identity Delegate identitätsbezogene Informationen anzufragen wurde somit in Form eines Attributs "kodiert", um das InfoCard-basierte Systeme zur Unterstützung dieser Funktionalität nicht anpassen zu müssen. In der prototypischen Implementierung wurde der Dienstanbieter so konfiguriert, dass er den Identity Delegate als vertrauenswürdiger IDP ansieht. Somit war es möglich, den "Out Of The Box"-Identity Selector von CardSpace ohne weitere Anpassungen verwenden zu können. Folglich erlaubt der Identity Selector dem Benutzer beim Versuch sich beim Dienstanbieter einzuloggen, die Auswahl der Information Card des Identity Delegate.

In der prototypischen Implementierung wurde die Website des Dienstanbieters ebenfalls in ASP.NET entwickelt. Um die Authentifikation via CardSpace beim Dienstanbieter zu ermöglichen, wurde wie bereits beim Identity Delegate gezeigt, ein spezieller HTML-Tag in der Website des SP eingebettet:

```
<object type="application/x-informationCard" id="icardObjL1">
    <param name="issuer" value="https://delegate.geneva.local/sts/
        Service.svc"/>
    <param name="requiredClaims" value="http://sp1/
        long_lived_identifier"/>
</object>
```

Liste 5.3: HTML-Tag des Dienstanbieters zur Umsetzung des Logins mittels der Information Card des Identity Delegate.

Zusätzlich zu der Angabe von *Required Claims*, welches ein Multivalue-Feld darstellt und auch weitere Claims enthalten könnte, wird noch der Issuer, d.h. der Identity Delegate, spezifiziert.

Durch die Auswahl der Information Card des Identity Delegate autorisiert der Benutzer den Dienstanbieter, d.h. der Identity Delegate legt sobald der Benutzer sich korrekt authentifiziert hat, eine entsprechende Attributverteilrichtlinie für den Dienstanbieter an. In diesem Fall erhält der STS des Identity Delegate ein Sicherheitstoken mit Benutzername/Passwort. Vorausgesetzt die Authentifikation war erfolgreich erzeugt der Identity Delegate einen pseudonymen Identifikator[27], welcher als Wert für das angeforderte Attribut *LongLivedIdentifier* an den SP

---

[27] Als generierten pseudonymen Identifikator wurden genauso wie in FedWare ein Globally Unique Identifier (GUID) verwendet.

zurückgeliefert wird. Um zu einem späteren Zeitpunkt Attribute des Benutzers abfragen zu können, verwendet der Dienstanbieter diesen LongLivedIdentifier, um auf den Benutzer zu referenzieren.

Aktualisierungsschritt

Die letztendliche Abfrage von Attributen via Back-Channel-Kommunikation erfolgt im Aktualisierungsschritt. Demnach ist dieser Schritt auch ausschlaggebend für die Sicherstellung der Konsistenz in benutzerzentrierten FIM-Systemen. Sämtlicher Nachrichtaustausch in diesem Schritt erfolgt durch SOAP-Nachrichten auf der Basis von WS-Trust. Ein Dienstanbieter stellt demnach eine Anfrage via *WS-Trust Request Security Token (RST)* beim Identity Delegate. Die Authentifikation eines SP wurde in der prototypischen Implementierung auf der Basis von X.509 Zertifikaten durchgeführt. Der Identity Delegate überprüft daraufhin, ob der anfragenden Dienstanbieter berechtigt ist, die angeforderten Attribute anzufragen. Falls der Dienstanbieter autorisiert ist, ermittelt der Identity Delegate die entsprechenden autoritativen IDPs für jedes angefragte Attribut und authentisiert sich mittels eines X.509 Zertifikats gegen den entsprechenden IDP. Hierbei sendet er das *Bootstrap Token*, den Namen des Dienstanbieters und die gewünschten Attribute in der Anfrage mit. Der IDP authentifiziert zunächst den Identity Delegate und nimmt das Bootstrap Token und den Namen des Dienstanbieters entgegen. Basierend auf diesen Informationen kann der IDP die Berechtigungen des Identity Delegate ermitteln. Falls der Identity Delegate die notwendigen Berechtigungen besitzt, extrahiert der IDP die angeforderten Attribute und verschlüsselt diese für den Dienstanbieter. Der IDP erstellt dann von ihm signiertes Sicherheitstoken und sendet dieses in einer *WS-Trust Request Security Token Response (RSTR)* an den Identity Delegate.

Der Identity Delegate führt diesen Vorgang für jeden der für die angefragten Attribute autoritativen IDPs durch. Zusätzlich ermittelt der Identity Delegate notwendig Transformationsregeln, um die angefragten Attribute von dem Schema der IDPs auf das Schema der SPs abzubilden. Abschließend erzeugt der Identity Delegate ein neues Sicherheitstoken, in welches er alle Sicherheitstokens der IDPs und die Transformationsregeln aggregiert und in einer einzelnen RSTR signiert an den Dienstanbieter zurücksendet. Hierbei verändert der Identity Delegate die von den IDPs ausgestellten Sicherheitstokens nicht, d.h. die Signatur der IDPs bleibt gültig. Die Transformationsregeln wurden in der prototypischen Umsetzung auf der Basis der Claim Rule Language [WWW CRL] spezifiziert. Liste 5.4 zeigt eine beispielhafte Anwendung dieser Transformationssprache. Die angegeben Transformationsregel konkateniert hierbei das Attribut *first_name* und das Attribut *last_name* zu dem Attribut *full_name*:

```
c:[Type == "http://example/first_name",
ValueType == "http://www.w3.org/2001/XMLSchema#string"]
&& d:[Type == "http://example/last_name",
ValueType == "http://www.w3.org/2001/XMLSchema#string"]
=> issue(Type = "http://example/full_name",
ValueType = "http://www.w3.org/2001/XMLSchema#string",
Value = c.Value + " " + d.Value);
```

Liste 5.4: Exemplarische Transformationsregel mittels der Claim Rule Language.

Sobald der Dienstanbieter das Token erhält, kann er die für ihn verschlüsselten Sicherheitstokens entschlüsseln, die auf der Basis der Transformationsregeln durchzuführende Transformationen vornehmen und die lokalen Identitätsinformationen aktualisieren.

5.4.6   Bewertung

In diesem Abschnitt wird sowohl eine qualitative als auch quantitative Bewertung des vorgeschlagenen Ansatz durchgeführt. Hierbei soll folgendermaßen vorgegangen werden:

(i) Zunächst soll eine qualitative Bewertung der *Benutzerfreundlichkeit*, *Sicherheit* und *Privacy* durchgeführt werden. Hierfür sollen auch die Implikationen des vorgestellten Ansatzes noch einmal zusammengefasst werden.

(ii) In einem nächsten Schritt sollen die Ergebnisse der auf der prototypischen Implementierung durchgeführten *Lasttest* vorgestellt werden. Hierdurch soll ein Eindruck gewonnen werden, inwieweit der Ansatz auch für realweltliche Szenarien Einsatz finden könnte und welche Qualität im Sinne der Erfüllung des Inconsistency Window mit dem vorgeschlagenen Ansatz realistisch wäre. Des Weiteren werden Netzwerklasttests in unterschiedlichen exemplarischen Konfigurationen vorgenommen, um hierdurch die durch den Ansatz generierte Mehrlast abschätzen zu können.

Qualitative Evaluation

Zunächst sollen die durch den Ansatz gegebenen Implikationen für benutzerzentierter FIM-Systeme kurz zusammengefasst werden.

Implikationen für benutzerzentrierte Systeme

Zusammengefasst ergeben sich im Wesentlichen beim Einsatz von UCAID die folgenden Implikation für benutzerzentrierte FIM-Systeme:

(i) Da die Back-Channel-Kommunikation gegenüber aktuellen benutzerzentrierten Systemen eine neue Möglichkeit des Informationsaustauschs darstellt, ist es notwendig, jeden Dienstanbieter anzupassen, welcher identitätsbezogener Informationen über den Identity Delegate via Back-Channel-Kommunikation anfragen möchte. Dies betrifft natürlich auch Identitätsprovider, welche identitätsbezogener Informationen über den Identity Delegate abfragen, da sie sich in diesem Fall in der Rolle eines SP befinden.

(ii) Um zu vermeiden, dass der Identity Selector in einem InfoCard-basierten Ansatz angepasst werden muss, ist es notwendig, dass ein Dienstanbieter dem Identity Delegate vertraut, da ein Identity Selector sinnigerweise nur Information Cards von als vertrauenswürdig eingestuften IDPs zur Auswahl anbietet. Eine mögliche Alternative könnte hierbei sein, den Identity Selector dahingehend anzupassen, dass die Karte des Identity Delegate immer auswählbar ist, auch wenn ein Dienstanbieter diesen nicht als vertrauenswürdig in seiner Sicherheitsrichtlinie spezifiziert hat. Im aktuellen Konzept wurde von dieser Variante abgesehen, da sie eine Anpassung jedes Identity Selectors bedeuten würde und diese Anpassung erheblich höher einzustufen wäre als eine Vertrauensbeziehung zwischen den SPs eines Benutzers und dem Identity Delegate.

(iii) IDPs müssen dahingehend konfiguriert werden, dass sie Attribute eines Benutzers für den Empfänger der Attribute verschlüsseln und signieren. Auch wenn dies aus sicherheitstechnischen Gründen in den meisten Identitätsprovidern aktuell bereits gemacht wird, kann nicht angenommen werden, dass dies in jedem möglichen IDP "Out Of The Box" sichergestellt ist.

Benutzerfreundlichkeit

Durch folgende Maßnahmen wird durch den präsentierten Ansatz die Benutzerfreundlichkeit sichergestellt:

(i) **Automatisierte Benutzerzustimmung** – Der Benutzer muss nicht mehr jede Attributauskunft manuell zustimmen, sondern kann den Identity Delegate beauftragen, die Autorisationsentscheidung für ihn vorzunehmen. Da der Benutzer die Attributverteilrichtlinien selbst festlegen kann und auch jederzeit anpassen und löschen kann, bleibt die Kontrolle über die Weitergabe identitätsbezogener Informationen weiterhin beim Benutzer, d.h. der Grundgedanke des benutzerzentrierten Paradigmas, die Nutzzustimmung, bleibt erhalten.

(ii) **Nachvollziehbarkeit** – da der Identity Delegate dem Benutzer an einer zentralen Stelle ermöglicht, die Attributverteilrichtlinien einzusehen, anzupassen und auch wieder zu entziehen, behält der Benutzer zu jedem Zeitpunkt den Überblick darüber, welcher Dienstanbieter welche Identitätsinformationen bei welchem Identitätsprovider bezieht. Des Weiteren kann über eine Logging-Funktionalität festgestellt werden, wann welcher Dienstanbieter welche Attribute über den Identity Delegate angefragt hat.

(iii) **Wiederverwendung bestehender Mechanismen** – da im vorgeschlagenen Ansatz sowohl die Autorisation von Dienstanbietern als auch die Korrelation unterschiedlicher Identitäten des Benutzers auf der Basis des Information-Card-basierten Mechanismus vorgenommen wird, wird eine konsistente und einheitliche Benutzererfahrung gewährleistet.

Sicherheit

Im Folgenden sollen die Sicherheitsmechanismen, welche in UCAID vorgesehen werden noch einmal näher diskutiert werden. Prinzipiell wurde jeglicher Kommunikation auf Transportprotokollebene durch TLS gesichert. Die eingesetzte Verschlüsselung setzt ein asymmetrisches Verschlüsselungsverfahren ein. Abbildung 5.15 zeigt noch einmal die einzelnen Schritte des Registrierungsschritts (vgl. Abschnitt 5.4.4). In diesem Schritt authentifiziert sich der Benutzer zunächst unter Verwendung seines Webbrowsers, bspw. mittels seines bei der Registrierung einer neuen Identität beim Identity Delegate angegebenen Benutzername/Passworts (Schritt 1). Dieses Passwort sollte durch den Identity Delegate in einer sicheren Art und Weise vorgehalten werden, z.B. in gehashter Form.

Um die Identitäten auf den IDPs mit der Identität auf dem Identity Delegate zu verknüpfen, verwendet der Benutzer den Identity Selector, er wählt über den Identity Selector den IDP, bei welchem er seine Identität verknüpfen möchte aus und authentifiziert sich gegen den IDP, bspw. unter Verwendung von Benutzername/Passwort (Schritt 2). Hierdurch werden auf die Sicherheitsmechanismen von CardSpace zurückgegriffen, wodurch bspw. auch Phishing-Attacken entgegengewirkt wird. Wie bereits erwähnt wurde, sollte der pseudonyme Identifikator, welcher zur Verlinkung der Identität beim IDP mit der Identität beim Identity Delegate eingesetzt wird, sowohl durch den entsprechenden IDP signiert (in Abbildung 5.15 durch *Sig_IDPx* angedeutet) und für den Identity Delegate verschlüsselt (in Abbildung 5.15 durch *Enc_Del* gekennzeichnet) übermittelt werden (Schritt 3 und 4). Diese übertragene Nachricht, d.h. *{id4del@idp1}Sig_IDP1* in Abbildung 5.15 stellt das Bootstrap Token dar. Dieses enthält außer dem pseudonymen Identifikator kein weiteres Attribute des Benutzer[28]. In der prototypischen Implementierung geschieht dies durch die Verwendung von X.509 Zertifikaten. Hierdurch wird die *Integrität* und *Vertraulichkeit* dieser Informationen sichergestellt. Im abschließenden Schritt wird dem Benutzer die Möglichkeit geboten sich eine Information Card des Identity Delegate herunterzuladen. Diese Karte ist durch den Identity Delegate signiert. Die Karte selbst enthält bis auf den Benutzernamen des Benutzers beim Identity Delegate keine Attribute.

Die einzelnen Sequenzschritte des Autorisationsschritts (vgl. Abschnitt 5.4.4) sind in Abbildung 5.16 zu sehen. Zunächst greift der Benutzer mittels seines Webbrowsers auf einen Dienstanbieter. Während des Logins beim Dienstanbieter via CardSpace kann der Dienstanbieter auf der Basis einer Richtlinienbeschreibungssprache spezifizieren, dass er Attribute des Benutzers über einen Back-Channel-Kommunikation abfragen möchte (Schritt 1). Um diese Anfrage zu autorisieren greift der Benutzer wieder auf den Identity Selector von CardSpace zurück: Er wählt zunächst die Information Card des Identity Delegate aus, um sich darauf folgenden gegen diesen zu authentisieren (Schritt 2). Vorausgesetzt die Authentifikation war erfolgreich, erstellt der Identity Delegate eine entsprechende Richtlinie und einen pseudonymen Identifikator, welcher dazu verwendet wird, um die Identität des Benutzers beim Identity Delegate auf die Identität des Benutzers beim Dienstanbieter zu verlinken. Diese Information wird wiederum durch den Identity Delegate signiert (Sig_Del) und mittels des öffentlichen Schlüssels des Dienstanbieters verschlüsselt (Enc_SP). Durch die Übermittlung des pseudonymen Identifikators wird dem Dienstanbieter gleichzeitig signalisiert, dass die Autorisation erteilt wurde und er ab diesem Zeitpunkt bis zum Widerruf der Berechtigungen durch den Benutzer identitätsbezogene Informationen des Benutzers via Back-Channel-Kommunikation abfragen darf.

In Abbildung 5.17 werden die einzelnen Schritte des Aktualisierungsschritts dargestellt. Der Aktualisierungsschritt wird durch den Dienstanbieter initiiert, welcher sich zunächst beim Identity Delegate authentifiziert. Gleichzeitig übermittelt er den pseudonymen Identifikator des Benutzers, für welchen er Attribute abfragen möchte sowie eine Liste der benötigten Attribute (Schritt 1). Zur Authentifikation des Dienstanbieters sollte eine starke Authentifikationsmethode Einsatz finden, bspw. auf der Basis von Zertifikaten. Vorausgesetzt die Authentifikation des SP war erfolgreich und der SP ist autorisiert die spezifizierten Attribute über den Identity Delegate anzufragen, fragt der Identity Delegate bei den entsprechenden autoritativen IDPs die Attribute an. Hierzu muss sich der Identity Delegate zunächst gegenüber den entsprechenden IDP authentisieren, bspw. auf der Basis

---

[28]Des Weiteren enthält das Bootstap Token noch Angaben hinsichtlich des Ausstellers, des Zeitpunkts der Ausstellung, eine Angabe für wen das Token ausgestellt wurde und der Authentifikationsmethode jedoch keine Identitätsbezogenen Informationen.

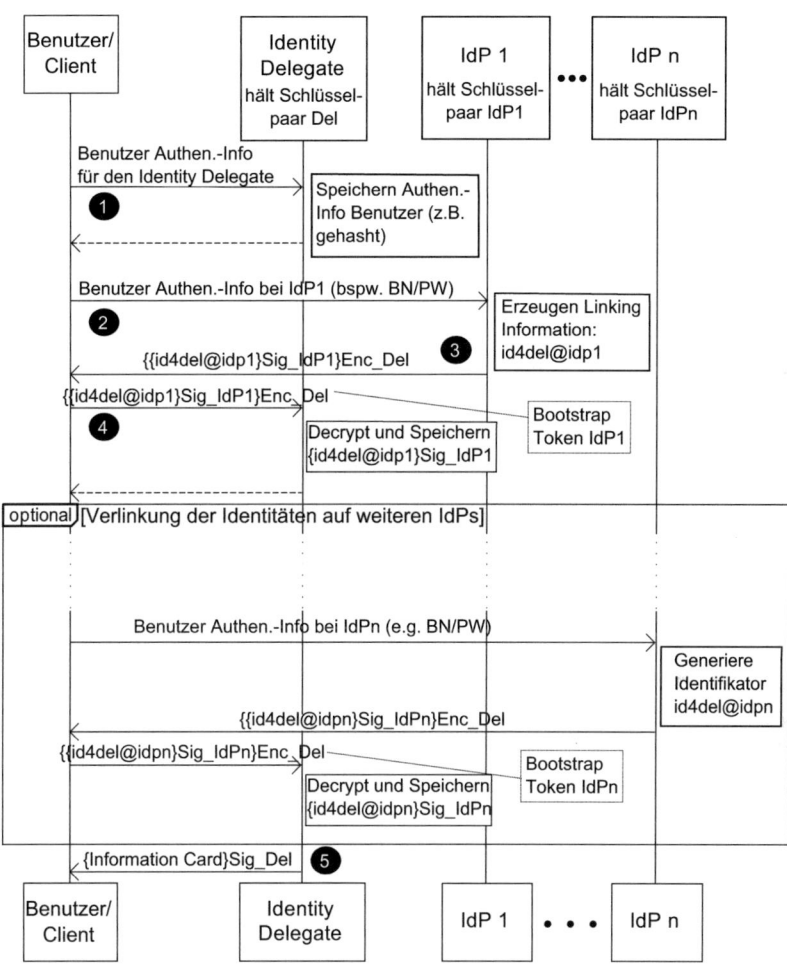

Abbildung 5.15: Sequenzablauf des initialen Registrierungsschritts. Jegliche Information Inf wird hierbei mittels des privaten Schlüssels des Akteurs X, dargestellt durch {Inf}Sig_X, signiert. Des Weiteren werden die übertragenen Informationen mit den öffentlichen Schlüssel des Empfänger Y, dargestellt durch {Inf}Enc_Y, verschlüsselt.

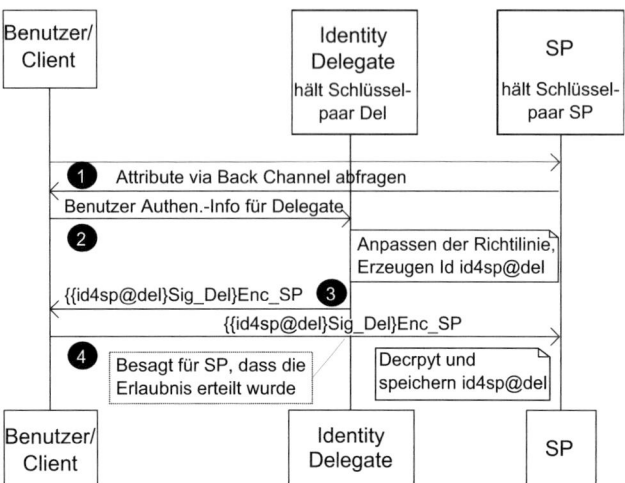

Abbildung 5.16: Sequenzablauf des Autorisationsschritts. Jegliche Information Inf wird hierbei mittels des privaten Schlüssels des Akteurs X, dargestellt durch {Inf}Sig_X, signiert. Des Weiteren werden die übertragenen Informationen mit den öffentlichen Schlüssel des Empfänger Y, dargestellt durch {Inf}Enc_Y, verschlüsselt.

eines Zertifikats. Des Weiteren muss der Identity Delegate das Bootstrap Token und den Dienstanbieter, für welchen die Attribute angefragt werden, an den IDP übermitteln. Das Bootstrap Token dient in UCAID als Berechtigungsnachweis und erlaubt dem IDP, die mit dem Bootstrap Token verknüpften Berechtigung für den Identity Delegate zu ermitteln. Basierend auf diesen Informationen stellt der IDP ein Sicherheitstoken mit den erfragten Attributen aus, signiert dieses mit seinem privaten Schlüssel, verschlüsselt es für den entsprechenden Dienstanbieter mittels dessen öffentlichen Schlüssel und sendet das verschlüsselte Sicherheitstoken an den Identity Delegate. Da das Sicherheitstoken für den Dienstanbieter verschlüsselt ist, ist es dem Identity Delegate nicht möglich, den Inhalt des Tokens zu lesen. Er kann den Inhalt auch nicht verändern, da dies die Signatur des IDP zerstören würde. Dieser Vorgang kann abhängig von den erfragten Attributen mehrfach notwendig sein, d.h. der Identity Delegate muss Attribute bei verschiedenen IDPs anfragen. In einem letzten Schritt aggregiert der Identity Delegate alle von den IDP erhaltenen Sicherheitstokens, fügt diesen noch die notwendigen Transformationsregeln verschlüsselt für den Empfänger hinzu[29] und signiert das aggregierte Sicherheitstoken.

---

[29] Aus Gründen der Übersichtlichkeit wurden im Sequenzdiagramm die Transformationsregeln weggelassen.

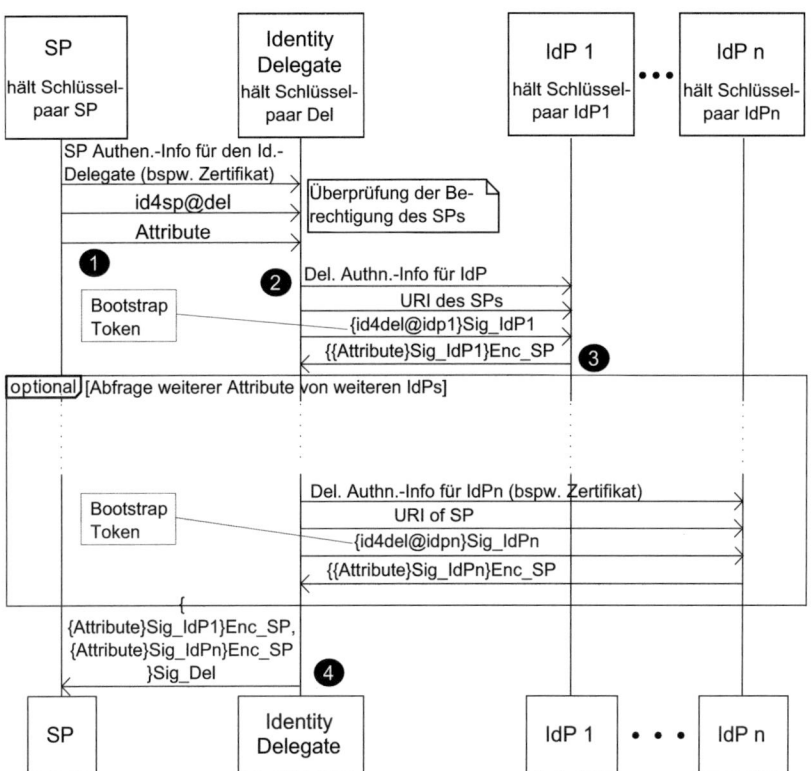

Abbildung 5.17: Sequenzdiagramm des Aktualisierungsschritts. Jegliche Information Inf wird hierbei mittels des privaten Schlüssels des Akteurs X, dargestellt durch {Inf}Sig_X, signiert. Des Weiteren werden die übertragenen Informationen mit den öffentlichen Schlüssel des Empfänger Y, dargestellt durch {Inf}Enc_Y, verschlüsselt.

Privacy

Generelle Vertrauensannahmen, welche in UCAID getroffen werden, sind zum einen, dass der Benutzer den genutzten IDPs und SPs vertrauen muss, dass seine Attribute vertraulich behandelt werden. Zum anderen müssen Dienstanbieter darin vertrauen, dass die Authentifikation eines Benutzers nach den abgesprochenen Sicherheitsrichtlinien und vielleicht auch Level of Assurances korrekt authentifiziert wurde und dass die gelieferten Attribute korrekt sind. Diese Vertrauensannahmen sind jedoch für das föderative Identitätsmanagement im Allgemeinen gültig. Folgende Vertrauensannahmen werden darüber hinaus in UCAID getroffen:

(i) Dem Identity Delegate wird vertraut, dass die durch den Benutzer spezifizierten Attributverteilrichtlinien genauso eingehalten werden, wie sie durch den Benutzer festgelegt wurden.

(ii) Dem Identity Delegate wird des Weiteren vertraut, dass die Abfrage der Linking-Informationen korrekt durchgeführt wird, d.h. alle durch einen SP angeforderten Attribute gehören auch zu dem Benutzer, welcher durch den SP angefragt wurde.

Basierend auf diesen Annahmen hinsichtlich des notwendigen Vertrauens, lassen sich verschiedene mögliche Bedrohungen auf die Vertraulichkeit, Integrität und Verlinkung unterschiedlicher Identitäten eines Benutzers evaluieren. Die folgenden Bedrohungen können durch den Einsatz von UCAID identifiziert werden:

(i) **Bedrohung: Unrechtmäßige Korrelation unterschiedlicher lokaler Identitäten durch IDPs und SPs** – IDPs und/oder SPs könnten unrechtmäßigerweise versuchen die lokalen Identitäten eines Benutzers auf der Basis der durch den Identity Delegate generierten pseudonymen Identifikatoren miteinander zu korrelieren. Die Korrelation würde ihnen ermöglichen, ein genaueres Bild des Benutzers hinsichtlich dessen Dienstnutzungsverhalten zu bekommen.

Gegenmaßnahme: Einsatz unidirektionaler, pseudonymer Identifikatoren – Da der Identity Delegate pseudonyme und unidirektionale Identifikatoren verwendet (Schritt (3) in Fig. 5.16), d.h. für verschiedene IDPs und SPs werden auch unterschiedliche Identifikatoren zur Verlinkung auf die Identität des Benutzers beim Identity Delegate eingesetzt, wird eine Verlinkung von lokalen Identitäten des Benutzers auf der Basis pseudonymer, unidirektionaler Identifikatoren nicht einfacher.

(ii) **Bedrohung: Hacker-Angriff auf den Identity Delegate** – Einem Angreifer könnte es gelingen, den Identity Delegate zu "hacken", d.h. er könnte sich unrechtmäßigerweise auf den Identity Delegate und die dort gespeicherten Informationen Zugriff verschaffen.

Gegenmaßname: Nur Informationen des Benutzers halten, die wirklich notwendig sind – Der Identity Delegate wurde so konzipiert, dass möglichst wenige Identitätsinformationen des Benutzers gehalten werden müssen. Konkret werden im Identity Delegate nur ein lokaler ausschließlich auf dem Identity Delegate gültiger Benutzername gehalten, dazugehörige Authentifikationsnachweise jedoch in gehashter Form und eine Menge unidirektionaler, pseudonymer Identifikatoren, da diese Identifikatoren keinen direkten Schluss auf die lokalen Identifikatoren eines Benutzers bei dessen IDPs und SPs zulassen (vgl. Abbildung 5.18). Weitere Identitätsinformationen, wie bspw. der Vorname, Nachname, Heimatadresse oder Kreditkartennummer des Benutzers, werden im Identity Delegate nicht gehalten. Folglich kann ein Hacker über den Identity Delegate auch nicht an diese Informationen herankommen. Nur die Kollaboration mit weiteren IDPs und SPs würde einen Vorteil der durch den Identity Delegate vorgehaltenen Informationen bringen, da es dann möglich wäre, über die jeweiligen pseudonymen Identifikatoren eine Korrelation unterschiedlicher lokaler Identifikatoren herzustellen.

(iii) **Bedrohung: Zugriff auf den privaten Schlüssel des Identity Delegate** – Falls es einem Angreifer sogar gelingen würde, an den privaten Schlüssel des Identity Delegate zu gelangen, könnte dieser sich für den Identity Delegate ausgeben.

Gegenmaßnahme: "Principle Of Least Privilege" - Durch den Einsatz von Delegationsmechanismen wird es möglich, dem Identity Delegate selbst nur eine geringe Menge an Berechtigungen zu geben, konkret darf der Identity Delegate bei den Identitätsprovidern eines Benutzers nur für vertrauenswürdige Dienstanbieter Attribute holen und auch nur in verschlüsselter Form. Demnach könnte auch ein Angreifer die für einen bestimmten SP geholten Attribute eines Benutzers nicht lesen, da diese für diesen SP verschlüsselt sind. Des Weiteren werden alle Sicherheitstokens durch die IDPs signiert, weshalb eine Manipulation der Tokens ebenfalls nicht möglich wäre, da dies die Signatur zerstören würde.

Zusammenfassend kann festgehalten werden, dass durch den UCAID und insbesondere durch die Einführung einer zusätzlichen Systemkomponente, dem Identity Delegate, keine größeren Privay-Schwachstellen für den Benutzer entstehen.

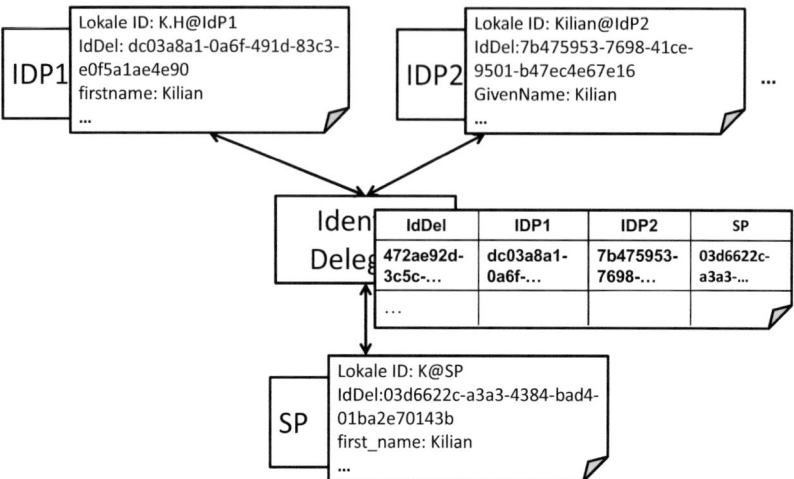

Abbildung 5.18: Exemplarisches Szenario für die Korrelierung unterschiedlicher Identitäten eines Benutzers unter Verwendung generierte pseudonymer Identifikatoren.

Quantitative Leistungsbewertung

Im folgenden Abschnitt sollen die Ergebnisse unterschiedlicher auf der prototypischen Implementierung durchgeführte Tests zur Bewertung der Leistung vorgestellt werden, um hierdurch einen Eindruck hinsichtlich der Einsetzbarkeit des Ansatzes in realweltlichen Szenarien zu gewinnen. Hierbei soll sowohl auf eine erreichbare Größe des Inconsistency Window eingegangen werden als auch auf die durch den Ansatz generierte Netzwerklast. Hierfür soll zunächst die Konfiguration der Testumgebung vorgestellt werden.

Testumgebung

Die Lasttest wurden in einer Testumgebung mit mehreren *IDPs*, einem *SP* und einem *Identity Delegate* basierend auf dem Windows Server 2008 SP2 durchgeführt. Alle Komponenten wurde hierbei in einer virtuellen Maschine auf einem *VMware ESXi Server 4.0* installiert auf einer IBM x3550 mit 4x3 GHz Intel Xeon Prozessoren 5160 und 32 GB RAM. Für die IDPs wurden auf der Basis von ADFS 2.0 RC mit jeweils 2 GB RAM eingesetzt. Der SP und der Identity Delegate wurden auf der gleichen virtuellen Maschine mit 4 GB RAM gehostet. Die Hintergrunddatenbank, welche der Identity Delegate für die Verwaltung der Linking-Informationen, Transformationsregeln und weiterer für die Verwaltung von Benutzern notwendiger Informationen verwendet, wird auf einem Microsoft SQL Server 2005 Enterprise

Edition [WWW MS SQL Server] verwendet. Da alle Komponenten auf demselben physikalischen Server gehostet konnten die Netzwerklatenzen vernachlässigt
werden. Als Werkzeug zur Durchführung der Lasttest wurde das Microsoft Visual
Studio 2010 in der Ultimate Edition [WWW MS VS] verwendet.

Zeitlicher Mehraufwand

Das wesentliche Ziel des vorgestellten Ansatzes ist es die Konsistenz in benutzerzentrierten FIM-Systemen sicherstellen zu können. Um eine quantitative Leistungsbewertung hinsichtlich der Konsistenz identitätsbezogener Informationen
durchzuführen, gilt es, die erreichbare "Qualität" der Konsistenz zu ermitteln. Das
in Kapitel 4 vorgestellte Konsistenzmodell, *ID-Consistency*, erlaubt eine Quantifizierung durch die Ermittlung der unter bestimmten Annahmen zu erreichende
Zeitdauer zur Verteilung auftretender Änderungen. Ein Push-basierten Ansatz,
wie der Middleware-basierte Ansatz in Kapitel 5.3, erfordert zur Ermittlung dieser
durchschnittlichen Zeitdauer, die Messung der Durchführung des Provisionierungsprozesses. In dem vorgeschlagenen Ansatz wurde dagegen ein Pull-basierter
Ansatz vorgeschlagen, in welchem die Sicherstellung der Konsistenz dadurch
erreicht wird, dass Dienstanbieter beim Identity Delegate in regelmäßigen Zeitab-
ständen oder bei Bedarf über den Identity Delegate den aktuellen Wert lokal
gespeicherter Attribute abfragen.

   Eine regelmäßige Abfrage von Attributen beim Identity Delegate erfordert die
Bewertung der Skalierbarkeit des Ansatzes, da nicht nur ein Dienstanbieter für
einen Benutzer anfragt, sondern potentiell viele Dienste für viele Benutzer aktuelle
Identitätsinformationen abfragen und somit die Skalierbarkeit des Ansatzes direkt
mit der erreichbaren "Qualität" der Konsistenz korreliert ist.

   Um die Auswirkungen unterschiedlicher Einflussfaktoren auf die Skalierbarkeit
des Ansatzes zu ermitteln, soll in zunächst der Mehraufwand, welcher durch den
Delegate generiert wird ermittelt werden. Hierzu wird die Zeit gemessen, die eine
Anfrage aktueller Attribute eines Dienstanbieters über den Identity Delegate benötigt, d.h. es wird die Zeitdauer gemessen zwischen einer durch einen SP abgesetzte
Anfrage und dem Zeitpunkt des Erhalts der Antwort auf diese Anfrage. Diese
Zeitdauer wird dann mit der Zeitdauer verglichen, welche eine direkte Anfrage
bei einem Identitätsprovider dauert. Auch wenn dies kein "fairer" Vergleich ist,
da der Identity Delegate im Vergleich zu einem normalen IDP mehr Funktionalitäten liefert, erlaubt es ein Gefühl für den Mehraufwand, welcher durch den
Identity Delegate erzeugt wird, zu erhalten. Alle Messungen wurden hierbei auf
der prototypischen Implementierung des Identity Delegate (siehe Abschnitt 5.4.5)
vorgenommen. Als Referenz eines Identitätsprovider wurde ein auf ADFS 2.0
basierender IDP verwendet.

Die folgenden Schritte müssen durch den Identity Delegate im Vergleich zu einer direkten Attributanfrage bei einem IDP zusätzlich durchgeführt werden:

(i) **Identifikation und Authentifikation des anfragenden SPs** – bei einer Anfrage eines SP muss der Identity in einem ersten Schritt zunächst die Identität des Dienstanbieters ermitteln und überprüfen.

(ii) **Korrelation der Identifikatoren und Überprüfung der Richtlinien** – nachdem der SP authentifiziert wurde, gilt es, zunächst den pseudonymen Identifikator, mit welchem der Dienstanbieter angefragt hat, auf den Identifikator des Benutzers beim Delegate sowie bei dessen IDPs zu ermitteln. Zusätzlich müssen die Attributverteilrichtlinien hinsichtlich der durch den SP angefragten Attribute verglichen werden, um festzustellen, ob der SP die notwendigen Berechtigungen besitzt.

(iii) **Ermittlung der autoritativen IDPs** – basierend auf der Liste der angefragten Attribute durch den Dienstanbieter, ermittelt der Identity Delegate Klasse der semantisch in Beziehung stehenden Attribute (vgl. Abschnitt 4.2.3) und ermittelt für jede Klasse den autoritativen IDP, d.h. den IDP, durch welchen das primäre Attribut für diese Klasse vorgehalten wird.

(iv) **Ermittlung notwendiger Transformationen** – um Datenheterogenitäten zu überwinden muss der Identity Delegate in einem nächsten Schritt notwendige Transformationsregeln ermitteln, welche die Informationsschemata der autoritativen IDPs auf das Zwischenschema abbildet und das Zwischenschema wiederum auf das Informationsschema des Dienstanbieters.

(v) **Aggregation, Verschlüsselung und Signierung der Tokens** – im letzten Schritt aggregiert der Identity Delegate die von den IDPs erhaltenen Sicherheitstokens in einem neuen Sicherheitstoken. Des Weiteren fügt er diesem Sicherheitstoken noch eventuell notwendige für den anfragenden SP verschlüsselte Transformationsregeln hinzu. Das Token wird zusätzlich durch den Identity Delegate signiert.

Bevor die Zeitdauer dieser einzelnen Schritte ermittelt wird, sollen zunächst mögliche Faktoren, welche die Zeitdauer beeinflussen können vorgestellt werden:

(i) **Anzahl Identity Delegate Benutzer** – ein potentieller Einflussfaktor sind die durch den Identity Delegate verwalteten Benutzer, da sie zu einem Anstieg der Datenbankgröße führen.

(ii) **Anzahl angefragter Attribute** – die Anzahl der durch einen SP angefragte Attribute könnte ebenfalls Einfluss auf die Dauer zur Beantwortung einer Anfrage nehmen.

(iii) **Anzahl der verwalteten IDPs eines Benutzers** – die Anzahl der IDPs eines Benutzers nimmt potentiell Einfluss auf die Anzahl an pro Anfrage abzufragende IDPs. Diese Einflussgröße nimmt des Weiteren Einfluss auf die Anzahl und Größe der zu aggregierenden Sicherheitstoken.

(iv) **Anfragerate** – die Anzahl der Dienstanbieter, welche über den Identity Delegate Attribute eines Benutzers anfragen ist unmittelbar mit der Anzahl an Anfragen, die der Identity Delegate beantworten muss, verbunden. Hierbei können auch die Anzahl der Benutzer, für welche ein Dienstanbieter Attribute abfragt sowie die Rate mit welcher ein Dienstanbieter Attribute beim Identity Delegate anfragt eingeordnet werden, da alle Faktoren zu einer Erhöhung der zu beantwortenden Anfragen führt und somit zu einer höheren Anfragerate führen.

Basisszenario

Um den Einfluss der jeweiligen Parameter auf den genierten Mehraufwand deutlich zu machen, soll zunächst die Dauer einer Anfrage in einem Basisszenario gemessen werden. Im Basisszenario wurden alle Faktoren auf einen minimal sinnvollen Wert gesetzt, d.h. der Identity Delegate verwaltet genau einen Benutzer, es fragt genau ein Dienstanbieter genau ein Attribut des Benutzers an, welches wiederum von einem autoritativen IDP administriert wird. Des Weiteren soll im Basisszenario vom Datenbankzugriff abstrahiert werden, d.h. alle benötigten Informationen liegen im Arbeitsspeicher. Hierdurch soll vermieden werden, dass die Antwortzeit durch den Zugriff auf die Datenbank und hiermit zusammenhängenden Faktoren, wie der Umsetzung des Datenbankzugriffs, beeinflusst wird.

Im Basisszenario betrug die Antwortzeit des Identity Delegate zur Beantwortung einer Anfrage eines Dienstanbieters 50 ms. Im Vergleich hierzu beträgt eine direkte Anfrage bei einem IDP 20 ms. Der Mehraufwand von 30 ms ist im Wesentlichen durch die Zeitdauer zur asymmetrischen Verschlüsselung und Signierung zu begründen, da die Größe eines WS-Trust Request Security Token Response recht groß (ungefähr 21 KB).

Im Folgenden wird ausgehend vom Basisszenario, der Einfluss der genannten Faktoren ermittelt.

Einfluss der Anzahl Identity Delegate Benutzer

Um den Einfluss der Anzahl durch den Identity Delegate verwalteten Benutzer zu ermitteln, wurde das Basisszenario dahingehend angepasst, dass die prototypische Implementierung nun auf die Datenbank zugreift. Die Anzahl an Benutzern in der Datenbank wurden hierbei von 1 auf 1000000. Die Größe der Datenbank hat sich hierbei von 3 MB auf ungefähr 300 MB geändert. Ein Einfluss auf die Antwortzeiten des Identity Delegate war durch die Erhöhung der verwalteten Benutzer nicht erkennbar.

Einfluss der Anzahl angefragter Attribute

Die Erhöhung der *Anzahl von Attributen*, welche durch einen Dienstanbieter ange-fragt werden hat potentiell einen Einfluss auf die Anzahl der notwendigen Trans-formationsregeln. Somit nimmt sie auch unmittelbar Einfluss auf die Größe des an den Dienstanbieter gesendete Tokens. Auch wenn die Anzahl der angefragten Attribute sicherlich auch mit der Anzahl der anzufragenden IDPs zusammenhängt, soll dieser Einflussfaktor einzeln untersucht werden.

Ausgehend vom Basisszenario wurde die Anzahl der durch einen SP angefrag-ten Attribute von 1 auf 10 angehoben. Es wurden hierbei typische Attribute eines Benutzers verwendet, wie Nachname, Telefonnummer, Kreditkartennummer, usw. Eine Erhöhung über 10 Attribute wurde nicht in Betracht gezogen, da es unwahr-scheinlich ist, dass ein Benutzer zur Durchführung einer einzelnen Transaktion mehr als 10 Attribute an einen Dienstanbieter übermittelt. Zur Ermittlung dieses Wertes konnte hierbei auch auf die Erfahrung welche am KIT mit dem IdM-System gemacht werden konnte, zurückgegriffen werden. Beispielsweise werden durch den am KIT betriebenen Shibboleth-IDP[30] aktuell 4 Attribute an einen Dienstanbieter übermittelt. Das Ergebnis war hierbei, dass begründet durch den hohen Overhead, welcher in WS-Trust durch XML generiert wird, durch die Erhöhung der Anzahl der Attribute keinen Einfluss erkennbar war. Die Größe eines Tokens stieg hierbei nur um ungefähr 1 KB an, was sich auf die Antwortzeit nicht ausgewirkt hat.

Einfluss der Anzahl der verwalteten IDPs eines Benutzers

Der Einfluss, welcher durch eine *Erhöhung der verwalteten IDPs* eines Benutzers ausgeht, wird wesentlich dadurch geprägt, ob der Identity Delegate die Attribute bei den einzelnen IDPs sequenziell oder parallel abfragt. Im Falle einer sequentiel-len Anfrage, steigt die Antwortzeit proportional zu der Anzahl angefragter IDPs. Im Falle einer parallelen Abfrage, wie sie in der prototypischen Implementierung

---

[30]Siehe hierzu http://www.scc.kit.edu/dienste/6921.php [Stand Okt. 2010].

umgesetzt wurde, ist die Antwortzeit nur durch den am langsamsten antwortenden IDP abhängig. Somit hat die Anzahl der verwalteten IDP im Falle einer parallelen Anfrage von Sicherheitstoken nur einen geringen Einfluss auf die Antwortzeit des Identity Delegate. An dieser Stelle soll jedoch angemerkt werden, dass eine parallele Abfrage von Sicherheitstokens zu einer hohen Anzahl Ressourcenintensiver Threads führen kann, welche für eine asynchrone Durchführung von IDP Anfragen notwendig ist.

Einfluss der Anfragerate

Um das Verhalten des Identity Delegate unter verschiedenen Anfrageraten zu ermitteln, wurde der Identity Delegate einer Reihe von Lasttest unterzogen. Jeder Lasttest wurde hierbei bei einer bestimmten Anfragerate für 10 Minuten laufen gelassen. Jeder Test wurde bei jeder Anfragerate 10 Mal wiederholt. Die Tests wurden hierbei einmal nur von einem anfragenden SPs aus gemessen und einmal von zwei anfragenden SPs, wobei sich hierdurch kein Unterschied ergeben hat. Ausfälle der Netzwerkverbindung wurden nicht berücksichtigt. Abbildung 5.19 zeigt die durchschnittliche Antwortzeiten gemessen durch den anfragenden Dienstanbieter bei einer Anfragerate von 1 Anfrage pro Sekunde bis zu einer Anfragerate von 80 Anfragen pro Sekunde. Die gestrichelte Linie gibt die korrespondierenden Antwortzeiten bei einer Anfragerate bei einem einzelnen IDP an. Als obere Grenze wurde eine Anfragerate von 80 gewählt, da bei dieser Anfragerate die Varianz stark angestiegen ist. Dies ließ sich im Wesentlichen auf eine hohe CPU-Auslastung begründen. Die Standardabweichung bei einer Anfragerate von 60 Anfragen pro Sekunde lag bei 17 ms bei einer durchschnittlichen Antwortzeit von 143 ms. Im Vergleich zwischen den Antwortzeiten des Identity Delegate und dem IDP ist ein minimaler Anstieg des durch den Identity Delegate generierten Mehraufwands zu beobachten. Beispielsweise ist der Mehraufwand bei einer Anfragerate von 60 Anfragen pro Sekunde bei 40 ms und bei einer Anfragerate von 80 Anfragen pro Sekunde bei einen Mehraufwand von 60 ms.

Resümee

Zusammenfassend kann festegehalten werden, dass weder die Erhöhung der Anzahl verwalteter Benutzer noch die Anzahl angefragter Attribut einen sichtbaren Einfluss auf den durch den Identity Delegate generierten Mehraufwand hat. Die Anzahl der pro Anfrage abzufragenden IDPs hatte bei einer parallelen Durchführung ebenfalls keinen ersichtlichen Einfluss. Lediglich die Erhöhung der Anfragerate hatte führt zu einer Erhöhung der Antwortzeiten.

Für die Konsistenz identitätsbezogener Informationen bedeutet dies konkret, dass in der protoypischen Implementierung nicht mehr als 80 Anfragen pro Sekunde beantwortet werden sollten. Die konkrete Qualität der Konsistenz hängt

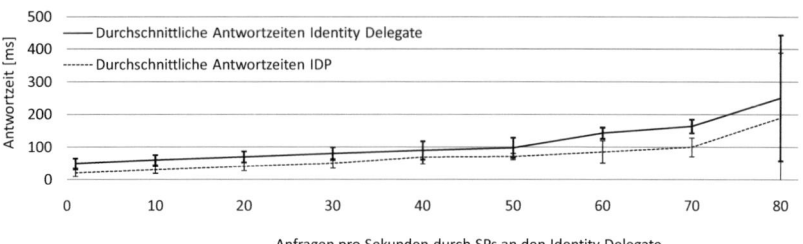

Abbildung 5.19: Antwortzeit, d.h. die Zeitdauer zwischen dem Absetzen einer Anfrage und dem Erhalt der dazugehörigen Antwort, gemessen durch den anfragenden Dienstanbieter bei einer Anfragerate von 1 bis 80 Anfragen pro Sekunde.

natürlich stark davon ab, wie oft ein Dienstanbieter für jeden Benutzer aktualisierte Attribute anfragen möchte. Im Gegensatz zu einem Push-basierten Ansatz ist in einem Pull-basierten Ansatz die Größe des Inconsistency Window direkt mit dem Anfrageintervall verbunden, d.h. ein SP der nur einmal am Tag anfragt, muss im schlimmsten Fall mit einer Inkonsistenz von einem Tag rechnen. Folglich wird die Größe des Inconsistency Window direkt durch den Anfrageintervall vorgegeben.

Ein Beispiel soll dies noch einmal verdeutlichen. Falls jeder SP ein Inconsistency Window von 1 Stunde erreichen möchte, d.h. auftretende Änderungen sind spätestens nach einer Stunde beim SP angekommen, dann muss er pro Benutzer einmal in der Stunde anfragen. Vorausgesetzt die Anfragen aller Dienstanbieter sind gleichverteilt, würde das bei einer möglichen Anfragerate von 80 Anfragen pro Sekunde bedeuten, dass ungefähr für ungefähr 250000 Anfragen in der Stunde durch den Identity Delegate beantwortet werden können. Folglich auch ungefähr 250000 Identität konsistent gehalten werden können.

Da der vorgestellte Ansatz auch Einfluss auf die Netzwerklast nimmt, soll im Folgenden noch eine Untersuchung hinsichtlich der durch den Identity Delegate generierten Netzwerklast skizziert werden.

Mehraufwand bzgl. der Netzwerklast

Im Folgenden soll die durch den UCAID Ansatz anfallende Netzwerklast abgeschätzt und gemessen werden. Insbesondere im Vergleich zu der Last, welche anfällt wenn Attribute eines Benutzers nicht über den Identity Delegate bezogen werden, sondern direkt bei einem IDP. Für die Messung der Netzwerklast wird der gleiche Aufbau wie bei den beschriebenen Lasttest verwendet. Demnach sollen auch zur Ermittlung der Netzwerklast dieselben Parameter skaliert werden wie in den Lasttest.

Im *Basisszenario* fragt ein Dienstanbieter ein Attribut beim Identity Delegate mittels einer WS-Trust RST (RST_SP) Nachricht (näheres zu WS-Trust ist in

Abschnitt 3.1.2 zu finden). Des Weiteren muss der Identity Delegate daraufhin ebenfalls mittels einer WS-Trust RST Nachricht (RST_Del) bei einem IDP anfragen. Eine WS-Trust RST hat in dieser Konfiguration eine ungefähre Größe von 6 KB, inklusive dem HTTP Header und dem SOAP Envelope. Der IDP antwortet auf diese Anfrage mittels einer WS-Trust RSTR (RSTR_IDP), welche in diesem Szenario eine ungefähre Größe von 11 KB besitzt, wobei hierbei ein exemplarisches Attribut, wie der Vorname kommuniziert wurde. Der Identity Delegate packt dieses Sicherheitstoken des IDP in ein neues Sicherheitstoken und fügt hierbei noch die notwendigen Transformationsregeln hinzu. Die resultierende WS-Trust RSTR (RSTR_Del) beträgt nun ca. 21 KB. Insgesamt werden somit im Szenario mit dem Identity Delegate folgende Nachrichten ausgetauscht.

$$\text{RST\_SP} + \text{RST\_Del} + \text{RSTR\_IDP} + \text{RSTR\_Del} =$$
$$6\,\text{KB} + 6\,\text{KB} + 11\,\text{KB} + 21\,\text{KB} = 44\,\text{KB}$$

Im Gegensatz hierzu benötigt eine direkte Anfrage bei einem IDP nur eine WS-Trust RST Nachricht (6 KB) und eine WS-Trust RSTR Nachricht als Antwort des IDP (11 KB), was in der Summe 17 KB ergibt.

Die *Anzahl von Attributen*, welche durch den SP angefragt werden, beeinflussen die Größe des Sicherheitstokens, welches durch den IDP ausgestellt wurde und die Anzahl der Transformationsregeln. Somit nimmt die Anzahl der angefragten Attribute auch unmittelbar Einfluss auf die Netzwerklast. In der Regel ist der Wert eines Attributs eines Benutzers klein bspw. im Vergleich zu Video oder Audiodaten. Es kann hierbei angenommen werden, dass ein Attribut, welches im Unicode encoded wurde nicht größer als 100 Byte ist. Eine WS-Trust RSTR Nachricht, die ein verschlüsseltes Sicherheitstoken eines IDP enthält ist ungefähr 11 KB groß falls es ein Attribut enthält und ungefähr 12 KB groß, wenn es zehn Attribute enthält. Demnach ist der Einfluss der Attribute auf die RSTR des IDP eher gering, insbesondere da eine WS-Trust RSTR aufgrund von XML eher groß ist. Die Größe der RSTR des Identity Delegate ist darüber hinaus von den Transformationsregeln abhängig. Eine RSTR mit einem Sicherheitstoken des Identity Delegate ist ungefähr 21 KB groß wenn es die Transformationsregeln für ein Attribut enthält und 23 KB wenn es die Transformationsregeln für zehn Attribute enthält. Insgesamt ist der Einfluss der Anzahl angefragter Attribute somit für die Netzwerklast eher gering.

Wenn die *Anzahl der IDPs* bei welchen der Identity Delegate Attribute anfragt erhöht wird, nimmt die Anzahl der zu aggregierenden Sicherheitstokens proportional zu. Dies beeinflusst unmittelbar auch die Netzwerklast zwischen dem Identity Delegate und den IDPs. Darüber hinaus nimmt es auch noch Einfluss auf das durch den Identity Delegate aggregierte Sicherheitstoken, welches für den SP ausgestellt wird. Das Sicherheitstoken wächst auf ungefähr 136 KB an falls es zehn IDP Tokens und die entsprechenden Transformationsregeln enthält. Somit führt die Erhöhung der Anzahl der IDPs zu einem proportionalen Anstieg der Netzwerklast.

Da der Identity Delegate selbst keine Attribute des Benutzers zwischenspeichert, erfordert jede Anfrage eines Dienstanbieters, Attribute bei einem oder auch mehreren IDPs anzufragen. Folglich steigt die Netzwerklast bei einer *Erhöhung der Anfragerate* linear an.

Im Folgenden sollen nun verschiedene Ansätze, welche in UCAID eingesetzt werden könnten, um die Netzwerklast zu reduzieren, vorgestellt werden. Diese Ansätze werden des Weiteren gemessen, um deren Einfluss auf die Netzwerklast zu ermitteln. Da diese Messungen nur exemplarisch für eine bestimmte Konfiguration vorgenommen werden können, wird im Folgenden angenommen, dass der Identity Delegate 3 Anfragen pro Sekunde beantworten muss und pro Anfrage die Abfrage von drei verschiedenen IDPs erfolgt. Der Wert für die drei angefragten IDPs wurde hierbei beliebig gewählt, wobei eine höhere durchschnittliche Anzahl angefragter IDPs in einem realweltlichen Szenario eher unwahrscheinlich erscheint. Die Anfragerate von 3 Anfragen pro Sekunde, wurde aufgrund der in Abschnitt 5.3.6 vorgestellten im Laufe der Arbeit mit einem IdM-System am KIT ermittelte Änderungshäufigkeit gewählt, d.h. wir nehmen bei einer Anzahl von 250000 verwalteter Identitäten an, dass jeder Dienstanbieter pro Identität einmal am Tag anfragt. Da die Änderungsrate eher gering ist, kann angenommen werden, dass eine Inconsistency Window von 1 Tag in den meisten Szenarien ausreichend wäre.

Da eine wesentliches Ziel bei der Umsetzung von UCAID war, dass IDPs möglichst wenig angepasst werden müssen, wurde in den im Folgenden vorgeschlagenen Ansätzen zur Reduktion der Netzwerklast von einer Reduktion der Last zwischen dem Identity Delegate und den IDPs abgesehen. Insbesondere wird nicht in Betracht gezogen, dass ein IDP Änderungen an den Identity Delegate aktiv mitteilt. Es wird somit versucht die Kommunikation zwischen dem Identity Delegate und den Dienstanbietern effizienter zu gestallten. Da die Netzwerklast zwischen dem Identity Delegate und dem IDPs nicht reduziert wurde, werden alle Messungen des Kommunikationsaufkommens auf die Kommunikation zwischen dem Identity Delegate und den anfragenden SPs beschränkt.

Im exemplarischen Szenario hat eine WS-Trust RSTR ausgestellt durch den Identity Delegate 64 KB. Bei einer Anfragerate von 3 Anfragen pro Sekunde ergibt das eine Last von ca. 1700 kbit/s (ungefähr: 3s ∗ (6 ∗ 8) kbit+64 ∗ 8 kbit).

Die Ergebnisse der Netzwerklasttests sind in Abbildung 5.20 dargestellt. Die gemessenen Werte stimmen hierbei annähernd mit der kalkulierten Last überein.

Folgende Ansätze zur Reduktion der Netzwerklast wären denkbar:

(i) **Speicherung der Transformationsregeln durch die SPs** – ein erster Ansatz um die Netzwerklast zu reduzieren wäre, die Dienstanbieter notwendige

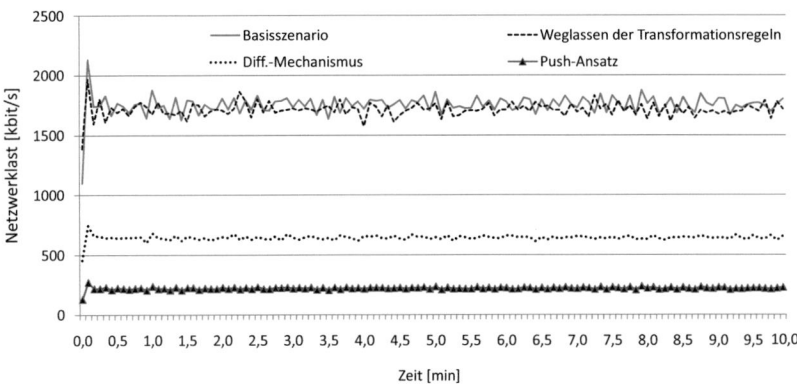

Abbildung 5.20: Netzwerklast in einem exemplarischen Szenario gemessen zwischen dem Identity Delegate und den anfragenden SPs.

Transformationsregeln lokal speichern zu lassen. Somit wäre es nicht mehr notwendig die Transformationsregeln bei jeder Anfrage mitzuschicken. Ein Token ausgestellt durch den Identity Delegate ohne Transformationsregeln ist ungefähr 62 KB groß. Hieraus würde in der exemplarischen Konfiguration eine Netzwerklast von ungefähr 1600 kbit/s resultieren. Diese Maßnahme trägt somit nur geringfügig zu einer Reduktion der Netzwerklast bei. Dies ist hauptsächlich durch den Mehraufwand, der durch XML erzeugt wird, zu begründen.

(ii) **"Diff-Mechanismus"** – der Einsatz eines Diff-Mechanismus erlaubt zu ermitteln, ob sich seit dem letzten Abgleich Änderungen ergeben haben oder nicht. Der Identity Delegate könnte somit bei einer Anfrage bei dem IDP den Zeitpunkt der letzten Änderung nachfragen. Nur wenn sich an dem angefragten Attributen seit dem letzten Zeitpunkt, an dem der Identity Delegate dem anfragenden SP ein Sicherheitstoken geschickt hat, eine Änderung ergeben hat, würde er die Änderung kommunizieren. Andernfalls würde er nur ein Sicherheitstoken übermitteln, aus welchem hervorgeht, dass sich seit der letzten Anfrage nichts geändert hat. Da dieses Token nur ca. 11 KB groß ist, wird die Netzwerklast für eine Anfrage auf 17 KB pro Anfrage (RST_SP + RSTR_Del) reduziert. In diesem Fall ist die konkrete Netzwerklast direkt mit der Änderungsrate der Attribute eines Benutzers korreliert. Bei einer Änderungsrate von bspw. einer Änderung pro Identitätsattribut pro Woche, würde sich durch den Einsatz eines Diff-Mechanismus die Netzwerklast auf ca. 600 kbit/s reduzieren lassen.

(iii) **Push-Ansatz des Identity Delegate** – ein Diff-Mechanismus könnte dahingehend erweitert werden, dass SPs nicht weiter den Identity Delegate hinsichtlich Änderungen regelmäßig abfragen, sondern der Identity Delegate die SPs über Änderungen informiert. In diesem Fall kann bei einer exemplarischen Änderungsrate von einer Änderung pro Identitätsattribut pro Woche die Netzwerklast auf ungefähr 200 kbit/s herabgesenkt werden. An dieser Stelle sei angemerkt, dass das bereits erwähnte *Change Notify Protocol* [OASIS SAML Change Notify Protocol] für den Teil der Benachrichtigung ideal geeignet wäre. Des Weiteren wäre es möglich, die in Abschnitt 5.3 erwähnten Mechanismen zur Subskription einzusetzen.

Fazit

Zusammenfassend kann festgehalten werden, dass bereits durch einfache Änderungen in der Art, wie die SPs mit dem Identity Delegate interagieren, die Netzwerklast signifikant reduziert werden kann.

5.4.7 Resümee

In diesem Abschnitt wurde ein Ansatz vorgestellt, welcher die Basis zur Sicherstellung der Konsistenz in benutzerzentrierten FIM-Systeme liefert. Der vorgestellte Ansatz – *User-Controlled Automated Identity Delegation* – ermöglicht hierbei, sowohl Attribute über einen Back-Channel-Kommunikation in benutzerzentrierten FIM-Systemen auszutauschen, als auch Attribute aus verschiedenen IDPs in einer Anfrage an einen Dienstanbieter zu übermitteln. Durch die Einführung einer zusätzlichen Systemkomponente, dem *Identity Delegate*, wird es Benutzern erlaubt, Richtlinien hinsichtlich der Weitergabe identitätsbezogener Informationen festzulegen, um hierdurch die Belange des Benutzers auch bei der Back-Channel-Kommunikation zu berücksichtigen. Der Ansatz kann mit einem geringen Aufwand in bestehende benutzerzentrierte FIM-Systeme integriert werden, ohne hierbei die Grundgedanken der Benutzerzentrierung, Privacy und Benutzerfreundlichkeit, aus dem Fokus zu verlieren.

Eine qualitative Bewertung des Ansatzes verdeutlichte wie UCAID sowohl die Berücksichtigung von Sicherheitsaspekten als auch die Adressierung der Benutzerfreundlichkeit und Privacy adressiert. Zusätzlich demonstriert eine quantitative Leistungsbewertung die Einsetzbarkeit des Ansatzes in realweltlichen Szenarien, da bereits eine prototypische Implementierung akzeptable Antwortzeiten bei einer moderaten Netzwerklast erreicht.

5.5 Zusammenfassung

Zusammenfassend wurde in diesem Kapitel gezeigt, dass aktuelle Ansätze in verteilten IdM-Systemen die Konsistenz identitätsbezogener Informationen nicht angemessen sicherstellen können. Insbesondere dadurch, dass aktuelle FIM-Technologien die Verteilung identitätsbezogener Informationen in der Regel auf die Dauer der Login-Session des Benutzers limitieren, sind Erweiterungen notwendig.

Um die Konsistenz identitätsbezogener Informationen in verteilten IdM-Systemen sicherzustellen, wurde zunächst ein Ansatz vorgestellt, der demonstriert wie durch die Kombination existierender Teillösungen und Konzepte eine adäquate Gesamtlösung erreicht werden kann, insbesondere wurde hierbei ein Fokus auf den Aufwand zur Integration und zum Betrieb der Gesamtlösung unter Berücksichtigung von Spezifika verteilter IdM-Systeme gesetzt. Des Weiteren wurde gezeigt wie ein Mechanismus zur Sicherstellung der Konsistenz in verteilten IdM-Systemen unter Berücksichtigung von IT-Sicherheits- und Datenschutzbelange realisiert werden kann. Beide Ansätze wurden sowohl qualitativ als auch quantitativ bewertet. Die Bewertung hat hierbei gezeigt, dass beide Ansätze in realweltlichen Szenarien einsetzbar sind.

6

Informationskonsistenz auf organisatorischer Ebene

Die Grundlage der Konsistenz identitätsbezogener Informationen auf technischer Ebene bilden auf der organisatorischen Ebene konsistente Geschäftsprozesse. Ein Geschäftsprozess ist dann konsistent, wenn der Prozess zum einen mit den Zielen eines Unternehmens sowie mit sämtlichen Maßnahmen und Methoden, um diese zu erreichen, in Einklang steht. Zum anderen müssen die Prozesse auch mit gesetzlichen Bestimmungen konform sein, bspw. hinsichtlich der IT-Sicherheit und des Datenschutzes. Um diese Konsistenz managementbezogener Geschäftsprozesse zu erreichen, gilt es, geeignete Mechanismen und Maßnahmen festzulegen und einzusetzen, bspw. Genehmigungs- und Beantragungsprozesse, Audits, Qualitätsmanagement und Verfahrensabläufe. Die Etablierung und Integration eines IdM sowohl innerhalb einer Organisation als auch zwischen unterschiedlichen Organisationen stellt somit nicht nur eine Herausforderung hinsichtlich der technischen, sondern auch hinsichtlich der managementbezogenen Aufgaben dar. Im Zuge der Umsetzung eines FIM am KIT konnte die Erfahrung gemacht werden, dass durch den modularen Charakter des FIM eine Schritt-für-Schritt Etablierung eines IdM eröffnet wird, welche sich wiederum positiv auf hierbei anfallende organisatorische Aufgaben auswirkt, da bspw. weniger Treffen mit weniger Interessenvertretern notwendig sind, um zu ersten Ergebnissen zu kommen, ohne dabei die Flexibilität möglicher Erweiterungen und Anpassungen an den etablierten Systemen abzugeben. Neben diesem positiven Einfluss des föderativen Paradigmas, konnte jedoch auch eine unzulängliche Unterstützung managementbezogener Aufgaben festgestellt werden. Das föderative Identitätsmanagement ist eine Sammlung technischer Standards, Protokolle und Softwaresysteme, bei welchen der Aspekt, wie diese Technologien in bestehende organisatorische Strukturen abgebildet werden, weitestgehend ausgeblendet wird [Geuer-Pollmann 2005]. Oftmals liegt jedoch genau hier die Herausforderung, da die Basis auf der organisatorischen Seite für neue technische Möglichkeiten, wie einem Single Sign-On oder dem Austausch von identitätsbezogenen Informationen auch über Organisationsgrenzen hinaus, durch technische Standards, Protokolle und auch Softwaresysteme in der Regel nicht mitgeliefert werden. Letztendlich ist es jedoch für einen reibungslosen Betrieb eines föderativen Identitätsmanagements eine wesentliche Voraussetzung, Aufgaben an Organisationseinheiten, Verfahren, Prozesse und Informationsflüsse zu binden [Hegering et al. 1999].

Das Ziel dieses Abschnitts ist es, mögliche Ansätze zur Unterstützung anfallender Aufgaben bzgl. des Managements einer Föderation zu skizzieren. Hierbei soll deutlich gemacht werden, wie die Informationskonsistenz auf der Ebene managementbezogener Geschäftsprozesse sichergestellt werden kann, da nur dann auch die Konsistenz identitätsbezogener Informationen auf der technischen Ebene möglich ist. Hierbei soll es sich keinesfalls, um eine detaillierte wissenschaftliche Darlegung der vorgeschlagenen Maßnahmen und der Werkzeugunterstützung handeln, insbesondere eine adäquate Evaluation der präsentierten Ansätze wurde im Rahmen dieser Arbeit nicht vorgenommen und wäre als zukünftige Aufgabe noch durchzuführen. Dennoch soll die Diskussion möglicher Ansätze zur Unterstützung managementbezogener Aufgaben im föderativen Identitätsmanagement die Notwendigkeit intensiverer Bemühungen in diesem Aufgabengebiet unterstreichen sowie erste Ansätze vorstellen.

Im Folgenden wird zunächst ein strukturiertes Vorgehen zum Management einer Föderation vorgeschlagen. Des Weiteren gilt es, die hierbei anfallenden Aufgaben und Artefakte sinnvoll zu kategorisieren. Im Anschluss sollen verschiedene Funktionalitäten, welche rudimentär umgesetzt und in die vorgestellte Middleware-Lösung FedWare integriert wurden, vorgestellt werden.

6.1 Strukturierung der Aufgaben und Artefakte des Föderationsmanagements

Das Ziel dieses Abschnitts ist es, ein strukturiertes Vorgehen vorzustellen, welches für die Bewältigung anfallender Aufgaben und Artefakte beim *Management einer*

Föderation geeignet ist [Schell et al. 2009]. Die anfallenden Aufgaben und Artefakte beziehen sich somit nicht auf die Verwaltung der Identitäten innerhalb der Föderation, sondern auf das Management der Föderation selbst. Basierend auf dem Managementkonzept des *handlungsorientierten Managements* (vgl. bspw. [Dinger & Hartenstein 2008, S. 1 ff]) wird der Begriff Föderationsmanagement hierbei im Rahmen dieser Arbeit folgendermaßen definiert:

> *Das Föderationsmanagement umfasst alle Handlungen, welche zu einer*
> *Realisierung der Ziele der Föderation notwendig sind.*

Im Falle des föderativen Identitätsmanagements ist das Ziel der Föderation die Gewährleistung des effizienten und effektiven Betriebs aller Dienste und Anwendungen, welche zur Erfüllung der Aufgaben des föderativen Identitätsmanagements (vgl. Abschnitt 2.2.1) notwendig sind. Demnach gilt es, beim Föderationsmanagement sowohl die Bereitstellung von Diensten und Anwendungen zu ermöglichen, als auch deren Verfügbarkeit und Aufrechterhaltung sicher zu stellen [Hegering et al. 1999, S. 6].

Generell müssen für das Management einer Föderation alle Ebenen des allgemeineren *IT-Managements* Berücksichtigung finden, d.h. von dem Management des zugrundeliegenden Netzes (*Netzmanagement*), über das Management verwendeter Systeme (*Systemmanagement*), bis hin zu der Verwaltung bereitgestellter Anwendungen (*Anwendungsmanagement*) und Dienste (*Dienstmanagement*) sowie der Verwaltung von Richtlinie auf Leitungsebene, welche es in der Föderation zu befolgen gilt (*Unternehmensmanagement*) [Dinger & Hartenstein 2008, S. 10 ff]. Zusätzlich gilt es, die klassischen Funktionsbereiche eines IT-Managements, beim Föderationsmanagement zu beachten (siehe weiter unten).

Die im Folgenden eingeordneten Aufgaben und Artefakte des Föderationsmanagements sollen keinesfalls den Anspruch auf Vollständigkeit erheben, genauso wenig soll diese Strukturierung die unterschiedlichen Facetten des IT-Managements in ihrer Gänze adressieren. Vielmehr ist die Einbettung spezifischer Aufgaben des Föderationsmanagements in die übergeordnete Disziplin des Managements verteilter Systeme im Allgemeinen das Ziel. Die Strukturierung soll die Effizienz und Effektivität bei der Durchführung anfallender Aufgaben und relevanter Artefakte unterstützen.

Die im Folgenden vorgestellte Strukturierung der Aufgaben und Artefakte des Föderationsmanagements basiert auf der aus dem Bereich des integrierten Managements verteilter Systeme bekannten Kategorisierung [Hegering et al. 1999] in die folgenden vier Teilmodelle[1]: *Informationsmodell, Kommunikationsmodell, Organisationsmodell* und *Funktionsmodell.*

---

[1] Die vier Teilmodelle lassen sich hierbei auf die vier Aspekte des OSI-Managements in [ITU X.701, S. 8 ff] zurückführen.

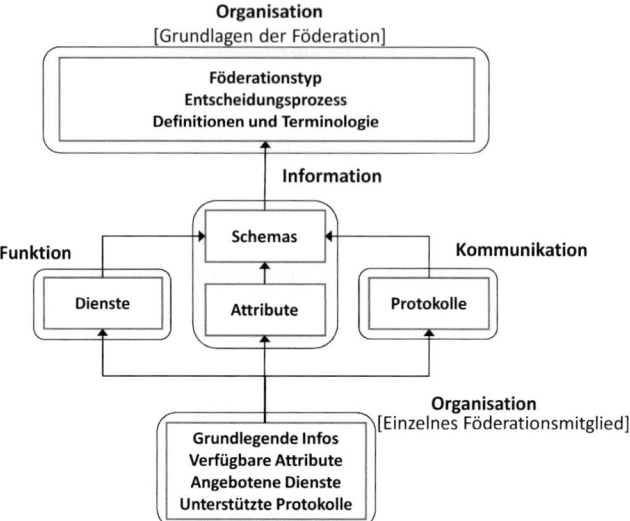

Abbildung 6.1: Kategorisierung und Abhängigkeiten einzelner managementbezogener Aufgaben und Artefakte bei der Etablierung und dem Betrieb eines föderativen
Identitätsmanagements.

Abbildung 6.1 zeigt exemplarisch die Kategorisierung relevanter Aufgaben und
Artefakte, welche bei der Etablierung und dem Betrieb eines FIM durchgeführt
und spezifiziert werden müssen. Des Weiteren skizziert die Abbildung die Abhängigkeiten zwischen den einzelnen Aufgaben und Artefakten, wodurch auch
eine notwendige Vorgehensweise abgeleitet werden kann. Im Folgenden sollen die
wesentlichen Aspekte des vorgeschlagenen Konzepts auf der Basis der in Abbildung 6.1 gezeigten Struktur kurz vorgestellt werden. Eine ausführliche Darstellung
ist in [Schell et al. 2008; Silberhorn 2008] zu finden.

Prinzipiell gilt es, zunächst die Grundlagen der Föderation zu klären. Hierbei
gilt es, bspw. fundamentale organisatorische Bestimmungen festzulegen, welche
zu Beginn der Etablierung einer Föderation zu spezifizieren sind. Somit müssen
zunächst Aspekte geklärt werden, welche die Föderation als Ganzes betreffen. Zum
Beispiel muss sich die Föderation über den Föderationstyp (siehe bspw. [Windley
2005]) einigen und über die hiermit sehr eng zusammenhängenden Art und
Weise wie Entscheidungen innerhalb der Föderation getroffen werden. Der Aufbau
einer effizienten Koordinierungsstruktur, bspw. in Form von Ausschüssen und
Gremien, sind eine grundlegende Voraussetzung für eine entscheidungs- und
handlungsfähige Föderation. Des Weiteren sollten auch Definitionen und die

Terminologie initial spezifiziert werden.

Da eine Föderation ein Zusammenschluss weitestgehend unabhängiger Organisationseinheiten darstellt (siehe Abschnitt 2.3.3), besteht in der Regel a priori kein gemeinsames Verständnis hinsichtlich der auszutauschenden Informationen (vgl. Abschnitt 2.1.1). Aus diesem Grund gilt es, in einem nächsten Schritt, ein gemeinsames *Informationsmodell* aufzustellen. Hierbei muss betont werden, dass es sich bei all diesen Aktivitäten um sich wiederholende Aktivitäten handelt. Bei der ersten Durchführung geht es nur darum, eine erste Grundlage zu schaffen. Das Informationsmodell sollte bspw. das in Abschnitt 5.3 angesprochene Zwischenschema festlegen. Des Weiteren können diesem Bereich auch Metainformationen, wie z.B. Endpunkte und Operationen angebotener Dienste, Sicherheitsrichtlinie, wie bspw. einzusetzende Authentifikationsmethoden, Zertifikate zur Verschlüsselung der Kommunikation und zur Authentifikation eingesetzter Dienste untereinander, Datenschutzbestimmung, usw. zugeordnet werden. Auf der Basis des Informationsmodells können die drei weiteren Modelle festgelegt werden.

Das *Kommunikationsmodell* beschreibt die innerhalb der Föderation eingesetzten Kommunikations- und Transportprotokolle. Wie in Kapitel 3 erläutert wurde, können Informationen innerhalb eines FIM-Systems auf einer Vielzahl unterschiedlicher Protokolle ausgetauscht werden. Diese gilt es festzulegen und im Detail zu beschreiben.

Des Weiteren wird basierend auf dem Informationsmodell das *Funktionsmodell* der Föderation definiert. Hierbei kann eine Definition der unterschiedlichen in der Föderation angebotenen Funktionen auf der Basis der so genannten *FCAPS* erfolgen. Das Akronym steht hierbei für die fünf Funktionsbereiche des OSI-Referenzmodells [ISO/IEC 7498-4]: *Fault*, *Configuration*, *Accounting*, *Performance* und *Security*. Hierbei wird festgehalten, welche Maßnahmen und Mechanismen zur Detektion, Eingrenzung und Behebung von auftretenden Fehlern der beschriebenen Dienste vorgesehen werden (Fehlermanagement). Des Weiteren sollten Informationen bzgl. der Konfiguration[2] (Konfigurationsmanagement), der Abrechnung (Abrechnungsmanagement), der Dienstleistungsvereinbarungen (Leistungsmanagement) und der Sicherheitsrichtlinien (Sicherheitsmanagement) spezifiziert werden. Da das IdM ein Teil des Sicherheitsmanagements darstellt (vgl. Abschnitt 2.2.2), bedeutet dies, dass für das Management der Föderation selbst auch wieder Identitäten bereitgestellt werden müssen, um hierdurch den gesicherten Zugriff auf eine Werkzeugunterstützung realisieren zu können. Basierend auf diesen Modellen kann nun jeder Föderationsteilnehmer auf der Basis der vier Modelle alle für die Föderation relevanten Information beschreiben, bspw.

---

[2] Auch die Durchführung eines passenden Changemanagement sollte hierbei Berücksichtigung finden, bspw. auf der Basis von ITIL [Bon et al. 2005].

hinsichtlich verwalteter Attribute, angebotener Dienste und verwendeter Protokolle. Da alle Föderationsmitglieder auf den gleichen Modellen aufbauen, ist das Verständnis untereinander gewährleistet.

6.2 Werkzeug zur Unterstützung des Föderationsmanagements

Im Folgenden sollen verschiedene Möglichkeiten einer werkzeugbasierten Unterstützung des Föderationsmanagements skizziert werden. Das wesentliche Ziel der Werkzeugunterstützung soll hierbei sein, durch die Berücksichtigung des verteilten Charakters eines föderativen Identitätsmanagements die im vorherigen Abschnitt angesprochenen anfallenden Aufgaben und Artefakte durch geeignete Funktionalitäten effektiver und effizienter gestalten zu können und somit bspw. die anfallenden Kosten zu reduzieren, die Dienstqualität zu verbessern oder den Informationsfluss, d.h. die Kommunikation und den Wissenstransfer, zu unterstützen [Hüttenegger 2006].

Da eine Werkzeugunterstützung für anfallende Aufgaben des Föderationsmanagements mit der Unterstützung einer Kollaboration im Allgemeinen verglichen werden kann, macht es Sinn, auf die in diesem Bereich eingesetzten Kollaborationswerkzeuge zurückzugreifen. Im Rahmen dieser Arbeit sollen die einzelnen Werkzeuge, bspw. im Bereich der Open-Source-Kollaborationsplattformen, nicht näher analysiert werden. Hierfür soll an dieser Stelle auf existierende Studien, bspw. der Fraunhofer Gesellschaft [Schimpf & Kugler 2007], verwiesen werden.

Die Studie der Fraunhofer Gesellschaft soll des Weiteren der Arbeit als Grundlage zur Kategorisierung der im Bereich der Kollaborationswerkzeuge angebotenen Funktionalitäten herangezogen werden. In der Studie wurden verschiedene Open-Source-Kollaborationsplattformen, wie *Open-Xchange* [WWW Open-Xchange], *PHProjekt* [WWW PHProjekt] und *Plone* [WWW Plone] analysiert[3]. Die Studie gruppiert die typischen Funktionalitäten hierbei in die folgenden drei Kategorien: *Kommunikation, Projektmanagement* und *Informations- und Datenmanagement* [Schimpf & Kugler 2007, S. 11]. Typische Funktionalitäten der Kategorie *Kommunikation* sind hierbei bspw.: *E-Mail, Mailinglisten, Chat und Messaging, Foren, Nachrichtenboards* und *Umfragen*. Unter die Kategorie des *Projektmanagements* fallen z.B. die folgenden Funktionalitäten bzw. Funktionsbereiche: *Kalender, Ressourcenmanagement, Aufgabenmanagement* und *Wissensmanagement*. In die

---

[3]Die erwähnten Plattformen sind hierbei Open Source, wenn auch zum Teil nur in bestimmten Editionen, wie im Falle des Open-Xchange die "Community Edition", welche sich jedoch nicht im Funktionsumfang unterscheidet, sondern nur darin, dass man für die Community Edition keinen Support erhält

Kategorie *Informations- und Datenmanagement* werden bspw. Funktionalitäten zum *Dokumentenmanagement* oder *Wikis* eingeordnet.

Viele dieser Funktionalitäten sind auch für das Management einer Föderation sinnvoll. Prinzipiell lässt sich für einen Großteil der erwähnten Funktionalitäten ein Einsatzzweck auch innerhalb einer Föderation finden. Darüber hinaus existieren jedoch auch spezifische Aufgaben für das Management einer Föderation, welche nicht ohne Weiteres mittels bestehender Kollaborationswerkzeuge abgebildet werden können. Im Folgenden sollen exemplarisch verschiedene Funktionalitäten, welche das Management einer Föderation effizienter gestalten würden, vorgestellt werden. An dieser Stelle soll noch einmal betont werden, dass hierbei weder der Anspruch auf Vollständigkeit erhoben wird, noch eine umfangreiche wissenschaftliche Betrachtung der vorgestellten Funktionalitäten erfolgen soll. Vielmehr kann das exemplarische Vorstellen unterschiedlicher Unterstützungsmöglichkeiten als eine empfohlene Vorgehensweise betrachtet werden, welche die Durchführung des Föderationsmanagement effektiver und effizienter gestalten soll.

6.2.1 Beantragungsprozesse

Innerhalb einer Föderation gibt es eine Vielzahl an Vorgängen, welche einer "Beantragung" bedürfen. Beispielsweise muss ein neues Föderationsmitglied typischerweise zunächst einmal einen Antrag ausfüllen, um überhaupt an der Föderation teilnehmen zu können. Auch die Erstellung einer neuen Identität für einen Benutzer kann unter Umständen durch einen Beantragungsprozess, welcher wiederum einen Genehmigungsprozess (vgl. Abschnitt 3.1.1) auslöst, realisiert werden. Die Genehmigung des Antrags kann hierbei, wie in Abschnitt 5.4 gezeigt wurde, unter bestimmten Umständen durch den Benutzer selbst oder durch Verantwortliche mit den entsprechenden Berechtigungen erfolgen.

Ein weiteres Beispiel betrifft die Weitergabe identitätsbezogener Informationen innerhalb einer Föderation, unabhängig davon durch wenn die Weitergabe letztendlich autorisiert wird. Da die Weitergabe hierbei datenschutzrechtlichen Vorgaben unterliegt und bspw. auch einer Zweckbindung unterliegt [BDSG 2003], gilt es, die Weitergabe identitätsbezogener Informationen an einen Beantragungsprozess zu koppeln.

Abbildung 6.2 veranschaulicht einen exemplarischen Prozess, wie er ohne die Unterstützung durch ein Werkzeug typischerweise abläuft. Das dargestellt Prozessmodell erklärt sich hierbei weitestgehend selbst. Das Prozessmodell zeigt einen Antragsteller und die Aktionen, welche durch diesen ausgeführt werden müssen, und einen Verantwortlichen, welcher für die Durchführung des Beantragungsprozesses zuständig ist. Im Wesentlichen soll mit der Darstellung deutlich gemacht werden, dass an vielen Stellen aufgrund des Fehlens einer geeigneten Werkzeug-

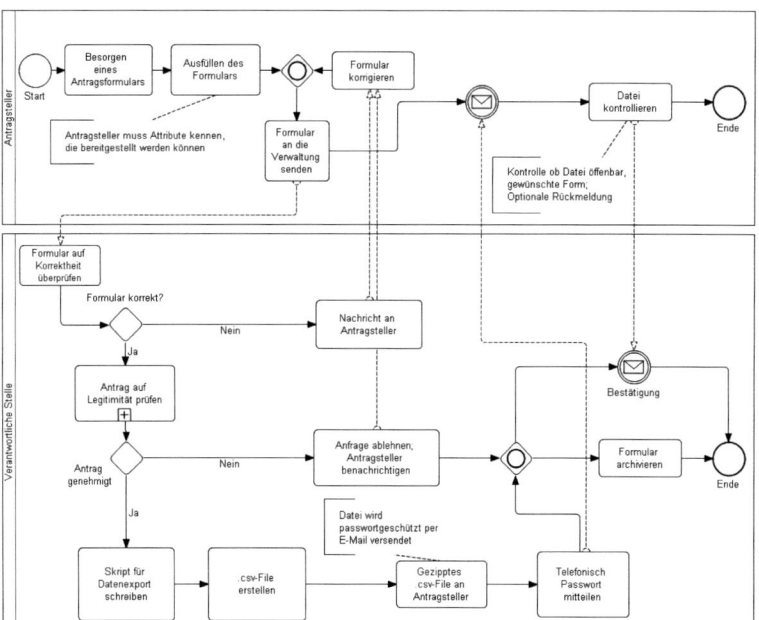

Abbildung 6.2: Exemplarischer Ablauf einer Datenbeantragung ohne die Unterstützung eines Werkzeugs.

unterstützung noch auf der Basis papiergebundener Formulare gearbeitet werden muss. Auch eine Archivierung findet hierbei oftmals papiergebunden statt. Dies erschwert das Nachkommen der Auskunftspflicht, welche in der Regel ein Betroffener in Anspruch nehmen kann. Nach [BDSG 2003, §19] hat ein Betroffener, über welchen identitätsbezogene Information gehalten werden, das Recht einen Antrag auf Auskunft zu stellen, in welchem bis auf wenige Ausnahmen u.a. über die zu seiner Person gespeicherten Daten und die Empfänger, an die die Daten weitergegeben werden Auskunft erteilt werden muss. Darüber hinaus ist es auch notwendig anzugeben, zu welchem Zweck diese Daten gespeichert werden.

Abbildung 6.3 zeigt exemplarisch, wie ein Beantragungsprozess durch ein Werkzeug gestützt ablaufen könnte. Im skizzierten Prozess ruft der Antragsteller eine Website von FedWare auf, über welche die Beantragung von Identitätsinformationen durchgeführt werden kann. Nachdem der Benutzer die Benutzergruppe ausgewählt hat, über welche Informationen bezogen werden sollen, wird ihm der hierzu passende Antrag angezeigt. Nachdem er den Antrag ausgefüllt hat, kann die Eingabe unmittelbar auf Vollständigkeit überprüft werden, wodurch vermieden wird, dass der Antragsteller, wie möglicherweise im manuellen Prozess notwendig, zu einem späteren Zeitpunkt zur Korrektur der Angaben den Antrag erneut bearbeiten muss. Hierauf folgend kann ein durch das IdM-System bereitgestellter Genehmigungsprozess angestoßen werden. Sobald dieser abgeschlossen ist, wird der Antragsteller über das Ergebnis des Antrags informiert. Wesentliche Vorteile, welche durch eine werkzeuggestützte Durchführung resultieren können, sind zum einen die Steigerung der Effizienz und Benutzerfreundlichkeit und zum anderen auch das automatisierte *Protokollieren (engl. Logging)* aller durchgeführten Aktionen und Prozesse. Hierdurch könnte eine Auskunft an einen Betroffenen sehr einfach und automatisiert erfolgen. Des Weiteren würden diese Maßnahmen sowohl den Prozess des Audits, bspw. im Rahmen von Qualitätsmanagementbestrebungen, als auch die Überprüfung und den Nachweis der *IT-Compliance*[4] erheblich vereinfachen.

Im Folgenden soll kurz auf die Erfahrungen eingegangen werden, welche mit einer prototypischen Umsetzung der Beantragungsprozesse in FedWare und somit auf der Basis des Sun IdM gemacht werden konnten. Verschiedene Screenshots dieser Funktionalität in FedWare sind in Anhang C.2 zu finden. Allgemein kann insbesondere die Kopplung von Beantragungsprozessen mit einem IdM-System als sehr positiv eingestuft werden, da hierdurch die Prozesse erheblich vereinfacht werden konnten. Des Weiteren werden in einem IdM-System auch Aktionen bzgl. identitätsbezogener Informationen mit protokolliert (vgl. 2.2.1), wodurch inner-

---

[4]IT-Compliance bezeichnet hierbei die Einhaltung gesetzlicher, unternehmensinterner und vertraglicher Richtlinien [Metzler-Andelberg 2008, S. 189 ff].

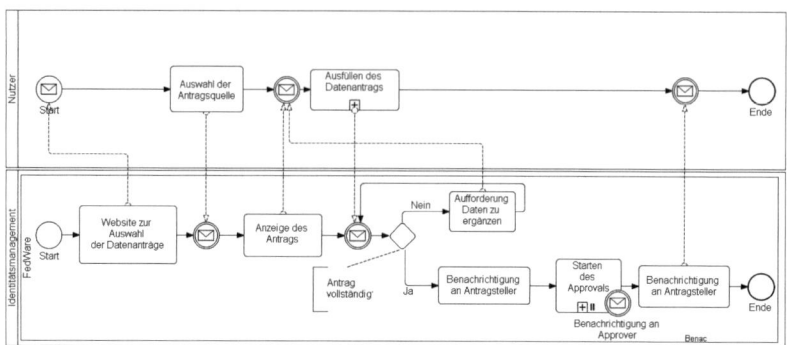

Abbildung 6.3: Werkzeuggestützter Prozess der Datenbeantragung auf der Basis eines Kollaborationswerkzeugs.

halb der Umsetzung eines Beantragungsprozesses auf bestehende Funktionalitäten und Informationen zurückgegriffen werden kann. Hierbei muss betont werden, dass nicht jedes IdM-System so flexibel erweiterbar und anpassbar ist wie der Sun IdM. Daher lassen sich die folgenden Vorteile nicht verallgemeinern. Die Vorteile einer integrierten Lösung sind vor allem dadurch gegeben, dass auf die bestehenden Informationen und Funktionalitäten des Sun IdM zugegriffen werden kann und hierdurch letztendlich eine Reduktion des Aufwands zur Entwicklung und zum Betrieb einer werkzeuggestützten Beantragungsfunktionalität erreicht werden kann. Durch die Integration in den Sun IdM können die Funktionalitäten zur Authentifikation und Autorisation wiederverwendet werden. Der Sun IdM bietet ein sehr flexibles Berechtigungsmanagement auf der Basis von Rollen, welches für die Berechtigungen bei der Beantragung wiederverwendet werden kann.

Da auf die durch das IdM-System verwalteten Attribute der einzelnen Benutzergruppen zugegriffen werden kann, ist es nicht notwendig, neue Datenbestände zu pflegen. Wie bereits in Abschnitt 5.2.1 erläutert wurde, ist der Sun IdM ein Framework. Die Funktionen, welche durch den Sun IdM angeboten werden, können in eigenen Prozessen wiederverwendet werden. So ist es bspw. möglich, Genehmigungs- und Benachrichtigungsprozesse auf der Basis des Sun IdM durchzuführen.

6.2.2 Etablierung eines föderationsweiten Zwischenschemas

Eine weitere Herausforderung, welche im föderativen Identitätsmanagement typischerweise bewältigt werden muss, ist die Erstellung eines gemeinsamen Informationsmodells. Wie bereits mehrfach angesprochen (vgl. Abschnitt 4.1.1), verwenden die unterschiedlichen Föderationsteilnehmer in der Regel unterschiedliche Schemata zur Darstellung der Attribute eines Benutzers, nicht zuletzt auch deshalb, da die zur Speicherung der Daten eingesetzten Technologien sich unterscheiden. Somit ist es notwendig, zunächst einmal ein gemeinsames Verständnis in Form eines Informationsmodells zu schaffen (siehe oben). Wie in Abschnitt 5.3.4 bzw. Abschnitt 5.4.4 gezeigt wurde, ist es hierfür keinesfalls notwendig, dass Föderationspartner ihre lokalen Schemata auf ein gemeinsames Schema anpassen, sondern durch die Verwendung einer Vermittlerkomponente, bspw. in Form eines Middleware-Dienstes, kann die Heterogenität der Informationsschemata überwunden werden.

Dennoch ist es auch unter dem Einsatz einer Vermittlerkomponente sinnvoll, ein Zwischenschema einzusetzen, da hierdurch bilaterale Abbildungen vermieden werden (siehe Abschnitt 5.3.4). Für diese Aufgabe wäre eine Unterstützung in Form eines Kollaborationswerkzeugs sehr hilfreich, da eine automatisierte Erstellung eines Zwischenschemas auf der Basis der Schemata der Föderationspartner in den meisten Fällen nur sehr schwer zu realisieren wäre bzw. eventuell auch gar nicht voll automatisiert erstellt werden kann [Anthes 2010]. Wie in Abschnitt 5.3.4 bereits angedeutet, wurde im Rahmen dieser Arbeit hierfür prototypisch eine Werkzeugunterstützung entwickelt.

Im Folgenden sollen einige Aspekte der Werkzeugunterstützung skizziert werden. Screenshots der prototypischen Umsetzung sind in Anhang C.2 zu finden. Eine wichtige Eigenschaft, welche eine Kollaborationsunterstützung zur Etablierung eines föderationsweiten Informationsschemas haben sollte, ist die Aufnahme der lokal verwalteten Attribute unabhängig von einer bestimmten Schemabeschreibungssprache. Diese Anforderung resultiert aus der vorherrschenden Heterogenität in Bezug auf die eingesetzten Technologien zur Speicherung von Daten, da hierdurch wiederum die Verwendung unterschiedlicher Beschreibungssprachen wie *XML Schema* [W3C XML Schema] oder *LDAP Schema* (bspw. [RFC 2256]) resultiert. Des Weiteren kann auch ein sehr einfaches Schema, bspw. wenn die für den Austausch innerhalb der Föderation gedachten Daten auf der Basis einer *CSV-Datei* [RFC 4180] beschrieben sind, Verwendung finden. Im Falle einer CSV-Datei wird das Schema einfach durch die Namen der Attribute jeweils durch das für die CSV-Datei verwendete Trennzeichen spezifiziert. Durch eine schemaunabhängige Möglichkeit für Föderationsteilnehmer, lokal verwaltete Attribute aufzunehmen, bspw. auf der Basis eines Webformulars, wird die Erstellung eines gemeinsamen Zwischenschemas unterstützt.

Durch die Bereitstellung einer Website, über welche Föderationsteilnehmer ihre lokal verwalteten Attribute einstellen können, wird des Weiteren eine asynchrone Kollaboration ermöglicht, d.h. ein Föderationsmitglied kann unabhängig von den für die Erstellung und Pflege des Zwischenschemas zuständigen Administratoren das Einstellen des lokalen Schemas durchführen. Hierfür bietet sich die Verwendung von zwei unterschiedlichen Sichten an. Zum einen eine spezielle Sicht für ein Föderationsmitglied und zum anderen eine weitere Sicht für die zuständigen Administratoren. Ein Föderationsmitglied sollte die Möglichkeit haben, die lokal vorgehaltenen Attribute über ein Formular einzutragen, zu ändern und wieder zu löschen. Pro Attribut sollten hierbei alle für die Beschreibung eines Attributs relevanten Angaben (siehe Abschnitt 4.2.2) eingetragen werden können, d.h. den *Namen* und den *Datentyp* des Attributs sowie weitere Formatbeschreibungen, bspw. in Form von regulären Ausdrücken zur genaueren Spezifikation des Datentyps. Darüber hinaus kann es bei der Bestimmung semantisch in Beziehung stehender Attribute hilfreich sein, wenn ein oder mehrere Beispielwerte angegeben werden. Zur Adressierung semantischer Aspekte kann die Angabe einer mit dem Attribut verbundenen Ontologie hilfreich sein sowie eine ergänzende textuelle Beschreibung (siehe Abschnitt 4.1.1). An dieser Stelle soll jedoch angemerkt werden, dass die Realisierung eines sogenannten *Ontology Mappings* (siehe Abschnitt 4.1.1) für die Erstellung eines föderationsweiten Schemas mehr Aufwand bedeuten könnte, als die Spezifikation von Transformationsregeln (vgl. [Hommel 2007, S. 148]). Zusätzlich zu den Funktionalitäten, welche einem Föderationsmitglied zur Verfügung stehen, hat ein Administrator die Möglichkeit, semantisch in Beziehung stehende Attribute zu verwalten, um hierdurch die notwendigen Transformationen durchführen zu können. Des Weiteren müssen für diese Funktionalität entsprechende Transformationsregeln festgelegt und verwaltet werden. Wie in Abschnitt 5.3.5 beschrieben, wurden in der prototypischen Implementierung Transformationen mit Hilfe von XSLT vorgenommen.

Zur Unterstützung der Kommunikation zwischen den Föderationsmitgliedern und den Administratoren, bspw. um semantische Unklarheiten bzgl. der eingestellten Attribute zu klären, bietet sich die Nutzung verschiedener Kommunikationsfunktionalitäten, wie Foren, Messaging oder auch E-Mail an.

6.2.3 Föderationsmanagement am Beispiel Shibboleth

Viele Softwaresysteme im Bereich des FIM erfordern einen hohen Konfigurationsaufwand, um eine sichere und korrekte Interaktion der eingesetzten Systeme der Föderationsteilnehmer sicherzustellen. Dies resultiert größtenteils aus dem verteilten Charakter der FIM-Softwaresysteme, da IDPs und deren Relying Parties zwar verteilt administriert werden, eine sichere und fehlerfreie Interaktion jedoch die Koordination der einzelnen Konfigurationen bedarf. Insbesondere die Konfiguration der technischen Vertrauensbeziehungen, sowohl für die Authentifikation der verschiedenen Systeme untereinander als auch zur Verschlüsselung der Kommunikation zwischen den Systemen, muss oftmals umständlich manuell konfiguriert werden. Dies setzt ein detailliertes technisches Verständnis der FIM-Softwaresysteme und -Protokolle voraus.

Im Folgenden soll für einen "berühmten" Vertreter von FIM-Technologien, Shibboleth, exemplarisch demonstriert werden, wie die Konfiguration effizienter gestaltet werden könnte. Der vorgeschlagene Ansatz soll in diesem Abschnitt zusammengefasst dargestellt werden. Hierdurch soll nochmals verdeutlicht werden, wie managementbezogene Vorgänge und Aufgaben durch entsprechende Werkzeuge und Prozesse unterstützt werden könnten. Am Beispiel von Shibboleth bezieht sich die Werkzeugunterstützung im Wesentlichen auf das *Konfigurationsmanagement* (siehe bspw. [Dinger & Hartenstein 2008, S. 52] oder [Hegering et al. 1999]). Eine ausführliche Beschreibung dieses Ansatzes ist in [Eitzen 2009] zu finden.

Scott Cantor, Mitentwickler von Shibboleth, sagte selbst über Shibboleth:

> *"Shibboleth has a lot of moving parts and can be very complex to configure."*
> gemäß [Cantor 2006]

Auch wenn das Konfigurationsmanagement an vielen Stellen durch die verschiedenen Shibboleth-Föderationen, wie die DFN-AAI oder SWITCHaai, durch die Bereitstellung von Erweiterungen in Form von Werkzeugen und Anleitungen verbessert wurde, müssen für eine Konfiguration von Shibboleth vor allem auf der Seite des Dienstanbieters immer noch manuell Einträge in einer XML-Konfigurationsdatei[5] vorgenommen werden. Dies setzt voraus, dass die verteilt arbeitenden Administratoren sehr gut über die Shibboleth-Konfiguration Bescheid wissen. Des Weiteren muss ein Administrator eines Shibboleth-SP auch Abhängigkeiten zu anderen Diensten konfigurieren und darüber hinaus die eingesetzten Protokolle und Protokollversionen kennen. Der verteilte Charakter von Shibboleth macht sich auch in der so genannten Metadatendatei[6] bemerkbar. In dieser Datei wird das Zusammenspiel zwischen den Föderationsteilnehmern konfiguriert. Der Zugang zu einer Shibboleth-Föderation wird somit über einen Eintrag in dieser Datei geregelt, d.h. jeder Föderationsteilnehmer wird innerhalb dieser Konfigurationsdatei beschrieben. Da die Dienstbeschreibung durch den Dienstanbieter geliefert werden muss, ist es durchaus üblich, dass die Konfiguration für den Shibboleth-SP zwar von dem zuständigen Administrator geliefert wird, ein anderer Administrator, welcher für die Verwaltung der Metadaten zuständig ist, diese jedoch einfügt. Verbesserungswürdig ist hierbei, dass eine unmittelbare und automatisierte Prüfung auf Korrektheit der vorgenommenen Einstellungen des Dienstanbieters innerhalb

---

[5]Für die Konfiguration des SP muss in Shibboleth V2.0 die XML-Datei `shibboleth2.xml` bearbeitet werden.

[6]Die Konfigurationsdatei trägt in Shibboleth den Namen `metadata.xml`.

der Metadaten aktuell nicht ausreichend ermöglicht wird. Beispielsweise werden die eingesetzten Zertifikate als Zeichenkette eingetragen. Eine Überprüfung der Gültigkeit des Zertifikats oder des Zertifizierungspfads findet nicht statt.

Das Ziel des vorgestellten Ansatzes ist es, Administratoren die Konfiguration eines Shibboleth-SP und dessen Einbindung in die Föderation durch die Bereitstellung eines werkzeuggestützten Prozesses zu vereinfachen, um hierdurch die Effizienz zu erhöhen, sowohl hinsichtlich der Einarbeitungszeit zur Aneignung der notwendigen Grundkenntnisse als auch der Durchführung und Überprüfung der Konfiguration selbst. Darüber hinaus soll durch einen entsprechenden Test nach Abschluss der Konfiguration die Funktionstüchtigkeit der vorgenommenen Einstellungen überprüft werden, um die Fehleranfälligkeit zu reduzieren und auftretende Fehler schneller aufdecken zu können.

An dieser Stelle soll kurz auf verwandte Arbeiten eingegangen werden. Hierbei sollen zwei relevante Unterstützungen vorgestellt werden. In [Eitzen 2009] wird eine ausführliche Analyse dargelegt:

(i) **Shibboleth Metadata Generator** [WWW Internet2 Shibb] – der *Metadata Generator* ist ein Modul, welches in der Shibboleth-SP-Software enthalten ist. Generell ist der Metadata Generator nicht als Unterstützung zur Einbindung eines SP in eine bestehende Föderation gedacht. Im Wesentlichen erlaubt er nur, einen Teil der Metadaten zu generieren. Da die Metadaten durch einen bereits funktionsfähigen Shibboleth-SP erstellt werden, wird die SP-Konfigurationsdatei hierbei vorausgesetzt. Generell bietet Shibboleth aktuell noch keine Möglichkeit, die Konfigurationsdatei für einen SP automatisiert zu erstellen[7]. Auch einen automatisierten Testlauf unterstützt der Metadata Generator aktuell noch nicht. Des Weiteren werden durch den Metadata Generator keinerlei grafische Benutzerführung oder weiterführende Informationserläuterung zu den einzugebenden Daten vorgesehen.

(ii) **Verwaltungsplattform der DFN-AAI** [WWW DFN-AAI] – positiv ist zu nennen, dass die DFN-AAI eine Reihe an Unterstützung sowohl zur Erstellung der Metadaten als auch zur Durchführung von Funktionstests bietet. Der DFN stellt auch eine Installationsanleitung bereit, eine automatisierte und werkzeuggestützte Erstellung der SP-Konfigurationsdateien wird jedoch nicht unterstützt, d.h. die Anpassung für SP-spezifische Parameter müssen immer noch manuell in einer XML-Datei vorgenommen werden. Auch wenn die DFN-AAI sowohl eine Test für die Funktionsfähigkeit eines SP als auch eines IDP vorsieht, wird der Test auf der Basis des Browsers des Testers

---

[7]Stand Okt. 2010

244

durchgeführt, d.h. die Browsereinstellungen können das Testergebnis beeinflussen. Bei auftretenden Fehlern muss der Tester die Log-Dateien des Systems analysieren.

Zusammenfassend kann festgehalten werden, dass vor allem auf der Seite der Konfiguration des Dienstanbieters und dessen Einbindung in die Shibboleth-Föderation noch Verbesserungspotential vorhanden ist. Aus diesem Grund soll im Folgenden ein Ansatz vorgestellt werden, welcher die Konfiguration und Tests der SP-Einstellungen verbessern soll sowie die Integration des SP in die Föderation vereinfachen soll.

Im Wesentlichen erlaubt die Werkzeugunterstützung unterschiedlichen Administratoren einer Föderation die Erstellung und Verwaltung von Shibboleth-SPs, d.h. es können die notwendigen Konfigurations- und Metadaten erstellt, geändert und gelöscht werden. Des Weiteren ermöglicht die Werkzeugunterstützung in einer angebotenen Testföderation die Konfiguration automatisiert zu testen. An dieser Stelle wird angenommen, dass für die durchzuführenden Tests bereits ein Test-Shibboleth-IDP zur Verfügung steht.

Zusätzlich zu verschiedenen Funktionalitäten, welche es erlauben, dass mehrere Administratoren mehrere Shibboleth-SPs administrieren, ist es vor allem die Unterstützung bei der Erstellung und Bearbeitung der SP-spezifischen Meta- und Konfigurationsdaten, auf welche es im vorgestellten Ansatz ankommt. Des Weiteren soll der eingesetzte Funktionstest kurz skizziert werden.

Verwaltung der Meta- und Konfigurationsdaten

Die grundlegende Idee, welche hinter einer werkzeuggestützten Erstellung und Bearbeitung der Meta- und Konfigurationsdaten steht, ist die Administration der XML-Dateien auf der Basis eines werkzeuggestützen Prozesses. Demnach muss sich ein Administrator nicht mit einzelnen Konfigurationsdateien auseinandersetzen, sondern kann durch das Ausführen eines formularbasierten Prozesses die Meta- und Konfigurationsdaten generieren lassen. Eine manuelle Bearbeitung der Dateien ist hierbei immer noch möglich, d.h. bei der Bearbeitung einer bestehenden Konfiguration wird immer die aktuellste XML-Datei verwendet und somit werden keine Werte überschrieben. An dieser Stelle soll angemerkt werden, dass das DFN-AAI-Werkzeug die Erzeugung auf der Basis eines Formulars zur Generierung der Metadaten ebenfalls anbietet, jedoch nicht für die Erstellung der SP-Konfigurationsdaten.

Um die Generierung der notwendigen XML-Dateien zu ermöglichen, war es zunächst notwendig, alle SP-relevanten Konfigurationselemente zu identifizieren, um hierauf aufbauend einen entsprechenden Prozess realisieren zu können. Durch die Angabe einer unterstützenden Beschreibung zu jeder relevanten Konfigurationseinstellung wird der Aufwand für die Einarbeitung in Shibboleth reduziert und die Administration wird effizienter und effektiver gestaltet.

Abbildung 6.4 zeigt einen Screenshot der Werkzeugunterstützung[8]. Im dargestellten Ausschnitt des Prozesses sind die Eingabefelder dargestellt, welche zur Generierung der organisationsbetreffenden Angaben innerhalb der XML-Datei notwendig sind. Die Abbildung zeigt darüber hinaus, dass zu jeder Eingabe auch eine ausführliche Beschreibung (blau hinterlegter Kasten) angeboten wird.

Durch den Prozess wird eine sinnvolle Struktur zur Angabe notwendiger Konfiguration erzielt. Des Weiteren wird der Umgang mit Zertifikaten erheblich vereinfacht. Aktuell müssen bspw. durch das DFN-AAI-Werkzeug Angaben zu einem verwendeten Zertifikat als Zeichenkette eingefügt werden. Abbildung 6.5 zeigt einen Screenshot des Schrittes innerhalb des werkzeuggestützen Prozesses. Hierbei ist es möglich, das Zertifikat aus einer Datei hochzuladen. Des Weiteren wird unmittelbar überprüft, ob es die angegebene Datei überhaupt gibt, ob das Zertifikat das korrekte Format besitzt und ob das Zertifikat noch gültig ist, was sowohl die Fehleranfälligkeit reduziert, als auch eine erhebliche Zeitersparnis mit sich bringt.

Auch die Erstellung der Konfigurationsdaten kann über einen werkzeuggestützten Prozess durchgeführt werden. Da die Konfigurationsdaten jedoch von einem lokalen Administrator unabhängig von anderen Administratoren erstellt werden kann, ist es in diesem Schritt auch möglich, bestehende Konfigurationsdaten zu verwenden, d.h. es könnte auch eine Konfigurationsdatei verwendet werden, welche außerhalb der Werkzeugunterstützung erstellt wurde. Insgesamt sind für die Erstellung der Meta- und Konfigurationsdaten zehn Prozessschritte notwendig. Durch den werkzeuggestützten Prozess soll die aktuell sehr fehleranfällige und umständliche Konfiguration verbessert und erleichtert werden.

Um die vorgenommenen Angaben weiter zu überprüfen, ist in einem nächsten Schritt ein Test der Funktionsfähigkeit der erstellten XML-Dateien möglich. Der Funktionstest soll im Folgenden kurz vorgestellt werden.

Funktionstest

Um die Korrektheit der Einstellungen zu testen, wird die Interaktion des SP mit einem Test-IDP überprüft. Hierbei wird ein Login-Prozess eines Benutzers simuliert. Der Funktionstest ruft demnach zunächst die Login-Seite des SP auf, welcher dann eine Umleitung an den Test-IDP durchführt. Hierauf folgend werden die Login-Daten eines Testbenutzers übermittelt. Alle Schritte werden durch

---

[8]Die Screenshots aus der Werkzeugunterstützung mit den jeweiligen Ausschnitten aus der XML-Datei wurden hierbei aus der Arbeit [Eitzen 2009] genommen. In der Arbeit sind weitere Screenshots zu finden.

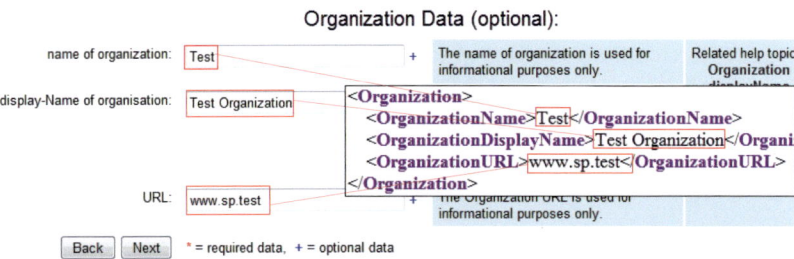

Abbildung 6.4: Screenshot des durch das Werkzeug angebotenen Prozesses zur Aufnahme der für die Erstellung der Metadaten notwendigen Angaben. Die Abbildung stellt hierbei die Verbindung der Angaben innerhalb des Prozesses mit hierdurch generierten Angaben in der XML-Datei her.

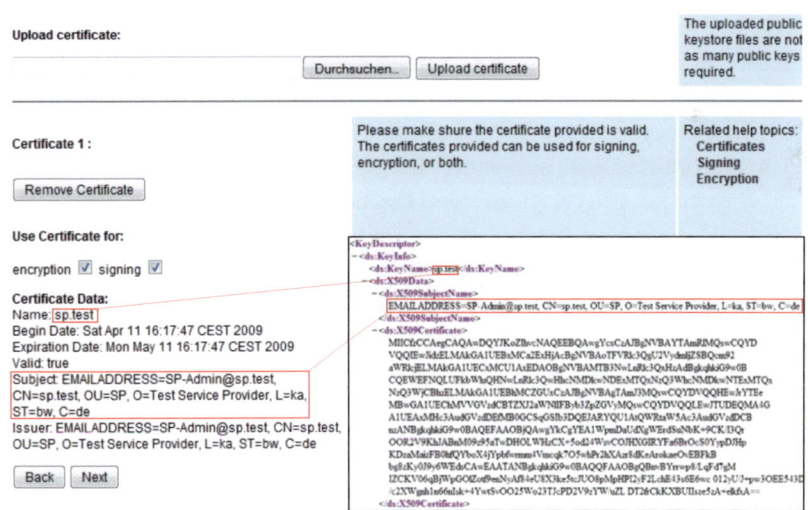

Abbildung 6.5: Screenshot des Schrittes zur Erstellung der Zertifikatsangaben für die Metadaten.

die Werkzeugunterstützung protokolliert. Prinzipiell ist damit der Funktionstest nichts anderes als eine Automatisierung des Tests des DFN-AAI-Werkzeugs. Der Vorteil einer Automatisierung ist hierbei, dass von spezifischen Browsereinstellung bei der Durchführung des Tests abstrahiert wird und ein detaillierter Testbericht am Ende des Tests angezeigt wird. Insgesamt reduziert die Automatisierung mögliche Fehlerquellen, wie fehlerhafte Browsereinstellungen oder die Eingabe falscher Benutzerangaben und erleichtert die Fehlersuche, da der Test jeden einzelnen Schritt protokolliert und hierdurch der Fehler schneller eingegrenzt werden kann.

6.3   Zusammenfassung

In diesem Kapitel wurden erste Ansätze vorgestellt, welche zur Sicherstellung der Informationskonsistenz auf der Ebene des Managements einer Föderation führen können. Insbesondere wurde verdeutlicht, dass eine Voraussetzung der Konsistenz identitätsbezogener Informationen die Konsistenz der Geschäftsprozesse auf der Managementebene ist, bspw. um IT-Compliance-Bestimmungen zu erfüllen. Die Strukturierung anfallender Aufgaben und Artefakte in die vier Teilmodelle des OSI-Managements führen zu einem effektiven und effizienten Management einer Föderation. Des Weiteren wurden unterschiedliche Ansätze dargelegt, welche vor allem deutlich machen sollen, dass die organisatorische Einbettung der technischen FIM-Technologien und -Protokolle in bestehende Strukturen keineswegs trivial ist und an vielen Stellen durch eine Werkzeugunterstützung noch weiter verbessert werden können. Insbesondere der dezentrale Charakter, welcher zwar in vielerlei Hinsicht Vorteile bei der Etablierung eines IdM-Systems mit sich bringt, erfordert den Einsatz adäquater Werkzeuge. Durch den Einsatz geeigneter Werkzeuge ist es möglich, anfallende Aufgaben, wie die Erstellung eines gemeinsamen Informationsschemas oder die dienstanbieterseitige SP-Konfiguration, welche in der Regel manuell erstellt werden müssen, effizienter und weniger fehleranfällig durchzuführen.

7
Zusammenfassung

In verteilten IT-Systemen spielt die Replikation von Daten eine wichtige Rolle. Daten werden hierbei verteilt und redundant vorgehalten, um die Fehlertoleranz eines Systems zu verbessern oder um die Autonomie eines Dienstanbieters zu erhalten. Insbesondere Identitätsinformationen, welche für einen gesicherten Zugriff auf Dienste Verwendung finden, werden in verteilten Systemen oftmals dezentral verwaltet. Da sich identitätsbezogene Informationen über die Zeit ändern, gilt es, sich mit deren Konsistenz zu beschäftigen. Die Konsistenz identitätsbezogener Informationen ist insbesondere auch deshalb von Bedeutung, da inkonsistente Identitätsinformationen potentiell zu einem fehlerhaften Dienstzugriff bzw. einer unbeabsichtigten Dienstverweigerung führen können. Hiervon ausgehend war es das Ziel der vorliegenden Arbeit, aktuelle Modelle zur Beschreibung der Konsistenz sowie Mechanismen zur Sicherstellung der Konsistenz in verteilten Systemen zu analysieren und zu bewerten. Hierbei wurde insbesondere analysiert, inwieweit aktuelle Konsistenzmodelle und Mechanismen zur Sicherstellung der Konsistenz für den Einsatz in verteilten IdM-Systemen geeignet sind. Da die analysierten Ansätze mehrere Unzulänglichkeiten hinsichtlich deren Verwendung in verteilten IdM-Systemen aufzeigten, wurden in der vorliegenden Arbeit eigene Ansätze zur Behebung dieser Schwachstellen entwickelt.

Um die Grundlagen zum Verständnis der Arbeit zu liefern, wurde im ersten Teil der Arbeit zunächst die notwendige Terminologie erläutert. Hierbei wurden sowohl aktuelle Definitionen im Bereich digitaler Identitäten präsentiert, als auch der zentrale Begriff des Identitätsmanagements definiert. Des Weiteren wurde eine Definition für das in verteilten Systemen Einsatz findende föderative Identitätsmanagement spezifiziert. Durch die Darlegung relevanter Projekte im Bereich des Identitätsmanagements wurde darüber hinaus der Stellenwert und die Wichtigkeit des Themas IdM für verteilte Systeme unterstrichen.

In der Folge wurden relevante Standards, Protokolle und Softwaresysteme im Bereich des organisationsinternen, des organisationsübergreifenden und des benutzerzentrierten Identitätsmanagements beschrieben und bewertet. Hiermit gibt die Arbeit einen umfassenden Überblick über das Themengebiet Identitätsmanagement. Basierend auf der Beschreibung aktueller Ansätze im Bereich IdM wurden die Ursachen und Konsequenzen der redundanten und verteilten Haltung identitätsbezogener Informationen in verteilten Systemen erläutert. Insbesondere langlaufende Dienste und der Einsatz von Altsystemen (engl. Legacy Systems) sind ausschlaggebende Gründe für eine verteilte Informationshaltung. Eine wesentliche Ursache hierfür ist, dass aktuelle FIM-Protokolle und -Software den Informationsaustausch an die Sitzung einer Dienstnutzung knüpfen und somit ein Austausch identitätsbezogener Informationen in der Regel nur während der Zeitspanne möglich ist, in welcher ein Benutzer bei einem Dienstanbieter eingeloggt ist.

Eine im Rahmen der Arbeit durchgeführte Analyse wesentlicher IdM-Standards, -Protokolle und -Softwaresysteme ergab, dass die Konsistenz identitätsbezogener Informationen durch den Stand der Technik nicht ausreichend Berücksichtigung findet. In den beiden Bereichen *Modellierung* und *Mechanismen* wurden hierbei folgende offene Fragen identifiziert, welche in der vorliegenden Arbeit näher analysiert wurden:

(i) **Modellierung** – zum einen galt es, die Frage zu klären, wie sich das Identitätsmanagement in verteilten Systemen durch einen geeigneten Konsistenzbegriff formal begründen lässt.

(ii) **Mechanismen** – des Weiteren galt es zu analysieren, inwieweit durch aktuelle Mechanismen die praktische Sicherstellung der Konsistenz identitätsbezogener Informationen gewährleistet werden kann.

Im Folgenden sollen die Ergebnisse und Erkenntnisse der vorliegenden Arbeit hinsichtlich der Bereiche *Modellierung* und *Mechanismen* nochmals im Detail zusammengefasst werden.

Modellierung

Zunächst wurden verwandte Arbeiten skizziert, die im Bereich verteilter Systeme zur Überwindung einer heterogenen Repräsentation von Informationen eingesetzt werden, da auch bei der Beschreibung der Konsistenz identitätsbezogener Informationen in verteilten Systemen die heterogene Repräsentation von Identitätsinformationen Berücksichtigung finden muss. Des Weiteren wurden aufbauend auf einer allgemeinen Definition des Begriffs Konsistenz die Hintergründe beleuchtet, welche zur Entwicklung unterschiedlicher Konsistenzmodelle zur Definition verschiedener relaxierter Konsistenzbegriffe geführt haben. Relevante Konsistenzmodelle wurden darüber hinaus analysiert und deren Angemessenheit für die Beschreibung der Konsistenz identitätsbezogener Informationen in verteilten Systemen bewertet. Da aus den folgenden Gründen keiner der existierenden Ansätze als ausreichend befunden wurde, wurde in der Folge ein eigenes Konsistenzmodell dediziert für Identitätsinformationen in verteilten Systemen entwickelt. Im Wesentlichen ließ sich die Erweiterung existierender Ansätze dadurch begründen, dass aktuelle Ansätze keinerlei Charakteristika identitätsbezogener Informationen berücksichtigen. Darüber hinaus ist zum einen der Einfluss aktueller strenger Konsistenzmodelle auf beispielsweise die Leistungsfähigkeit und Verfügbarkeit eines Systems zu hoch. Zum anderen sind die Konsistenzgarantien, welche durch relaxierte Konsistenzmodelle vorgesehen werden, für den Bereich des verteilten Identitätsmanagements nicht für alle Anwendungsfälle ausreichend. Um das Risiko einer unautorisierten Diensterbringung oder einer unbeabsichtigten Dienstverweigerung besser abschätzen zu können, ist eine Konsistenzgarantie notwendig, welche eine gewisse Aktualität lokal vorgehaltener Identitätsinformationen gewährleistet. In dieser Arbeit konnte durch die Konzeption von *ID-Consistency* ein relaxiertes Konsistenzmodell bereitgestellt werden, welches unter Berücksichtigung von Charakteristika von Identitätsinformationen eine formale Basis zur Begründung verteilter IdM-Systeme hinsichtlich der Konsistenz identitätsbezogener Informationen bietet. Hierdurch erreicht das Konsistenzmodell eine Fokussierung auf die elementaren Bestandteile eines IdM-Systems und befreit diese von Marketing-Philosophien und von Protokoll- und Technologieterminologie. Durch die Berücksichtigung der maximal benötigten Dauer für die Verteilung auftretender Änderungen in Form eines so genannten *Inconsistency Window* bietet *ID-Consistency* Dienstanbietern eine adäquate Konsistenzgarantie, beispielsweise um entsprechende Konsistenzgarantien im Rahmen einer Dienstleistungsbeschreibung zu spezifizieren. Um den Mehrwert des Modells deutlich zu machen, wurde die Anwendung exemplarisch anhand von CardSpace illustriert. Durch die Illustration konnte zum einen gezeigt werden, dass auf der Basis des formalen Modells die Bewertung von IdM-Systemen hinsichtlich einer zu erreichenden Konsistenzqualität möglich wird. Zum anderen wurde durch die Illustration demonstriert, wie durch die Verwendung des formalen Modells Informationsflüsse klargestellt werden und somit durch den Einsatz des formalen Modells ein klares Modell eines IdM-Systems erreicht werden kann.

Mechanismen

Ein wesentliches Ziel eines verteilten IdM-Systems ist der Austausch von Informationen. Eine im Rahmen dieser Arbeit durchgeführte Analyse hat ergeben, dass aktuelle FIM-Protokolle und -Software die Verteilung identitätsbezogener Informationen typischerweise an die Benutzersitzung einer Dienstnutzung knüpfen. Eine Konsequenz dieser Einschränkung ist, dass die Sicherstellung der Konsistenz in verschiedenen Anwendungsszenarien, wie beispielsweise in langlaufenden Diensten, nicht ohne Weiteres gewährleistet werden kann. Aufbauend auf den Ergebnissen der Analyse, wurde der Frage nachgegangen, inwieweit durch eine Kombination existierender Teillösungen eine sinnvolle Gesamtlösung realisiert werden kann. Des Weiteren wurde die Frage analysiert, wie sich ein Austausch identitätsbezogener Informationen eines Benutzers zwischen Dienstanbietern ausschließlich mit der Zustimmung des Benutzers realisieren lässt, ohne dass der Benutzer jede Weitergabe manuell genehmigen muss. Darüber hinaus wurde in der Arbeit der Frage nachgegangen, wie die mangelnde Unterstützung aktueller FIM-Standards und -Softwaresysteme sowohl hinsichtlich deren Integration in bestehende Organisationsstrukturen als auch hinsichtlich anfallender Aufgaben des Managements der Föderation selbst durch geeignete Maßnahmen und Mechanismen entgegengewirkt werden kann.

Um sowohl das Management einer Föderation zu unterstützen, als auch die praktische Sicherstellung der Konsistenz identitätsbezogener Informationen gewährleisten zu können, wurden in dieser Arbeit die folgenden Ansätze entwickelt:

(i) **FedWare** – durch die Kombination bestehender Konzepte und Technologien konnte eine Middleware-Lösung namens *FedWare* auf der Basis eines Publish/Subscribe-Mechanismus entwickelt werden, auf dessen Basis *ID-Consistency* in verteilten IdM-Systemen sichergestellt werden kann bzw. im Falle von auftretenden Inkonsistenzen angebundene Systeme über den inkonsistenten Zustand informiert werden können. Insbesondere wurde bei der Konzeption und Umsetzung der Middleware-Lösung darauf geachtet, dass angebundene Systeme beispielsweise hinsichtlich Verfügbarkeit, Leistungsfähigkeit und Konfiguration entkoppelt werden und somit eines der Systeme beispielsweise nicht von der Leistungsfähigkeit eines anderen an FedWare angebundenen Systems abhängig ist. Ein hieraus resultierender entscheidender Vorteil ist, dass viele Änderungen, wie zum Beispiel die Integration eines neuen Föderationspartners, keinerlei Auswirkungen auf die Bestandssysteme haben. Durch den Einsatz wiederverwendbarer Middleware-Dienste und die Verwendung weit verbreiteter Standards zur Kommunikation auftretender Änderungen konnte der Aufwand zur Integration bestehender Systeme und zum Betrieb der Gesamtlösung gering gehalten werden. Die Tragfähigkeit des Konzepts wurde durch eine qualitative Bewertung hinsichtlich der Erfüllung zuvor aufgestellter Anforderungen und durch eine quantitative Bewertung einer prototypischen Implementierung gezeigt. Die prototypische Implementierung wurde hierbei in unterschiedlichen realistischen Konfigurationen getestet. Das Ergebnis hat gezeigt, dass bereits der Prototyp eine akzeptable Zeitdauer für die Verteilung auftretender Änderungen lieferte. Des Weiteren wurde durch die Skalierung relevanter Einflussfaktoren, wie der Änderungsrate von Identitätsinformationen oder der Anzahl der Subskriptionen pro Änderung, deutlich gemacht, dass der vorgeschlagene Mechanismus auch in realweltlichen Szenarien Einsatz finden kann.

(ii) **UCAID** – durch die zunehmende Komplexität verteilter Systeme gewinnt die Einhaltung von Datenschutz- und Datensicherheitsaspekten und die Berücksichtigung der Benutzerfreundlichkeit immer mehr an Bedeutung. Um die Konsistenz identitätsbezogener Informationen unter Berücksichtigung der Benutzerfreundlichkeit sowie Datenschutz- und Datensicherheitsaspekten zu erreichen, wurde in dieser Arbeit der Ansatz *User-Controlled Automated Identity Delegation (UCAID)* entwickelt. Durch die Einführung einer zusätzlichen Komponente, den *Identity Delegate*, der dem Benutzer erlaubt, Richtlinien hinsichtlich der Weitergabe identitätsbezogener Informationen festzulegen, konnte auf der Basis dieser benutzerdefinierten Richtlinien eine Automatisierung der Benutzerzustimmung ermöglicht werden, wodurch UCAID die Grundlage zur Sicherstellung der *ID-Consistency* unter Berücksichtigung der Belange des Benutzers liefert. Somit ist es dem Identity Delegate möglich, stellvertretend für den Benutzer entscheiden zu können, welcher Dienst welche Attribute des Benutzers abfragen darf. Folglich wird es dem Benutzer ermöglicht, über den Identity Delegate die Weitergabe seiner identitätsbezogenen Informationen festzulegen sowie auf benutzerfreundliche Art und Weise nachzuvollziehen, welcher Dienst wann welche Informationen bezogen hat. Dieser Ansatz liefert somit einen entscheidenden Schritt zur Gewährleistung eines wesentlichen Ziels: dem Benutzer die Kontrolle über seine identitätsbezogenen Informationen zu überlassen. Die Tragfähigkeit des Konzepts wurde hierbei sowohl durch eine qualitative als auch eine quantitative Bewertung demonstriert. Bei der qualitativen Bewertung wurde insbesondere gezeigt, dass der vorgeschlagene Ansatz keine IT-Sicherheits-

und Datenschutzbelange verletzt. Zusätzlich wurde durch eine quantitative Leistungsbewertung die Einsetzbarkeit des Ansatzes in realweltlichen Szenarien verdeutlicht, da bereits die prototypische Implementierung akzeptable Antwortzeiten bei einer moderaten Netzwerklast erreicht.

(iii) **Unterstützung des Föderationsmanagements** – die Grundlage einer Konsistenz identitätsbezogener Informationen auf technischer Ebene bilden auf der organisatorischen Ebene konsistente Geschäftsprozesse. Die Konsistenz von Geschäftsprozessen eines Unternehmens ist dann gegeben, wenn die Prozesse zum einen mit den Zielen eines Unternehmens sowie mit sämtlichen Maßnahmen und Methoden, um diese Ziele zu erreichen, in Einklang stehen. Zum anderen müssen die Prozesse auch mit gesetzlichen Bestimmungen konform sein, beispielsweise hinsichtlich der IT-Sicherheit und des Datenschutzes. Um diese Konsistenz managementbezogener Geschäftsprozesse zu erreichen, gilt es, geeignete Mechanismen und Maßnahmen, wie beispielsweise Genehmigungs- und Beantragungsprozesse, Audits, Qualitätsmanagement und Verfahrensabläufe, festzulegen und einzusetzen. Im Rahmen dieser Arbeit wurden hierfür erste Ansätze vorgestellt, welche zur Sicherstellung der Informationskonsistenz auf der Ebene des Managements einer Föderation führen können. Die Strukturierung anfallender Aufgaben und Artefakte in die vier Teilmodelle des OSI-Managements bringen hierbei Klarheit über die zu bewältigenden Aufgaben und liefern die Basis für ein effektives und effizientes Management einer Föderation. Des Weiteren wurden exemplarisch unterschiedliche Funktionalitäten dargelegt, welche deutlich machen, wie das Föderationsmanagement an vielen Stellen durch adäquate Werkzeuge unterstützt werden kann.

Insgesamt liefert die vorliegende Arbeit durch eine umfassende Analyse aktueller IdM-Standards, -Protokolle und -Softwaresysteme hinsichtlich der Konsistenz identitätsbezogener Informationen sowie verwandter Arbeiten im Bereich der Konsistenzmodelle einen umfangreichen Einblick in den aktuellen Stand der Technik im Themengebiet IdM. Durch die Entwicklung eines geeigneten Konsis-

Beitrag	Abschnitt
Konsistenzmodell *ID-Consistency*	4.2
Anwendung des Konzepts von *ID-Consistency*	4.3
FedWare	5.3
UCAID	5.4
Kollaborationswerkzeug	6.2

Tabelle 7.1: Überblick augewählter Beiträge der Arbeit

tenzmodells dediziert für verteilte IdM-Systeme wird es möglich, IdM-Systeme bezüglich der Informationskonsistenz zu bewerten und zu vergleichen. In der Arbeit konnte hierdurch basierend auf der Leistungsbewertung der vorgeschlagenen Ansätze nicht nur die Anwendbarkeit des vorgeschlagenen Konsistenzmodells in realweltlichen IdM-Systemen gezeigt werden, sondern auch die mit den Ansätzen erreichbare "Qualität" der Konsistenz verdeutlicht werden. In Tabelle 7.1 werden ausgewählte Beiträge der Arbeit nochmals zusammengefasst.

Durch die Abstraktion auf konsistenzrelevante Aspekte erlaubt das Konsistenzmodell eine klare Strukturierung von IdM-Systemen und liefert eine formale Grundlage für zukünftige Arbeiten. Insbesondere in Kombination mit Ansätzen im Bereich der Identity Assurance, könnte das formale Modell eine erhebliche Erleichterung bei der Konzeption und Realisierung verteilter IdM-Systeme erzielen. Identity-Assurance-Ansätze verfolgen das Ziel, ein *Maß für die Vertrauenswürdigkeit* in die Korrektheit der durch einen Identitätsprovider ausgestellten Informationen zu liefern. Eine Kombination von Ansätzen im Bereich Identity Assurance und dem in der Arbeit vorgestellten formalen Modell, könnte eine weitreichende Automatisierung der Bestimmung autoritativer Informationsquellen dahingehend ermöglichen, dass derjenige Identitätsprovider für ein Attribut autoritativ wäre, der das höchste Maß an Vertrauenswürdigkeit gewährleistet. In der Folge könnte die Konzeption und der Aufbau eines verteilten IdM-Systems auf der Basis des formalen Modells in Kombination mit Identity-Assurance-Ansätzen wesentlich vereinfacht werden, da insbesondere durch eine automatisierte Bestimmung autoritativer Informationsquellen, eine wesentliche Herausforderung bei der Realisierung eines IdM-Systems vereinfacht wird, nämlich die Festlegung und Klärung von Informationsflüssen.

Auch der UCAID-Ansatz könnte von einer Kombination des formalen Modells mit Identity-Assurance-Ansätzen profitieren, da der Benutzer sich nicht mehr um die Festlegung der primären Attribute bzw. autoritativen Informationsquellen kümmern müsste. Ferner könnte der UCAID-Ansatz auf der Basis des formalen Modells um eine Funktionalität erweitert werden, welche eine Visualisierung von Attributflüssen bietet. Eine visuelle Darstellung davon, welcher Dienst welche Attribute eines Benutzers vorhält, sowie der Informationsflüsse zwischen den verschiedenen Diensten, würde einem Benutzer ein sehr klares Bild bezüglich der Verteilung seiner Identitätsinformationen ermöglichen. Hierdurch würde ein Benutzer auch besser verstehen, wer wann mit wem Identitätsinformationen austauscht, wodurch ein ungewollter Austausch von Informationen zwischen Diensten durch den Benutzer eher erkannt werden könnte. Somit hätte ein Benutzer eine wesentlich bessere Kontrolle über die Weitergabe seiner identitätsbezogenen Informationen.

A
Gartners Magic Quadrant

Eine Analyse relevanter Provisionierungssysteme wird regelmäßig von unterschiedlichen Marktforschungseinrichtungen, wie Gartner, Forrester, Butler Group oder
Burton Group durchgeführt. Eine im Bereich des organisationsinternen Identitätsmanagement bedeutende Studie stellt die durch Gartner verfasste Studie "Magic
Quadrant for User Provisioning" dar [Gartner Magic Quadrant 2009]. Hierbei
werden die von Gartner als relevant eingestuften Softwareprodukte im Bereich
der Provisionierung miteinander verglichen und bewertet. Die Provisionierungssysteme werden schließlich in die vier Kategorien ("Quadranten") "niche players",
"visionaries", "challengers" und "leaders" eingestuft. Die genaue Bedeutung dieser
Kategorien kann der Studie [Gartner Magic Quadrant 2009] entnommen werden.
Insgesamt wurden von Gartner in der Studie für das Jahr 2009 zwanzig Softwarehersteller bzw. deren jeweilige Provisionierungsprodukte untersucht und bewertet.
Die hierbei von Gartner als "leaders" eingestuften Softwareprodukte sind:

(i) *Courion* mit der Access Assurance Suite (AccountCourier v.8.0) [WWW
Courion IdM].

(ii) *CA* mit dem CA Identity Manager (Release 12) [WWW CA IdM].

(iii) *Novell* mit dem Novell Identity Manager [WWW Novell IdM]

(iv) *Sun Microsystems* mit dem Sun Identity Manager v.8.1 [WWW Sun IdM]

(v) *IBM Tivoli* mit dem IBM Tivoli Identity Manager (ITIM) v.5.1 [WWW IBM Tivoli]

(vi) *Oracle* mit der Oracle IAM Suite und dem Oracle Identity Manager [WWW Oracle IdM]

B

Beispiel: Abbildung SPML auf SAML

Um zu ermöglichen, dass ein Producer ein anderes Protokoll zur Verteilung auftretender Änderungen einsetzt als ein Consumer, ist es notwendig, die unterschiedlichen Nachrichtenformate aufeinander abzubilden. Liste B.1 zeigt eine exemplarische Transformation von SPML auf SAML. Hierbei ist es notwendig, die drei unterschiedlichen Ereignisse *Create*, *Update* und *Delete* zwischen SPML und SAML sowie umgekehrt abzubilden. Das dargestellte Beispiel baut auf den pseudonymen Identifikatoren aus Abbildung 5.7 auf. Das Beispiel zeigt, dass die Identität mit dem Identifikator von IDP1 dc03a8a1-0a6f-491d-83c3-e0f5a1ae4e90 auf die Identität des Benutzers mit dem Identifikator bei SP1 7b475953-7698-41ce-9501-b47ec4e67e16 abgebildet wird. Des Weiteren wird das Attribut *email* bei IDP1 auf das Attribut *mail* bei SP1 abgebildet.

```
Create:
<spml:addRequest requestID="1">
 <spml:psoID id="dc03a8a1-0a6f-491d-83c3-e0f5a1ae4e90"/>
  <spml:data>
     <user>
      <cn>Kilian Hoellrigl</cn>
        <email>Kilian.Hoellrigl@kit.edu</email>
        ...
     </user>
  </spml:data>
</spml:addRequest>

<saml2:Assertion>
```

```
  <saml2:NameID>7b475953-7698-41ce-9501-b47ec4e67e16</saml2:NameID>
  <saml2:mail>Kilian.Hoellrigl@kit.edu</saml2:mail>
  ...
</saml2:Assertion>


Update:
<spml:modifyRequest requestID="2">
  <spml:psoID id="dc03a8a1-0a6f-491d-83c3-e0f5a1ae4e90"/>
        <spml:modification modificationMode="replace">
         <spml:data>
          <person:email>Hoellrigl@kit.edu</person:email>
         </spml:data>
        </spml:modification>
       </spml:modifyRequest>

        <saml2:Assertion>
         <saml2:NameID>7b475953-7698-41ce-9501-b47ec4e67e16</
             saml2:NameID>
         <saml2:mail>Hoellrigl@kit.edu</saml2:mail>
        </saml2:Assertion>

Delete:
<spml:deleteRequest requestID="2">
        <spml:psoID id="dc03a8a1-0a6f-491d-83c3-e0f5a1ae4e90"/>
        </spml:deleteRequest>

        <saml2:Assertion>
         <saml2:NameID>7b475953-7698-41ce-9501-b47ec4e67e16</
             saml2:NameID>
        </saml2:Assertion>
```

Liste B.1: Beispielhaftes Konzept der Abbildung der Operationen *Create*, *Update* und *Delete* zwischen SPML und SAML

C

Werkzeug zur Unterstützung des Föderationsmanagements

C.1 Beantragungsprozesse

Im Folgenden sollen verschiedene Screenshots der Werkzeugunterstützung zur Durchführung eines Beantragungsprozesses gezeigt werden. Abbildung C.1 zeigt einen Screenshot der Wesiteansicht des ersten Schrittes, C.2 des zweiten Schrittes und C.3 der Zusammenfassung am Ende des Beantragungsprozesses. Im dargestellten Prozess werden exemplarisch verschiedene Eingabefelder zum Ausfüllen angeboten, welche bspw. aus datenschutzrechtlichen Gründen bei einer Beantragung anzugeben wären. Hierbei sollen die Illustrationen jedoch viel mehr verdeutlichen, welche Vorteile sich aus einer Integration der Beantragungsprozesse in ein IdM-System ergeben können. Durch die Integration des Beantragungsprozesses in den Sun IdM können bspw. auf die innerhalb des IdM-Systems verwalteten Attribute zugegriffen werden. Des Weiteren kann sowohl das Auditlog-Framework des Sun IdM wiederverwendet werden, als auch Funktionalitäten zur Authentifikation und Autorisation. Auch Angaben, wie bspw. den Namen und die E-Mail-Adresse des Antragstellers, können über das IdM-System ermittelt werden.

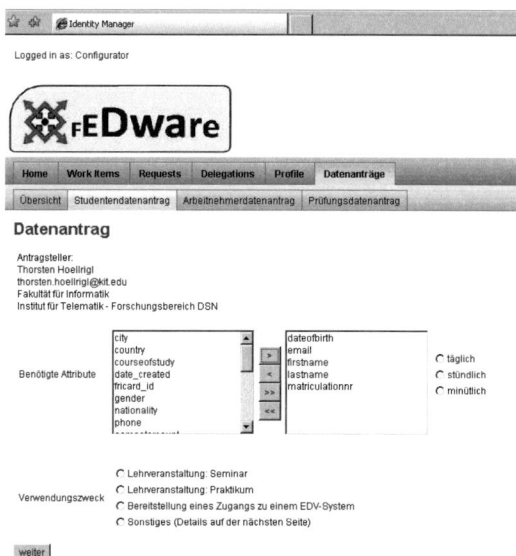

Abbildung C.1: Screenshot der Websiteansicht des ersten Schrittes einer exemplarischen Beantragung identitätsbezogener Informationen über ein Kollaborationswerkzeug.

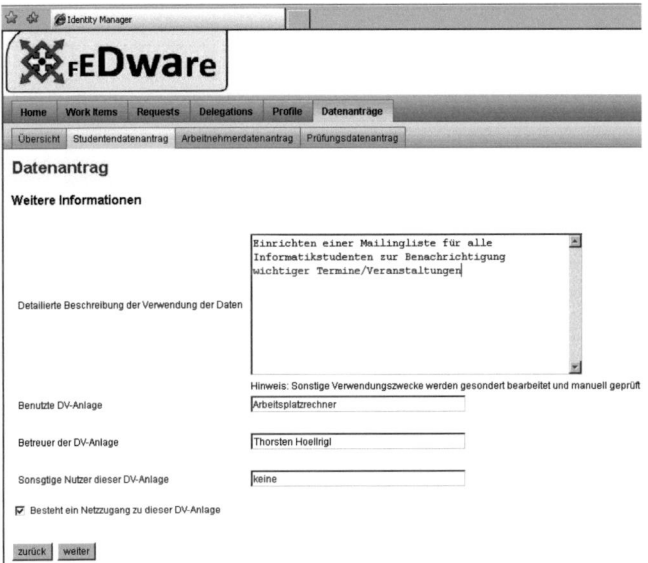

Abbildung C.2: Screenshot der Websiteansicht des zweiten Schrittes einer exemplarischen Beantragung identitätsbezogener Informationen über ein Kollaborationswerkzeug.

Abbildung C.3: Screenshot der Websiteansicht, welche dem Antragsteller eine kurze Zusammenfassung seines Datenantrags anzeigt. Diese Ansicht kann zu einem späteren Zeitpunkt erneut aufgerufen werden.

C.2 Funktionalität zur Etablierung eines föderationsweiten Zwischenschemas

Im Folgenden sollen verschiedene Screenshots der Website zur Etablierung eines föderationsweiten Zwischenschemas dargestellt werden. Abbildung C.4 zeigt einen Screenshot der Wesiteansicht eines Administrators. Der Administrator hat hierbei basierend auf dem Identifikator (AccountId) eines Föderationsmitglieds die Möglichkeit, diesem Föderationsmitglied bei Unklarheiten eine Nachricht zu schicken, bspw. auf Grund von Unklarheiten in Hinsicht auf die durch das Föderationsmitglied eingestellten Attribute.

Abbildung C.5 zeigt ebenfalls einen Screenshot der Websiteansicht eines Administrators. In der dargestellten Ansicht kann sich der Administrator Informationen anzeigen lassen, die durch ein Föderationsmitglied zu den von diesem Föderationsmitglied verwalteten Attribute eingestellt wurden. Des Weiteren kann er sich auch das föderationsweite Schema anzeigen, um es gegebenenfalls zu bearbeiten.

In Abbildung C.6 wird der Ausschnitt der Websiteansicht eines Administrators gezeigt, welcher im ermöglicht, Transformationsregeln anzuschauen und sich das Synonymwörterbuch anzeigen zu lassen, um es gegebenenfalls bearbeiten zu können.

Abbildung C.7 und Abbildung C.8 zeigen zwei Screenshots der Websiteansicht eines Föderationsmitglied, über welche das Föderationsmitglied die Angaben zu den lokal verwalteten Attributen machen kann.

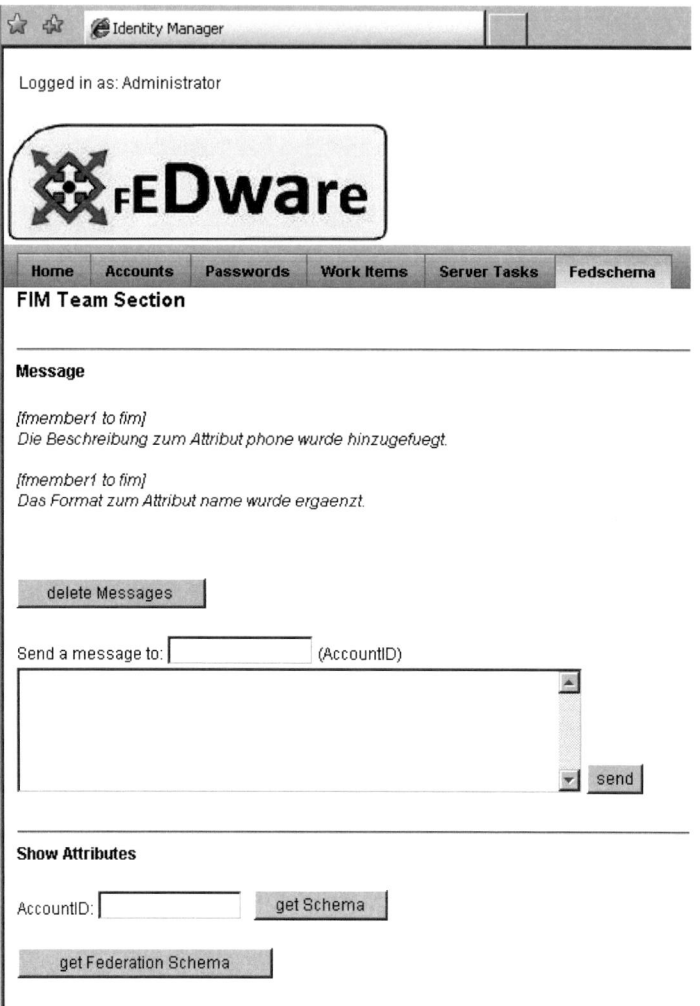

Abbildung C.4: Screenshot der Websiteansicht eines Administrators zur Erstellung eines föderationsweiten Zwischenschemas. Der gezeigt Ausschnitt zeigt exemplarisch eine sehr rudimentäre Kommunikationsfunktionalität.

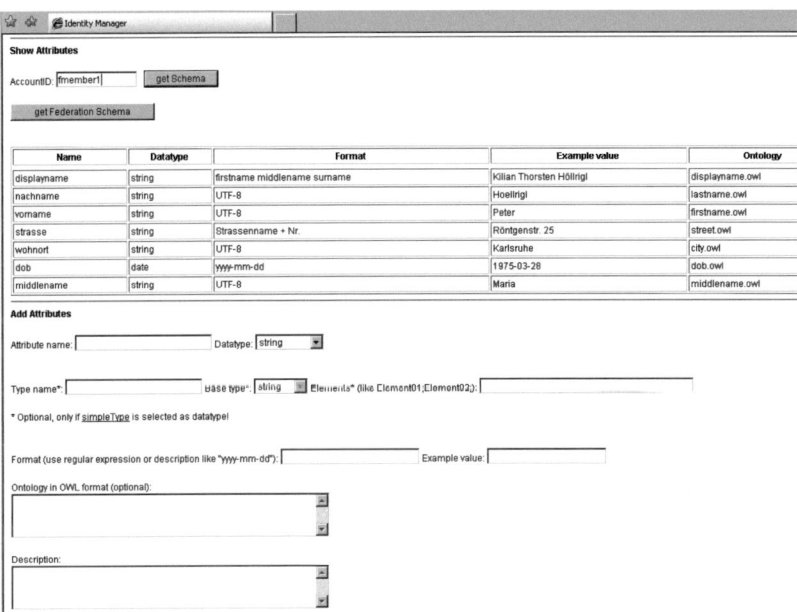

Show Attributes

AccountID: fmember1   [get Schema]

[get Federation Schema]

Name	Datatype	Format	Example value	Ontology
displayname	string	firstname middlename surname	Kilian Thorsten Höllrigl	displayname.owl
nachname	string	UTF-8	Hoellrigl	lastname.owl
vorname	string	UTF-8	Peter	firstname.owl
strasse	string	Strassenname + Nr.	Röntgenstr. 25	street.owl
wohnort	string	UTF-8	Karlsruhe	city.owl
dob	date	yyyy-mm-dd	1975-03-28	dob.owl
middlename	string	UTF-8	Maria	middlename.owl

Add Attributes

Attribute name: [   ]   Datatype: [string ▼]

Type name*: [   ]   Base type*: [string ▼] Elements* (like Element01;Element02;): [   ]

* Optional, only if simpleType is selected as datatype!

Format (use regular expression or description like "yyyy-mm-dd"): [   ]   Example value: [   ]

Ontology in OWL format (optional):
[   ]

Description:
[   ]

Abbildung C.5: Screenshot der Websiteansicht eines Administrators zur Erstellung eines föderationsweiten Zwischenschemas. Der dargestellte Ausschnitt bietet dem Administrator die Möglichkeit durch Föderationsmitglieder eingestellte Attribute anzuschauen und die Attribute des föderationsweiten Zwischenschemas zu bearbeiten.

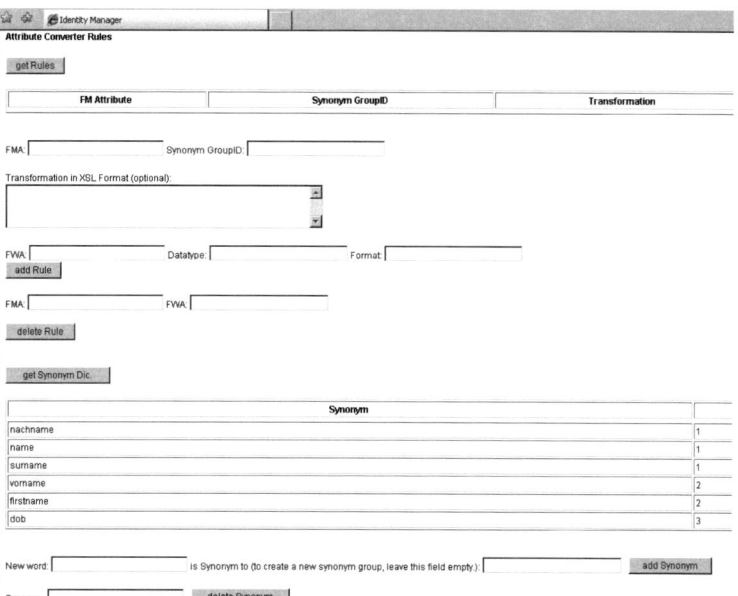

Abbildung C.6: Screenshot der Websiteansicht eines Administrators, welche die Möglichkeit des Administrators Transformationsregeln und ein Synonymwörterbuch zu adminstrieren darstellt.

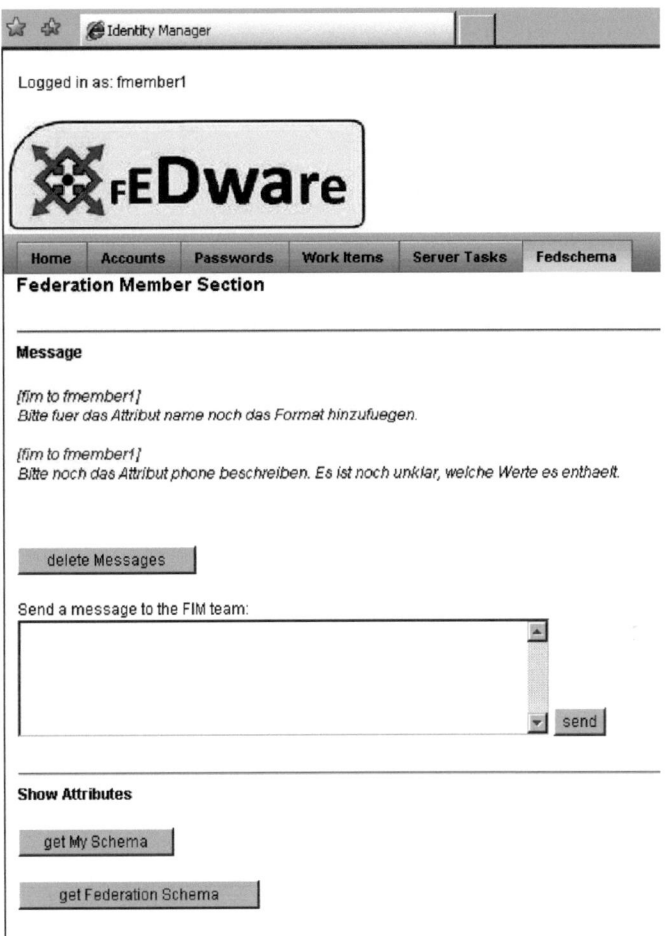

Abbildung C.7: Screenshot der Website, die es Föderationsmitgliedern erlaubt
Nachrichten eines Administrators anzuschauen und gegebenenfalls zu beantworten.

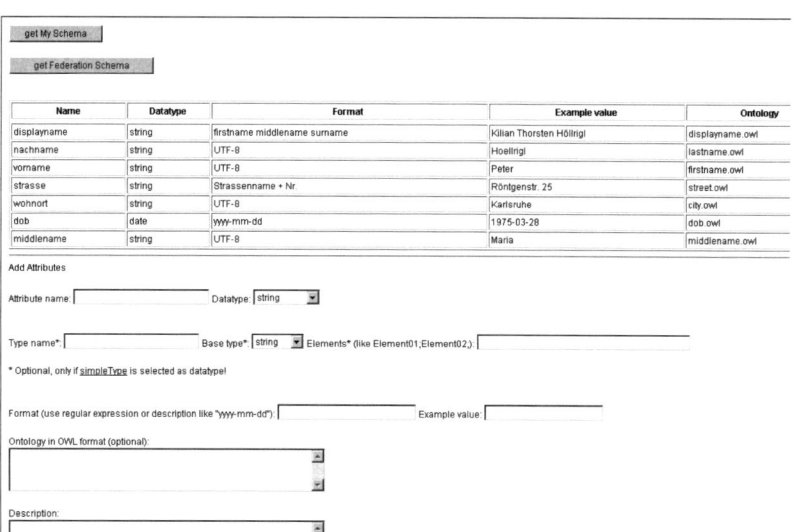

Abbildung C.8: Screenshot der Website, die es Föderationsmitgliedern erlaubt Angaben bzgl. lokal administrierter Attribute einzustellen.

Literaturverzeichnis

Ahn & Ko 2007

AHN, G.-J. ; KO, M.: User-centric Privacy Management for Federated Identity Management. In: *COLCOM '07: Proceedings of the 2007 International Conference on Collaborative Computing: Networking, Applications and Worksharing*, IEEE, 2007. – DOI http://dx.doi.org/10.1109/COLCOM.2007.4553829. – ISBN 978-1-4244-1318-8, S. 187-195

Al-Sinani et al. 2010

AL-SINANI, H. S. ; ALRODHAN, W. A. ; MITCHELL, C. J.: CardSpace-Liberty Integration for CardSpace Users. In: *IDTRUST '10: Proceedings of the 9th Symposium on Identity and Trust on the Internet*. New York, NY, USA : ACM, 2010. – DOI http://doi.acm.org/10.1145/1750389.1750392. – ISBN 978-1-60558-895-7, S. 12-25

Allweyer 2009

ALLWEYER, T.: *BPMN 2.0 - Business Process Model and Notation : Einführung in den Standard für die Geschäftsprozessmodellierung*. 2. Aufl. Norderstedt : Books on Demand, 2009. – ISBN 978-3-8391-2134-4

Alonso et al. 2004

ALONSO, G. ; CASATI, F. ; KUNO, H. ; MACHIRAJU, V.: *Web Services: Concepts, Architecture and Applications*. Springer, 2004. – ISBN 3-540-44008-9

Anthes 2010

ANTHES, G.: Happy Birthday, RDBMS! In: *Communication of the ACM* Vol. 53 (2010), Nr. 5, S. 16-17. – DOI http://doi.acm.org/10.1145/1735223.1735231. – ISSN 0001-0782

Antollini et al. 2006

ANTOLLINI, M. ; CILIA, M. ; BUCHMANN, A.: Implementing a High Level Pub/Sub Layer for Enterprise Information Systems. In: *International Conference on Enterprise Information Systems (ICEIS 2006)*, 2006. – ISBN 972-8865-41-4, S. 54-62

Baier 2005

BAIER, T.: *Persönliches digitales Identitätsmanagement*, Universität Hamburg, Fachbereich Informatik, Verteilte Systeme und Informationssysteme, Diss., 6 2005

Barka & Sandhu 2000

BARKA, E. ; SANDHU, R.: Framework for Role-based Delegation Models. In: *Computer Security Applications, 2000. ACSAC '00. 16th Annual Conference.* Los Alamitos, CA, USA : IEEE Computer Society, 2000. – DOI http://doi.ieeecomputersociety.org/10.1109/ACSAC.2000.898870. – ISSN 1063–9527, S. 168–176

Bazijanec et al. 2007

BAZIJANEC, B. ; GAUSMANN, O. ; KLÖCKNER, S. ; TUROWSKI, K. ; BERAN, O.: Analyse von Risikofaktoren bei der Einführung, Integration und Migration von integrierten Informationssystemen an mittelgroßen deutschen Hochschulen. In: *Proceedings of the 1st Workshop Integriertes Informationsmanagement an Hochschulen (IIM 2007) - Quo vadis Universität 2.0?*, Universitätsverlag Karlsruhe, 2007, S. 38–56

BDSG 2003

Bundesdatenschutzgesetz in der Fassung der Bekanntmachung vom 14. Januar 2003 (BGBl. I S. 66), zuletzt geändert durch Artikel 1 des Gesetzes vom 22. August 2006 (BGBl. I S. 1970) http://www.gesetze-im-internet.de/bdsg_1990/

Bell 1973

BELL, D.: *The Coming of Post-Industrial Society: A Venture in Social Forecasting.* New York : Basic Books, 1973. – ISBN 0465097138

Benantar 2005

BENANTAR, Messaoud: *Access Control Systems: Security, Identity Management and Trust Models.* Secaucus, NJ, USA : Springer-Verlag, 2005. – ISBN 0387004459

Berners-Lee & Cailliau 1990

BERNERS-LEE, T. ; CAILLIAU, R.: *WorldWideWeb: Proposal for a HyperText Project.* 1990 http://www.w3.org/Proposal

Bernstein 1996

BERNSTEIN, P.: Middleware: A Model for Distributed System Services. In: *Communication of the ACM* Vol. 39, Nr. 2 (1996), S. 86–98. – DOI 10.1145/230798.230809. – ISSN 0001–0782

Bernstein & Goodman 1983

BERNSTEIN, P. A. ; GOODMAN, N.: The Failure and Recovery Problem for Replicated Databases. In: *PODC '83: Proceedings of the Second Annual ACM Symposium on Principles of Distributed Computing.* New York, NY, USA : ACM, 1983. – DOI http://doi.acm.org/10.1145/800221.806714. – ISBN 0–89791–110–5, S. 114–122

Bernstein et al. 1986

BERNSTEIN, P. A. ; HADZILACOS, V. ; GOODMAN, N.: *Concurrency Control and Recovery in Database Systems.* Boston, MA, USA : Addison-Wesley Longman Publishing Co., Inc., 1986. – ISBN 0–201–10715–5

Bhargav-Spantzel et al. 2007

BHARGAV-SPANTZEL, A. ; CAMENISCH, J. ; GROSS, T. ; SOMMER, D.: User Centricity: A Taxonomy and Open Issues. In: *Journal of Computer Security – The Second ACM Workshop on Digital Identity Management - DIM 2006* Vol. 15, Nr. 5 (2007), S. 493–527. – ISSN 0926–227X

Birrell et al. 1982

BIRRELL, A. D. ; LEVIN, R. ; SCHROEDER, M. D. ; NEEDHAM, R. M.: Grapevine: An Exercise in Distributed Computing. In: *Communication of the ACM* Vol. 25 (1982), Nr. 4, S. 260–274. – DOI http://doi.acm.org/10.1145/358468.358487. – ISSN 0001–0782

Bisbal et al. 1999

BISBAL, J. ; LAWLESS, D. ; WU, Bing ; GRIMSON, J.: Legacy Information Systems: Issues and Directions. In: *Software, IEEE* 16 (1999), Nr. 5, S. 103–111. – DOI 10.1109/52.795108. – ISSN 0740–7459

Blieberger et al. 2001

BLIEBERGER, J. ; BURGSTALLER, B. ; SCHILDT, G.-H.: *Informatik—Grundlagen.* 4. Aufl. Vienna, Austria : Springer-Verlag, 2001. – ISBN 3–211–83710–8

BMBF Bologna

FORSCHUNG, BMBF B. u. (Hrsg.)Bundesministerium für Bildung und Forschung (BMBF): *Der Bologna-Prozess*, 2010. http://www.bmbf.de/de/3336.php

Bon et al. 2005

BON, J. ; VEEN, A. ; PIEPER, M.: *IT Service Management, basierend auf ITIL. Eine Einführung.* 3. Aufl. Van Haren Publishing, 2005. – ISBN 90–77212–39–6

Bozdag et al. 2007

BOZDAG, E. ; MESBAH, A. ; DEURSEN, A. van: A Comparison of Push and Pull Techniques for AJAX. In: *WSE '07: Proceedings of the 2007 9th IEEE International Workshop on Web Site Evolution.* Washington, DC, USA : IEEE Computer Society, 2007. – DOI http://dx.doi.org/10.1109/WSE.2007.4380239. – ISBN 978–1–4244–1450–5, S. 15–22

Breitbart et al. 1986

BREITBART, Y. ; OLSON, P. L. ; THOMPSON, G. R.: Database Integration in a Distributed Heterogeneous Database System. In: *Proceedings of the Second International Conference on Data Engineering.* Washington, DC, USA : IEEE Computer Society, 1986. – ISBN 0–8186–0655–X, S. 301–310

Brézillon 1999

BRÉZILLON, P.: Context in Problem Solving: A Survey. In: *Knowledge Engineering Review* Vol. 14, Nr. 1 (1999), S. 47–80. – DOI http://dx.doi.org/10.1017/S0269888999141018. – ISSN 0269–8889

Brockhaus Enzy. 2006a

Brockhaus Enzyklopädie. Bd. 15: Kind - Krus. 21., Aufl. Brockhaus, 2006. – ISBN 978–3–7653–4115–1

Brockhaus Enzy. 2006b

Brockhaus Enzyklopädie. Bd. 30: Wetz - Zz. 21. Aufl. Brockhaus, 2006. – ISBN 978–3–7653–4130–4

Brodie & Stonebraker 1995

BRODIE, M. L. ; STONEBRAKER, M.: *Migrating Legacy Systems: Gateways, Interfaces & the Incremental Approach.* San Francisco, CA, USA : Morgan Kaufmann Publishers Inc., 1995. – ISBN 1–55860–330–1

Broy et al. 2007

BROY, M. ; KRÜGER, I. H. ; MEISINGER, M.: A Formal Model of Services. In: *ACM Transactions on Software Engineering Methodologies* Vol. 16, Nr. 1 (2007), S. 5. – DOI http://doi.acm.org/10.1145/1189748.1189753. – ISSN 1049–331X

BSI IT-Sicherheitsmanagement

Bundesamt für Sicherheit in der Informationstechnik (BSI): *B 1.0 IT-Sicherheitsmanagement,* 2009. https://www.bsi.bund.de/ContentBSI/grundschutz/kataloge/baust/b01/b01000.html

BSI SOA-Security-Kompendium 2009

Bundesamt für Sicherheit in der Informationstechnik: SOA-Security-Kompendium - Sicherheit in Service-orientierten Architekturen. 2009, Version 2.0. https://www.bsi.bund.de/cln_156/ContentBSI/Publikationen/Studien/soa/index_htm.html

Burr et al. 2004

BURR, W. E. ; DODSON, D. F. ; POLK, W. T. ; EVANS, D. L.: *Electronic Authentication Guideline.* 2004 http://csrc.nist.gov/publications/nistpubs/800-63/SP800-63V1_0_2.pdf

Cameron 2005

CAMERON, K.: *The Laws of Identity.* 2005 http://www.identityblog.com/stories/2005/05/13/TheLawsOfIdentity.pdf

Cantor 2006

CANTOR, S.: *Shibboleth Walkthrough.* 2006 https://spaces.internet2.edu/display/SHIB/ShibbolethWalkthrough

Carzaniga et al. 1998

CARZANIGA, A. ; DI NITTO, E. ; ROSENBLUM, D. S. ; WOLF, A. L.: Issues in Supporting Event-based Architectural Styles. In: *ISAW '98: Proceedings of the Third International*

Workshop on Software Architecture. New York, NY, USA : ACM, 1998. – DOI
http://doi.acm.org/10.1145/288408.288413. – ISBN 1–58113–081–3, S. 17–20

Carzaniga et al. 2000

CARZANIGA, A. ; ROSENBLUM, D. S. ; WOLF, A. L.: Achieving Scalability and
Expressiveness in an Internet-scale Event Notification Service. In: *PODC '00:
Proceedings of the Nineteenth Annual ACM Symposium on Principles of Distributed
Computing.* New York, NY, USA : ACM, 2000. – DOI
http://doi.acm.org/10.1145/343477.343622. – ISBN 1–58113–183–6, S. 219–227

Carzaniga et al. 2001

CARZANIGA, A. ; ROSENBLUM, D. S. ; WOLF, A. L.: Design and Evaluation of a
Wide-area Event Notification Service. In: *ACM Transactions on Computer Systems*
Vol. 19, Nr. 3 (2001), S. 332–383. – DOI http://doi.acm.org/10.1145/380749.380767. –
ISSN 0734–2071

Carzaniga & Wolf 2002

CARZANIGA, A. ; WOLF, A.: Content-Based Networking: A New Communication
Infrastructure. In: *IMWS '01: Revised Papers from the NSF Workshop on Developing
an Infrastructure for Mobile and Wireless Systems,* Springer-Verlag, 2002. – ISBN
3–540–00289–8, S. 59–68

Chadwick 2006

CHADWICK, D. W.: Authorisation Using Attributes from Multiple Authorities. In:
*Enabling Technologies: Infrastructure for Collaborative Enterprises, 2006. WETICE '06.
15th IEEE International Workshops on,* 2006. – DOI 10.1109/WETICE.2006.22. –
ISSN 1524–4547, S. 326–331

Chadwick & Inman 2009

CHADWICK, D. W. ; INMAN, G.: Attribute Aggregation in Federated Identity
Management. In: *IEEE Computer* Vol. 42 (2009), Nr. 5, S. 33–40. – DOI
http://dx.doi.org/10.1109/MC.2009.143. – ISSN 0018–9162

Chawathe et al. 1994

CHAWATHE, S. S. ; GARCIA-MOLINA, H. ; HAMMER, J. ; IRELAND, K. ;
PAPAKONSTANTINOU, Y. ; ULLMAN, J. D. ; WIDOM, J.: The TSIMMIS Project:
Integration of Heterogeneous Information Sources. In: *IPSJ,* 1994, 7–18

Chen 1976

CHEN, P. P.-S.: The Entity-Relationship Model—Toward a Unified View of Data. In:
ACM Transactions on Database Systems Vol. 1, Nr. 1 (1976), S. 9–36. – DOI
http://doi.acm.org/10.1145/320434.320440. – ISSN 0362–5915

Choi et al. 2006

CHOI, Namyoun ; SONG, Il-Yeol ; HAN, Hyoil: A survey on ontology mapping. In: *SIGMOD Record* Vol. 35 (2006), Nr. 3, S. 34–41. – DOI http://doi.acm.org/10.1145/1168092.1168097. – ISSN 0163–5808

Coan et al. 1986

COAN, B. A. ; OKI, B. M. ; KOLODNER, E. K.: Limitations on Database Availability when Networks Partition. In: *PODC '86: Proceedings of the Fifth Annual ACM Symposium on Principles of Distributed Computing*. New York, NY, USA : ACM, 1986. – DOI http://doi.acm.org/10.1145/10590.10606. – ISBN 0–89791–198–9, S. 187–194

Codd 1970

CODD, E. F.: A Relational Model of Data for Large Shared Data Banks. In: *Communication of the ACM* Vol. 13 (1970), Nr. 6, S. 377–387. – DOI http://doi.acm.org/10.1145/362384.362685. – ISSN 0001–0782

Coulouris & Dollimore 1988

COULOURIS, G. F. ; DOLLIMORE, J.: *Distributed Systems: Concepts and Design*. Boston, MA, USA : Addison-Wesley Longman Publishing Co., Inc., 1988. – ISBN 0–201–18059–6

Crane & McCarthy 2008

CRANE, D. ; MCCARTHY, P.: *Comet and Reverse Ajax: The Next-Generation Ajax 2.0*. Berkely, CA, USA : Apress, 2008. – ISBN 978–1–5905–9998–3

Czejdo et al. 1987

CZEJDO, B. D. ; RUSINKIEWICZ, M. ; EMBLEY, D. W.: An Approach to Schema Integration and Query Formulation in Federated Database Systems. In: *Proceedings of the Third International Conference on Data Engineering*. Washington, DC, USA : IEEE Computer Society, 1987. – ISBN 0–8186–0762–9, S. 477–484

Davidson et al. 1984

DAVIDSON, S. B. ; GARCIA-MOLINA, H. ; SKEEN, D.: Consistency in a Partitioned Network: A Survey. Ithaca, NY, USA : Cornell University, 1984. – Forschungsbericht

Dayal & Hwang 1984

DAYAL, U. ; HWANG, H.-Y.: View Definition and Generalization for Database Integration in a Multidatabase System. In: *Software Engineering, IEEE Transactions on* Vol. 10, Nr. 6 (1984), nov., S. 628–645. – DOI 10.1109/TSE.1984.5010292. – ISSN 0098–5589

Demers et al. 1988

DEMERS, A. ; GREENE, D. ; HOUSER, C. ; IRISH, W. ; LARSON, J. ; SHENKER, S. ; STURGIS, H. ; SWINEHART, D. ; TERRY, D.: Epidemic Algorithms for Replicated Database Maintenance. In: *SIGOPS Operating Systems Review* Vol. 22 (1988), Nr. 1, S. 8–32. DOI http://doi.acm.org/10.1145/43921.43922. – ISSN 0163–5980

DFN-AAI Glossar

DFN: *Glossar des Deutschen Forschungsnetzes Authentifizierungs- und Autorisierungs-Infrastruktur (DFN-AAI)*, 2010.
https://www.aai.dfn.de/glossar/

Dietterich 1994

DIETTERICH, D. J.: DEC Data Distributor: For Data Replication and Data Warehousing. In: *SIGMOD '94: Proceedings of the 1994 ACM SIGMOD International Conference on Management of Data*. New York, NY, USA : ACM, 1994. – DOI http://doi.acm.org/10.1145/191839.191931. – ISBN 0–89791–639–5, S. 468

Dinger & Hartenstein 2008

DINGER, J. ; HARTENSTEIN, H.: *Netzwerk- und IT-Sicherheitsmanagement : eine Einführung*. Universitätsverlag Karlsruhe, 2008

Djordjevic & Dimitrakos 2005

DJORDJEVIC, I. ; DIMITRAKOS, T.: A note on the anatomy of federation. In: *BT Technology Journal* Vol. 23 (2005), Nr. 4, S. 89–106. – DOI http://dx.doi.org/10.1007/s10550–006–0011–3. – ISSN 1358–3948

Do et al. 1999

DO, L. ; RAM, P. ; DREW, P.: The Need for Distributed Asynchronous Transactions. In: *SIGMOD Record* Vol. 28, Nr. 2 (1999), 534–535. – DOI 10.1145/304181.304250

Doan et al. 2003

DOAN, A. ; DOMINGOS, P. ; HALEVY, A.: Learning to Match the Schemas of Data Sources: A Multistrategy Approach. In: *Machine Learning* Vol. 50, Nr. 3 (2003), S. 279–301. – DOI http://dx.doi.org/10.1023/A:1021765902788. – ISSN 0885–6125

Dubois et al. 1986

DUBOIS, M. ; SCHEURICH, C. ; BRIGGS, F.: Memory access buffering in multiprocessors. In: *ISCA '86: Proceedings of the 13th annual international symposium on Computer architecture*. Los Alamitos, CA, USA : IEEE Computer Society Press, 1986. – DOI http://doi.acm.org/10.1145/17407.17406. – ISBN 0–8186–0719–X, S. 434–442

Dubois & Scheurich 1990

DUBOIS, Michel ; SCHEURICH, Christoph: Memory Access Dependencies in Shared-Memory Multiprocessors. In: *IEEE Transactions on Software Engineering* Vol. 16 (1990), Nr. 6, S. 660–673. – DOI http://dx.doi.org/10.1109/32.55094. – ISSN 0098–5589

Duden Fremdwörterbuch 2006

Duden, das große Fremdwörterbuch. Mannheim : Bibliographisches Institut, 2006. – ISBN 3411040599

Dullmann et al. 2001

DULLMANN, D. ; HOSCHEK, W. ; JAEN-MARTINEZ, J. ; SEGAL, B. ; SAMAR, A. ; STOCKINGER, H. ; STOCKINGER, K.: Models for Replica Synchronisation and Consistency in a Data Grid. In: *High Performance Distributed Computing, 2001. Proceedings. 10th IEEE International Symposium on*, 2001. – DOI 10.1109/HPDC.2001.945177, S. 67–75

Dumas et al. 2005

DUMAS, M. (Hrsg.) ; VAN DER AALST, W. M. (Hrsg.) ; TER HOFSTEDE, A. H. (Hrsg.): *Process-Aware Information Systems : Bridging People and Software through Process Technology*. Wiley-Interscience, 2005. – ISBN 978–0–471–66306–5

Dussa 2010

DUSSA, T.: OpenID unter Sicherheitsgesichtspunkten. In: MÜLLER, P. (Hrsg.) ; NEUMAIR, B. (Hrsg.) ; RODOSEK, G. D. (Hrsg.) ; Gesellschaft für Informatik (Veranst.): *3. DFN-Forum Kommunikationstechnologien – Beiträge der Fachtagung* Bd. P-166. Bonn, 2010 (Lecture Notes in Informatics (LNI) – Proceedings). – ISBN 978–3–88579–260–4, S. 95–104

Eckert 2006

ECKERT, C.: *IT-Sicherheit : Konzepte - Verfahren - Protokolle*. 6. Aufl. Oldenbourg, 2006. – ISBN 3–486–57851–0

Edwards et al. 1997

EDWARDS, W. K. ; MYNATT, E. D. ; PETERSEN, K. ; SPREITZER, M. J. ; TERRY, D. B. ; THEIMER, M. M.: Designing and Implementing Asynchronous Collaborative Applications with Bayou. In: *UIST '97: Proceedings of the 10th Annual ACM Symposium on User Interface Software and Technology*. New York, NY, USA : ACM, 1997. – DOI http://doi.acm.org/10.1145/263407.263530. – ISBN 0–89791–881–9, S. 119–128

Eitzen 2009

EITZEN, A.: *Management und Analyse Föderativer Single Sign-On Systeme am Beispiel Shibboleth*, Universität Karlsruhe (TH), Diplomarbeit, 2009. – Betreuer: T. Hoellrigl, S. Labitzke, F. Schell, H. Hartenstein

Emig et al. 2007

EMIG, C. ; LANGER, K. ; BIERMANN, J. ; ABECK, S.: Semantic Integration of Identity Data Repositories. In: *Proceedings der Konferenz Kommunikation in Verteilten Systemen (KiVS 2007), 15. GI/ITG-Fachtagung*, Springer, Berlin, 2007

Erl 2004

ERL, T.: *Service-Oriented Architecture: A Field Guide to Integrating XML and Web Services*. Upper Saddle River, NJ, USA : Prentice Hall PTR, 2004. – ISBN 0131428985

EU 95/46/EG

Richtlinie 95/46/EG des Europäischen Parlaments und des Rates vom 24. Oktober 1995 zum Schutz natürlicher Personen bei der Verarbeitung personenbezogener Daten und zum freien Datenverkehr. Amtsblatt der Europäischen Gemeinschaften (ABl.) Nr. L 281 vom 23/11/1995 S. 31 ff., , 1995

EU Vertrag Maastricht

Europäische Union: *Vertrag von Maastricht über die Europäische Union (EUV)*, 2010.
`http://europa.eu/legislation_summaries/economic_and_`
`monetary_affairs/institutional_and_economic_framework/`
`treaties_maastricht_de.htm`

Eugster et al. 2003

EUGSTER, P. T. ; FELBER, P. A. ; GUERRAOUI, R. ; KERMARREC, A.: The Many Faces of Publish/Subscribe. In: *ACM Computer Survey* Vol. 35, Nr. 2 (2003), S. 114–131. – DOI http://doi.acm.org/10.1145/857076.857078. – ISSN 0360–0300

Federrath & Pfitzmann 2007

FEDERRATH, H. ; PFITZMANN, A.: Datenschutz und Datensicherheit. 2007.
`http://epub.uni-regensburg.de/7332/`. In: SCHNEIDER, Uwe (Hrsg.) ; WERNER, Dieter (Hrsg.): *Taschenbuch der Informatik. 6. Aufl.* München : Fachbuchverl. Leipzig im Carl-Hanser-Verlag, 2007, 488–509

Fensel 2001

FENSEL, D.: *Ontologies: A Silver Bullet for Knowledge Management and Electronic Commerce.* Springer-Verlag New York, Inc., 2001. – ISBN 3–540–41602–1

Fielding 2000

FIELDING, R. T.: *Architectural styles and the design of network-based software architectures*, Diss., 2000. – Chair-Taylor, Richard N.

Florencio & Herley 2007

FLORENCIO, Dinei ; HERLEY, Cormac: A large-scale study of web password habits. In: *Proceedings of the 16th international conference on World Wide Web*, 2007, S. 666

Forrester Wave: Provisioning

Forrester Research: *The Forrester Wave: User Account Provisioning, Q1 2006*, 2006.
`http://www.sun.com/software/products/identity/the_`
`forrester_wave_user_acct_provisioning_2006q1.pdf`

Friedman et al. 2000

FRIEDMAN, B. ; KHAN, P. H. Jr. ; HOWE, D. C.: Trust Online. In: *Communication of the ACM* Vol. 43 (2000), Nr. 12, S. 34–40. – DOI
http://doi.acm.org/10.1145/355112.355120. – ISSN 0001–0782

Garman 2003

GARMAN, J.: *Kerberos - the definitive guide.* 1st edition. O'Reilly, 2003. – ISBN 0–596–00403–6

Gartner Magic Quadrant 2009

CARPENTER, P. ; PERKINS, E.: *Magic Quadrant for User Provisioning.* WWW-Veröffentlichung. 2009 http://www.gartner.com/technology/media-products/reprints/ca/article4/article4.html

Geuer-Pollmann 2005

GEUER-POLLMANN, C.: How to Make a Federation Manageable. In: *Lecture Notes in Computer Science - Communications and Multimedia Security* Bd. Vol. 3677/2005, Springer, 2005. – DOI 10.1007/11552055. – ISBN 978–3–540–28791–9, S. 330–338

Gharachorloo et al. 1991

GHARACHORLOO, Kourosh ; GUPTA, Anoop ; HENNESSY, John: Performance evaluation of memory consistency models for shared-memory multiprocessors. In: *SIGARCH Computer Architecture News* Vol. 19 (1991), Nr. 2, S. 245–257. – DOI http://doi.acm.org/10.1145/106975.106997. – ISSN 0163–5964

Gifford et al. 1991

GIFFORD, D. K. ; JOUVELOT, P. ; SHELDON, M. A. ; O'TOOLE, J. W. Jr.: Semantic File Systems. In: *SIGOPS Operating Systems Review* Vol. 25, Nr. 5 (1991), S. 16–25. – DOI http://doi.acm.org/10.1145/121133.121138. – ISSN 0163–5980

Gilbert & Lynch 2002

GILBERT, S. ; LYNCH, N.: Brewer's Conjecture and the Feasibility of Consistent, Available, Partition-tolerant Web Services. In: *SIGACT News* Vol. 33 (2002), Nr. 2, S. 51–59. – DOI http://doi.acm.org/10.1145/564585.564601. – ISSN 0163–5700

Goh et al. 1999

GOH, C. H. ; BRESSAN, S. ; MADNICK, S. ; SIEGEL, M.: Context Interchange: New Features and Formalisms for the Intelligent Integration of Information. In: *ACM Transactions on Information Systems* Vol. 17, Nr. 3 (1999), S. 270–293. – DOI http://doi.acm.org/10.1145/314516.314520. – ISSN 1046–8188

Golding 1992

GOLDING, R. A.: A Weak-Consistency Architecture for Distributed Information Services. In: *Computing Systems* Vol. 5 (1992), S. 5–4

Goodner et al. 2007

GOODNER, M. ; HONDO, M. ; NADALIN, A. ; MCINTOSH, M. ; SCHMIDT, D.: *Understanding WS-Federation, 1.0.* Mai 2007 http://www.oasis-open.org/committees/download.php/24291/Understanding%20WS-Federation.pdf

Gray et al. 1996

GRAY, J. ; HELLAND, P. ; O'NEIL, P. ; SHASHA, D.: The Dangers of Replication and a Solution. In: *SIGMOD '96: Proceedings of the 1996 ACM SIGMOD International Conference on Management of Data.* New York, NY, USA : ACM, 1996. – DOI http://doi.acm.org/10.1145/233269.233330. – ISBN 0–89791–794–4, S. 173–182

Gruber 1993

GRUBER, T. R.: A Translation Approach to Portable Ontology Specifications. In: *Knowledge Acquisition* Vol. 5, Nr. 2 (1993), S. 199–220

Hartenstein et al. 2008

HARTENSTEIN, H. ; JULING, W. ; MAURER, A.: Karlsruher Integriertes InformationsManagement - KIM. In: *Medien in der Wissenschaft: Band 46; E-Strategy; Strategisches Informationsmanagement für Forschung und Lehre.* Waxmann Verlag, 2008. – ISBN 978–3–8309–1991–9, S. 99–114

Hegering et al. 1999

HEGERING, H.-G. ; ABECK, S. ; NEUMAIER, B.: *Integriertes Management vernetzter Systeme.* Dpunkt Verlag, 1999. – ISBN 978–3932588167

Hejlsberg et al. 2003

HEJLSBERG, A. ; WILTAMUTH, S. ; GOLDE, P.: *C# Language Specification.* Addison-Wesley Longman Publishing Co., Inc., 2003. – ISBN 0321154916

Herlihy & Wing 1990

HERLIHY, M. P. ; WING, J. M.: Linearizability: A Correctness Condition for Concurrent Objects. In: *ACM Transactions on Programming Languages and Systems* Vol. 12 (1990), Nr. 3, S. 463–492. – DOI http://doi.acm.org/10.1145/78969.78972. – ISSN 0164–0925

Hesse & Krzensk 2004

HESSE, W. ; KRZENSK, B.: Ontologien in der Softwaretechnik. In: *Proc. Workshop "Ontologien in der und für die Softwaretechnik" bei der Modellierung 2004 in Marburg,* GI / Univ. Marburg, 2004

Higgins R-Cards

The Eclipse Foundation: *Higgins Relationship Cards,* 2009. http://www.eclipse.org/higgins/documents/relationship-cards.html

Hoellrigl 2010

HOELLRIGL, T.: Konsistenz identitätsbezogener Informationen in verteilten Systemen. In: *SCC-News* Vol. 2 (2010), S. 8–9

Hoellrigl et al. 2010a

HOELLRIGL, T. ; DINGER, J. ; HARTENSTEIN, H.: A Consistency Model for Identity Information in Distributed Systems. In: *COMPSAC 2010: Proceedings of the 34th IEEE Computer Software and Applications Conference*, IEEE, 2010, S. 252–261

Hoellrigl et al. 2010b
HOELLRIGL, T. ; DINGER, J. ; HARTENSTEIN, H.: FedWare: Middleware Services to Cope with Information Consistency in Federated Identity Management. In: *ARES 2010: Proceedings of the Fifth International Conference on Availability, Reliability and Security*, IEEE, 2010. – DOI 10.1109/ARES.2010.81, S. 228–235

Hoellrigl et al. 2010c
HOELLRIGL, T. ; KÜHNER, H. ; DINGER, J. ; HARTENSTEIN, H.: User-Controlled Automated Identity Delegation (Short Paper). In: *CNSM 2010: Proceedings of the 6th IEEE/IFIP International Conference on Network and Service Management*, IEEE, 2010. – DOI 10.1109/CNSM.2010.5691295, S. 230–233

Hoellrigl et al. 2006
HOELLRIGL, T. ; MAURER, A. ; SCHELL, F. ; WENSKE, H. ; HARTENSTEIN, H.: Dienstorientiertes Identitätsmanagement für eine Pervasive University. In: HOCHBERGER, C. (Hrsg.) ; LISKOWSKY, R. (Hrsg.): *Informatik 2006 - Informatik für Menschen, Band 1, Beiträge zur 36. Jahrestagung der Gesellschaft für Informatik e.V. (GI), 2.-6. Oktober 2006 in Dresden* Bd. 93, GI, 2006 (Lecture Notes in Informatics), S. 70–74

Hoellrigl et al. 2008
HOELLRIGL, T. ; SCHELL, F. ; SUELMANN, S. ; HARTENSTEIN, H.: Towards Systematic Engineering of Service-Oriented Access Control in Federated Environments. In: *Congress on Services Part II, 2008. SERVICES-2. IEEE*, 2008. – DOI 10.1109/SERVICES–2.2008.24, S. 104–111

Hoellrigl et al. 2007a
HOELLRIGL, T. ; SCHELL, F. ; WENSKE, H. ; HARTENSTEIN, H.: Föderatives und dienstorientiertes Identitätsmanagement im universitären Kontext. In: *Proceedings of the 1st Workshop Integriertes Informationsmanagement an Hochschulen (IIM 2007) - Quo vadis Universität 2.0?*, Universitätsverlag Karlsruhe, 2007, S. 75–90

Hoellrigl et al. 2007b
HOELLRIGL, T. ; SCHELL, F. ; WENSKE, H. ; HARTENSTEIN, H.: Föderatives und dienstorientiertes Identitätsmanagement: Konzept und Erfahrungen. In: *Praxis der Informationsverarbeitung und Kommunikation (PIK)* Jg. 30, Nr. 3 (2007), S. 156–162

Hoellrigl et al. 2009a
HOELLRIGL, T. ; LABITZKE, S. ; SCHELL, F. ; DINGER, J. ; MAURER, A. ; HARTENSTEIN, H.: KIM-Identitätsmanagement - Projektdokumentation / Karlsruhe Institut für Technologie (KIT). – Forschungsbericht. – 2009

Hoellrigl et al. 2009b

HOELLRIGL, T. ; LABITZKE, S. ; SCHELL, F. ; DINGER, J. ; MAURER, A. ; HARTENSTEIN, H.: Identitätsmanagement am KIT - Kurzbeschreibung / Karlsruhe Institut für Technologie (KIT). – Forschungsbericht. – 2009

Hohpe & Woolf 2003

HOHPE, G. ; WOOLF, B.: *Enterprise Integration Patterns: Designing, Building, and Deploying Messaging Solutions*. Boston, MA, USA : Addison-Wesley Longman Publishing Co., Inc., 2003. – ISBN 0321200683

Hommel 2005

HOMMEL, W.: An Architecture for Privacy-Aware Inter-domain Identity Management. In: *Proceedings of the 16th IFIP/IEEE Distributed Systems: Operations and Management (DSOM 2005)*, IEEE/IFIP, 2005, S. 49–60

Hommel 2007

HOMMEL, W.: *Architektur- und Werkzeugkonzepte für föderiertes Identitäts-Management*. Fakultät für Mathematik, Informatik und Statistik, Ludwig-Maximilians-Universität München, Diss., Juni 2007

Hommel et al. 2008

HOMMEL, W. ; KNITTL, S. ; PLUTA, D.: Strategy and Tools for Identity Management and its Process Integration in the Munich Scientific Network. In: *Proceedings of 14th European University Information Systems (EUNIS 2008)*, 2008

Hommel & Schiffers 2006

HOMMEL, W. ; SCHIFFERS, M.: Supporting Virtual Organization Life Cycle Management by Dynamic Federated User Provisioning. In: *Proceedings of the 13th Workshop of the HP OpenView University Association (HP–OVUA)* Hewlett-Packard Corporation, 2006

Hüttenegger 2006

HÜTTENEGGER, G.: *Open Source Knowledge Management*. 1. Aufl. Springer-Verlag Berlin, 2006. – ISBN 978–3540330769

Hull & King 1987

HULL, R. ; KING, R.: Semantic Database Modeling: Survey, Applications, and Research Issues. In: *ACM Computing Surveys* Vol. 19, Nr. 3 (1987), S. 201–260. – DOI http://doi.acm.org/10.1145/45072.45073. – ISSN 0360–0300

Humphrey et al. 2007

HUMPHREY, M. ; PARK, S.-M. ; FENG, J. ; BEEKWILDER, N. ; WASSON, G. ; HOGG, J. ; LAMACCHIA, B. ; DILLAWAY, B.: Fine-grained Access Control for GridFTP using SecPAL. In: *GRID '07: Proceedings of the 8th IEEE/ACM International Conference on*

Grid Computing, IEEE, 2007. – DOI http://dx.doi.org/10.1109/GRID.2007.4354136. – ISBN 978–1–4244–1559–5, S. 217–225

Hutto & Ahamad 1990

HUTTO, P.W. ; AHAMAD, M.: Slow Memory: Weakening Consistency to Enhance Concurrency in Distributed Shared Memories. In: *Distributed Computing Systems, 1990. Proceedings., 10th International Conference on*, 1990. – DOI 10.1109/ICDCS.1990.89297, S. 302–309

Identity Metasystem

Microsoft Corporation: *Microsoft's Vision for an Identity Metasystem*, 2005. http://msdn.microsoft.com/en-us/library/ms996422.aspx

IETF Privacy

PFITZMANN, A. ; HANSEN, M. ; TSCHOFENIG, H.: *Terminology for Talking about Privacy by Data Minimization: Anonymity, Unlinkability, Undetectability, Unobservability, Pseudonymity, and Identity Management*, 2010. http://tools.ietf.org/id/draft-hansen-privacy-terminology-00.html

Internet2 eduPerson

Internet2: *eduPerson Object Class Specification (200806)*, 2008. http://middleware.internet2.edu/eduperson/docs/internet2-mace-dir-eduperson-200806.html

Internet2 Shibb Arch

CANTOR, S. (Hrsg.)Internet2: *Shibboleth Architecture - Protocols and Profiles*, 2005. http://shibboleth.internet2.edu/docs/internet2-mace-shibboleth-arch-protocols-200509.pdf

Internet2 Shibb Conf

SCAVO, T. (Hrsg.) ; CANTOR, S. (Hrsg.)Internet2: *Shibboleth Architecture - Conformance Requirements*, 2005. http://shibboleth.internet2.edu/docs/internet2-mace-shibboleth-arch-conformance-200509.pdf

Internet2 Shibb Discovery

Internet2: *Shibboleth Dokumentation - Discovery Service*, 2010. https://spaces.internet2.edu/display/SHIB/DiscoveryService

Internet2 Shibb Glossar

CANTOR, S.: *Glossar des Internet2 Middleware Initiative Projekts Shibboleth*, 2010. https://spaces.internet2.edu/display/SHIB/ShibbolethGlossary

Internet2 Shibb Tech Overview

SCAVO, T. (Hrsg.) ; CANTOR, S. (Hrsg.)Internet2: *Shibboleth Architecture - Technical Overview*, 2005. `http://shibboleth.internet2.edu/docs/draft-mace-shibboleth-tech-overview-02.pdf`

ISO/IEC 7498-1

ISO/IEC: *7498-1: 1994 – Information Processing Systems – Open Systems Interconnection – Basic Reference Model: The Basic Model*, 1994

ISO/IEC 7498-4

ISO/IEC: *7498-4: 1989 – Information processing systems – Open Systems Interconnection – Basic Reference Model – Part 4: Management Framework*, 1989

ISO/IEC IdM

International Organization for Standardization (ISO): *International Organization for Standardization (ISO) - A Framework for Identity Management*, 2010. `http://www.iso.org/iso/iso_catalogue/catalogue_ics/catalogue_detail_ics.htm?ics1=35&ics2=040&ics3=&csnumber=51625`

ITU IdM-GSI

International Telecommunication Union (ITU): *Identity Management Global Standards Initiative (IdM-GSI) der International Telecommunication Union (ITU)*, 2010. `http://www.itu.int/ITU-T/gsi/idm/`

ITU SANCHO

ITU-T: *ITU-T Terms and Definitions Database - SANCHO (ITU-T Sector Abbreviations and defiNitions for a teleCommunications tHesaurus Oriented database)*, 2010. `http://www.itu.int/SANCHO/`

ITU X.667

ITU-T: *X.667: OSI networking and system aspects – Naming, Addressing and Registration*, 2004. `http://www.itu.int/ITU-T/asn1/uuid.html`

ITU X.701

ITU-T: *X.701: Information technology - Open Systems Interconnection - Systems management overview*, 1997. `http://www.itu.int/rec/T-REC-X.701`

ITU X.811

ITU-T: *X.811: Information Technology - Open Systems Interconnection - Security Frameworks for Open Systems: Authentication Framework*, 1995. `http://www.itu.int/rec/T-REC-X.811-199504-I/en`

Ives et al. 1999

IVES, Z. G. ; FLORESCU, D. ; FRIEDMAN, M. ; LEVY, A. ; WELD, D. S.: An Adaptive Query Execution System for Data Integration. In: *SIGMOD Records* Vol. 28, Nr. 2

(1999), S. 299–310. – DOI http://doi.acm.org/10.1145/304181.304209. – ISSN 0163-5808

Jsang & Pope 2005

JSANG, A ; POPE, S.: User Centric Identity Management. In: *AusCERT Asia Pacific Information Technology Security Conference*, 2005

Juling & Maurer 2005

JULING, W. ; MAURER, A.: Karlsruher Integriertes Informationsmanagement KIM. In: *Praxis der Informationsverarbeitung und Kommunikation (PIK)* Jg. 28, Nr. 3 (2005), S. 169–175

Kain & Keller 2007

KAIN, M. ; KELLER, G.: SAML 2.0 ein Tutorium - Teil 1: Theorie. In: *JavaSPEKTRUM* (2007), Mai, S. 55–59

Karp & Li 2010

KARP, A. H. ; LI, J.: Solving the Transitive Access Problem for the Services Oriented Architecture. In: *ARES 2010: Proceedings of the Fifth International Conference on Availability, Reliability and Security*, IEEE Computer Society, 2010. – DOI http://doi.ieeecomputersociety.org/10.1109/ARES.2010.34. – ISBN 978-0-7695-3965-2, S. 46–53

Kashyap & Sheth 1996

KASHYAP, V. ; SHETH, A. P.: Semantic and schematic similarities between database objects: a context-based approach. In: *The VLDB Journal* Vol. 5, Nr. 4 (1996), S. 276–304. – DOI http://dx.doi.org/10.1007/s007780050029. – ISSN 1066-8888

Kaye 2003

KAYE, D.: *Loosely Coupled: The Missing Pieces of Web Services*. RDS Press, 2003. – ISBN 1881378241

Keller et al. 1992

KELLER, G. ; NÜTTGENS, M. ; SCHEER, A. W. ; SCHEER, A. W. (Hrsg.): Semantische Prozeßmodellierung auf der Grundlage Ereignisgesteuerter Prozeßketten (EPK) / Universität des Saarlandes, Germany. Saarbrücken, Germany, January 1992 (Veröffentlichungen des Instituts für Wirtschaftsinformatik 89). – Forschungsbericht

Kühner 2010

KÜHNER, H.: *Informationskonsistenz im benutzerzentrierten föderativen Identitätsmanagement*, Karlsruher Institut für Technologie (KIT), Diplomarbeit, 2010. – Betreuer: T. Hoellrigl, H. Hartenstein

Kietz et al. 2000

KIETZ, J.-U. ; MÄDCHE, A. ; VOLZ, R.: A Method for Semi-Automatic Ontology
Acquisition from a Corporate Intranet. In: *In EKAW-2000 Workshop "Ontologies and
Text", Juan-Les-Pins*, 2000, S. 2–6

Kilov 1990

KILOV, H.: From Semantic to Object-oriented Data Modeling. In: *ISCI '90:
Proceedings of the First International Conference on Systems Integration.* Piscataway,
NJ, USA : IEEE Press, 1990. – DOI 10.1109/ICSI.1990.138704. – ISBN
0–8186–9027–5, S. 385–393

Kim & Seo 1991

KIM, W. ; SEO, J.: Classifying Schematic and Data Heterogeneity in Multidatabase
Systems. In: *Computer* Vol. 24, Nr. 12 (1991), S. 12–18. – DOI
http://dx.doi.org/10.1109/2.116884. – ISSN 0018–9162

Kincaid 2005

KINCAID, J.: *Handbook of Federal Countries.* McGill-Queen's University Press, 2005. –
ISBN 077352888. – Introduction to the Handbook of Federal Countries

Klingenstein 2007

KLINGENSTEIN, N.: Attribute Aggregation and Federated Identity. In: *Applications
and the Internet Workshops, 2007. SAINT Workshops 2007. International Symposium
on*, 2007. – DOI 10.1109/SAINT-W.2007.29, S. 26

Knoblock et al. 1998

KNOBLOCK, C. A. ; MINTON, S. ; AMBITE, J. L. ; ASHISH, N. ; MODI, P. J. ; MUSLEA, I. ;
PHILPOT, A. G. ; TEJADA, S.: Modeling Web Sources for Information Integration. In:
*AAAI '98/IAAI '98: Proceedings of the Fifteenth National/Tenth Conference on
Artificial Intelligence/Innovative Applications of Artificial Intelligence.* Menlo Park, CA,
USA : American Association for Artificial Intelligence, 1998. – ISBN 0–262–51098–7,
S. 211–218

Kormann & Rubin 2000

KORMANN, D. ; RUBIN, A.: Risks of the Passport Single Signon Protocol. In:
Computer Networks, Elsevier Science Press Vol. 33 (2000), 51–58.
`http://avirubin.com/passport.html`

Labitzke et al. 2010

LABITZKE, S. ; NUSSBAUMER, M. ; HARTENSTEIN, H. ; JULING, W.: Integriertes
Informationsmanagement am KIT: Was bleibt? Was kommt? 2010. In: BODE, A.
(Hrsg.) ; BORGEEST, R. (Hrsg.): *Informationsmanagement in Hochschulen.* Springer
Berlin Heidelberg, 2010. – DOI http://dx.doi.org/10.1007/978–3–642–04720–6_4. –
ISBN 978–3–642–04720–6, S. 35–46

Lamport 1978

LAMPORT, L.: Time, Clocks, and the Ordering of Events in a Distributed System. In: *Communication of the ACM* Vol. 21 (1978), Nr. 7, S. 558–565. – DOI http://doi.acm.org/10.1145/359545.359563. – ISSN 0001–0782

Lamport 1979

LAMPORT, L.: How to Make a Multiprocessor Computer That Correctly Executes Multiprocess Programs. In: *IEEE Transactions on Computers* Vol. 28 (1979), Nr. 9, S. 690–691. – DOI http://dx.doi.org/10.1109/TC.1979.1675439. – ISSN 0018–9340

Lee et al. 2008

LEE, H. ; JEUN, I. ; CHUN, K. ; SONG, J.: A New Anti-phishing Method in OpenID. In: *Emerging Security Information, Systems, and Technologies, The International Conference on* (2008), S. 243–247. – DOI http://doi.ieeecomputersociety.org/10.1109/SECURWARE.2008.38. ISBN 978–0–7695–3329–2

Liberty Discovery Service

Liberty Alliance: *Liberty ID-WSF Discovery Service Specification*, 2007. http://www.projectliberty.org/liberty/content/download/3449/22973/file/liberty-idwsf-disco-svc-2.0-errata-v1.0.pdf

Liberty Glossar

HODGES, J. (Hrsg.)Liberty Alliance: *Liberty Technical Glossary 2.0*, 2006. http://www.projectliberty.org/liberty/content/download/868/6180/file/liberty-glossary-v2.0.pdf

Liberty ID-FF

WASON, T. (Hrsg.)Liberty Alliance: *Liberty ID-FF Architecture Overview 1.2*, 2005. http://www.projectliberty.org/liberty/content/download/318/2366/file/draft-liberty-idff-arch-overview-1.2-errata-v1.0.pdf

Liberty ID-FF AuthContext

MADSEN, P. (Hrsg.)Liberty Alliance: *Liberty ID-FF Authentication Context Specification 2.0*, 2004. http://www.projectliberty.org/liberty/content/download/1209/7927/file/draft-liberty-authentication-context-v2.0-01.pdf

Liberty ID-FF Bindings and Profiles

CANTOR, S. (Hrsg.) ; KEMP, J. (Hrsg.) ; CHAMPAGNE, D. (Hrsg.)Liberty Alliance: *Liberty ID-FF Bindings and Profiles Specification 1.2*, 2004. http://www.projectliberty.org/liberty/content/download/319/2369/file/draft-liberty-idff-bindings-profiles-1.2 errata-v2.0.pdf

Liberty ID-FF Protocols

CANTOR, S. (Hrsg.) ; KEMP, J. (Hrsg.)Libery Alliance: *Liberty ID-FF Protocols and Schema Specification 1.2*, 2005.
`http://www.projectliberty.org/liberty/content/download/`
`2197/14625/file/draft-liberty-idff-protocols-schema-1.`
`2-errata-v3.0.pdf`

Liberty ID-SIS

Liberty Alliance: *Liberty Alliance ID-SIS 1.0 Specifications*, 2004. `http://www.`
`projectliberty.org/resource_center/specifications/`
`liberty_alliance_id_sis_1_0_specifications`

Liberty ID-SIS PP

Liberty ID-SIS Personal Profile Service Specification 1.1, 2005.
`http://www.projectliberty.org/liberty/content/download/`
`1028/7146/file/liberty-idsis-pp-v1.1.pdf`

Liberty ID-WSF

TOURZAN, J. (Hrsg.) ; KOGA, Y. (Hrsg.)Liberty Alliance: *Liberty ID-WSF Web Services Framework Overview 2.0*, 2006.
`http://www.projectliberty.org/liberty/content/download/`
`347/2546/file/draft-liberty-idwsf-overview-v2.0-06.pdf`

Liberty Identity Mapping Service

Liberty Alliance: *Liberty ID-WSF Authentication, Single Sign-On, and Identity Mapping Services Specification v2.0-Errata v1.0*, 2007. `http:`
`//www.projectliberty.org/liberty/content/download/3439/`
`22943/file/liberty-idwsf-authn-svc-2.0-errata-v1.0.pdf`

Liberty Metadata

DAVIS, P. (Hrsg.)Libery Alliance: *Liberty Metadata Description and Discovery Specification 2.0*, 2004.
`http://www.projectliberty.org/liberty/content/download/`
`1226/7980/file/draft-liberty-metadata-v2.0-02.pdf`

Liberty Subscriptions and Notifications

Liberty Alliance: *Liberty ID-WSF Subscriptions and Notifications v 1.0*, 2006.
`http://www.projectliberty.org/liberty/content/download/`
`901/6279/file/liberty-idwsf-subs-v1.0.pdf`

Liberty vs. WS-Federation

Liberty Alliance: *Liberty Alliance Project White Paper – Liberty Alliance & WS-Federation: A Comparative Overview*, 2003. `http://www.sun.com/`
`software/products/identity/standards/ws_fed.pdf`

Lockemann 2004

LOCKEMANN, K. R. P. C. ; Dittrich D. P. C. ; Dittrich: *Architektur von Datenbanksystemen*. 1. Aufl. Heidelberg : dpunkt, 2004. – ISBN 3–89864–170–8

Lu 2007

LU, Yijun: *Improving Data Consistency Management and Overlay Multicast in Internet-scale Distributed Systems*. Lincoln, NB, USA, University of Nebraska, Diss., 2007

Machulak et al. 2010

MACHULAK, M. ; MALER, E. ; CATALANO, D. ; MOORSEL, A. van: User-Managed Access to Web Resources / University of Newcastle upon Tyne: Computing Science. 2010 (1196). – Forschungsbericht

Madsen 2004

MADSEN, P.: Federated Identity and Web Services. In: *Inf. Secur. Tech. Rep.* Vol. 9 (2004), Nr. 3, S. 56–65. – DOI http://dx.doi.org/10.1016/S1363–4127(04)00032–9. – ISSN 1363–4127

Madsen & Itoh 2009

MADSEN, P. ; ITOH, H.: Challenges to Supporting Federated Assurance. In: *IEEE Computer* Vol. 42 (2009), Nr. 5, S. 42–49. – DOI http://dx.doi.org/10.1109/MC.2009.149. – ISSN 0018–9162

Maler 2010

MALER, E.: *The Venn of Identity*. 2010 http://vennofidentity.org

Maler & Reed 2008

MALER, E. ; REED, D.: The Venn of Identity: Options and Issues in Federated Identity Management. In: *IEEE Security and Privacy* Vol. 6 (2008), Nr. 2, S. 16–23. – DOI http://doi.ieeecomputersociety.org/10.1109/MSP.2008.50. – ISSN 1540–7993

Meckel 2009

MECKEL, M.: *Das Glück der Unerreichbarkeit: Wege aus der Kommunikationsfalle*. Goldmann, 2009. – ISBN 3442155339

Metzler-Andelberg 2008

METZLER-ANDELBERG, C.: *Identity Management - eine Einführung*. dpunkt, 2008. – ISBN 978-3–89864–438–9

Miller 2009

MILLER, J.: One More Take on Identity. In: *IEEE Internet Computing* Vol. 13 (2009), Nr. 2, S. 99–101. – DOI http://doi.ieeecomputersociety.org/10.1109/MIC.2009.41. – ISSN 1089–7801

Mockapetris & Dunlap 1995

MOCKAPETRIS, P. V. ; DUNLAP, K. J.: Development of the Domain Name System. In: *SIGCOMM Computer Communication Review* Vol. 25, Nr. 1 (1995), S. 112–122. – DOI http://doi.acm.org/10.1145/205447.205459. – ISSN 0146–4833

Mohan & Blough 2010

MOHAN, A. ; BLOUGH, D. M.: An Attribute-based Authorization Policy Framework with Dynamic Conflict Resolution. In: *IDTRUST '10: Proceedings of the 9th Symposium on Identity and Trust on the Internet.* New York, NY, USA : ACM, 2010. – DOI http://doi.acm.org/10.1145/1750389.1750395. – ISBN 978–1–60558–895–7, S. 37–50

MSDN Glossar

Microsoft Corporation: *Glossar für die Microsoft Web Browser Federated Single Sign-On Spezifikation*, 2010. `http://msdn.microsoft.com/en-us/library/cc236473(PROT.13).aspx`

Na & Cheon 2000

NA, S. ; CHEON, S.: Role Delegation in Role-based Access Control. In: *RBAC '00: Proceedings of the Fifth ACM Workshop on Role-based Access Control.* New York, NY, USA : ACM, 2000. – DOI http://doi.acm.org/10.1145/344287.344300. – ISBN 1–58113–259–X, S. 39–44

Narayanan & Shmatikov 2010

NARAYANAN, A. ; SHMATIKOV, V.: Myths and Fallacies of "Personally Identifiable Information". In: *Communication of the ACM* Vol. 53 (2010), Nr. 6, S. 24–26. – DOI http://doi.acm.org/10.1145/1743546.1743558. – ISSN 0001–0782

Nassif et al. 1993

NASSIF, R. ; ZHU, J. ; GOYAL, P.: Basic issues for developing distributed applications interacting with legacy systems and databases. In: *Research Issues in Data Engineering, 1993: Interoperability in Multidatabase Systems, 1993. Proceedings RIDE-IMS '93., Third International Workshop on*, 1993. – DOI 10.1109/RIDE.1993.281920, S. 220–223

Nygaard 1986

NYGAARD, K.: Program Development as a Social Activity. In: *Information Processing 86.* North-Holland : Elsevier Science Publishers B.V., 1986 (Proceedings from the IFIP 10th World Computer Congress, Dublin, Ireland, September 1-5, 1986), S. 189–198. – `http://www.ifi.uio.no/~kristen/PDF_MAPPE/F_PDF_MAPPE/F_IFIP_86.pdf` – last visited 28th February 2010

OASIS IMI

JONES, M. B. (Hrsg.) ; MCINTOSH, M. (Hrsg.)Organization for the Advancement of Structured Information Standards (OASIS): *Identity Metasystem Interoperability*

Version 1.0, 2009. `http:`
`//docs.oasis-open.org/imi/identity/v1.0/identity.html`

OASIS SAML Assertions and Protocols
CANTOR, S. (Hrsg.) ; KEMP, J. (Hrsg.) ; PHILPOTT, R. (Hrsg.) ; MALER, E.
(Hrsg.)Organization for the Advancement of Structured Information Standards
(OASIS): *Assertions and Protocols for the OASIS Security Assertion Markup Language*
(SAML) V2.0 – Errata Composite, 2009.
`http://www.oasis-open.org/committees/download.php/`
`35711/sstc-saml-core-errata-2.0-wd-06-diff.pdf`

OASIS SAML Authentication Context
KEMP, J. (Hrsg.) ; CANTOR, S. (Hrsg.) ; MISHRA, P. (Hrsg.) ; PHILPOTT, R. (Hrsg.) ;
MALER, E. (Hrsg.)Organization for the Advancement of Structured Information
Standards (OASIS): *Authentication Context for the OASIS Security Assertion Markup*
Language (SAML) V2.0, 2005. `http://docs.oasis-open.org/`
`security/saml/v2.0/saml-authn-context-2.0-os.pdf`

OASIS SAML Bindings
CANTOR, S. (Hrsg.) ; HIRSCH, F. (Hrsg.) ; KEMP, J. (Hrsg.) ; PHILPOTT, R. (Hrsg.) ;
MALER, E. (Hrsg.)Organization for the Advancement of Structured Information
Standards (OASIS): *Bindings for the OASIS Security Assertion Markup Language*
(SAML) V2.0 – Errata Composite, 2009.
`http://www.oasis-open.org/committees/download.php/`
`35387/sstc-saml-bindings-errata-2.0-wd-05-diff.pdf`

OASIS SAML Change Notify Protocol
Organization for the Advancement of Structured Information Standards (OASIS):
SAML V2.0 Change Notify Protocol Version 1.0 Working Draft 19 July 2010, 2010.
`http://www.oasis-open.org/committees/document.php?`
`document_id=38737`

OASIS SAML Glossar
HODGES, J. (Hrsg.) ; PHILPOTT, R. (Hrsg.) ; MALER, E. (Hrsg.)Organization for the
Advancement of Structured Information Standards (OASIS): *Glossary for the OASIS*
Security Assertion Markup Language (SAML) V2.0, 2005.
`http://www.oasis-open.org/committees/download.php/`
`21111/saml-glossary-2.0-os.html`

OASIS SAML Metadata
CANTOR, S. (Hrsg.) ; MOREH, J. (Hrsg.) ; PHILPOTT, R. (Hrsg.) ; MALER, E.
(Hrsg.)Organization for the Advancement of Structured Information Standards
(OASIS): *Metadata for the OASIS Security Assertion Markup Language (SAML) V2.0*
– Errata Composite, 2009.

```
http://www.oasis-open.org/committees/download.php/
35391/sstc-saml-metadata-errata-2.0-wd-04-diff.pdf
```

OASIS SAML Profiles

HUGHES, J. (Hrsg.) ; CANTOR, S. (Hrsg.) ; HODGES, J. (Hrsg.) ; HIRSCH, F. (Hrsg.) ; MISHRA, P. (Hrsg.) et al.Organization for the Advancement of Structured Information Standards (OASIS): *Profiles for the OASIS Security Assertion Markup Language (SAML) V2.0 – Errata Composite*, 2009.
```
http://www.oasis-open.org/committees/download.php/
35389/sstc-saml-profiles-errata-2.0-wd-06-diff.pdf
```

OASIS SAML V1.0

Organization for the Advancement of Structured Information Standards (OASIS): *Security Assertion Markup Language (SAML) V1.0 Specification Set*, 2002.
```
http://www.oasis-open.org/committees/download.php/2290/
oasis-sstc-saml-1.0.zip
```

OASIS SAML V1.1

Organization for the Advancement of Structured Information Standards (OASIS): *Security Assertion Markup Language (SAML) V1.1 Specification and Schema Set*, 2003.
```
http://www.oasis-open.org/committees/download.php/3400/
oasis-sstc saml-1.1-pdf-xsd.zip
```

OASIS SAML V2.0

Organization for the Advancement of Structured Information Standards (OASIS): *Security Assertion Markup Language (SAML) V2.0 Specification and Schema Set*, 2005.
```
http://docs.oasis-open.org/security/saml/v2.0/saml-2.
0-os.zip
```

OASIS SPML V1.0

ROLLS, Darran: *Service Provisioning Markup Language (SPML) Version 1.0*, 2003.
```
http://www.oasis-open.org/committees/download.php/4137/
os-pstc-spml-core-1.0.pdf
```

OASIS SPML V2.0

COLE, G.: *OASIS Service Provisioning Markup Language (SPML) Version 2*, 2006.
```
http://www.oasis-open.org/specs/#spmlv2.0
```

OASIS WS-BPEL

Organization for the Advancement of Structured Information Standards (OASIS): *Web Service Business Process Execution Language Version 2.0*, 2007.
```
http://docs.oasis-open.org/wsbpel/2.0/wsbpel-v2.0.pdf
```

OASIS WS-Federation

LOCKHART, H. ; ANDERSEN, S. ; BOHREN, J. ; SVERDLOV, Y. ; HONDO, M. et al.: *Web Services Federation Language (WS-Federation) V1.2*, 2009. http://docs.oasis-open.org/wsfed/federation/v1.2/ws-federation.pdf

OASIS WS-Security

NADALIN, A. (Hrsg.) ; KALER, C. (Hrsg.) ; MONZILLO, R. (Hrsg.) ; HALLAM-BAKER, P. (Hrsg.)Organization for the Advancement of Structured Information Standards (OASIS): *Web Services Security: SOAP Message Security 1.1 (WS-Security 2004)*, 2006. http://docs.oasis-open.org/wss/v1.1/wss-v1.1-errata-os-SOAPMessageSecurity.pdf

OASIS WS-SecurityPolicy

NADALIN, A. (Hrsg.) ; GOODNER, M. (Hrsg.) ; GUDGIN, M. (Hrsg.) ; BARBIR, A. (Hrsg.) ; GRANQVIST, H. (Hrsg.)Organization for the Advancement of Structured Information Standards (OASIS): *WS-SecurityPolicy 1.2*, 2007. http://docs.oasis-open.org/ws-sx/ws-securitypolicy/200702/ws-securitypolicy-1.2-spec-os.pdf

OASIS WS-Trust

NADALIN, A. ; GOODNER, M. ; GUDGIN, M. ; BARBIR, A. ; GRANQVIST, H.: *WS-Trust V1.4*, 2009. http://docs.oasis-open.org/ws-sx/ws-trust/v1.4/ws-trust.pdf

OASIS XACML

Organization for the Advancement of Structured Information Standards (OASIS): *OASIS eXtensible Access Control Markup Language (XACML) Technical Committee*, 2010. http://www.oasis-open.org/committees/tc_home.php?wg_abbrev=xacml

Oberweis 1996

OBERWEIS, A.: *Modellierung und Ausführung von Workflows mit Petri-Netzen.* Stuttgart : Teubner, 1996 (Teubner-Reihe Wirtschaftsinformatik). – ISBN 3–8154–2600–6

Oki et al. 1993

OKI, B. ; PFLUEGL, M. ; SIEGEL, A. ; SKEEN, D.: The Information Bus: An Architecture for Extensible Distributed Systems. In: *SOSP '93: Proceedings of the Fourteenth ACM Symposium on Operating Systems Principles.* New York, NY, USA : ACM, 1993. – DOI http://doi.acm.org/10.1145/168619.168624. – ISBN 0–89791–632–8, S. 58–68

OMG BPMN

Object Management Group/ Business Process Management Initiative: *Business Process Modeling Notation (BPMN)*, 2010. http://www.bpmn.org/

OpenID Attribute Exchange

HARDT, D. ; BUFU, J. ; HOYT, J.: *OpenID Attribute Exchange 1.0 - Final*, 2007. `http://openid.net/specs/openid-attribute-exchange-1_0.html`

OpenID Registration Extension

HOYT, J. ; DAUGHERTY, J. ; RECORDON, D.: *OpenID Simple Registration Extension 1.0*, 2006. `http://openid.net/specs/openid-simple-registration-extension-1_0.html`

OpenID V2.0

OpenID Foundation: *OpenID Authentication 2.0 - Final*, 2007. `http://openid.net/specs/openid-authentication-2_0.html`

Oracle7 Server

Oracle7 Server Distributed Systems Manual Volume II: Replicated Data, 1996. `http://www.its.uncc.edu/network/staff/documentation/oracle7/server/sd273/toc.html`

Ouksel & Naiman 1994

OUKSEL, A. M. ; NAIMAN, Ch. F.: Coordinating Context Building in Heterogeneous Information Systems. In: *Journal of Intelligent Information Systems* Vol. 3, Nr. 2 (1994), S. 151–183. – DOI http://dx.doi.org/10.1007/BF00962977. – ISSN 0925–9902

Paci et al. 2009

PACI, F. ; FERRINI, R. ; MUSCI, A. ; STEUER, K. ; BERTINO, E.: An Interoperable Approach to Multifactor Identity Verification. In: *IEEE Computer* Vol. 42 (2009), Nr. 5, S. 50–57. – DOI http://dx.doi.org/10.1109/MC.2009.142. – ISSN 0018–9162

Papazoglou & Heuvel 2007

PAPAZOGLOU, M. ; HEUVEL, W.: Service Oriented Architectures: Approaches, Technologies and Research Issues. In: *The VLDB Journal* Vol. 16, Nr. 3 (2007), S. 389–415. – DOI 10.1007/s00778-007-0044-3. – ISSN 1066–8888

Papazoglou & Ribbers 2006

PAPAZOGLOU, M. P. ; RIBBERS, P.: *E-business: Organizational and Technical Foundations*. Wiley, 2006. – ISBN 978–0–470–84376–5

Papazoglou et al. 1996

PAPAZOGLOU, M.P. ; RUSSELL, N. ; EDMOND, D.: A Translation Protocol Achieving Consensus of Semantics Between Cooperating Heterogeneous Database Systems. In: *Cooperative Information Systems, 1996. Proceedings., First IFCIS International Conference on*, 1996. – DOI 10.1109/COOPIS.1996.555000, S. 78–89

Pato & Rouault 2007

PATO, J. ; ROUAULT, J.: *HP Whitepaper: Identity Management - The drive to federation*. 2007

Pautasso & Wilde 2009

PAUTASSO, C. ; WILDE, E.: Why is the web loosely coupled?: a multi-faceted metric for service design. In: *WWW '09: Proceedings of the 18th international conference on World wide web.* New York, NY, USA : ACM, 2009. – DOI http://doi.acm.org/10.1145/1526709.1526832. – ISBN 978–1–60558–487–4, S. 911–920

Peckham & Maryanski 1988

PECKHAM, J. ; MARYANSKI, F.: Semantic Data Models. In: *ACM Computing Surveys* Vol. 20, Nr. 3 (1988), S. 153–189. – DOI http://doi.acm.org/10.1145/62061.62062. – ISSN 0360–0300

Petersen et al. 1997

PETERSEN, K. ; SPREITZER, M. J. ; TERRY, D. B. ; THEIMER, M. M. ; DEMERS, A. J.: Flexible Update Propagation for Weakly Consistent Replication. In: *SOSP '97: Proceedings of the Sixteenth ACM Symposium on Operating Systems Principles.* New York, NY, USA : ACM, 1997. – DOI http://doi.acm.org/10.1145/268998.266711. – ISBN 0–89791–916–5, S. 288–301

Pfitzmann & Hansen 2009

PFITZMANN, A. ; HANSEN, M.: *A Terminology for Talking about Privacy by Data Minimization: Anonymity, Unlinkability, Undetectability, Unobservability, Pseudonymity, and Identity Management.* Dezember 2009, v0.32. http://dud.inf.tu-dresden.de/Anon_Terminology.shtml

Pham et al. 2007

PHAM, Q. ; McCULLAGH, A. ; DAWSON, E.: Consistency of User Attribute in Federated Systems. 2007. http://dx.doi.org/10.1007/978-3-540-74409-2_19. In: LAMBRINOUDAKIS, Costas (Hrsg.) ; PERNUL, Günther (Hrsg.) ; TJOA, A (Hrsg.): *Trust, Privacy and Security in Digital Business* Bd. Vol. 4657. Springer Berlin / Heidelberg, 2007, 165–177

Radhakrishnan 2007

RADHAKRISHNAN, R.: *Identity and Security: A Common Architecture and Framework For SOA and Network Convergence.* Futuretext, 2007. – ISBN 9780954432799

Rannenberg et al. 2009

RANNENBERG, K. ; ROYER, D. ; DEUKER, A.: *The Future of Identity in the Information Society: Challenges and Opportunities.* Springer Publishing Company, Incorporated, 2009. – ISBN 3540884807, 9783540884804

Rechenberg 2000

RECHENBERG, P.: *Was ist Informatik? Eine allgemeinverständliche Einführung.* München, Wien : Carl Hanser Verlag, 2000

Rechenberg 2010

RECHENBERG, P.: Was ist Informatik? In: *Informatik Spektrum* 33 (2010), Nr. 1, S. 54–60

Recordon & Reed 2006

RECORDON, D. ; REED, D.: OpenID 2.0: A platform for user-centric identity management. In: *DIM '06: Proceedings of the second ACM workshop on Digital identity management*, ACM, 2006. – DOI http://doi.acm.org/10.1145/1179529.1179532. – ISBN 1–59593–547–9, S. 11–16

Reisig 1986

REISIG, W.: *Petrinetze : eine Einführung.* 2., überarb. u. erw. Aufl. Springer, 1986 (Studienreihe Informatik). – ISBN 3–540–16622–X ; 0–387–16622–X

Reisig 2010

REISIG, W.: *Petrinetze: Modellierungstechnik, Analysemethoden, Fallstudien.* Vieweg+Teubner, 2010 (Leitfäden der Informatik). – ISBN 978–3–8348–1290–2

RFC 1945

BERNERS-LEE, T. ; FIELDING, R. ; FRYSTYK, H.: *Hypertext Transfer Protocol – HTTP/1.0.* RFC 1945 (Informational) (Request for Comments), 1996. http://www.ietf.org/rfc/rfc1945.txt

RFC 2246

DIERKS, T. ; ALLEN, C.: *RFC 2246: The TLS Protocol Version 1* (Request for Comments), 1999. http://www.ietf.org/rfc/rfc2246.txt

RFC 2251

WAHL, M. ; HOWES, T. ; KILLE, S.: *Lightweight Directory Access Protocol (v3).* RFC 2251 (Proposed Standard) (Request for Comments), 1997. http://www.ietf.org/rfc/rfc2251.txt

RFC 2256

WAHL, M.: *A Summary of the X.500(96) User Schema for use with LDAPv3.* RFC 2256 (Proposed Standard) (Request for Comments), 1997. http://www.ietf.org/rfc/rfc2256.txt

RFC 2459

HOUSLEY, R. ; FORD, W. ; POLK, T. ; SOLO, D.: *RFC 2459: Internet X.509 Public Key Infrastructure Certificate and CRL Profile* (Request for Comments), 1999. http://www.ietf.org/rfc/rfc2459.txt

RFC 2616

FIELDING, R. ; GETTYS, J. ; MOGUL, J. ; FRYSTYK, H. ; MASINTER, L. ; LEACH, P. ; BERNERS-LEE, T.: *Hypertext Transfer Protocol – HTTP/1.1.* RFC 2616 (Draft

Standard), Internet Engineering Task Force (IETF), 1999.
http://www.ietf.org/rfc/rfc2616.txt

RFC 2798

SMITH, M.: *RFC 2798 - Definition of the inetOrgPerson LDAP Object Class*, 2000.
http://www.ietf.org/rfc/rfc2798.txt

RFC 3986

BERNERS-LEE, T. ; FIELDING, R. ; MASINTER, L.: *Uniform Resource Identifier (URI):
Generic Syntax.* RFC 2616 (Draft Standard), Internet Engineering Task Force (IETF),
2005. http://www.ietf.org/rfc/rfc3986.txt

RFC 4122

LEACH, P. ; MEALLING, M. ; SALZ, R.: *A Universally Unique IDentifier (UUID) URN
Namespace.* RFC 4122 (Proposed Standard) (Request for Comments), 2005.
http://www.ietf.org/rfc/rfc4122.txt

RFC 4180

Common Format and MIME Type for Comma-Separated Values (CSV) Files, 2005.
http://tools.ietf.org/html/rfc4180

RFC 5849

Internet Engineering Task Force (IETF): *The OAuth 1.0 Protocol*, 2010.
http://tools.ietf.org/html/rfc5849

Rosenblum & Wolf 1997

ROSENBLUM, D. S. ; WOLF, A. L.: A Design Framework for Internet-scale Event
Observation and Notification. In: *SIGSOFT Software Engineering Notes* Vol. 22, Nr. 6
(1997), S. 344–360. – DOI http://doi.acm.org/10.1145/267896.267920. – ISSN
0163–5948

Saito & Shapiro 2005

SAITO, Y. ; SHAPIRO, M.: Optimistic Replication. In: *ACM Computer Survey* Vol. 37,
Nr. 1 (2005), S. 42–81. – DOI http://doi.acm.org/10.1145/1057977.1057980. – ISSN
0360–0300

SCC Passwortrichtlinie

Karlsruher Institut für Technologie: *Passwortrichtlinie des Steinbuch Centre for
Computing (SCC).* (WWW-Veröffentlichung), 2010.
http://www.scc.kit.edu/dienste/4319.php

Scheer 2001

SCHEER, A.-W.: *ARIS - Modellierungsmethoden, Metamodelle, Anwendungen.* 4. Aufl.
Berlin : Springer, 2001
http://swbplus.bsz-bw.de/bsz090469100cov.htm;http:

`//www.ulb.tu-darmstadt.de/tocs/96055979.pdf.` – ISBN
3–540–41601–3. – Literaturverz. S. 204 - 215. - 1. u. 2. Aufl. erschien u.d.T.:
Architektur integrierter Informationssysteme, ab der 3. Aufl. erscheint das Buch in 2
Bänden: ARIS - vom Geschäftsprozeß zum Anwendungssystem und ARIS -
Modellierungsmethoden, Metamodelle, Anwendungen; Gb. : DM 79.90

Schell et al. 2008

SCHELL, F. ; HOELLRIGL, T. ; HARTENSTEIN, H.: Federated and Service-Oriented
Identity Management at a University. In: *In Proceedings of 14th European University
Information Systems (EUNIS 2008)*, 2008, S. 59

Schell et al. 2009

SCHELL, F. ; HOELLRIGL, T. ; HARTENSTEIN, H.: Federated Identity Management as a
Basis for Integrated Information Management. In: *it - Information Technology* Vol. 51
(2009), Nr. 1, S. 14–23. – DOI http://dx.doi.org/10.1524/itit.2009.0518. – ISSN
1611–2776

Schimpf & Kugler 2007

SCHIMPF, S. ; KUGLER, A.: *Webbasierte Open Source-Kollaborationsplattformen.*
Fraunhofer Institut für Arbeitswirtschaft und Organisation (IAO), 2007. – ISBN
978–3–8167–7466–2

Schwicker & Fischer 1996

SCHWICKER, A. ; FISCHER, K.: *Der Geschäftsprozess als formaler Prozess: Definition,
Eigenschaften und Arten. Arbeitspapiere WI Nr. 4/1996.* 1996
`http://geb.uni-giessen.de/geb/volltexte/2004/1703/pdf/`
`Apap_WI_1996_04.pdf`

Shannon 1948

SHANNON, C. E.: A Mathematical Theory of Communication. In: *The Bell System
Technical Journal* 27 (1948), S. 379–423,623–656

Sheth 1991

SHETH, A. P.: Semantic Issues in Multidatabase Systems - Preface by the Special Issue
Editor. In: *SIGMOD Record* 20 (1991), Nr. 4, S. 5–9

Sheth & Larson 1990

SHETH, A. P. ; LARSON, J. A.: Federated Database Systems for Managing Distributed,
Heterogeneous, and Autonomous Databases. In: *ACM Computing Surveys* Vol. 22,
Nr. 3 (1990), S. 183–236. – DOI http://doi.acm.org/10.1145/96602.96604. – ISSN
0360–0300

Shin et al. 2004

SHIN, D. ; AHN, G.-J. ; SHENOY, P.: Ensuring Information Assurance in Federated
Identity Management. In: *Performance, Computing, and Communications, 2004 IEEE
International Conference on*, 2004. – DOI 10.1109/PCCC.2004.1395193, S. 821–826

Siegel & Madnick 1991

SIEGEL, M. ; MADNICK, S. E.: A Metadata Approach to Resolving Semantic Conflicts. In: *VLDB '91: Proceedings of the 17th International Conference on Very Large Data Bases*. San Francisco, CA, USA : Morgan Kaufmann Publishers Inc., 1991. – ISBN 1–55860–150–3, S. 133–145

Silberhorn 2008

SILBERHORN, N.: *Kollaborationswerkzeug zur Etablierung eines föderativen Identitätsmanagements*, Universität Karlsruhe (TH), Diplomarbeit, 2008. – Betreuer: T. Hoellrigl, F. Schell, H. Hartenstein

Soanes & Stevenson 2005

SOANES, C. ; STEVENSON, A.: *Oxford Dictionary of English*. Oxford University Press, 2005. – ISBN 3411021446

Sun IdM Administration

Sun Microsystems: *Sun Identity Manager 8.1 Business Administrator's Guide*, 2009. `http://dlc.sun.com/pdf/820-5822/820-5822.pdf`

Sun IdM Deployment

Sun Microsystems: *Sun Identity Manager Deployment Guide*, 2009. `http://dlc.sun.com/pdf/820-5820/820-5820.pdf`

Sun IdM Workflows

Sun Microsystems: *Sun Identity Manager 8.0 Workflows, Forms, and Views*, 2008. `http://dlc.sun.com/pdf/820-2964/820-2964.pdf`

Tanenbaum 2003

TANENBAUM, A.: *Computer Networks*. 4th edition. Pearson Education Inc., Prentice Hall PTR, 2003. – ISBN 0–13–038488–7

Tanenbaum & van Steen 2006

TANENBAUM, A. S. ; STEEN, M. van: *Distributed Systems: Principles and Paradigms (2nd Edition)*. Prentice Hall, 2006. – ISBN 0132392275

Tanenbaum & van Steen 2008

TANENBAUM, A. S. ; VAN STEEN, M.: *Verteilte Systeme : Prinzipien und Paradigmen*. 2. Aufl. München [u.a.] : Pearson Studium, 2008 (IT Informatik). – ISBN 978–3–8273–7293–2

Terry et al. 1994

TERRY, D. B. ; DEMERS, A. J. ; PETERSEN, K. ; SPREITZER, M. ; THEIMER, M. ; WELCH, B. W.: Session Guarantees for Weakly Consistent Replicated Data. In: *PDIS '94: Proceedings of the Third International Conference on Parallel and Distributed Information Systems*. Washington, DC, USA : IEEE Computer Society, 1994. – ISBN 0–8186–6400 2, S. 140–149

Terry et al. 1998

TERRY, D. B. ; PETERSEN, K. ; SPREITZER, M. J. ; THEIMER, M. M.: The Case for Non-transparent Replication: Examples from Bayou. In: *IN IEEE DATA ENGINEERING* Vol. 21 (1998), S. 12–20

Terry et al. 1995

TERRY, D. B. ; THEIMER, M. M. ; PETERSEN, K. ; DEMERS, A. J. ; SPREITZER, M. J. ; HAUSER, C. H.: Managing Update Conflicts in Bayou, a Weakly Connected Replicated Storage System. In: *SOSP '95: Proceedings of the Fifteenth ACM Symposium on Operating Systems Principles*. New York, NY, USA : ACM, 1995. – DOI http://doi.acm.org/10.1145/224056.224070. – ISBN 0-89791-715-4, S. 172–182

Thomas & Meinel 2010

THOMAS, I. ; MEINEL, C.: An Identity Provider to Manage Reliable Digital Identities for SOA and the Web. In: *IDTRUST '10: Proceedings of the 9th Symposium on Identity and Trust on the Internet*. New York, NY, USA : ACM, 2010. – DOI http://doi.acm.org/10.1145/1750389.1750393. – ISBN 978-1-60558-895-7, S. 26–36

Umbach & Metz 2006

UMBACH, H. ; METZ, P.: Use Cases vs. Geschäftsprozesse – Das Requirements Engineering als Gewinner klarer Abgrenzung. In: *Informatik Spektrum* Vol. 29 (2006), Nr. 6, S. 424–432. – DOI http://dx.doi.org/10.1007/s00287-006-0106-8

Uschold & Gruninger 2004

USCHOLD, M. ; GRUNINGER, M.: Ontologies and Semantics for Seamless Connectivity. In: *SIGMOD Record* Vol. 33 (2004), Nr. 4, S. 58–64. – DOI http://doi.acm.org/10.1145/1041410.1041420. – ISSN 0163-5808

van der Aalst & van Hee 2002

VAN DER AALST, W. M. P. ; VAN HEE, K.: *Workflow Management: Models, Methods, and Systems*. MIT Press, 2002. – ISBN 978-0-262-01189-1

Ventrone 1991

VENTRONE, V.: Semantic heterogeneity as a result of domain evolution. In: *SIGMOD Record* Vol. 20 (1991), Nr. 4, S. 16–20. – DOI http://doi.acm.org/10.1145/141356.141359. – ISSN 0163-5808

De Capitani di Vimercati & Samarati 1996

VIMERCATI, Sabrina De Capitani d. ; SAMARATI, Pierangela: Access Control in Federated Systems. In: *NSPW '96: Proc. of the 1996 Workshop on New Security Paradigms*. New York, NY, USA : ACM, 1996. – DOI http://doi.acm.org/10.1145/304851.304871. – ISBN 0-89791-944-0, S. 87–99

Vogels 2009

VOGELS, W.: Eventually Consistent. In: *Communication of the ACM* Vol. 52, Nr. 1 (2009), S. 40–44. – DOI http://doi.acm.org/10.1145/1435417.1435432. – ISSN 0001–0782

W3C OWL 2

W3C - World Wide Web Consortium: *OWL 2 Web Ontology Language Document Overview*, 2009. `http://www.w3.org/TR/owl2-overview/`

W3C RDFS

W3C - World Wide Web Consortium: *RDF Vocabulary Description Language 1.0: RDF Schema*, 2004. `http://www.w3.org/TR/rdf-schema/`

W3C SOAP

W3C - World Wide Web Consortium: *XML Protocol Working Group – SOAP*, 2007. `http://www.w3.org/2000/xp/Group/`

W3C SOAP V1.1

W3C - World Wide Web Consortium: *XML Protocol Working Group - Simple Object Access Protocol (SOAP) 1.1*, 2000. `http://www.w3.org/TR/soap/`

W3C WS Arch

W3C - World Wide Web Consortium: *Web Service Architecture*, 2004. `http://www.w3.org/TR/ws-arch/`

W3C WSDL

W3C - World Wide Web Consortium: *Web Services Description Working Group – WSDL*, 2007. `http://www.w3.org/2002/ws/desc/`

W3C XML Schema

W3C - World Wide Web Consortium: *XML Schema*, 2001. `http://www.w3.org/XML/Schema`

W3C XSLT

W3C - World Wide Web Consortium: *XSL Transformations (XSLT) Version 2.0*, 2007. `http://www.w3.org/TR/xslt20/`

Wenz 2007

WENZ, C.: *JavaScript und AJAX : Das umfassende Handbuch*. Galileo Computing, 2007 `http://www.galileocomputing.de/openbook/javascript_ajax.` – ISBN 3–89842–859–1

Wiesmann et al. 2000

WIESMANN, M. ; PEDONE, F. ; SCHIPER, A. ; KEMME, B. ; ALONSO, G.: Understanding Replication in Databases and Distributed Systems. In: *Distributed Computing*

Systems, 2000. Proceedings. 20th International Conference on, 2000. – DOI
10.1109/ICDCS.2000.840959, S. 464–474

Williamson 1983

WILLIAMSON, O. E.: *Markets and Hierarchies : Analysis and Antitrust Implications.*
Free Press, 1983 http://www.worldcat.org/isbn/0029347807. – ISBN
0029347807

Windley 2005

WINDLEY, P. J.: *Digital Identity.* 1. Aufl. O'Reilly Media, Inc., 2005. – ISBN
0–596–00878–3

Winkler 2009

WINKLER, J.: *JavaScript und Ajax : das Praxisbuch für Web-Entwickler;*
[JavaScript-Grundlagen beherrschen und anwenden; Ajax-Anwendungen verstehen
und selbst programmieren; inklusive umfassender Objektreferenz zum Nachschlagen].
2. Aufl. Franzis, 2009 (Know-how ist blau). – ISBN 978–3–7723–6262–0

Wood 1985

WOOD, J.: What's in a link? In: *Readings in Knowledge Representation* (1985)

WWW AD

Microsoft Corporation: *Website des Microsoft Produkts Windows Server 2008 R2:*
Active Directory, 2010. http://www.microsoft.com/
windowsserver2008/en/us/ad-main.aspx

WWW Autograph

Website der Shibboleth-Erweiterung Autograph des Projekts Meta Access Management
System, 2010. http://www.federation.org.au/twiki/bin/view/
Federation/Autograph

WWW BPMN 2.0 Poster

BPMN 2.0 - Business Process Modeling Notation, 2010.
http://www.bpmb.de/index.php/BPMNPoster

WWW CA IdM

CA: *Website des CA Identity Manager,* 2010.
http://www.ca.com/us/user-provisioning.aspx

WWW Courion IdM

Courion: *Website der Courion Access Assurance Suite,* 2010. http://www.
courion.com/products/access-assurance-products.html

WWW CRL

Microsoft Corporation: *The Role of the Claim Rule Language*, 2010.
`http://technet.microsoft.com/en-us/library/dd807118(WS.`
`10).aspx`

WWW DFN-AAI

Deutsches Forschungsnetz: *Website der DFN-AAI - Authentifikation Autorisierungs Infrastruktur*, 2010. `https://www.aai.dfn.de/`

WWW FIDIS

Website des Projekts Future of Identity in the Information Society (FIDIS), 2010.
`http://www.fidis.net/`

WWW GlassFish

Website der GlassFish Community - Glassfish Server Open Source, 2010.
`https://glassfish.dev.java.net/`

WWW GUIDE

Website des Projekts GUIDE - Creating a European Identity Management Architecture for eGovernment, 2010.
`http://istrg.som.surrey.ac.uk/projects/guide/`

WWW Higgins

The Eclipse Foundation: *Website des Higgins Projekts; Higgins - Open Source Identity Framework - an Eclipse Project*, 2010. `http://www.eclipse.org/higgins/`

WWW Higgins IdAS

The Eclipse Foundation: *Higgins Identity Attribute Service 1.1*, 2010.
`http://wiki.eclipse.org/IdAS_Solution_1.1`

WWW IBM Tivoli

IBM: *Website des IBM Tivoli Identity Manager v.5.1*, 2010. `http:`
`//www-01.ibm.com/software/tivoli/products/identity-mgr/`

WWW InCommon

InCommon Federation: *Website der InCommon Federation*, 2010.
`http://www.incommonfederation.org/`

WWW Info Card Foundation

Websit der Information Card Foundation, 2010.
`http://informationcard.net/`

WWW Internet2

Internet2: *Website des Internet2 Konsortiums*, 2010.
`http://www.internet2.edu/`

WWW Internet2 OpenSAML

Internet2: *Website der Internet2 OpenSAML Umsetzung*, 2010.
`https://spaces.internet2.edu/display/OpenSAML/Home/`

WWW Internet2 Shibb

Internet2: *Website der Internet 2 "Federated Single-Sign On Software" Shibboleth*, 2010.
`http://shibboleth.internet2.edu/`

WWW JSP

Website der JavaServer Pages Technology, 2010.
`http://java.sun.com/products/jsp/`

WWW Kantara ID-WSF

Kantara Initiative: *Website der Kantara Initiative Work Group ID-WSF Evolution*,
2010. `http://kantarainitiative.org/confluence/display/idwsf/Home`

WWW Kantara Initiative

Website der Kantara Initiative, 2010. `http://kantarainitiative.org/`

WWW Kantara Interoperability

Kantara Initiative Interoperability Certification Program, 2010.
`http://kantarainitiative.org/confluence/display/`
`certification/Interoperability+Certification+Program`

WWW KIT

Website des Karlsruher Instituts für Technologie (KIT), 2010.
`http://www.kit.edu/`

WWW Liberty Alliance

Website des Projekts Libery Alliance, 2010.
`http://www.projectliberty.org/`

WWW MIIS

Microsoft Corporation: *Microsoft Identity Integration Server (MIIS) 2003*, 2010.
`http://www.microsoft.com/germany/miis/default.mspx`

WWW MS Passport

Microsoft Corporation: *Website des Microsoft Passport-Netzwerks*, 2010.
`https://accountservices.passport.net/ppnetworkhome.srf`

WWW MS SQL Server

Microsoft Corporation: *Website des MS SQL Server 2005 Enterprise Edition*, 2010.
`http://www.microsoft.com/sqlserver/2005/en/us/`
`enterprise.aspx`

WWW MS VS

Microsoft Corporation: *Website des MS Visual Studio 2010 Ultimate Edition*, 2010. `http://www.microsoft.com/visualstudio/en-us/products/2010-editions/ultimate`

WWW .NET Framework

Microsoft Corporation: *Website des .NET Framework Developer Centers*, 2010. `http://msdn.microsoft.com/en-us/netframework/default.aspx`

WWW Netbeans

Website der Netbeans IDE, 2010. `http://netbeans.org/index.html`

WWW Novell IdM

Novell: *Website des Novell Identity Manager v. 4*, 2010. `http://www.novell.com/de-de/products/identitymanager/`

WWW OASIS

Organization for the Advancement of Structured Information Standards (OASIS): *Website der Organization for the Advancement of Structured Information Standards (OASIS)*, 2010. `http://www.oasis-open.org/home/index.php`

WWW OASIS SAML

Organization for the Advancement of Structured Information Standards (OASIS): *Website der OASIS Security Assertion Markup Language (SAML)*, 2010. `http://saml.xml.org/saml-specifications`

WWW OAuth

Website des OAuth Protokolls, 2010. `http://oauth.net/`

WWW Open-Xchange

Open-Xchange GmbH: *Website der Open-Xchange AG*, 2010. `http://www.open-xchange.com/en/oxpedia#OXHESECommunity`

WWW OpenID

OpenID Foundation: *Website der OpenID Foundation*, 2010. `http://openid.net/`

WWW OpenSPML

Website des OpenSPML-Projekts, 2010. `https://openspml.dev.java.net/`

WWW Oracle IdM

Oracle: *Website des Oracle Identity Manager*, 2010. `http://www.oracle.com/technology/products/id_mgmt/oxp/index.html`

WWW PHProjekt

Mayflower GmbH: *Website des Open Source Projekts PHProjekt*, 2010. `http://www.phprojekt.com/`

WWW PICOS

Website des Projekts PICOS - Privacy and Identity Management for Community Services, 2010. http://www.picos-project.eu/

WWW Plone

Plone Foundation: *Website der Plone Foundation*, 2010. http://plone.org/

WWW Prime

Website des Projekts PRIME - Privacy and Identity Management for Europe, 2010. https://www.prime-project.eu/

WWW Primelife

Website des Projekts PrimeLife, 2010. http://www.primelife.eu/

WWW ProtectServe

MALER, E.: *ProtectServe*, 2010. http://www.xmlgrrl.com/blog/categories/protectserve/

WWW Sun IdM

Sun Microsystems: *Website des Sun Identity Managers v. 8.1*, 2010. http://docs.sun.com/app/docs/prod/sjs.ident.mgr81

WWW SWIFT

Website des Projekts Secure Widespread Identities for Federated Telecommunications(SWIFT), 2010. http://www.ist-swift.org

WWW SWITCHAAI

SWITCH: *Website der SWITCHAAI*, 2010. http://www.switch.ch/de/aai/

WWW TAS³

Website des Projekts Trusted Architecture for Securely Shared Services (TAS³), 2010. http://www.tas3.eu/

WWW uApprove

Website der Shibboleth-Erweiterung SWITCHaai uApprove, 2010. http://www.switch.ch/aai/support/tools/uApprove.html

WWW WCF

Microsoft Corporation: *Website der Windows Communication Foundation(WCF)*, 2010. http://msdn.microsoft.com/de-de/netframework/aa663324.aspx

WWW WfMC

Website der Workflow Management Coalition, 2010. http://www.wfmc.org/

WWW WIF

Microsoft Corporation: *Website der Windows Identity Foundation (WIF)*, 2010.
`http://msdn.microsoft.com/en-us/security/aa570351.aspx`

WWW WSI

Website der Web Services Interoperability Organization, 2010.
`http://www.ws-i.org/`

WWW Xalan

Website des Apache XML Projekts Xalan-Java 2.7.1, 2010.
`http://xml.apache.org/xalan-j/`

XRI V2.0

Organization for the Advancement of Structured Information Standards (OASIS):
Extensible Resource Identifier (XRI) Resolution Version 2.0, 2008. `http://docs.`
`oasis-open.org/xri/2.0/specs/xri-resolution-V2.0.pdf`

Yu & Vahdat 2000

Yu, H. ; Vahdat, A.: Design and Evaluation of a Continuous Consistency Model for
Replicated Services. In: *OSDI'00: Proceedings of the 4th Conference on Symposium on
Operating System Design & Implementation*. Berkeley, CA, USA : USENIX
Association, 2000, S. 21–21

Yu & Vahdat 2002

Yu, H. ; Vahdat, A.: Design and Evaluation of a Conit-Based Continuous
Consistency Model for Replicated Services. In: *ACM Transactions on Computer
Systems* Vol. 20, Nr. 3 (2002), S. 239–282. – DOI
http://doi.acm.org/10.1145/566340.566342. – ISSN 0734–2071